凝聚隧道及地下工程领域的

先进理论方法、突破性科研成果、前沿关键技术，

记录中国隧道及地下工程修建技术的创新、进步和发展。

穿越 Chuan Yue

中国隧道及地下工程修建关键技术研究书系

南吕梁山隧道
病害机理与整治技术研究

程志民　宋超业　张民庆　张玉贵　张俊俭　等　编著

STUDY ON DISEASE MECHANISM AND TREATMENT TECHNOLOGY

OF SOUTH LVLIANG MOUNTAIN TUNNEL PROJECT

人民交通出版社股份有限公司

北　京

内 容 提 要

本书结合运营铁路隧道病害处理的研究思路和经验,基于南吕梁山隧道的病害机理和整治技术研究成果及工程实践,探明了含石膏地层与地下水耦合作用致害的发生机制,并据此提出了相应的隧道病害整治设计方法和施工技术,以及工期约束条件下的现场快速施工组织方案。其相关成果可为复杂地质长大隧道工程的科研与设计工作提供借鉴。

本书数据翔实,体系完善,技术方法可操作性强,可供从事隧道工程设计、施工及运营管理的技术人员参考。

图书在版编目(CIP)数据

南吕梁山隧道病害机理与整治技术研究 / 程志民等编著. — 北京 : 人民交通出版社股份有限公司, 2023.3

ISBN 978-7-114-18413-0

Ⅰ.①南… Ⅱ.①程… Ⅲ.①铁路隧道—隧道病害—整治 Ⅳ.①U457

中国版本图书馆 CIP 数据核字(2022)第 258227 号

Nanlüliang Shan Suidao Binghai Jili yu Zhengzhi Jishu Yanjiu

书　　名:南吕梁山隧道病害机理与整治技术研究

著 作 者:程志民　宋超业　张民庆　张玉贵　张俊俭　等

责任编辑:谢海龙

责任校对:孙国靖　卢　弦

责任印制:张　凯

出版发行:人民交通出版社股份有限公司

地　　址:(100011)北京市朝阳区安定门外外馆斜街 3 号

网　　址:http://www.ccpcl.com.cn

销售电话:(010)59757973

总 经 销:人民交通出版社股份有限公司发行部

经　　销:各地新华书店

印　　刷:北京印匠彩色印刷有限公司

开　　本:787×1092　1/16

印　　张:16.75

字　　数:418 千

版　　次:2023 年 3 月　第 1 版

印　　次:2023 年 3 月　第 1 次印刷

书　　号:ISBN 978-7-114-18413-0

定　　价:108.00 元

组织委员会

总　　顾　　问： 孙　钧　史玉新
主　任　委　员： 赵春雷
常务副主任委员： 王金虎
副　主　任　委　员： 白沛锋　王旭荣
委　　　　　员： 刘全仁　齐　峰　赵太平　郭保义　程志民
贺维国　宋超业　陈志明　张旭东　张玉贵
张俊俭　王兴猛

编写委员会

主　　　　　编： 程志民　宋超业　张民庆　张玉贵　张俊俭
编　　　　　委： 中国平　魏　巍　关根锁　张重明　刘金龙　赵广林　谢英玄
邓世清　费曼利　王汉晨　张建国　李　勇(中铁六院)　吕书清
张　杉　徐　斌　程帅涛　刘祖彬　唐达昆　熊晓晖　陈永平
张开顺　李　勇(中铁十一局)刘志国　赵　凡　龚松柏　王胜泉
胡　涛　刘为民　宁　湘　赵　钰　赵　文

主要参编单位： 晋豫鲁铁路通道股份有限公司
中铁第六勘察设计院集团有限公司
中铁十一局集团有限公司
西南交通大学
福州大学
北京交通大学
中国铁道科学研究院集团有限公司
中国科学院武汉岩土力学研究所
交通运输部公路科学研究院
四川铁科建设监理有限公司

前言

南吕梁山隧道是重载铁路——瓦日铁路最长的隧道，设计为双洞单线隧道，左线全长23443m，右线全长23484m，2010年5月18日开工建设，2013年6月29日隧道贯通。自2014年12月30日瓦日铁路运营通车以来，南吕梁山隧道部分区段的衬砌结构先后出现了不同程度的开裂、掉块，轨道结构出现了不同程度的隆起、变形，随后病害程度逐渐恶化，病害规模不断扩大，虽经多次整治，但效果不佳。2018年初，针对该隧道的病害发展特点，作者团队开展了系统深入的隧道病害机理与治理技术研究。

作者团队通过采取现场测试、室内试验、数值模拟，以及理论分析等多种手段，系统分析了隧道病害产生的原因，探明了含石膏地层与地下水耦合作用致害的发生机制。据此，按照"不留隐患、一次根治"的整治原则，采取了"宁强勿弱、全环拆换、优化断面"的设计原则，研究提出了对衬砌断面、支护时机、缓冲层方式、防排水体系、耐久性设计的病害整治方案。在具体整治实施过程中，为缩短工期，创新了工艺工法，总结出了一套适用于现场病害快速整治的施工技术，实现了快速施工。

南吕梁山隧道上行线病害整治总长度4490m，下行线病害整治总长度5842m，上行线、下行线整治时间均为8个月。从病害整治后的监测成果分析，以及3年多的运营检验，病害整治取得了预期的良好效果。

本书即为针对上述研究成果及工程实践经验的总结，全书共分

9章。第1章介绍了运营铁路隧道的概况、安全风险分类、劣化等级评定，膨胀性、化学侵蚀环境、软岩高地应力的判定与分级，以及南吕梁山隧道病害整治的研究结论；第2章介绍了南吕梁山隧道的工程地质及水文地质；第3章介绍了南吕梁山隧道开通后历年病害发展情况；第4章介绍了南吕梁山隧道病害的系统性调查结果及病害情况分析；第5章介绍了南吕梁山隧道病害成因的研究工作；第6章介绍了南吕梁山隧道病害整治设计研究；第7章介绍了南吕梁山隧道病害整治施工技术；第8章介绍了南吕梁山隧道病害整治施工组织；第9章对南吕梁山隧道病害整治效果进行了评价。

南吕梁山隧道病害的整治得到了中国国家铁路集团有限公司和中国太原铁路局集团有限公司等各级领导和相关部门的支持。在南吕梁山隧道病害机理研究和整治方案的确立过程中，还得到了孙钧、史玉新、李国良、刘培硕、喻渝、刘桢、苗德海、林传年、李汶京、马志富、杜文山、张金夫、尤显明、顾湘生、肖道坦、李响、钱国玉、马伟斌、谢永江、阎培渝、张庆、赵建峰、仇文革、吴旭、姜领发、赵文等多位专家的指导与帮助，在此深表感谢！

由于作者水平和能力有限，书中难免有疏漏和不妥之处，敬请读者严加斧正，不吝指教！

作　者

2022年9月

目　录

第 1 章　绪论……………………………………………………………… 1

1.1　运营铁路隧道概况 ……………………………………………………… 1

1.2　运营铁路隧道病害判识标准 …………………………………………… 2

1.3　依托工程概况 …………………………………………………………… 6

1.4　隧道病害整治研究结论 ………………………………………………… 9

第 2 章　工程地质及水文地质 …………………………………………… 12

2.1　气象特征……………………………………………………………… 12

2.2　水文特征……………………………………………………………… 13

2.3　地震区划……………………………………………………………… 13

2.4　工程地质……………………………………………………………… 13

2.5　水文地质……………………………………………………………… 20

2.6　不良地质及特殊岩土………………………………………………… 22

第 3 章　隧道前期病害情况 ……………………………………………… 28

3.1　第一阶段病害(2014 年) ……………………………………………… 28

3.2　第二阶段病害(2015 年) ……………………………………………… 29

3.3　第三阶段病害(2016 年) ……………………………………………… 42

3.4　第四阶段病害(2017 年) ……………………………………………… 44

第 4 章　隧道病害系统性调查 …… 51
4.1　病害主要类型 …… 51
4.2　病害数据统计 …… 54
4.3　病害分布规律 …… 55
4.4　病害分类规律 …… 57
4.5　病害发展规律 …… 60
第 5 章　隧道病害成因研究 …… 62
5.1　围岩工程特性 …… 62
5.2　区域地质构造 …… 89
5.3　水文地质特性 …… 100
5.4　围岩及环境水侵蚀性 …… 111
5.5　结论与体会 …… 121
第 6 章　隧道病害整治设计研究 …… 123
6.1　隧道病害整治设计特点 …… 123
6.2　国内类似病害工程案例 …… 124
6.3　南吕梁山隧道病害整治专家意见 …… 130
6.4　隧道病害整治设计原则 …… 131
6.5　隧道衬砌断面设计研究 …… 131
6.6　隧道支护时机研究 …… 143
6.7　隧道缓冲层设计研究 …… 147
6.8　隧道防排水设计研究 …… 152
6.9　隧道耐久性设计研究 …… 165
6.10　结论与体会 …… 173
第 7 章　隧道病害整治施工技术 …… 174
7.1　隧道病害整治施工特点 …… 175
7.2　隧道病害整治结构设计及支护参数 …… 176
7.3　隧道病害段拆除施工 …… 177
7.4　隧道病害段扩挖施工 …… 182
7.5　隧道病害段恢复施工 …… 192
7.6　结论与体会 …… 203

第 8 章　隧道病害整治施工组织 …… 204
8.1　总体施工方案 …… 204
8.2　主要施工工序流程 …… 205
8.3　主要处理措施 …… 205
8.4　整治段落分区 …… 206
8.5　辅助坑道施工组织 …… 207
8.6　正洞施工组织 …… 211
8.7　资源配置 …… 214
8.8　施工通风 …… 220
8.9　供电 …… 226
8.10　供水 …… 230
8.11　施工保障措施 …… 231
8.12　结论与体会 …… 236
第 9 章　隧道病害整治效果评价 …… 238
9.1　监测断面选取 …… 238
9.2　监测项目及测点布置 …… 240
9.3　监测成果分析 …… 241
9.4　结论与体会 …… 253
参考文献 …… 255

第 1 章

绪论

南吕梁山隧道通车运营后，部分区段衬砌结构出现了不同程度的开裂、掉块，轨道结构出现了不同程度的隆起、变形，随后病害程度逐渐恶化，病害规模逐步扩大，虽经多次整治，但效果不佳。鉴于南吕梁山隧道病害极其严重，属国内外罕见，2018 年初对该隧道病害开展了系统的调查工作，同时，对隧道病害机理展开系统性研究。针对南吕梁山隧道病害，经过多次专家会议论证，基本上查明了病害原因，制订了针对性整治方案。2018 年 5 月 8 日—12 月 30 日，对隧道上行线 4490m 病害段进行了彻底整治；2019 年 1 月 6 日—8 月 30 日，对隧道下行线 5842m 病害段进行了彻底整治。隧道病害整治后，经过监测评价，以及 3 年多的运营检验，病害整治取得了预期的良好效果。本书依托南吕梁山隧道病害整治的研究成果，旨在向广大读者分享该项目从病害系统调查、成因分析、设计研究、施工组织等方面所取得的经验，为类似工程建设提供借鉴。

1.1 运营铁路隧道概况

铁路是国家的重要交通基础设施，是国民经济发展的大动脉，截至 2021 年年底，我国铁路营业里程突破 15 万 km，其中高铁超过 4 万 km。伴随铁路建设的发展，运营铁路隧道的数量和长度也日益增加，见表 1-1。

我国运营铁路隧道统计　　表 1-1

隧道长度类别	高铁隧道		普速隧道		全部隧道	
	数量(座)	长度(km)	数量(座)	长度(km)	数量(座)	长度(km)
5～10km	321	2257.1	285	1967.5	606	4224.6
10～20km	124	1589.7	126	1713.9	250	3303.6
≥20km	6	177.4	17	403.4	23	580.8
5km 及以上	451	4024.2	428	4084.8	879	8109.0

注：数据来源中国国家铁路集团有限公司。

铁路运输安全一直是人们关注的焦点，隧道作为铁路的重要组成部分，其“复杂性高、隐蔽性强”，因此隧道的安全问题更为重要。根据不完全统计和分析，运营铁路隧道安全风险可划分为5个类别、15种类型，见表1-2。

运营铁路隧道安全风险分类表　　表1-2

类别编号	风险类别	所占比例(%)	类型编号	风险类型	所占比例(%)
A	拱墙衬砌混凝土质量缺陷风险	61.7	A-1	空洞型	28.8
			A-2	裂缝型	20.0
			A-3	渗漏水型	8.2
			A-4	防水板切割型	4.7
B	无砟轨道上拱风险	24.1	B-1	水害型	14.7
			B-2	高地应力软岩型	8.8
			B-3	质量缺陷型	0.6
C	隧道结构破坏风险	5.9	C-1	洞口偏压型	2.9
			C-2	岩溶水型	1.2
			C-3	滑坡型	1.2
			C-4	软岩型	0.6
D	洞内附属结构病害风险	1.2	D-1	封堵墙垮塌型	0.6
			D-2	隔离门脱落型	0.6
E	洞外工程病害风险	7.1	E-1	洞口边仰坡破坏型	5.9
			E-2	救援通道泥沙进入型	1.2
合计		100	合计		100

1.2　运营铁路隧道病害判识标准

1.2.1　运营铁路隧道劣化等级评定

1)评定原则

运营铁路隧道每年结合秋季设备检查都会进行一次状态评定。状态评定按劣化程度分为A、B、C三级，A级又分为AA、A1两等。评定原则如下：

凡结构物或主要构件功能严重劣化，危及行车安全，评定为A级AA等。

凡结构物或主要构件功能严重劣化，进一步发展会危及行车安全，评定为A级A1等。

凡结构物或构件功能劣化，进一步发展将会上升至A级，评定为B级。

凡结构物或构件劣化，对其使用功能和行车安全影响较小，评定为C级。

2)评定项目及标准

运营铁路隧道劣化等级评定项目及标准采用《普速铁路桥隧建筑物修理规则》(TG/GW 103—2018)，见表1-3。

运营铁路隧道劣化等级评定 表 1-3

序号	病害类别	劣化类型等级			
		AA	A1	B	C
1	衬砌变形或移动	山体滑动使衬砌移动、变形、下沉发展迅速，危及行车安全	变形或移动速率 > 10mm/年	变形或移动速率为3～10mm/年，且有新的变形出现	有变形，但速率 <3mm/年
2	衬砌开裂、错动	开裂或错台长度 > 10m，宽度 > 5mm，且继续发展或拱部开裂呈块状，危及行车安全	(1)开裂、错台长度为5～10m，宽度 >5mm； (2)开裂、错台使衬砌呈块状，且有发展	开裂、错台长度 <5m，且宽度为3～5mm	开裂、错台长度 <5m，且宽度 <3mm 或一般龟裂或无发展状态
3	衬砌压溃	拱顶压溃范围 > $3m^2$ 或衬砌掉块最大厚度 > 衬砌厚度的1/4，危及行车安全	压溃范围为1～$3m^2$ 或有可能掉块	压溃范围 < $1m^2$，剥落块体厚度 <3cm	压溃范围很小
4	衬砌渗漏水	(1)水(沙)突然涌入隧道，淹没钢轨，危及行车安全； (2)电力牵引区段，拱部漏水直接传至接触网	隧底冒水、拱部滴水成线、严寒地区边墙淌水，翻浆冒泥严重，道床下沉，不能保持轨道几何尺寸，影响正常运行	隧道滴水、淌水、渗水及排水不良引起洞内局部道床翻浆冒泥	漏水使基床状态恶化，钢轨腐蚀，养护周期缩短，继续发展将会升至B级
5	隧道冻害	(1)冰溜、冰柱、冰锥等不断发展，侵入限界，危及行车安全； (2)道床结冰(丘状冰锥)，覆盖轨面，严重影响行车	冰楔和围岩冰胀的反复作用使衬砌变形、开裂并构成纵横交错的裂缝	(1)冻害致使洞内排水设备破坏； (2)冻融使道床翻浆冒泥、轨道几何状态恶化； (3)冻害造成衬砌变形、开裂，但未形成纵横交错裂缝	冻融使线路的养护周期缩短
6	混凝土衬砌厚度不足	因施工缺陷或腐蚀致使衬砌厚度 <0.6倍设计衬砌厚度，且长度≥5m	(1)衬砌厚度 <0.6倍设计衬砌厚度，且长度 <5m； (2)衬砌有效厚度为设计衬砌厚度的0.6～0.75倍，且长度≥5m	(1)衬砌有效厚度为设计衬砌厚度的0.6～0.75倍，且长度 <5m； (2)衬砌有效厚度为设计衬砌厚度的0.75～0.9倍，且长度≥5m	(1)衬砌有效厚度为设计衬砌厚度的0.75～0.9倍，且长度 <5m； (2)衬砌有效厚度为设计衬砌厚度的0.9～1倍； (3)衬砌有剥蚀
7	混凝土衬砌强度不足	因施工缺陷或腐蚀致使衬砌混凝土强度 <0.65倍设计衬砌混凝土强度，且长度≥5m	(1)衬砌混凝土强度 <0.65倍设计衬砌混凝土强度，且长度 <5m； (2)衬砌混凝土强度为设计衬砌混凝土强度的0.65～0.75倍，且长度≥5m	(1)衬砌混凝土强度为设计衬砌混凝土强度的0.65～0.75倍，且长度 <5m； (2)衬砌混凝土强度为设计衬砌混凝土强度的0.75～0.85倍，且长度≥5m	(1)衬砌混凝土强度为设计衬砌混凝土强度的0.75～0.85倍，且长度 <5m； (2)衬砌混凝土强度为设计衬砌混凝土强度的0.85～1倍
8	砌块衬砌腐蚀	拱部衬砌有可能掉落大块体(与砌块大小一样)	(1)接缝开裂，其深度≥10cm； (2)砌块错落 >1cm，剥蚀深度≥4cm	(1)接缝开裂，其深度 <10cm； (2)砌块有剥蚀，但剥蚀深度 <4cm	(1)接缝开裂，但深度不大； (2)砌块有风化剥落

3）维修原则

运营铁路隧道劣化等级维修原则如下：

（1）结构物或构件状态评定为A级者，其病害一般需要通过大修或更新改造进行整治。当结构物存在影响行车安全的病害，应采取相应的限速或限载措施，遇到紧急情况时，应立即采取临时加固措施，并视其具体情况，尽快安排彻底整治或列入下一年度的大修或更新改造计划及时进行整治。

（2）结构物或构件状态评定为B级者，其病害一般需要通过维修进行整治，个别病害需要通过大修进行整治。

（3）结构物或构件状态评定为C级者，其病害可通过维修进行整治，个别病害只需加强观测并根据其变化情况采取相应的措施。

1.2.2 膨胀性判定与分级

1）膨胀岩

膨胀岩是指含有较多亲水矿物且含水率变化时产生较大体积变化的岩石。膨胀岩的判定应依据勘察阶段的需要、膨胀岩的野外地质特征和膨胀岩的室内试验指标进行综合判定，见表1-4、表1-5。

膨胀岩的野外地质特征　　表1-4

序号	名称	地质特征
1	地貌	一般形成波状起伏的低缓丘陵，相对高度20～30m，坡面圆顺，山坡坡度缓于40°，岗丘之间为宽阔的U形谷地。当具有砂岩夹层时，常形成一些陡坎
2	岩性	主要为灰白、灰绿、灰黄、紫红和灰色的泥岩、泥质粉砂岩、页岩、风化的泥灰岩、风化的基性岩浆岩、蒙脱石化的凝灰岩，以及含硬石膏、芒硝的岩石类。岩石由细颗粒组成，遇水有油腻感。泥质膨胀岩的分布地层以石炭系、二叠系、三叠系、侏罗系、白垩系、第三系为主
3	结构构造	岩层多为薄层和中厚层状，裂隙发育，裂隙多被灰白、灰绿色等富含蒙脱石物质充填
4	风化	风化裂隙多沿构造面、层理面进一步发展，使已被结构面切割的岩块更加破碎。地表的岩石碎块风化为鸡粪土，剥落现象明显。天然含水的岩石在曝晒时，多沿层理方向产生微裂隙。干燥的岩块泡水后易崩解成碎块、碎片或土状

膨胀岩的室内试验判定指标　　表1-5

序号	试验项目		判定指标	备注
1	不易崩解的岩石	自由膨胀率（竖向或径向）（%）	≥3	取轴向或径向自由膨胀率中的大值进行判定
	易崩解的岩石	自由膨胀率（%）	≥30	应岩石粉碎，过0.5mm的筛去除粗颗粒后，比照土的自由膨胀率试验方法进行试验
2	膨胀力（kPa）		≥100	—
3	饱和吸水率（%）		≥10	—

室内试验判定的自由膨胀率、膨胀力和饱和吸水率等3项指标中，当有2项及以上符合表

中所列指标时,在室内可判定为膨胀岩。

2)膨胀土

膨胀土是指土中黏粒成分主要由蒙脱石、伊利石等亲水矿物组成,土体随环境的干湿变化,具有吸水显著膨胀、软化、崩解和失水急剧收缩、开裂、硬结现象,并能产生往复胀缩变形的高液限黏性土。

(1)膨胀土初判

膨胀土初判应根据地貌、土的颜色、结构、土质情况、自然地质现象和土的自由膨胀率等特征进行综合判定,见表1-6。

膨胀土初判条件 表1-6

序号	名称	地质特征
1	地貌	垄岗式地貌景观,常呈垄岗与沟谷相间;地形平缓开阔,无自然陡坎,坡面沟槽发育
2	颜色	多呈棕、黄、褐色,间夹灰白、灰绿色条带或薄膜,灰白、灰绿色多呈透镜体或夹层出现
3	结构	多裂隙结构,方向不规则;裂面光滑,常见擦痕;裂隙中充填灰白、灰绿色黏土
4	土质	土质细腻,具滑感,土中常含有钙质或铁锰质结核或豆石,局部可富集成层
5	自然地质现象	坡面常见浅层溜坍、滑坡、地面裂缝;当坡面有数层土时,其中膨胀土层往往形成凹形坡;新开挖的坑壁易发生坍塌
6	自由膨胀率(%)	≥40

(2)膨胀土详判

膨胀土详判应采用自由膨胀率、蒙脱石含量、阳离子交换量3项指标,当符合任意2项及以上指标时,应判定为膨胀土。膨胀土的详判指标见表1-7。

膨胀土的详判指标 表1-7

序 号	项目名称	判定指标
1	自由膨胀率(%)	≥40
2	蒙脱石含量(%)	≥7
3	阳离子交换量(mmol/kg)	≥170

(3)膨胀潜势

膨胀土的膨胀潜势分级见表1-8。对于自由膨胀率、蒙脱石含量、阳离子交换量3项指标中,当符合任意2项及以上指标时,即可判定为该等级。

膨胀土的膨胀潜势分级 表1-8

序号	项目名称	弱膨胀土	中等膨胀土	强膨胀土
1	自由膨胀率(%)	40~60	60~90	≥90
2	蒙脱石含量(%)	7~17	17~27	≥27
3	阳离子交换量(mmol/kg)	170~260	260~360	≥360

1.2.3 化学侵蚀环境判定与分级

环境水、土对混凝土的化学侵蚀类型和侵蚀程度按表1-9进行判定与分级,同时,还应注意以下问题：

（1）当混凝土结构处于高硫酸盐含量（水中 SO_4^{2-} 含量 >20000mg/kg、土中 SO_4^{2-} 含量 >30000mg/kg）的环境时，其耐久性技术措施应进行专门研究和论证。

（2）当环境中存在酸雨时，按酸性水侵蚀考虑，但相应作用等级可降 1 级。

（3）水和土中侵蚀性离子浓度的测定方法应符合现行行业标准《铁路工程水质分析规程》（TB 10104）和《铁路工程岩土化学分析规程》（TB 10103）的规定。

化学侵蚀环境作用分级　　表 1-9

环境作用等级	水中 SO_4^{2-}（mg/L）	强透水性中 SO_4^{2-}（水溶值，mg/kg）	弱透水性土中 SO_4^{2-}（水溶值，mg/kg）	酸性水（pH 值）	水中侵蚀性 CO_2（mg/L）	水中 Mg^{2+}（mg/L）
H1	200 ~ 1000	300 ~ 1500	1500 ~ 6000	5.5 ~ 6.5	15 ~ 40	30 ~ 1000
H2	1000 ~ 4000	1500 ~ 6000	6000 ~ 15000	4.5 ~ 5.5	40 ~ 100	1000 ~ 3000
H3	4000 ~ 10000	6000 ~ 15000	>15000	4 ~ 4.5	>100	>3000
H4	10000 ~ 20000	15000 ~ 30000	—	—	—	—

注：强透水性土是指碎石土和砂土，弱透水性土是指粉土和黏性土。

1.2.4 软岩高地应力判定与分级

软岩高地应力判定与分级见表 1-10。

软岩高地应力判定与分级　　表 1-10

序号	大变形等级	围岩强度应力比	围岩变形特征
1	Ⅰ级	0.25 ~ 0.5	隧道开挖后围岩位移较大，持续时间较长。一般支护开裂或破损较严重，相对变形量 3% ~5%。围岩自稳时间短，以塑流型、弯曲型、滑移型变形模式为主，兼有剪切型变形
2	Ⅱ级	0.15 ~ 0.25	开挖后围岩位移大，持续时间长。一般支护开裂或破损严重，相对变形量 5% ~ 8%，洞底有隆起现象。围岩自稳时间很短，以塑流型、弯曲型变形模式为主
3	Ⅲ级	<0.15	开挖后围岩位移很大，持续时间很长。一般支护开裂或破损很严重，相对变形量 >8%，洞底有明显隆起现象。流变特征很明显。围岩自稳时间很短，以塑流型为主

注：1. 围岩强度应力比为围岩强度与最大地应力的比值。
2. 相对变形量为变形量与隧道当量半径的比值。

1.3 依托工程概况

南吕梁山隧道位于山西省临汾市境内，隧道线路贯穿于南吕梁山山脉以东及临汾盆地边缘丘陵区。隧道进口位于蒲县境内，出口位于临汾市尧都区与洪洞县交界处。

隧道设计为双洞单线隧道，左线进口里程 DK298 + 175，出口里程 DK321 + 618，全长 23443m；右线进口里程 DK298 + 144，出口里程 DK321 + 628，全长 23484m。两隧道中心线间距 30m，沿线路每间隔 500m 左右设置联络横通道。隧道最大埋深约 550m。

隧道为单面下坡，左线坡度分别为 8‰（575m）、12.6‰（22850m）、10.9‰（18m），右线坡度分别为 6.6‰（615m）、12.6‰（22810m）、11.2‰（48.5m）。

根据隧道实施性施工组织要求,并综合考虑施工通风、排水和弃渣等需要,原设计7座斜井,见表1-11;现场实施时结合实际情况优化为4座斜井,见表1-12。

南吕梁山隧道辅助坑道设置(原设计) 表1-11

斜井编号	斜井与正洞交点里程	斜井与正洞平面夹角	长度(m)	坡度(%)	运输方式	车道数
1号斜井	DK303+200	40°	1770	11.5	无轨	双
2号主斜井	DK307+200	74°44′11″	865	32.0	有轨	双
2号副斜井	DK307+230	74°44′11″	850	32.64	有轨	单
3号主斜井	DK310+000	79°10′39″	850	43.7	有轨	双
3号副斜井	DK309+970	79°10′39″	870	42.6	有轨	单
4号斜井	DK312+500	42°28′50″	1655	10.76	无轨	双
5号斜井	DK315+800	46°57′37″	980	11.12	无轨	双

南吕梁山隧道辅助坑道设置(优化施工设计) 表1-12

斜井编号	斜井与正洞交点里程	斜井与正洞平面夹角	长度(m)	坡度(%)	运输方式	车道数
1号斜井	DK304+200	40°	2510	11.1	无轨	双
2号斜井	DK309+150	40°	2730	11.4	无轨	双
4号斜井	DK312+500	42°28′50″	1655	10.76	无轨	双
5号斜井	DK315+800	46°57′37″	980	11.12	无轨	双

注:3号斜井被优化。

南吕梁山隧道平面布置如图1-1所示。

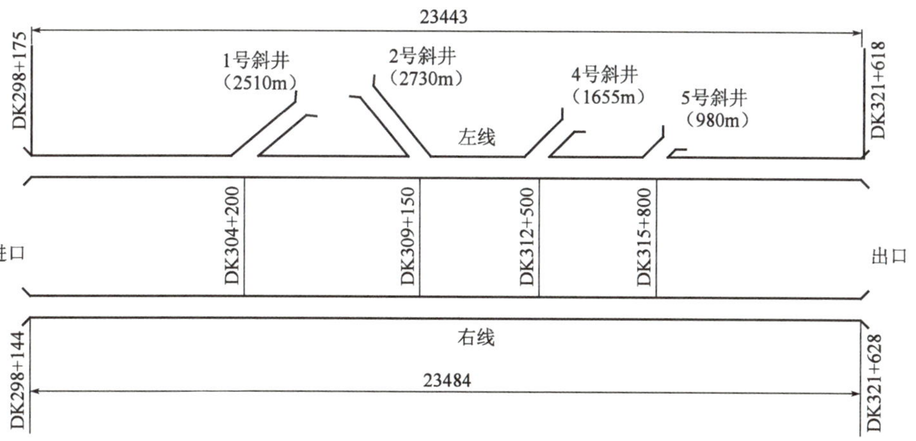

图1-1 南吕梁山隧道平面布置示意图(尺寸单位:m)

1.3.1 隧道断面

隧道按两座120km/h客货共线单线隧道设计,隧道限界采用《铁路技术管理规程(普速铁路部分)》中客货共线铁路建筑限界($v \leq 160$km/h)的隧道建筑限界图(电力牵引区段)“隧限-2A(单线)”。

隧道内轮廓线根据《标准轨距铁路建设限界》(GB 146.2—1983)❶要求绘制,隧道两侧均不设置救援通道。隧道内轨顶面以上有效净空面积 30.43m^2。Ⅳ级围岩衬砌断面设计如图 1-2所示。

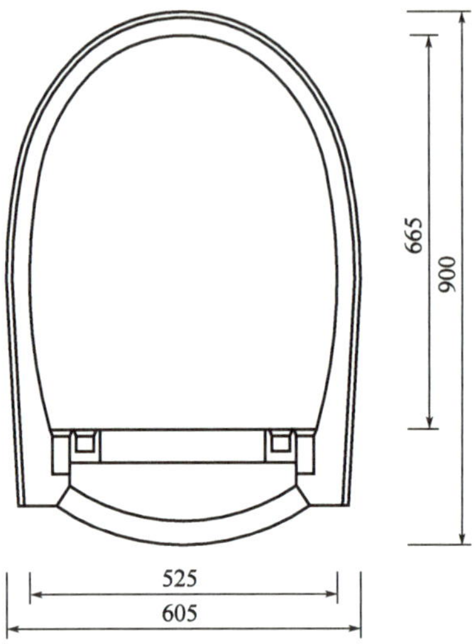

图 1-2　Ⅳ级围岩衬砌断面设计示意图(尺寸单位:cm)

1.3.2　隧道支护参数

隧道均采用复合式衬砌,其中Ⅱ级围岩隧道采用曲墙底板衬砌形式,Ⅲ级围岩隧道采用曲墙底板衬砌形式和曲墙仰拱衬砌形式两种,Ⅳ级及以上围岩隧道均采用曲墙仰拱形式。隧道支护参数见表 1-13。

南吕梁山隧道支护参数　　表 1-13

围岩级别			Ⅱ	Ⅲ	ⅢBs	Ⅳ	ⅣBs	ⅣC	Ⅴ	ⅤBs	ⅤC
预留变形量(cm)				3	3	5	5	5	8	10	8
喷射混凝土	厚度(cm)	拱墙	5	7	15	10	20	18	20	25	20
		仰拱	—	—	15	—	20	—	20	25	20
钢筋网	部位		—	—	拱部	拱墙	拱墙	拱墙	拱墙	拱墙	拱墙
	网格间距(cm×cm)				25×25	25×25	20×20	25×25	20×20	20×20	20×20
	钢筋直径(mm)		—	—	6	6	6	6	8	8	8
锚杆	部位		—	—	拱部	拱墙	拱墙	拱墙	拱墙、仰拱	拱墙	拱墙、仰拱
	间距(环×纵)(m×m)		—	1.5×1.5	1.2×1.5	1.2×1.2	1.2×1.2	1.2×1.2	1.0×1.0	1.2×1.0	1.0×0.75
	长度(m)		2	2	2.5	2.5	3	2.5	3	3	3

❶ 该标准已作废,现行标准为《标准轨距铁路限界—第 2 部分:建筑限界》(GB 146.2—2020)。

续上表

围岩级别		Ⅱ	Ⅲ	ⅢBs	Ⅳ	ⅣBs	ⅣC	Ⅴ	ⅤBs	ⅤC
钢架	部位	—	—	—	—	拱墙	拱墙	拱墙	拱墙	拱墙
	类型	—	—	—	—	格栅	格栅	格栅	格栅	格栅
	间距(m)	—	—	—	—	1.2	1.2	1.0	1.0	0.75
二次衬砌	拱墙(cm)	30	30	40	30	40	35	35	40*	40*
	仰拱(底板)(cm)	30*	30	40	40	40	40	40	40*	45*

注:二次衬砌中"*"为钢筋混凝土,其余为素混凝土。

1.3.3 结构防排水

隧道拱墙初期支护与二次衬砌之间铺设分离式防水层,防水层采用厚度不小于1.5mm的乙烯-醋酸乙烯共聚物(EVA)防水板,土工布规格为400g/m^2。

防水层背后设宽度1m带凸点的低密度聚乙烯(LDPE)排水板型盲沟,每8m设置1道,地下水较大时加密设置。在距水沟底30cm以上墙脚处左右,各设1道ϕ100mm纵向盲管,纵向盲管每20m之间弯入隧道内侧水沟。

隧道二次衬砌混凝土抗渗等级一般条件下不小于P8,H2环境时抗渗等级不小于P10。

隧道二次衬砌环向施工缝采用中埋式橡胶止水带+遇水膨胀橡胶止水条,纵向施工缝采用中埋式橡胶止水带+界面剂。

1.3.4 结构耐久性设计

衬砌结构设计使用年限级别为一级,设计使用年限为100年。

地表泉水对混凝土侵蚀为CO_2侵蚀,环境水作用等级为H1。煤矿地下水对混凝土的侵蚀类型主要为硫酸盐侵蚀,环境水作用等级为H1,局部为H2。隧道开挖中,应采取水样,根据地下水的侵蚀性强度采用抗侵蚀性混凝土等措施。

隧道结构初期支护采用C25喷射混凝土,二次衬砌采用C30混凝土或C35钢筋混凝土,一般条件下不小于P8。H2环境类别时,二次衬砌采用C40钢筋混凝土,抗渗等级不小于P10,最大水灰比应小于0.45,最小胶凝应大于320kg/m^3,必要时采取径向注浆措施。

1.3.5 轨道结构

隧道内采用无砟轨道,轨道结构高度为:隧道内轨顶面高程=道床板底面高程+0.557m。

过渡段设在隧道洞内,长20m。在过渡段线路基本轨之间设置两根60kg/m辅助轨,长度25m,其中有砟轨道内20m,无砟轨道内5m。

1.4 隧道病害整治研究结论

南吕梁山隧道病害具有"程度严重、规模巨大、机理复杂、整治困难"的典型特点,国内外罕见。经参建各方共同努力,查明了病害成因,进行了针对性设计,实现了病害快速整治,并得出以下结论。

(1)隧道通车运营后,先后出现危及铁路运营安全的衬砌开裂、边墙内挤、道床上拱和混凝土腐蚀等病害,采用现场测试、室内试验、数值模拟及理论分析等多种手段,系统分析了病害产生的原因。分析表明,隧道病害是在复杂的构造地质背景下,含石膏灰岩、泥灰岩和膏溶角砾岩地层受地下水的水量、水质变化影响,发生了"特殊的低温硫酸盐侵蚀、罕见的差异性膨胀、显著的水敏性软化"等组合型流变特性,并具有滞后性和渐进性,岩性和地下水的耦合作用导致病害产生。

(2)隧道勘察结果表明,全线灰岩段占隧道总长度的26.4%、白云岩段占20.4%、泥灰岩段占2.9%、石膏岩类占18.1%、角砾状泥灰岩段占14.9%、膏溶角砾岩段占1.3%、砂页岩段占11.3%、其他占4.7%。含膏岩类中的水化含硬石膏岩,在隧道长期运营中存在继续水化可能,设计时应充分考虑含膏岩层继续水化引发膨胀、腐蚀、围岩强度弱化的风险。

(3)隧址区内地质构造复杂,经历过多次构造运动,生成了一系列极其复杂的褶皱和断裂构造。隧址区处于古挤压-扭剪和新拉张构造强烈的地区,致使区内应力分布极为复杂多变,难以确定。区域地应力反演表明,现代应力作用以径向挤压和轴向拉伸为基本模式,区域张应力方向与隧道走向一致,对隧道围岩稳定性不利,张应力环境下为地下水在裂隙中的入渗提供了通道,加剧了特殊地层的膨胀和腐蚀等不利作用,设计时应充分考虑不利构造应力对隧道结构受力的影响。

(4)对隧道215组围岩进行膨胀性试验表明,若按《铁路工程特殊岩土勘察规程》(TB 10038—2012)、《铁路工程岩土分类标准》(TB 10077—2019)判定标准,仅有少量围岩可判定为弱膨胀岩,其余达不到膨胀判定标准,使得勘察期的试验结果在设计应用时存在一定的局限性和不确定性。含膏岩石的膨胀力具有滞后性和渐进性,现有的试验方法并不一定能真实有效地反映其膨胀特性,不排除含石膏地层的膨胀性在局部地段可能具有弱~中等膨胀。对于膨胀作用产生的附加膨胀荷载如何计算和设计,在现有规范中未见明确的说明,设计时建议按最不利情况考虑。

(5)隧址区内地表水对混凝土具有CO_2侵蚀,煤矿地下水对混凝土具有CO_2硫酸盐复合侵蚀,且隧道含膏岩石广泛分布,两者复合作用也会加速隧道衬砌变形破坏。地下水水质变化及环境水侵蚀问题具有滞后性和隐蔽性,在工程运营期间应注意监测隧道水质变化。同时,隧道围岩水稳定性差,在环境水的作用下,结构破坏、软化、流变、腐蚀等引起岩石强度劣化的作用,导致岩石强度出现衰减破坏,影响隧道围岩的安全稳定。因此,设计时应加强地下水防排水设计,并充分考虑围岩侵蚀弱化、强度降低的风险。

(6)针对特殊地质构造多、地下水发育且具有腐蚀性的特点,隧道整治设计时,除了提高支护结构的防水、防侵蚀性能外,结合正线双侧平行导洞(平导)的设置,通过引排正洞圈地下水,减少了地下水与支护结构的接触,对隧道多因素病害的预防是有效的。针对南吕梁山隧道围岩软化、流变、膨胀性等特点,整治设计时考虑了多因素性耦合作用,在隧道初期支护与二次衬砌之间设置了缓冲层,有效降低了衬砌结构所承担的荷载,并且预留5cm围岩位移余量,为支护体系大大增加了安全系数。

(7)南吕梁山隧道病害整治施工按照"优先考虑物流运输通道"的原则,采取"平导分段落、正洞分区段、强配资源、短平快"的施工组织,采用"仰拱双通道对向物流施工方法、仰拱双栈桥对向物流方法、隧道衬砌混凝土快速安全拆除方法、隧道衬砌混凝土快速安全拆除自动化环切台车、侵隧道全断面防水板铺挂结构、隧道衬砌缓冲层铺挂结构”等多种新工艺和新技术，上行线6个月内快速优质完成正洞全环拆除（扩挖）及恢复4490m、辅助坑道开挖支护6204m；下行线5个月内快速优质完成正洞全环拆除（扩挖）及恢复5842m，辅助坑道开挖支护9024m，实现了对瓦日铁路运输运量影响的最小化，创造了很好的经济和社会效益。

（8）依据病害整治段内隧道穿越地段的围岩岩性、地质构造、地下水发育情况，以及原隧道结构病害发展程度，对于岩性较差、岩质特殊、地质构造复杂、地下水较发育，以及原隧道结构病害发展较为严重的里程区段，共选取32个典型断面开展监测工作，其中上行线4个，下行线28个。监测工作主要包括隧道净空位移、围岩与初期支护间接触压力、初期支护与二次衬砌间接触压力、二次衬砌钢筋应力等。监测结果表明：

①隧道扩挖结束并施作初期支护后，由于围岩应力释放，隧道净空位移、围岩与初期支护间接触压力在短时间（5～10d）内迅速增长，之后逐渐趋于稳定。仰拱扩挖及二次衬砌期间，两者均出现了较小幅度的突增现象。二次衬砌施作后，由于此阶段围岩收敛变形速率已处于较低水平，因此初期支护与二次衬砌间接触压力总体较小，在短期（10d）内快速增长、波动后逐渐趋于稳定。

②由于初期支护与二次衬砌间在边墙处设置了一定厚度（5cm）的缓冲层，使得两侧边墙的初期支护和二次衬砌间接触压力极小，各测点初期支护与二次衬砌间接触压力总体处于较低水平，远远小于A型断面（近圆形）衬砌结构极限承载力，表明了当前衬砌结构具有较大的承载储备量。

③二次衬砌钢筋应力总体处于受压状态，在短期（7d）内快速增长。受混凝土硬化收缩作用，钢筋应力在达到峰之后略有回落，之后继续缓慢增长并逐渐趋于平稳。内侧钢筋应力略大于外侧钢筋应力。

④从监测结果来看，上行线、下行线各断面测点监测值总体趋于稳定，表明了在目前工程地质条件下，采用的衬砌结构设计方案及整治施工方法是合理的。考虑到南吕梁山隧道病害发展具有潜伏期，长期发展变化规律复杂，因此，为保障隧道运营期衬砌结构的长期稳定，需要对各监测断面进行长期监测。

（9）南吕梁山隧道病害的发生，主要受限于专业技术发展水平和相关规范的不完善。针对潜在的隧道病害，特别是隧道开挖后环境变化时所引发的病害显现和发展认识不够充分、深入。通过对南吕梁山隧道病害专题研究，对隧道病害机理的认识和相应设计施工措施的实施已经有了很大的进步，取得了一些有价值的成果，但是对于复杂特殊的地质环境与工程结构的相互作用关系，以及演化发展的认识还仍不够。在今后隧道运营中，由于围岩应力的再次调整、地下水径流状态的再次改变，还有可能出现其他的问题，因此，需要今后继续开展以下研究工作：

①确定隧道膨胀荷载的作用方式和分类分级，研究确定膨胀性岩石的试验方法。

②研究隧道开挖对地下水径流条件的变化规律，提高含膏盐侵蚀、膨胀条件下隧道防排水系统的设计能力。

③研究复杂应力、特殊围岩条件下隧道的精细勘察、精细设计方法和相关技术。

第2章 工程地质及水文地质

南吕梁山隧道通过的地区是以吕梁山脉为主干的构造侵蚀、剥蚀基岩山区地貌。吕梁山地区受中生代燕山期构造控制,以侵蚀作用为主,剥蚀作用次之,是构造运动上升区,以北部五麓山最高,海拔1946m,一般谷岭高差300~500m。西坡断崖出露,山势陡峭。东坡大面积覆盖黄土,地势相对平缓。由于地处中山及低中山地区,植被茂密,植物以自然生长的灌木丛林为主。地貌上属侵蚀~剥蚀区,部分山脊和沟谷两侧有基岩出露。

根据地貌成因类型、形态特征,隧址区地貌类型总体可分为黄土丘陵区和吕梁山脉剥蚀低中山区。黄土丘陵区为隧道出口及通过的第四系覆盖区,梁、塬、峁、沟壑纵横,地形起伏大,海拔600~1300m,相对高差50~200m。微地貌以黄土梁峁和深切冲沟为主,基岩以条带状或零星出露于沟谷底部及两侧。吕梁山脉剥蚀低中山区是隧道通过地段,地形起伏强烈,海拔1000~1500m,大部基岩裸露,局部为黄土覆盖,沟壑纵横。

2.1 气象特征

本区地处中纬度区,属暖温带亚湿润气候区,四季分明,昼夜温差大,蒸发量大于降水量,为大陆性半干旱季风气候。区域主要气象特征参数见表2-1。

南吕梁山隧道区域主要气象特征参数　　表2-1

序号	类别	参数名称	参数值		
			临汾市气象站	蒲县气象站	洪洞气象站
1	气温	年平均气温(℃)	12.3	8.9	12.1
		极端最高气温(℃)	41.9	36.4	40.7
		极端最低气温(℃)	-23.1	-21.8	-18.9
		最冷月气温(℃)	-4.5	-6.3	-6.8
2	降水量	年平均降水量(mm)	500.6	503.2	491.0
		1h最大降水量(mm)	44.3	46.8	41.1
		1d最大降水量(mm)	91.7	69.6	106.6

续上表

序号	类别	参数名称	参数值		
			临汾市气象站	蒲县气象站	洪洞气象站
3	风	年平均风速(m/s)	1.9	3.9	1.9
		最大风速(m/s)	19.0	25.3	16.3
		最多风向	CNE	SSE	CN
4	冻土	最大冻土深度(cm)	60	86	61
5	雪	最大积雪(cm)	16	13	19
6	湿度	最热月平均相对湿度(%)	72	72	72
		最冷月平均相对湿度(%)	55	55	53
7	气候	气候带	北暖温带半干旱	北暖温带轻半干旱	北暖温带重半干旱

2.2　水文特征

区内主要河流有汾河、昕水河,属黄河水系。

2.3　地震区划

根据《南吕梁山隧道工程场地地震安全性评价报告》(山西省地震工程勘察研究院),吕梁山隧道跨地震峰值加速度0.15g区和0.20g区,分界线位置地理坐标为东经111°19′4.8″、北纬36°20′9.6″,位于里程DK309+506附近。地震基本烈度,西北段为Ⅶ度,东南段为Ⅷ度。

南吕梁山隧道不会产生构造地裂及断裂错动活动。隧道进口在遭遇地震烈度为Ⅶ度的地震时,不具有产生地震崩塌及地震滑坡的条件;隧道出口处在遭遇地震烈度为Ⅷ度的地震时,有产生岩层顺层滑坡的可能。

2.4　工程地质

2.4.1　地层岩性

隧址区内古生界、中生界及新生界均有出露,但缺失古生界奥陶系上统、志留系、泥盆系、石炭系下统,以及中生界的侏罗系、白垩系、新生界下第三系中新统。其中,新生界分布面积占总面积的1/3,古生界及中生界为隧道区的主要地层,区域地层见表2-2。

南吕梁山隧道区域地层　　表2-2

序号	界	系	统	组(群)	地层符号	厚度(m)
1	新生界	第四系	全新统	—	Q_4	4~30
			上更新统	—	Q_3	3~30
			中更新统	离石组	Q_2l	40~95
			下更新统	午城组	Q_1w	10~30
		上第三系	上新统	—	N_2	10~84

续上表

序　号	界	系	统	组(群)	地层符号	厚度(m)
2	中生界	三叠系	上统	延长组	T_3y	183 ~ 477
			中统	铜川组	T_2t	444 ~ 634
				二马营组	T_2er	305 ~ 669
			下统	和尚沟组	T_1h	164 ~ 201
				刘家沟组	T_1l	338 ~ 442
3	上古生界	二叠系	上统	石千峰组	P_2sh	97 ~ 175
				上石盒子组	P_2s	412 ~ 511
			下统	下石盒子组	P_1x	54 ~ 68
				山西组	P_1s	26 ~ 63
		石炭系	上统	太原组	C_3t	71 ~ 142
			中统	本溪组	C_2b	5 ~ 33
4	下古生界	奥陶系	中统	峰峰组	O_2f	64 ~ 126
				上马家沟组	O_2s	154 ~ 260
				下马家沟组	O_2x	102 ~ 146
			下统		O_1	65 ~ 132

南吕梁山隧道工程地质纵剖面如图 2-1 所示。

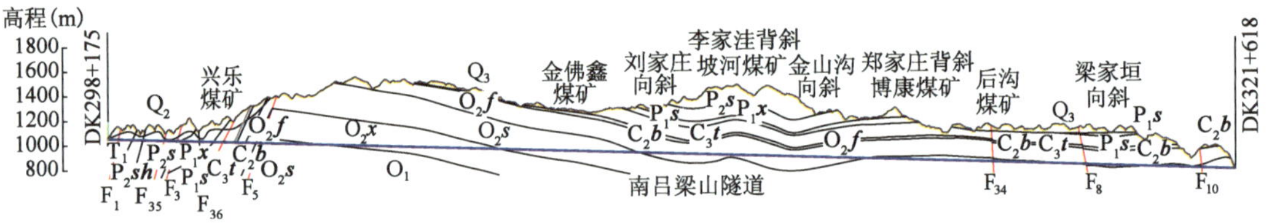

图 2-1　南吕梁山隧道工程地质纵剖面示意图

隧道通过区域地层岩性主要有黄土、砂岩、页岩、泥岩、灰岩、白云质泥灰岩、膏溶角砾岩、页岩夹灰岩、页岩夹砂岩、白云岩与泥灰岩互层、含石膏角砾状泥灰岩、煤层等,围岩坚硬程度及完整性在不同地段、不同深度变化较大。

(1)三叠系下统和尚沟组

分布在隧道进口端,岩性为长石砂岩,紫红色,中厚层状,强风化 ~ 弱风化,细中粒钙质胶结,岩体较完整,单轴抗压强度 69 ~ 77MPa。

(2)二叠系石千峰组

主要分布在隧道进口端,岩性为砂质泥岩、泥质粉砂岩,砖红色、紫红色,弱风化,岩芯呈长柱状夹碎块,岩体较完整,单轴抗压强度 22 ~ 25MPa。

(3)二叠系上石盒子组

主要分布在隧道进口端以及隧道中段洞身上方,主要岩性为:

粉砂质泥岩:褐色、青灰色,层状,强风化 ~ 弱风化,岩芯呈柱状、碎块状,裂隙发育,构造破碎,单轴抗压强度 5 ~ 8MPa,易吸水、崩解。

砂岩：黄绿色、杏黄色，层状，强风化～弱风化，岩芯呈柱状、碎块状，裂隙发育，构造破碎，单轴抗压强度12～36MPa。

(4)二叠系下石盒子组

主要分布在隧道进口端以及隧道中段洞身以上，主要岩性为：

粉砂质泥岩：褐色、青灰色，层状，强风化～弱风化，岩芯呈柱状、碎块状，裂隙发育，构造破碎，单轴抗压强度6～15MPa，易吸水、崩解。

砂岩：黄绿色、灰白色，层状，强风化～弱风化，岩芯呈柱状、碎块状，裂隙发育，构造破碎，单轴抗压强度9～39MPa。

(5)二叠系山西组

主要分布在隧道进口端以及隧道中段洞身以上，主要岩性为：

粉砂质泥岩：灰色，强风化～弱风化，裂隙发育，构造破碎，单轴抗压强度8～14MPa，易吸水、崩解。

砂岩：黄绿色、灰白色，强风化～弱风化，裂隙发育，构造破碎，单轴抗压强度18～28MPa。

煤层：主要为1～3号煤层，新鲜块呈黑～棕黑色，玻璃光泽，裂隙发育，性脆，硬度2.0～2.5，孔隙率2.1%～2.35%，重度13.5～15.5kN/m^3，平均重度13.5kN/m^3，平均燃点381℃。

(6)石炭系太原组

主要分布在隧道进口端以及隧道中段洞身以上，主要岩性为：

灰岩：灰色，含燧石结核，单轴抗压强度18～37MPa。

砂岩：主要为K2、K3、K4灰岩标志层，灰白色，中厚层状，中细粒，底部粗粒，泥质钙质胶结，单轴抗压强度14～32MPa。

页岩：灰色、黑色，薄层状，容易膨胀崩解，单轴抗压强度不超过18MPa。

煤层：主要为7～11号煤层。其中，9～11号煤层为黑～棕黑色，玻璃～金岗光泽，内生裂隙发育，性脆，但比2号煤要有韧性些，硬度2.0～3.0，孔隙率2.1%～2.3%，重度13.5～16.0kN/m^3，重度13.5～14.6kN/m^3，平均重度14.0kN/m^3。

(7)石炭系本溪组

主要分布在隧道进口端以及隧道中段洞身以上，主要岩性为：

铝土质页岩：灰黄色、黑色，强风化～弱风化，薄层状，岩芯呈碎块状夹少量柱状，局部呈泥质，潮湿可塑，单轴抗压强度不超过9～18MPa。

灰岩：灰褐色，强风化～弱风化，岩芯呈短柱状，裂隙发育，较破碎，单轴抗压强度21～42MPa。

(8)奥陶系中统峰峰组

隧道洞身通过的主要地层，主要岩性为：

灰岩：灰色，中厚层状，弱风化，裂隙空隙发育，方解石晶体、钙质重新胶结，岩芯呈柱状，饱和单轴抗压强度37.5MPa。

膏溶角砾岩：泥包石状，泥沙含量占总体积的70%以上，成岩程度差。

含石膏角砾状泥灰岩：灰色夹白色，石膏和泥质与角砾状泥灰岩呈网状交织在一起，遇水容易软化崩解断裂，饱和单轴抗压强度5.9MPa。

(9)奥陶系中统上马家沟组

隧道洞身通过的主要地层，主要岩性为：

白云质灰岩、泥灰岩：灰色、灰黄色，中厚层状，弱风化，岩芯呈柱状、短柱状，溶洞、溶孔、溶隙发育，单轴抗压强度33.3MPa。

豹皮灰岩：灰色，中厚层状，整体性较好，单轴抗压强度31.0MPa。

含石膏角砾状白云质泥灰岩：灰色夹白色，石膏和泥质与角砾状泥灰岩呈网状交织在一起，遇水容易软化崩解断裂，自然单轴抗压强度20.0MPa。

(10)奥陶系中统下马家沟组

主要分布在隧道中前段，洞身通过地层，主要岩性为：

灰岩：灰色，中厚层状，夹泥质白云岩，强度较高，单轴抗压强度66～77MPa。

白云质泥灰岩、钙质页岩：灰色，薄层状，泥质含量较大，强度较低，单轴抗压强度11MPa左右。

(11)奥陶系下统

隧道中前段洞身通过地层，主要岩性为：

白云质灰岩、白云岩：灰色、灰白色，局部含燧石结核，强度较高。

南吕梁山隧道岩石物理力学性质指标见表2-3。

南吕梁山隧道岩石物理力学性质指标　　表2-3

序号	地层	岩石名称	单轴饱和抗压强度（MPa）	单轴干燥抗压强度（MPa）	自然抗压强度（MPa）	自由膨胀率（%）	膨胀应力（kPa）	吸水率（%）	含水率（%）
1	T_1h	泥质砂岩	69.9	77.7		2.86		1.68	
2	P_2sh	泥质砂岩	22.2	25.3		2.75		1.83	
3	P_2s	砂质泥岩			5.8	2.79	2.58	3.84 崩解	2.30
		细粒砂岩	20.6		36.3				0.90
		粗粒砂岩	12.8		16.7				0.65
4	P_1x	泥岩			6.5	2.74	1.39	3.29	1.94
		砂质泥岩			13.3	2.79	0.98	4.23 崩解	1.04
		粉砂岩	9.1		20.1				1.28
		细粒砂岩	29.5		39.4				0.42
		中粒砂岩	21.4		30.7				0.60
5	P_1s	砂质泥岩			13.8	2.73	0.52	1.74	1.61
		粉砂岩	18.6		27.9				1.32
		泥岩			8.6	2.71	0.35	3.80 崩解	2.51
6	C_3t	砂质泥岩			10.8	2.70	0.35	3.10	1.97
		粉砂岩	14.5		32.6				1.39
		中粒砂岩	14.8		19.1				0.91
		泥岩			18.3	2.69	0.29	1.68	1.09
		铝质泥岩				2.66	24.39	0.08 崩解	
		石英砂岩			19.1～47.3				0.07～0.27
		灰岩	34.2		17.9～37.6				0.05

续上表

序号	地层	岩石名称	单轴饱和抗压强度（MPa）	单轴干燥抗压强度（MPa）	自然抗压强度（MPa）	自由膨胀率（%）	膨胀应力（kPa）	吸水率（%）	含水率（%）
7	C_2b	泥岩			17.7	2.69	0.64	1.63	1.19
		铝质泥岩			8.9	2.70	0.69	2.14	1.06
		粉砂岩	33.2		38.4				0.02
		灰岩	21.1		42.8				0.07
		中粒砂岩	13.1		26.1				0.29
8	O_2f^2	灰岩	37.5	35.3		2.83			
9	O_2f^1	含石膏角砾状泥灰岩	5.9	10.1		2.70	25.00	27.00	1.71
10	O_2s^3	白云质灰岩	66.6	35.5		2.75			0.03～1.16
		泥质灰岩	33.3	43.5		2.82		2.00	
		石灰岩	33.0	69.0		2.86			
11	O_2s^2	灰岩	77.0		81.4				0.39
		豹皮灰岩	31.0	40.0	66.3	2.84			0.62
12	O_2s^1	含石膏角砾状泥灰岩			21.0			15.00	9.50
13	O_2x	灰岩	66.7		77.6				0.59
		泥质灰岩			11.1				2.39

2.4.2 地质构造

1）断裂

隧道区西侧以吕梁山坡的紫荆山断裂与鄂尔多斯盆地相接，东侧以霍山断裂与太岳山地接壤，东北为太原盆地，东南为临汾盆地。区内地质构造复杂，经历过多次构造运动，生成了一系列极其复杂的褶皱和断裂构造。

隧道通过地段受近东西向构造应力影响，褶皱、断层发育，主要为吕梁山复式向斜、紫荆山断裂带、罗云山断裂带及其次生构造。隧址区发育数条大断裂及次生断裂，与隧道相交对隧道有重要影响的断层有 F_1、F_3、F_5、F_8、F_{10}、F_{34}、F_{35}、F_{36} 断层。断层带岩体破碎，稳定性差，影响带岩层揉皱现象发育，有突泥涌水风险。

（1）F_1 正断层

断层位于蒲县曹洼、阳庄、化乐一带，区内全长约 13km，总体走向近 SN 向，倾向 NW，倾角 50°～70°，破碎带宽 30～50m 不等。断层沿走向呈舒缓波状，通过处地貌部分成沟，断裂带内岩石破碎，有泉水出露。该断层在地表与隧道线位呈 70°相交于 DK298＋463。

（2）F_3 正断层

断层位于朱家庄、武家洼、瓷窑上一带，测区内长度 11km，往两端延伸较远，断层走向 SN～N10°W，倾向 SW，倾角约 60°，破碎带宽 10～20m。断层以垂直运动为主，断层带内岩体极破碎，断层在地表与隧道线位呈 50°相交于 DK299＋675。

(3) F_5正断层

断层位于夏家山、安子掌一带，往北延伸至峡村一带，是紫荆山断裂带内的主要断层之一，也是对该隧道影响最大的断层。其西侧地质构造属紫荆山断裂带控制，东侧属吕梁山正弦状复式向斜控制。测区内长度约17km，断层走向N~20°W，倾向SW，倾角约70°，断层带宽30~50m。断层以垂直运动为主，断距达到几百米，断面沿走向呈舒缓波状，断层带内岩体极破碎，断层上盘岩层较陡，下盘岩层平缓。断层通过地层为奥陶系灰岩地层，岩体破碎，节理很发育，断层带具有很强的导水性，隧道开挖容易发生突泥涌水。断层在地表与隧道线位呈60°相交于DK301+650。

(4) F_8正断层

断层位于孟家疙瘩、梁家垣一带，测区内长度约3.5km，断层走向N~20°W，推测倾向NE，倾角约65°。断层以垂直运动为主，断层在地表与隧道线位呈60°相交于DK318+400。

(5) F_{10}断层

断层位于房家凹、罗家疙瘩东侧，推测走向N5°E，推测倾向NE，倾角约60°，延伸长度约1km。断层在地表与隧道线位相交于DK320+855。

(6) F_{34}断层

断层与隧道呈直交，延伸长度约1km，推测倾角80°以上，倾向E。断层断距较大，物探显示其具有很强的导水性，隧道上部后沟煤矿采空区的老窖积水很容易沿着断层下渗进入隧道，并可能引起突泥涌水、地下水侵蚀混凝土结构等破坏作用。断层与隧道线位相交于DK316+568。

(7) F_{35}断层

断层呈南北走向，延伸长度约500m，倾向W，推测倾角约60°，为紫荆山断裂带的次级断层，沿断层走向发育串珠状泉水。DZK-4钻孔揭露断层破碎带宽度约3m，岩体呈粉土状，具阻水功能，在断层一侧可能存在承压水，隧道开挖容易发育突泥涌水。断层与隧道线位相交于DK299+415。

(8) F_{36}断层

断层延伸长度约500m，走向N14°E，倾向E，推测倾角约85°，为紫荆山断裂的次级断层。物探显示断层具有很强的导水性，隧道开挖可能发生突泥涌水。断层在地表与隧道线位相交于DK300+090。

2) 褶皱

隧道通过地段褶皱发育，隧道穿越影响较大的褶皱构造有刘家庄向斜、金山沟向斜、马峪沟向斜、后沟向斜、杨家坡向斜等。褶皱内岩体变形扭曲，次级小构造及节理裂隙、节理密集带发育，隧道围岩整体性较差。

(1) 刘家庄向斜

刘家庄向斜南起辛庄，经刘家庄至沟西村村东，走向N20°E，南东翼倾角4°~12°，北西翼倾角5°~12°，两翼基本对称。向斜核部出露二叠系上石盒子组，延伸长度约15km。向斜与隧道相交于DK310+335附近。

(2) 李家洼背斜

李家洼背斜南起后安沟煤窑，北至师家庄村南，走向南段N10°E，北段N40°E，北西翼倾角

5°～22°，南东翼倾角 5°～15°。背斜核部地层在线路两侧主要出露二叠系上石盒子组，延伸长度约 15km。背斜在地表与线路相交于 DK311+025 附近。

（3）金山沟向斜

金山沟向斜南起老年坡村西，北出测区，是隧道区的主体向斜构造，南部走向约 N10°E，中部 N30°E，北部约 N10°E。北西翼倾角一般为 8°左右，最大约 19°。南东翼倾角约 10°，最大约 26°。向斜核部地层为二叠系上石盒子组，区内延伸最长约 22km。向斜在地表与线路相交于 DK312+435 附近。

（4）郑家庄背斜

郑家庄背斜南起蒿凹村西，往北延伸至测区以外，走向 N10°～25°E，两翼倾角 5°～18°。背斜核部出露二叠系下石盒子组地层，区内延伸约 10km。背斜在地表与线路相交于 DK313+785 附近。

（5）梁家垣向斜

梁家垣向斜南起闫马河村，往北延伸至孟家疙瘩村附近，走向 N25°E，两翼倾角约 15°。核部在地表与线路相交于 DK319+060 附近。

南吕梁山隧道其他褶皱构造参数见 2-4。

南吕梁山隧道其他褶皱构造参数　　表 2-4

序号	构造名称	轴面走向	核部地层	延伸长度(km)
1	后沟向斜	SE	P_2s	3.5
2	东沟背斜	N30°～45°E	C_3t	3
3	杨家坡向斜	N60°～70°E	C_3t	5
4	梁家垣背斜	N25°E	C_3t	3
5	古县背斜	N15°E	C_3t	1.5
6	崔家沟背斜	呈 S 形	P_1s	1.4
7	马峪沟向斜	N25°E	P_1x	1.8
8	前红土梁背斜	N25°E	P_2s	1.1

3）节理

隧址区岩体大部分受挤压影响形成密闭～微张的剪节理，少部分岩体受正断层错动影响形成宽张的不规则张节理。

（1）三叠系

三叠系地层发育 2 组节理，节理发育较规则，2 组节理呈 X 形将岩体切割为大块状，属节理较发育地层。

2 组节理特征分别为：①走向 0°～N15°W，倾向 S，倾角 70°以上，节理间距 0.1～0.3m；②走向N50°E～N70°E，多数倾向 S，倾角一般在 70°以上，节理间距约 0.5m。

（2）二叠系

二叠系地层发育 4 组节理，4 组节理呈“米”字形将岩体切割为块状，属节理发育地层。

4 组节理特征分别为:①走向 N40°W,多数倾向 S,倾角 70°以上,少量垂直发育,节理间距 0.1～0.4m;②走向 N60°W～N85°W,多数倾向 N,倾角 65°～90°,节理间距 0.5～0.8m;③走向 N10°W～N50°E,多数倾向 S,倾角 70°以上,节理间距 0.1～0.3m;④走向 N70°E～N85°E,多数倾向 NW,倾角 75°以上,节理间距 0.2～0.6m。

(3)石炭系

石炭系地层发育 5 组节理,岩体一般被切割呈碎块状,属节理很发育地层。

5 组节理特征分别为:①走向 N40°W,多数垂直发育,节理间距 0.2～0.5m;②走向 N60°W,多数倾向 NE,倾角 70°,少数直立,节理间距 0.1～0.3m;③走向 N32°W,多数倾向 SE,倾角 60°以上,节理间距 0.1～0.3m;④走向 N53°E,多数倾向 SE,倾角 75°以上,节理间距 0.1～0.6m;⑤走向 N82°E,多数近直立,节理间距 0.2～0.5m。

(4)奥陶系

奥陶系地层发育 3 组节理,3 组节理特征分别为:①走向 N5°E～N25°E,多数倾向 SE,部分直发育,节理间距一般小于 0.4m;②走向 N40°E～N60°E,多数倾向 SE,倾角 70°,少数直立,节理间距一般小于 0.4m;③走向 N55°W,多数倾向 SW,少量倾向 N,倾角 80°以上,节理间距 0.1～0.7m。

2.5 水文地质

隧道区位于一个受紫荆山断裂和罗云断裂所控制的复式向斜构造带内,主要呈现低中山区水文地质特征。区内地表径流较弱,大气降水多沿裂隙下渗,为地下水的主要补给源。地下水径流条件较好,沿沟谷及岩体裂隙排泄成泉,但地下水位及水量随季节变化显著。此外,吕梁山两侧分布黄土丘陵,呈现出黄土丘陵区水文特征,地面总体以一定的坡度向东西两侧倾斜,冲沟发育,地表径流条件较好,下伏基岩裂隙水、岩溶水。

综合考虑地貌、地质构造等特征,以吕梁山山地与汾河谷地西侧洪积倾斜平原分界线为界,将本区划分为两个水文地质单元,界线以西为吕梁山南段水文地质单元,以东为临汾盆地水文地质单元。隧址区水文地质单元分区如图 2-2 所示。

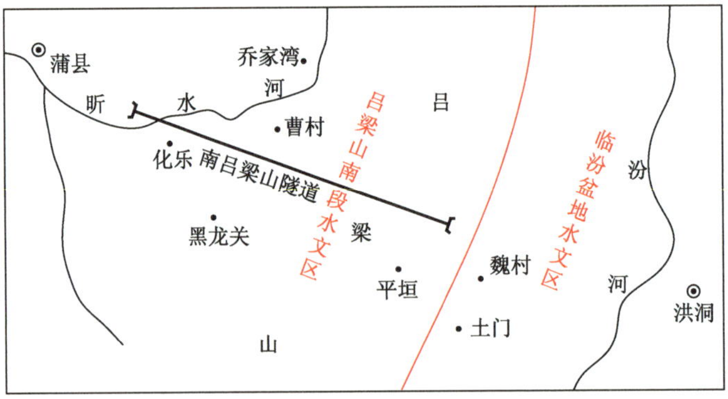

图 2-2　南吕梁山隧道区域水文地质单元分区图

吕梁山南段水文区正常年降水量 550～600mm,地下水径流模数:灰岩区 10 万～15 万 $m^3/(年\cdot km^2)$,其他地段 4 万～5 万 $m^3/(年\cdot km^2)$。

2.5.1　地下水类型

隧址区地下水类型划分为三类：松散岩类孔隙水、碳酸盐裂隙岩溶水、基岩裂隙水。

1）松散岩类孔隙水

松散岩类孔隙水主要分布在隧道进口端浅埋段。进口端浅埋段主要为昕水河上游各支流沟谷河道。

2）碳酸盐裂隙岩溶水

碳酸盐裂隙岩溶水含水介质以溶蚀裂隙为主。吕梁山大面积分布的碳酸盐岩层为地下水补给区，以向斜构造为主径流，形成龙子祠泉为排泄基准的奥陶系水文地质单元。

3）基岩裂隙水

基岩裂隙水分为两类：一类是三叠系、二叠系碎屑岩类基岩裂隙水；另一类为石炭系碎屑岩夹碳酸盐岩类基岩裂隙水。在隧道进口段三叠系和二叠系砂岩、页岩含水层水位均较高，埋深均在 15m 以内。

2.5.2　地下水侵蚀性

隧址区地表水与地下水均属 HCO_3^{-}-SO_4^{2-}-Ca^{2+}-Mg^{2+}、HCO_3^{-}-Ca^{2+}-Mg^{2+}、SO_4^{2-}-HCO_3^{-}-Ca^{2+}-Mg^{2+} 型水。地表水为弱碱性水，地下水为弱酸性水。

根据取样室内水质分析，按照《铁路工程地质勘察规范》（TB 10012—2019），判定地表泉水对混凝土侵蚀类型为 CO_2 侵蚀，环境水作用等级为 H1。

地下水对混凝土的侵蚀类型主要为硫酸盐侵蚀。根据 DZK-11、XZK4-2 钻孔水样，由于含煤地层影响，地下水硫酸盐侵蚀等级为 H2。阎家沟深井水样、石家庄深井水样、DZK-9、DZK-10、DZK-20 钻孔水样硫酸盐侵蚀等级属于 H1。隧道施工时，应在洞内采取地下水样，核实判定地下侵蚀等级。

南吕梁山隧道地下水侵蚀类型均为 SO_4^{2-} 侵蚀，分区见表 2-5。

南吕梁山隧道地下水侵蚀性分区　　表 2-5

序号	里　程	侵蚀等级	地质说明
1	DK299 +650 ~ DK300 +900	H2	正穿含煤地层
2	DK302 +200 ~ DK303 +500	H1	正穿含石膏地层
3	DK306 +300 ~ DK309 +700	H1	正穿含石膏地层且下穿含煤地层
4	DK309 +700 ~ DK310 +700	H1	下穿煤层、刘家庄向斜
5	DK312 +000 ~ DK313 +000	H1	下穿煤层、金山沟向斜
6	DK313 +000 ~ DK315 +600	H1	正穿含石膏地层且下穿含煤地层
7	DK315 +600 ~ DK316 +678	H2	下穿后沟煤层采空区、F_{34} 断层
8	DK316 +678 ~ DK318 +600	H1	正穿含石膏地层且下穿含煤地层
9	DK318 +500 ~ DK318 +600	H1	下穿煤层、F_8 断层
10	DK318 +800 ~ DK319 +200	H1	正穿含石膏地层且下穿含煤地层、梁家垣向斜

2.5.3 隧道涌水量

根据区域水文地质及工程地质资料，综合考虑隧道围岩、地下水赋存规律，隧道址区大气降水、地表水的直接入渗是地下水的主要补给来源。隧道涌水量采用大气降水入渗法和地下径流模数法进行分析预测。

隧道涌水量除受岩溶发育和水文地质条件控制外，具有季节性变化大的特点。预测隧道涌水量时，分别计算正常涌水量和雨季最大涌水量。南吕梁山隧道预测涌水量见表2-6。

南吕梁山隧道预测涌水量 表2-6

序号	里　程	分段汇水面积(km^2)	计算方法	分段涌水量(m^3/d)
1	DK298+150~DK300+900	13.20	降水入渗法	3640
2	DK300+900~DK301+650	3.40		1875
3	DK301+650~DK307+300	23.21	地下径流模数法	11733
4	DK307+300~DK309+500	8.63		5162
5	DK309+500~DK311+000	7.88		3629
6	DK311+000~DK312+000	3.16		874
7	DK312+000~DK313+500	7.16		3261
8	DK313+500~DK315+000	3.80		1051
9	DK315+000~DK317+000	8.18	降水入渗法	3366
10	DK317+000~DK318+300	3.56		977
11	DK318+300~DK319+400	3.30		1358
12	DK319+400~DK320+400	3.10		850
13	DK320+400~DK321+000	3.36		1383
14	DK321+000~DK321+618	3.95		1084

综合考虑各种因素后，预测隧道正洞正常涌水量为40243m^3/d，最大涌水量取正常涌水量的3倍，为120729m^3/d。

2.6 不良地质及特殊岩土

2.6.1 煤层

隧道穿越二叠系下统下石盒子组和山西组、石炭系太原组和本溪组煤系地层。隧址区煤系地层厚度约236m，含煤13层，煤层总厚9.66m，含煤系数8.4%。主要含煤地层是二叠系下统山西组和石炭系上统太原组，其中二叠系下统山西组含煤4层，从上往下依次是1号、2号、2号下、3号，稳定可采煤层是2号。石炭系上统太原组含煤9层，从上往下依次是4号、5号、6号、7号、7号下、8号、9号、10号、11号，稳定可采煤层是9号、10号、11号。

根据沿线几个煤矿的试验资料和本次勘察钻孔取的煤样试验资料，2号煤层、9号煤层、10号煤层、10号下煤层、11号煤层具有煤尘爆炸危险。2号煤层、9号煤层、10号下煤层、11号煤层自燃倾向等级为Ⅰ~Ⅱ类，为自燃煤。南吕梁山隧道与煤层关系见表2-7。

南吕梁山隧道与煤层关系 表 2-7

序号	里程	与煤层关系	备注
1	DK300 +180 ~ DK300 +900	穿越	隧道穿越工区判定为高瓦斯工区
2	DK307 +900 ~ DK320 +400	下穿	其中 DK310 +000 ~ DK310 +600,刘家庄向斜核部,洞顶与煤层相距仅 95m;DK312 +250 ~ DK312 +750,金山沟向斜核部,洞顶与煤层相距仅 73m

根据 DZK-6 钻孔资料,预测隧道正洞揭煤里程及煤层情况见表 2-8。

南吕梁山隧道揭煤情况 表 2-8

序号	揭煤里程	煤层编号	煤层厚度(m)	煤层倾角(°)	煤层与隧道交角(°)
1	DK300 +495	1 号	0.45	36	79
2	DK300 +586	2 号	3.80		
3	DK300 +830	8 号	1.30		
4	DK300 +857	9 号	0.65		
5	DK300 +900	11 号	5.60		

2.6.2 瓦斯

隧址区煤层具有较强的生烃能力,易产生 CH_4、CO_2、SO_2 等有害气体,煤层与瓦斯均具有突出危险性。据历史资料记录,测区煤矿发生过多起瓦斯爆炸事故。对部分深孔进行了煤层坚固性及煤层瓦斯压力测定试验,试验结果见表 2-9。

部分深孔煤层坚固性系数及瓦斯压力试验结果 表 2-9

序号	钻孔编号	试验煤层	煤层坚固性系数	煤层瓦斯压力(MPa)
1	XZK3-2	2 号	0.21	0.822
		9 号	0.50	
		10 号下	0.46	0.888
		11 号	0.70	0.966
2	DZK-10	2 号	0.63	
		9 号	0.41	
		11 号	0.49	
3	DZK-12	10 号	0.65	
		10 号下	0.52	
		11 号	0.70	
4	DZK-13	11 号	0.46	

借鉴隧址区周边矿井瓦斯等级鉴定结果、煤层相关资料,结合现场部分钻孔试验,并通过理论计算,隧道正洞 DK299 +650 ~ DK301 +000 段穿越二叠系下统下石盒子组和山西组、石炭系太原组和本溪组煤系地层。其中 DK300 +180 ~ DK300 +900 段,隧道分别揭 1 号、2 号、8 号、9 号、11 号煤层,煤层厚度分别为 0.45m、3.80m、1.30m、0.65m、5.60m,煤层具有自燃性,煤尘具有爆炸性,该段主要为瓦斯逸出段,瓦斯可能聚焦,容易发生煤尘和瓦斯综合性爆炸,根

据理论计算的瓦斯相对逸出量，该工区属高瓦斯工区。

另外，由于该段位于紫荆山断裂带内，地下水发育，地下水具有硫酸盐侵蚀性。含煤地层泥页岩较多，岩体节理发育、破碎，属较软岩，强度较低，具膨胀性，长时间暴露易开裂，遇水易软化，洞顶易塌方，洞壁容易大变形。风化煤层强度低，自稳性差，容易塌落形成空洞。

2.6.3 采空区

隧道 DK313+700～DK313+850 段，隧道正洞上方博康煤矿存在1个采空区，采空区面积约 60914m^2，高程在 1010～1050m 之间，距离隧道洞顶约 150m。物探显示采空区内积水。根据附近 DZK-11 钻孔（DK313+913）在太原组中取的水样化验显示，SO_4^{2-} 离子深度达到 1453.77mg/L，煤矿地下水具有较强的 SO_4^{2-} 侵蚀性，环境作用等级为 H2。此段位于郑家庄背斜核部，节理发育，采空区内的积水容易下渗和扩散。

隧道 DK315+750～DK316+700 段，上方是后沟煤矿矿区，开采 10 号煤层，存在 1 个采空区，采空区面积约 1001105m^2，高程在 1040～1090m 之间，距离隧道洞顶约 190m。物探显示采空区内积水，F_{34} 断层位于此段内，具有良好的导水性，有发生突泥涌水的可能。

根据附近矿井开采资料，其余各煤矿采空区距离隧道较远，平面距离隧道线位都大于 420m，采空区对隧道的影响较小，但存在侧向地下水补给发生涌水的可能。

2.6.4 岩溶

隧道沿线广泛分布奥陶系可溶岩地层，存在岩溶不良地质问题。测区内岩溶只在奥陶系中统峰峰组、上马家沟组、下马家沟组等碳酸盐岩地层中发育，这些地层主要岩性是石灰岩、泥质灰岩、白云质灰岩、白云岩和石膏夹层等。

1）DK301+000～DK301+650 段

隧道沿线属于裸露型岩溶区，构造上位于紫荆山断裂带，节理裂隙发育。DZK-19 钻孔揭示奥陶系中统碳酸盐岩地层岩体破碎，溶洞发育，洞径一般为 0.5～2.0m。本段属岩溶中等发育段。

2）DK301+650～DK306+600 段

隧道沿线属于裸露型岩溶区或浅覆盖型岩溶区，本段地表没有发现溶洞、漏斗，DZK-8、DZK-16、DZK-20 三个钻孔揭示岩溶形态以溶孔和溶隙为主，浅部地层岩体破碎、泥沙充填，本段岩溶裂隙发育，可能存在直径小于 0.2m 的小溶洞，但裂隙连通性较差，属岩溶弱发育段。

3）DK306+600～DK309+350 段

隧道沿线属浅覆盖型岩溶区，DZK-21 钻孔钻进碰到多个大型溶洞，洞径一般为 10～30m，泥沙充填，钻进过程泥浆全漏。本段属岩溶中等发育段。

4）DK309+350～DK316+000 段

隧道沿线属埋藏型岩溶区，构造上位于复式向斜核部，且发育多个次级褶皱，节理裂隙发育。DZK-10、DZK-11、DZK-12 等钻孔揭示峰峰组岩溶不发育、裂隙不连通或连通性差，上马家沟组发育溶隙、溶孔。本段属岩溶微弱发育段。

5)DK316+000~DK321+618段

隧道沿线属于裸露型或浅覆盖型岩溶区,构造上位于复式向斜东翼,发育3条较小规模断层,节理裂隙发育。DZK-13、DZK-14、DZK-15、DZK-17等钻孔揭示峰峰组上段灰岩溶孔、溶隙发育,峰峰组下段石膏夹层溶蚀形成洞穴,角砾状泥灰岩呈散体状和泥沙充填,成岩性差。上马家沟组溶孔、溶隙发育,在DZK-15钻孔中还发现串球状、直径0.5~1.0m的溶洞,溶洞干涸,无充填。本段属岩溶中等发育段。

6)其他段落

根据物探,DK302+860~DK303+004段隧道正上方约5m位置岩溶发育,DK301+823~DK301+916段隧道穿过岩溶区,地下水发育。

2.6.5 突泥涌水

根据隧址区构造特征、水文地质条件及岩溶发育规律,隧道开挖时各段产生集中涌水或突水可能性程度为:①可溶岩和非可溶岩接触带,涌水的可能性大,突水的可能性中等;②可溶岩段、不同岩性接触带,涌水和突水的可能性大;③蓄水向斜、背斜,涌水和突水的可能性大;④断层破碎带及影响带,涌水和突水的可能性大;⑤隧道浅埋且地表发育水系的地段,涌水和突水的可能性大;⑥煤矿采空区,涌水和突水的可能性大。

(1)DK299+300~DK300+300段

发育F_3、F_{35}、F_{36}断层,地下水位高出洞顶,可能发生突泥涌水。隧道上方地表泉水出露,是当地村庄的水源地。

(2)DK300+300~DK300+900段

煤层瓦斯段,地下水可能具有硫酸盐侵蚀性。

(3)DK300+900~DK301+700段

发育F_5断层及小型溶洞,岩体破碎,极有可能发生涌水。

(4)DK307+000~DK309+500段

下穿曹村煤矿、金佛鑫煤矿、坡河煤矿采空区,采空区的地下水容易沿构造入渗隧道,可能发生涌水。煤矿地下水具有侵蚀性。

(5)DK309+700~DK310+700段

位于刘家庄向斜核部,可能发生涌水。

(6)DK312+000~DK313+000段

位于金山沟向斜核部,可能发生涌水。

(7)DK315+700~DK316+700段

位于后沟煤矿采空区段,发育F_{34}断层。采空区的地下水容易沿构造入渗隧道,可能发生涌水。煤矿地下水具有侵蚀性。

(8)DK318+400~DK318+700段

发育F_8断层,可能发生涌水。

(9)DK320+500~DK321+100段

发育F_{10}断层,地表深沟发育,隧道埋深浅,溶洞发育,膏溶角砾岩发育,可能发生突泥涌水、塌方。

2.6.6 含石膏地层

根据区域地质资料和深孔钻探成果，隧道勘察区内石膏矿规律为：①含石膏地层主要赋存在奥陶系中统峰峰组第一段、上马家沟组第一段和下马家沟组第一段泥灰岩地层中；②含石膏地层存在3种形态，即夹细晶石膏层地层、含石膏脉地层和膏溶角砾岩地层。

(1)夹细晶石膏层地层

在奥陶系中统碳酸盐岩地层中发现细晶石膏层，似层状、透镜体，产出不稳定，局部地段可开采，可视为良好的相对隔水层。当上覆地层裂隙发育时，灰岩中的石膏夹层可能会形成局部上层滞水，隧道开挖有涌水的可能。

(2)含石膏脉地层

在峰峰组第一段和上马家沟组第一段中见到石膏脉，质纯透明，呈纤维状充填于不规则的泥灰岩、白云质灰岩裂隙中。钻孔岩芯一般呈长柱状、柱状，岩体较完整，但岩体的饱和抗压强度一般低于10MPa，属于极软岩或软岩，浸水一般2h就软化膨胀崩解。

(3)膏溶角砾岩地层

一般在埋深较浅、构造裂隙发育、地表沟壑汇水的峰峰组第一段发育。由于地表水入渗，造成地层石膏夹层溶蚀严重，表土泥沙被地下水带入充填裂隙，岩体呈泥包石状，这种岩体一般称作膏溶角砾岩。勘察测绘中，在出口段深沟外露峰峰组第一段及DZK-8、DZK-13、DZK-14、DZK-15、DZK-16、DZK-20、DZK-21等钻孔揭示的峰峰组第一段均有发现。

膏溶角砾岩一般呈深灰、灰黄色，主要由黏土、砾、角砾组成，其中角砾由白云质灰岩、泥灰岩组成，成岩程度低。其岩体结构存在很大的差异，强度不均匀，胶结状态发育3种类型：①无胶结、不含角砾，一般呈土状或散体状；②半胶结含少量角砾，一般呈块状；③钙质胶结含角砾状，一般呈柱状。

根据室内试验及相关资料得知，膏溶角砾岩单轴饱和抗压强度极低，一般为0.43～10.8MPa，隧道开挖后稳定时间很短，容易发生坍塌和大变形。膏溶角砾岩如果遇水则强度很快降低，极易崩解软化，同时具有弱～中等程度的膨胀性，其自由膨胀率为40%～66%。

根据水样水质分析成果，奥陶系地层中石膏溶蚀会造成地下水中SO_4^{2-}离子的含量显著增加，其盐分对混凝土具有侵蚀作用。

另外，埋藏较深的峰峰组第一段发育网络状含石膏角砾状灰岩、泥灰岩，由于石膏夹层一般不溶蚀，而是和泥质与角砾状泥灰岩呈网状交织在一起，钻孔岩芯一般呈长柱状、柱状，岩体较完整，一般称为含石膏角砾状泥灰岩，岩体的单轴饱和抗压强度一般低于10MPa，属于极软岩或软岩。

2.6.7 褶皱及断层破碎带

隧道通过段经历多次构造运动后，生成了一系列极其复杂的褶皱和断裂构造，使测区工程地质条件及水文地质条件复杂，围岩稳定性总体比较差。

隧道穿越的褶皱有刘家庄向斜、李家洼背斜、金山沟向斜、郑家庄背斜、梁家垣向斜等褶皱构造。褶皱构造发育影响带内岩体发生变形扭曲，次级小构造及节理裂隙、节理密集带发育，岩体层面受构造影响局部呈舒缓波状,小型的褶曲倒转也时有出现,褶皱构造作用使隧道围岩整体性较差,降低了围岩的稳定性。

和隧道相交并对隧道有重要影响的断层共8条。其中紫荆山断裂带内发育5条断层,为F_1、F_3、F_5、F_{35}、F_{36};吕梁山复向斜构造内发育3条断层,为F_8、F_{10}、F_{34}。断层带岩体破碎,稳定性差,影响带岩层揉皱现象发育,有突泥涌水及塌方落石危险。

2.6.8 高地应力

隧道通过区域,部分地段洞身埋深大,区域内构造作用强烈,褶皱及断裂发育。根据地应力测试结果,隧址区最大水平主应力优势方向总体为NNE,最大水平主应力为15~20MPa,最小水平主应力为10~12MPa,垂直主应力为11~12MPa,地应力特征以水平构造应力为主。该隧道岩石的原地抗压强度一般为3~5MPa。

DK302+700~DK306+400段存在高地应力,围岩为灰岩、白云质灰岩、泥灰岩、豹皮灰岩等,属硬岩,岩体较完整~较破碎,位于垂直渗流带内,可能存在轻微~中等程度的岩爆。

DK310+000~DK312+700段存在高地应力,围岩为含石膏角砾状泥质灰岩、膏溶角砾岩,属软岩、极软岩,岩体较完整,垂直渗流带内,存在围岩大变形的危害。

2.6.9 膨胀性岩土

隧道穿越地层发育有膏溶角砾岩、页岩、泥岩、泥质灰岩,页岩、泥岩在地面常风化剥蚀呈鳞片状,室内试验也表明该地层具有一定的膨胀性,泥质灰岩具有微弱膨胀性。隧道施工通过该地层时,存在岩体因膨胀、崩解引起围岩失稳的可能。

2.6.10 水平岩层

隧道穿越吕梁山复式褶皱带地区(DK306+000~DK321+618)发育大范围产状平缓的地层,隧道穿越这些岩层时,可能因岩体受层面及节理裂隙组合切割,形成楔块而造成拱顶坍塌,引起围岩失稳。

第 3 章

隧道前期病害情况

南吕梁山隧道 2010 年 5 月 18 日开工建设，2013 年 6 月 29 日隧道贯通，2014 年 12 月 30 日开通运营。隧道开通运营里程与施工期隧道里程对应关系见表 3-1。

南吕梁山隧道开通运营里程和施工期隧道里程对应关系　　表 3-1

时间	左线（下行线）			右线（上行线）		
	进口里程	出口里程	长度（m）	进口里程	出口里程	长度（m）
施工期	DK298 + 175	DK321 + 618	23443	DK298 + 144	DK321 + 628	23484
运营期	K284 + 560	K308 + 003		K284 + 529	K308 + 013	

注：隧道开通过运营里程与施工期隧道里程换算关系为：K = DK − 13615，其中，K-隧道开通运营里程，DK-隧道施工期里程。

3.1　第一阶段病害（2014 年）

3.1.1　病害情况

2014 年 7 月，隧道开通运营前，左线 DK319 + 342 ~ DK319 + 396（K305 + 727 ~ K305 + 781，54m）和右线 DK319 + 311 ~ DK319 + 387（K305 + 696 ~ K305 + 772，76m）段相继发生二次衬砌开裂现象，段落长度共计 130m。开裂主要表现为边墙内鼓、混凝土剥落、水沟及电缆槽盖板翘起。开裂段有渗水，但排水盲管已被白色结晶体完全堵塞。病害情况如图 3-1 所示。

3.1.2　病害原因分析

病害段位于梁家垣向斜核部，设计地质为含石膏角砾状泥灰岩、膏溶角砾岩，岩体破碎，V 级围岩。设计支护参数为：初期支护全环格栅钢架，间距 1.0m/榀；C25 喷射混凝土，厚度 20cm；C30 素混凝土衬砌，边墙厚度 35cm，仰拱 40cm。

通过对病害情况进行分析，认为病害原因主要为：

（1）开裂段围岩富水，透过隧道排水系统向隧道内排泄，但常年缓流下，大部分排水盲管被白色结晶体完全堵塞,从而在二次衬砌背后形成静水压力,导致二次衬砌开裂。

(2)该段围岩为膏溶角砾岩与含石膏角砾状泥灰岩,遇水具有一定的膨胀性。

(3)初期支护混凝土局部有侵蚀情况。

a)边墙内鼓

b)盲管堵塞

图 3-1 第一阶段病害照片

3.1.3 病害整治

病害整治措施主要为:

(1)拆除病害段二次衬砌。

(2)对左线 DK319 +350 ~ DK319 +380(K305 +735 ~ K305 +765,30m)和右线 DK319 +320 ~ DK319 +350(K305 +705 ~ K305 +735,30m)共 60m 严重开裂段落重新施作初期支护。初期支护采用 I18 钢架,间距 0.5m/榀;掺加防腐剂,喷射 C25 抗侵蚀混凝土;对隧道基底采用小导管注浆加固,注浆管间距 2m×2m,深度 3.5m。

(3)采用排水板排水。环向盲管纵向间距 1.0m,并与边墙横向排水管连接,出水口设置在水沟盖板以上位置。

(4)采用 C40 钢筋混凝土衬砌,厚度 40cm。

3.2 第二阶段病害(2015 年)

3.2.1 病害情况

2015 年 3 月 16 日,运营单位排查时发现隧道衬砌结构发生多处病害。病害主要表现为衬砌开裂、水沟内挤变形、道床板上拱、裂缝渗漏水、混凝土侵蚀等。衬砌开裂以纵向、环向裂缝为主,局部为斜向裂缝。纵向裂缝多数位于水沟以上 1.5 ~ 1.6m 处,裂缝长度几米到几十米不等,间隔分布,裂缝宽度 0.5 ~ 1.5mm。裂缝渗漏共 7 处,其中上行线 3 处、下行线 4 处。混凝土侵蚀 7 处。

第二阶段病害状况如图 3-2 所示。

对病害进行调查统计,结果见表 3-2、表 3-3。

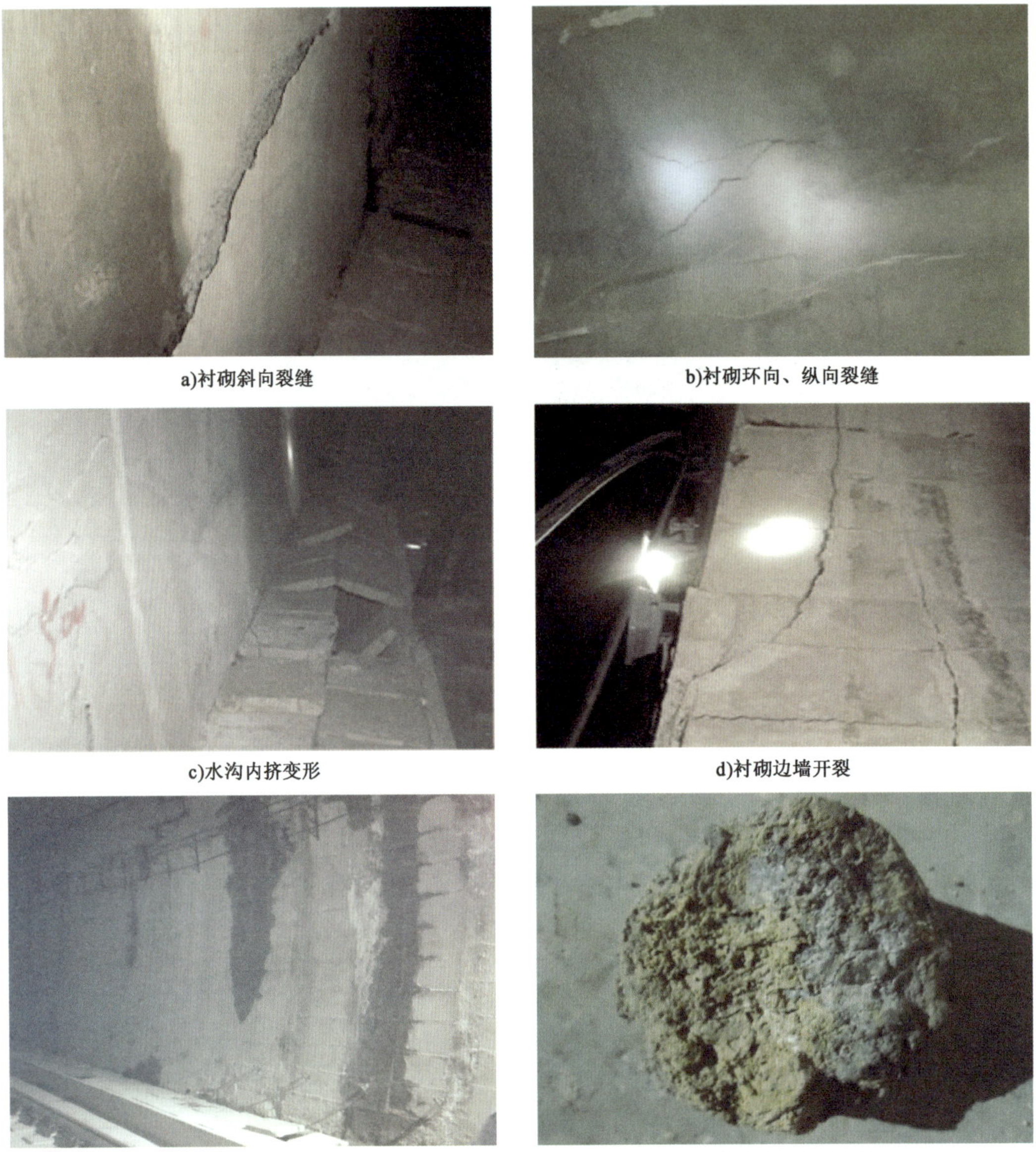

a)衬砌斜向裂缝　b)衬砌环向、纵向裂缝　c)水沟内挤变形　d)衬砌边墙开裂　e)边墙渗漏水　f)初期支护混凝土侵蚀

图 3-2　第二阶段病害照片

上行线衬砌裂缝调查统计表(第二阶段)　　表 3-2

序号	里　程	部位	裂缝类型	裂缝情况		
				长度(m)	宽度(mm)	与水沟盖板面距离(m)
1	K305 +008	左边墙	环向裂缝	3	0.2	1
2	K305 +024 ~ K305 +030	右边墙	纵向裂缝	6	0.5	4
3	K305 +071	右边墙	环向裂缝	4	0.2	1.5

续上表

序号	里　　程	部位	裂缝类型	裂缝情况		
				长度(m)	宽度(mm)	与水沟盖板面距离(m)
4	K305 +165	右边墙	环向裂缝	2	0.8	2
5	K305 +197	左边墙	环向裂缝	3	0.6	1
6	K305 +252	右边墙	斜向裂缝	3.5	1.0	
7	K305 +260	左边墙	环向裂缝	2.5	0.5	2
8	K305 +323	右边墙	环向裂缝	2	0.4	1
9	K305 +386 ~ K305 +396	左边墙	纵向裂缝	10	0.5	3
10	K305 +417	右边墙	斜向裂缝	4	1.0	
11	K305 +480	右边墙	环向裂缝	4	0.2	1
12	K305 +543	右边墙	环向裂缝	3	0.2	1
13	K305 +569 ~ K305 +574	左边墙	纵向裂缝	5	0.5	3
14	K305 +606 ~ K305 +618	右边墙	纵向裂缝	12	1.0	3
15	K305 +638	左边墙	环向裂缝	3	0.4	1
16	K305 +669	左边墙	环向裂缝	2	0.5	1.5
17	K305 +701	左边墙	环向裂缝	3	0.4	1
18	K305 +707	右边墙	斜向裂缝	3.5	0.4	
19	K305 +732	左边墙	环向裂缝	3	0.4	1
20	K305 +764	左边墙	环向裂缝	4	0.5	1
21	K305 +764	右边墙	环向裂缝	4.5	0.2	1
22	K305 +794 ~ K305 +804	左边墙	纵向裂缝	10	1.0	3
23	K305 +795 ~ K305 +805	右边墙	纵向裂缝	10	0.5	3
24	K305 +795	右边墙	环向裂缝	3	0.4	1
25	K305 +804	右边墙	环向裂缝	3	0.5	1
26	K305 +827	右边墙	环向裂缝	2	1.0	1
27	K305 +890	右边墙	斜向裂缝	3.5	0.4	
28	K305 +934	右边墙	环向裂缝	3	0.5	1

下行线衬砌裂缝调查统计表(第二阶段)　　表3-3

序号	里　　程	部位	裂缝类型	裂缝情况		
				长度(m)	宽度(mm)	与水沟盖板面距离(m)
1	K304 +914 ~ K304 +917	左边墙	纵向裂缝	3	0.4	3
2	K304 +994 ~ K305 +004	左边墙	纵向裂缝	10	0.2	1
3	K305 +054 ~ K305 +064	右边墙	纵向裂缝	10	0.3	1
4	K305 +094	左边墙	斜向裂缝	3	0.3	
5	K305 +174 ~ K305 +184	左边墙	纵向裂缝	10	0.2	2
6	K305 +194 ~ K305 +204	右边墙	纵向裂缝	10	0.3	1

续上表

序号	里　　程	部位	裂缝类型	裂缝情况		
				长度(m)	宽度(mm)	与水沟盖板面距离(m)
7	K305 +234 ~ K305 +244	右边墙	纵向裂缝	10	0.2	1
8	K305 +256	左边墙	斜向裂缝	3.5	1.0	
9	K305 +256 ~ K305 +266	左边墙	纵向裂缝	10	0.8	1
10	K305 +279	左边墙	环向裂缝	4	0.2	1
11	K305 +378	右边墙	斜向裂缝	3.5	1.0	
12	K305 +394 ~ K305 +404	右边墙	纵向裂缝	10	0.3	1
13	K305 +405	左边墙	斜向裂缝	2	0.3	
14	K305 +415 ~ K305 +420	左边墙	纵向裂缝	5	0.2	2
15	K305 +432	左边墙	斜向裂缝	3	0.2	
16	K305 +444	左边墙	斜向裂缝	4	0.5	
17	K305 +504	右边墙	斜向裂缝	5	0.9	
18	K305 +564	左边墙	斜向裂缝	2	0.3	
19	K305 +664 ~ K305 +679	右边墙	纵向裂缝	15	0.2	5
20	K305 +684 ~ K305 +689	右边墙	纵向裂缝	5	0.2	1
21	K305 +697	左边墙	环向裂缝	3	0.8	1
22	K305 +717	右边墙	斜向裂缝	3.5	0.5	
23	K305 +731 ~ K305 +739	右边墙	纵向裂缝	8	0.2	1
24	K305 +934	左边墙	环向裂缝	3	0.7	1
25	K305 +934 ~ K305 +956	左边墙	纵向裂缝	22	0.2	1

根据调查结果,绘制裂缝分布图,如图 3-3 所示。

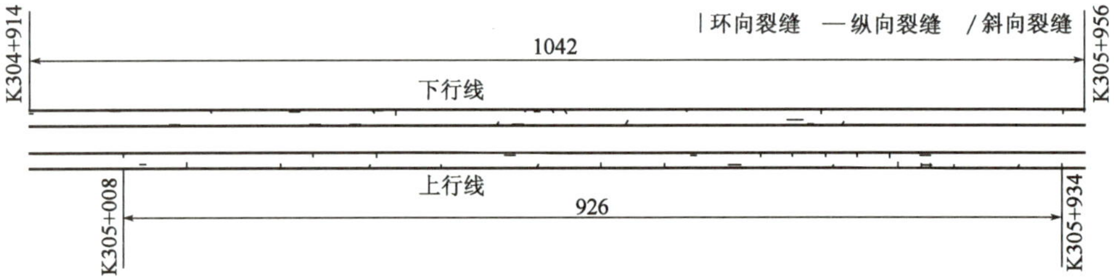

图 3-3　第二阶段病害分布展示图(尺寸单位:m)

根据调查结果,统计分析隧道衬砌裂缝情况,见表 3-4。

衬砌裂缝统计分析表(第二阶段)　　表 3-4

序号	分　类		上　行　线		下　行　线	
			数量(处)	比例(%)	数量(处)	比例(%)
1	裂缝位置	左边墙	11	39.3	15	60.0
		右边墙	17	60.7	10	40.0

续上表

序号	分　类		上　行　线		下　行　线	
			数量(处)	比例(%)	数量(处)	比例(%)
2	裂缝形状	环向裂缝	18	64.3	3	12.0
		纵向裂缝	6	21.4	13	52.0
		斜向裂缝	4	14.3	9	36.0
3	裂缝长度(m)	0 ~ 2	4	14.3	2	8.0
		2 ~ 5	19	67.8	13	52.0
		5 ~ 10	4	14.3	8	32.0
		> 10	1	3.6	2	8.0
4	裂缝宽度(mm)	0 ~ 0.2	5	17.9	10	40.0
		0.2 ~ 0.5	16	57.1	9	36.0
		0.5 ~ 1.0	7	25.0	6	24.0
		> 1.0	0	0.0	0	0.0

根据统计分析结果，绘制裂缝数量与裂缝位置、裂缝形状、裂缝长度和裂缝宽度的关系图，如图 3-4 ~ 图 3-7 所示。

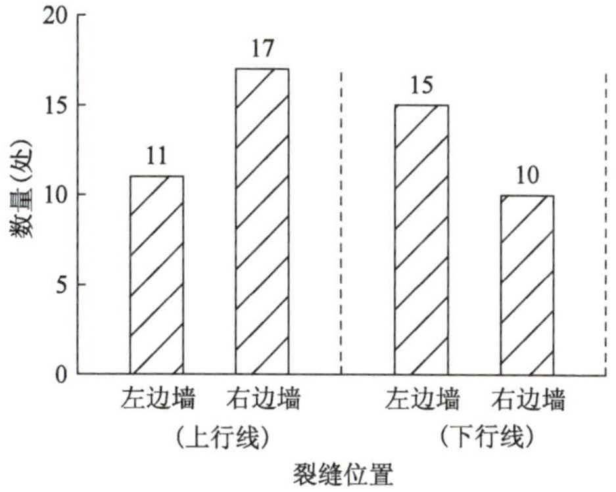

图 3-4　裂缝数量与裂缝位置关系图

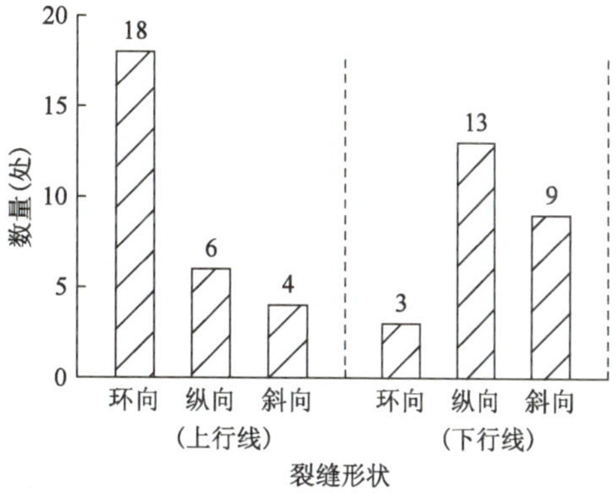

图 3-5　裂缝数量与裂缝形状关系图

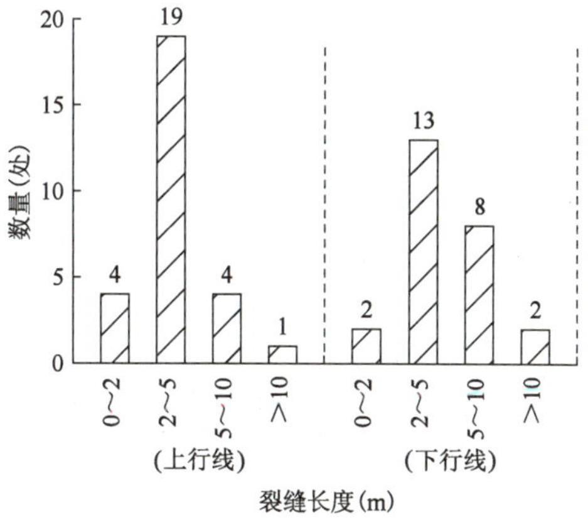

图 3-6　裂缝数量与裂缝长度关系图

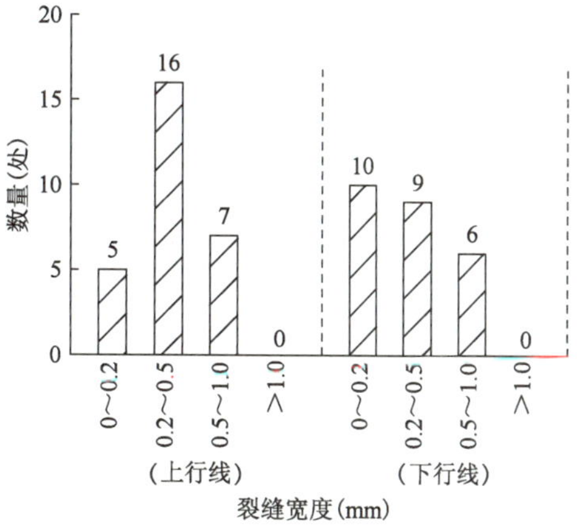

图 3-7　裂缝数量与裂缝宽度关系图

由上述调查分析可知:

(1)病害范围广。裂缝广泛分布在上行线926m、下行线1042m范围内。

(2)病害数量多。上行线裂缝数量28条,裂缝密度折合约1条/33m;下行线裂缝数量25条,裂缝密度折合约1条/42m。

(3)病害相对集中分布在线路两侧。上行线和下行线裂缝数量大体相同,但上行线右边墙裂缝多于左边墙裂缝,下行线左边墙裂缝多于右边墙裂缝,明显表现为裂缝相对集中分布在线路两侧。

(4)下行线病害程度大于上行线。上行线裂缝以环向裂缝为主,下行线裂缝以纵向、斜向裂缝为主;上行线裂缝长度以2~5m为主,下行线裂缝长度以2~5m、5~10m为主;上行线裂缝以0.2~0.5mm的环向裂缝为主,下行线裂缝以0~0.2mm、0.2~0.5mm的纵向、斜向裂缝为主。综合来看,明显表现为下行线病害程度大于上行线。

3.2.2 补充地质勘察

病害发生后,设计单位开展了补充地质勘察工作,主要工作量为:①钻孔54个,分别布置在左、右边墙和底板位置,深度一般为6~10m,钻孔总深度381m;②对隧道涌水量、涌水点进行了监测;③采取岩土、水样品进行室内试验,测试围岩抗压强度、膨胀性、易溶盐含量、腐蚀性等。现场取芯照片如图3-8所示。

a)灰岩

b)膏溶角砾岩

c)泥灰岩

d)含石膏泥灰岩

图 3-8

e)土夹石状膏溶角砾岩

f)坚硬土状膏溶角砾岩

图3-8 补充地质勘察钻孔照片

1)岩土的膨胀性

对36组岩(土)样品进行膨胀性试验,有效数据24组,按照《铁路工程特殊岩土勘察规程》(TB 10038—2012),其中3组为弱膨胀岩,其余达不到膨胀岩判定标准。

膏溶角砾岩(土)9组试样的自由膨胀率为28%~49%,阳离子交换量为18~156mmol/kg,蒙脱石含量为4%~12.1%。

膏溶角砾岩(岩)3组试样的自由膨胀率为0.15%,膨胀力为101~202kPa,饱和吸水率为4.49%~24.5%之间,属弱膨胀岩。

含石膏角砾状泥灰岩(岩石)12组试样的饱和吸水率为0.57%~17.96%,平均值为6.45%,自由膨胀率为0.1%~1.2%,膨胀力为19.21~462.2kPa。各试样膨胀性指标均低于膨胀岩的判定指标,由于试验结果具有较大离散性,因此,并不排除局部地段可能达到膨胀岩判定标准。

2)环境水土的侵蚀性

在K305+731泄水孔、K305+754出水点采取水样,实验分析$SO4^{2-}$离子含量分别为249mg/L、271mg/L。根据《铁路混凝土结构耐久性设计规范》(TB 10005—2010),判定硫酸盐侵蚀等级为H1。

在K305+642钻孔、K305+705钻孔采取土样,实验分析$SO4^{2-}$离子含量分别为132mg/kg、145mg/kg。根据《铁路混凝土结构耐久性设计规范》(TB 10005—2010),判定环境岩土对混凝土无侵蚀性。

3)地下水

根据监测,全隧道双洞总涌水量约400m^3/d. 其中本段双洞涌水量约80m^3/d,占整个隧道出水量的20%。在多个出水点安装水压表,堵塞附近出水点后观测,水压表读数为0。因此,不存在水压积聚问题。

3.2.3 隧道结构受力模拟分析

针对地下水、围岩压力变化、膨胀力侵蚀等可能诱发病害的地质原因,以及施工缺陷等因素,分别对隧道结构进行受力模拟分析。

1)正常工况

(1)计算模型:采用荷载-结构模型,按平面杆系有限元位移法计算。

(2)结构尺寸:拱墙衬砌35cm,仰拱衬砌40cm,C30混凝土。

(3)工况:深埋Ⅴ级围岩。

隧道围岩物理力学指标见表3-5,计算结果见表3-6及图3-9。

隧道围岩物理力学指标　　表3-5

围岩级别	重度(kN/m^3)	弹性抗力系数(MPa/m)	变形模量(GPa)	泊松比	内摩擦角(°)	黏聚力(MPa)	计算摩擦角(°)
Ⅳ	20~23	200~500	1.3~6	0.30~0.35	27~39	0.2~0.7	50~60
Ⅴ	17~20	100~200	1~2	0.35~0.45	20~27	0.05~0.2	40~50

隧道结构受力计算结果(正常工况)　　表3-6

位　　置	弯矩(kN·m)	轴力(kN)	剪力(kN/m^2)	安全系数	备　　注
拱顶	12.50	229.50	1.6	29.3	按抗压计算
边墙中部	35.10	375.70	1.04	6.0	按抗裂计算
边墙底	123.70	412.00	141.3	4.2	按抗裂计算
仰拱	58.50	463.70	4.9	3.7	按抗裂计算

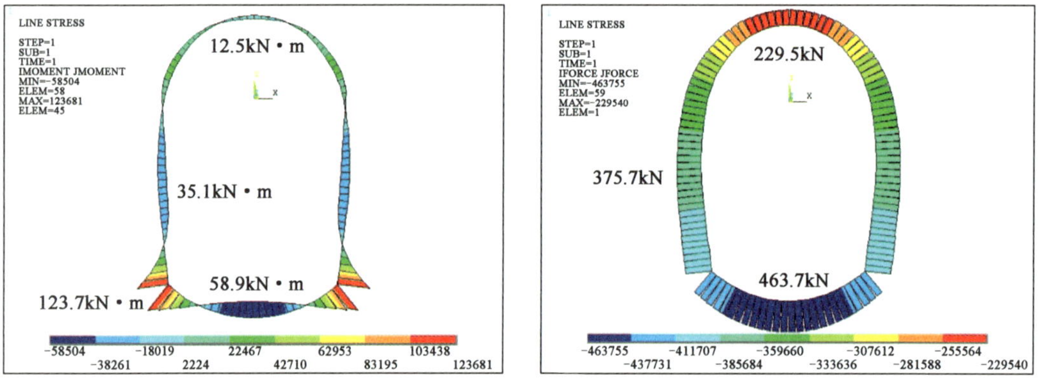

a)弯矩　　b)轴力

图3-9　隧道结构受力图(正常工况)

按照标准图设计工况,按深埋隧道计算拱顶土压,侧压力系数取0.45,南吕梁山隧道二次衬砌采用C30素混凝土,结构能够满足规范要求。

2)水压对隧道结构的影响

(1)不考虑土压、边墙承受水压荷载

在不考虑土压情况下,分析隧道边墙承受水压时对隧道结构产生的影响,计算结果见表3-7及图3-10。

隧道结构受力计算结果(不考虑土压、边墙承受水压工况)　　表3-7

位　　置	弯矩(kN·m)	轴力(kN)	剪力(kN/m^2)	安全系数	备　　注
拱顶	5.7	60.5	0.3	36.2	按抗裂计算
边墙最不利部位	46.9	99.6	1.9	1.9	按抗裂计算

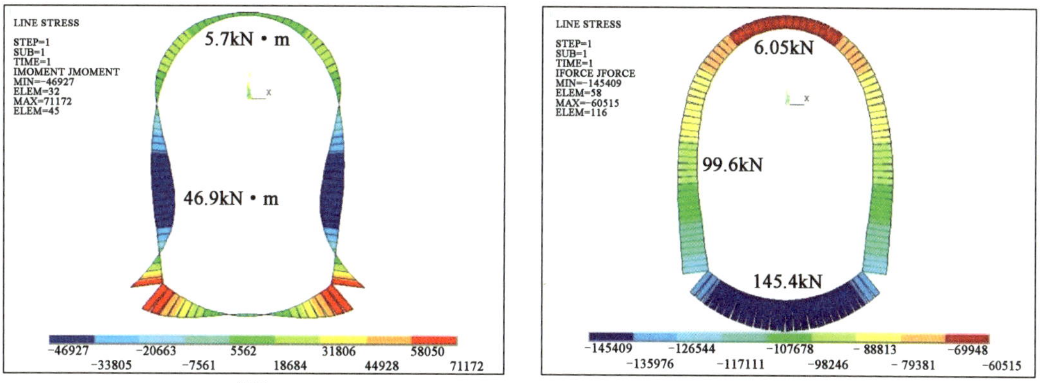

a)弯矩 b)轴力

图 3-10 隧道结构受力图(不考虑土压、边墙承受水压工况)

经试算,当水压力高于隧道水沟顶面 4.95m 时,检算边墙最不利断面安全系数为 1.9,构件边缘拉应力为 2.28MPa,超出了 C30 混凝土极限抗拉强度 2.01MPa,因此,在此水压力条件下,隧道边墙混凝土会出现开裂现象。

(2)考虑土压、边墙承受水压荷载

考虑隧道拱顶及侧墙土压的情况下,按高于水沟顶面 4.95m 的工况给隧道边墙施加水压力,计算结果见表 3-8 及图 3-11。

隧道结构受力计算结果(考虑土压、边墙承受水压工况) 表 3-8

位　　置	弯矩(kN·m)	轴力(kN)	剪力(kN/m^2)	安全系数	备　　注
拱顶	23.5	273.6	1.9	5.0	按抗裂计算
边墙最不利部位	99.8	395.9	2.7	0.8	按抗裂计算
边墙底	192.9	463.3	133.5	1.8	按抗裂计算

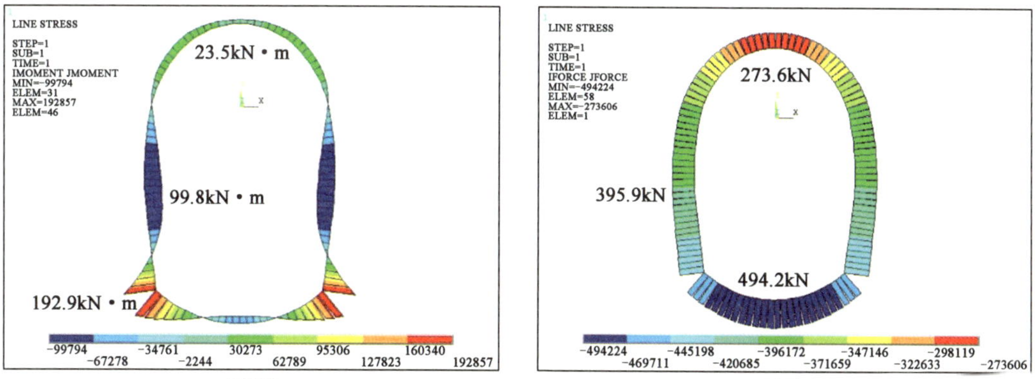

a)弯矩 b)轴力

图 3-11 隧道结构受力图(考虑土压、边墙承受水压工况)

检算隧道边墙最不利断面处安全系数为 0.8,构件边缘拉应力为 3.76MPa,超出了 C30 混凝土极限抗拉强度 2.01MPa,因此,在此工况条件下,隧道边墙混凝土会出现开裂现象。

3)围岩富水软化后对隧道结构的影响

含石膏角砾状泥灰岩属于软化岩石,膏溶角砾岩中的黏土矿物主要为伊利石和蒙脱石,岩石的饱和抗压强度很低,遇水会产生膨胀、软化。当围岩软化后,围岩的强度、黏聚力及内摩擦角都会发生不同程度的降低,从而造成隧道侧压力系数变大,边墙侧压力增大。计算结果如图3-12所示。

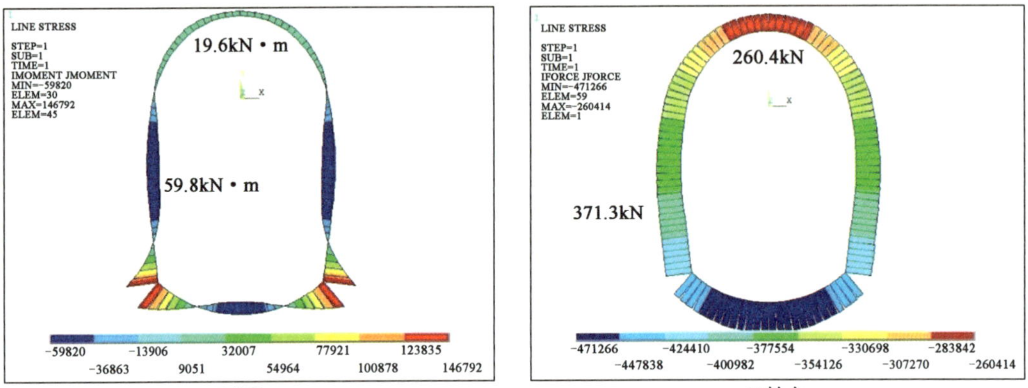

a)弯矩　　b)轴力

图3-12　隧道结构受力图(围岩富水软化工况)

经试算,当隧道侧压力系数达到0.55时,按破损阶段计算,边墙抗裂安全系数为2.1,构件边缘拉应力达到1.87,超过C30混凝土设计抗拉强度1.43MPa,接近极限抗拉强度2.01MPa。

4)围岩膨胀力对隧道结构的影响

参考类似地层相关膨胀力指标,含石膏角砾状泥灰岩地层膨胀力为10~20kPa。按侧压力增加10kPa计算,边墙抗裂安全系数为2.6,构件边缘拉应力达到1.48,超过C30混凝土设计抗拉强度1.43MPa,但小于极限抗拉强度2.01MPa。

5)初期支护失效时对隧道结构的影响

如果初期支护受侵蚀失效,二次衬砌承担100%荷载,计算结果见表3-9及图3-13。

隧道结构受力计算结果(初期支护受侵蚀失效工况)　表3-9

位　置	弯矩(kN·m)	轴力(kN)	安全系数	备　注
拱顶	6.60	326.80	24.1	按抗压计算
边墙最不利部位	59.80	510.70	2.6	按抗裂计算
边墙底	177.20	571.70	2.8	按抗裂计算
仰拱	79.30	619.40	2.7	按抗裂计算

经计算,隧道边墙最不利截面安全系数为2.6。边墙拉应力为1.47MPa,超过C30混凝土设计抗拉强度1.43MPa,但小于极限抗拉强度2.01MPa。因此,仅考虑初期支护失效,不是造成二次衬砌开裂的唯一因素。

6)仰拱存在重大质量缺陷时对隧道结构的影响

如果隧道仰拱存在重大质量缺陷,将边墙底纵缝不稳定计算纳入,计算结果见表3-10及图3-14。

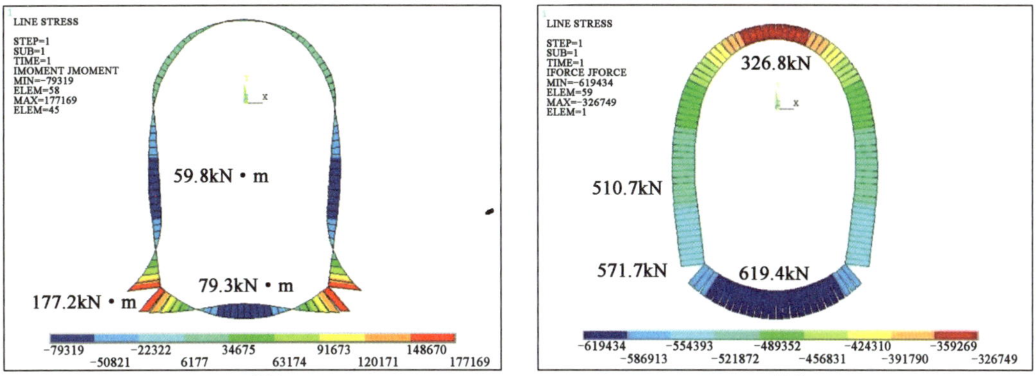

a)弯矩　　b)轴力

图 3-13　隧道结构受力图(初期支护受侵蚀失效工况)

隧道结构受力计算结果(仰拱存在重大质量缺陷时工况)　　表 3-10

位　　置	弯矩(kN · m)	轴力(kN)	安 全 系 数	备　　注
拱顶	48.60	351.70	2.8	按抗裂计算
边墙最不利部位	138.50	521.30	0.7	按抗裂计算

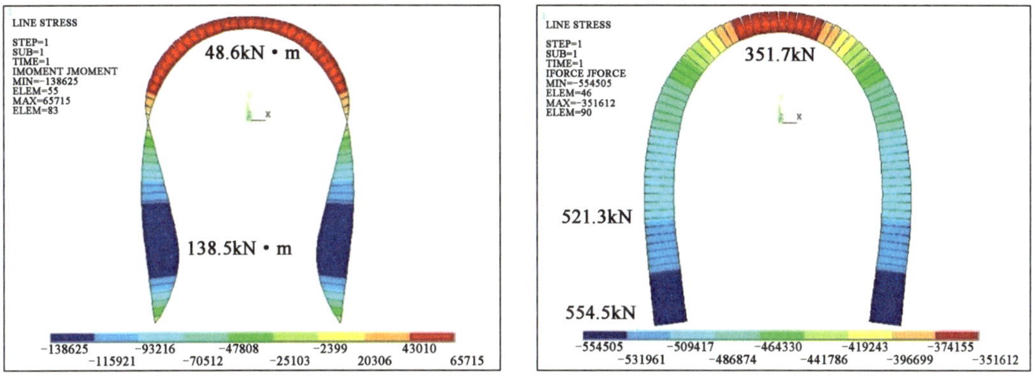

a)弯矩　　b)轴力

图 3-14　隧道结构受力图(仰拱存在重大质量缺陷时工况)

当边墙失去仰拱约束,墙角发生转角位移时,边墙弯矩增幅较大,较受仰拱约束时增大 1.76 倍。边墙最不利截面部位安全系数为 0.7。构件边缘拉应力 5.29MPa,远超 C30 混凝土极限抗拉强度。

7)研究结论

南吕梁山隧道为 120km/h 普速铁路,采用满足隧限-2A(单线)的标准图内轮廓,结构宽度为 6.4m、高度为 9.35m,边墙曲率小。通过结构计算,取得如下结论:

(1)当隧道结构排水系统不畅,若水在初期支护和二次衬砌之间存在积聚,当水压达到 5m 水头高度时,隧道边墙混凝土会发生开裂破坏。

(2)隧道周边围岩软化到一定程度时,隧道衬砌结构会发生开裂破坏。

(3)当膨胀力不大,初期支护受到侵蚀时,隧道衬砌结构不会在短期内发生开裂破坏。

(4)如果隧道仰拱存在重大质量缺陷时,隧道衬砌结构会发生开裂破坏。

3.2.4 病害原因分析

2015年4月1日,建设单位组织召开瓦日铁路南吕梁山隧道专家咨询会。专家组认为:南吕梁山隧道通过奥陶系中统峰峰组下段(O_2f^1)含石膏地层,隧道贯通后,地下水重新分布,膏溶角砾岩、含石膏角砾状泥灰岩的特性逐渐发生变化,围岩受地下水影响软化、膨胀、侵蚀性等综合因素影响,边墙水平压力增大,造成出口段二次衬砌不同程度的开裂、破损,其程度与岩性、地下水差异有关。

2015年5月12日,建设单位再次组织召开南吕梁山隧道出口局部衬砌开裂整治方案专家研讨会。专家组认为:南吕梁山隧道出口工区衬砌开裂段处于奥陶系中统峰峰组下段(O_2f^1)膏溶角砾岩、含石膏泥灰岩及泥灰岩地层,隧道贯通后,地下水重新分布,在F_8断层及梁家桓次级向斜地段形成相对的地下水汇集区。在地下水的作用下,含石膏地层的软化、膨胀、可溶、侵蚀是造成衬砌开裂的基本条件,在岩石软化、膨胀和地下水局部水压等因素作用下,产生较大的水平压力,造成二次衬砌边墙开裂。

3.2.5 病害整治

1)整治措施

根据各段落病害严重程度和含石膏情况,整治措施采取二次衬砌拱墙—仰拱全环拆换、二次衬砌拱墙拆换、裂缝处理等。当隧道位于含石膏地层,裂缝对称、集中,且裂缝已经贯穿二次衬砌结构,病害段有水或在地下水可能积集区域时,采取二次衬砌拆换措施。病害位于非石膏地层时,采取裂缝处理。

(1)二次衬砌拱墙—仰拱全环拆换

①拆除破损段拱墙及仰拱二次衬砌,进一步钻孔核查初期支护背后围岩富水情况。对富水地段采取径向注浆加固围岩,封堵地下水。对基底有水的膏溶角砾岩以及含石膏角砾状泥灰岩,泡水软化地段,采取径向注浆处理。

②在初期支护边墙部位施作ϕ25mm中空注浆锚杆,长度4.0m,环向间距1.0m、纵向间距0.8m,其中最底下两排纵向间距加密至0.5m。

③在隧道拱墙初期支护与二次衬砌之间铺设400g/m^{2}无纺布+2mm厚EVA防水卷材。拱墙满铺1.2mm厚凹凸排水板,间隔1m设置直径100mm的聚氯乙烯(PVC)环向盲管,盲管直接引入隧道内侧排水沟。重点做好新旧结构间防水分区节点。

④模筑C40钢筋混凝土,混凝土抗渗等级不小于P10,最大水灰比应小于0.45,最小胶凝材料应大于320kg/m^3。二次衬砌混凝土中掺加磨细矿渣。

(2)二次衬砌拱墙拆换

①拆除破损段拱墙二次衬砌,进一步钻孔核查初期支护背后围岩富水情况。对于富水地段采取径向注浆加固围岩,封堵地下水。

②在初期支护边墙部位施作ϕ25mm中空注浆锚杆,长度4.0m,环向间距1.0m、纵向间距0.8m,其中最底下两排纵向间距加密至0.5m。

③在隧道拱墙初期支护与二次衬砌之间铺设400g/m^{2}无纺布+2mm厚EVA防水卷材。

拱墙满铺1.2mm厚凹凸排水板，间隔1m设置直径100mm的PVC环向盲管，盲管直接引入隧道内侧排水沟。重点做好新旧结构间防水分区节点。

④模筑C40钢筋混凝土，混凝土抗渗等级不小于P10，最大水灰比应小于0.45，最小胶凝材料应大于320kg/m^3。二次衬砌混凝土掺入磨细矿渣。二次衬砌内设置格栅钢架，钢架落脚采用螺栓锚固在沿隧道纵向通长的钢板上，钢板间隔0.5m施工4m长中空锚杆锚固。

⑤对基底有水的膏溶角砾岩以及含石膏角砾状泥灰岩，泡水软化的地段，采用基底注浆加固措施。加固深度为仰拱以下2m。注浆管采用ϕ200mm的PVC花管；注浆材料采用硫铝酸盐水泥，水灰比为0.4∶1～0.6∶1；浆液凝胶时间：初凝为10～15 min，终凝为20～25 min；注浆压力为0.3～0.6MPa。

(3)裂缝处理

①采用沿缝凿孔压浆封堵处理。裂缝宽度小于5mm时，采用沿缝凿孔压浆封堵处理；裂缝宽度大于5mm时，采用沿缝凿槽，压浆封堵后用环氧砂浆嵌补。

②检查隧道拱部及边墙二次衬砌背后密实性，对不密实部位采取注浆填充。

2)整治情况

2015年5月16日，封锁线路开始隧道病害整治工作。整治过程中病害数量不断增加。

2015年5月25日，现场巡查上行线K302+819～K302+871段时，发现二次衬砌边墙裂缝渗漏水较为严重，钻设泄水孔后，大量压力水涌出，且边墙明显出现开裂等状况。

2015年7月，对隧道无砟轨道线路采用轨检小车测量时，发现上、下行线K300+504～K301+504段轨道存在隆起情况，隆起高度为10～30mm。

2015年8月，现场巡查上行线K300+504～K300+614段时，发现二次衬砌明显开裂，同时泄水孔流水量较大。

2015年10月12日，病害整治完成后开通运营。主要整治工程量为：二次衬砌拆换2341m，底板拆换成仰拱1893m，9m预应力锚杆加固道床1814m，道床板拆换212m。二次衬砌拆换段里程统计见表3-11。

病害整治二次衬砌拆换段统计(第二阶段)　　表3-11

序　号	线　别	拆换里程	拆换长度(m)	
1	上行线	K304+833～K306+006	1173	
2	下行线	K304+779～K305+243	464	1168
3		K305+253～K305+278	25	
4		K305+283～K305+377	94	
5		K305+388～K305+704	316	
6		K305+714～K305+983	269	
合计			2341	

3)整治效果评价

在上、下行线选取相应的监测断面进行监测。上行线监测里程为K305+003、K305+249、K305+507、K305+554、K305+707，下行线监测里程为K305+004、K305+249、K305+554。监测项目主要有围岩压力、围岩内部位移、初期支护和二次衬砌间接触压力、二次衬砌钢筋应力、二次衬砌边墙混凝土应力。监测结果表明：

(1)上行线、下行线的围岩内部位移不断增大，说明围岩仍在不断收敛变形。

(2)上行线部分测点、下行线测点的初期支护与二次衬砌之间的压力仍在增大，考虑到地质和地下水的作用以及火车开通运行的影响，后期围岩仍有可能进一步收敛变形，很有可能造成初期支护与二次衬砌之间的压力进一步增大。

(3)二次衬砌钢筋应力虽有增大趋势，但比较缓慢，说明二次衬砌在混凝土和钢筋的联合作用下，已经能较大程度上抵抗初期支护的压力。

(4)由于二次衬砌混凝土已经具有较高的强度，在一定程度上能抵挡上部传来的压力，所以二次衬砌边墙混凝土应力趋于稳定。

3.3 第三阶段病害(2016年)

3.3.1 病害情况

2016年3月，运营单位现场巡查时，发现未整治段落出现多处病害，主要类型为衬砌开裂、道床板隆起变形、混凝土局部掉块、水沟挤压变形等，如图3-15所示。

a)衬砌边墙纵向开裂

b)边墙开裂处渗水、侵蚀

c)道床板预应力锚杆渗水腐蚀

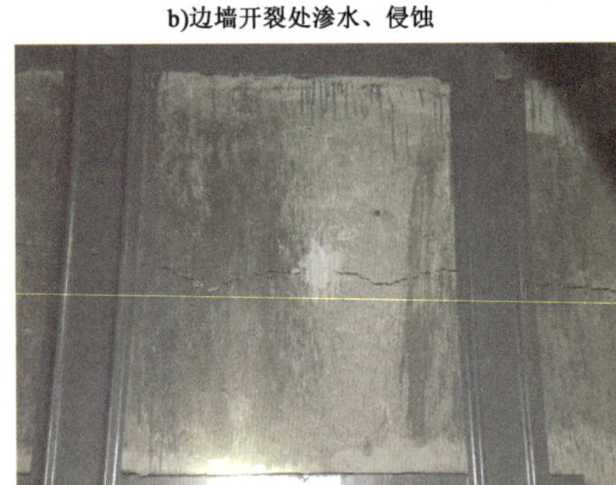

d)边墙钢板带加固后衬砌开裂

图3-15　第三阶段病害照片

对病害进行调查统计，结果见表3-12。

隧道病害调查统计表(第三阶段)　　表3-12

序号	线别	病害里程	病害部位	病害类型	病害状况
1	上行线	K302+893	拱顶	混凝土掉块	掉块面积0.1m^2
2	上行线	K302+908～K302+911	右边墙	纵向裂缝	裂缝长3m、裂缝宽2mm
3	下行线	K302+664	左边墙	环向裂缝	衬砌开裂
4	下行线	K302+709～K302+795	左侧道床	轨道板变形	左侧道床边缘挤坏
5	下行线	K302+774～K302+819	左、右侧水沟	水沟挤压变形	左、右侧水沟和电缆槽挤压变形,局部水沟破坏
6	下行线	K302+775～K302+777	左边墙	纵向裂缝	裂缝长2m、裂缝宽2mm
7	下行线	K302+819	右边墙	斜向裂缝	裂缝长3m、裂缝宽15mm
8	下行线	K302+824	右边墙	环向裂缝	裂缝长1.5m、裂缝宽3～5mm
9	下行线	K302+921～K302+946	拱顶	斜向裂纹	裂缝长25m、裂缝宽4～10mm
10	下行线	K303+084～K303+088.5	拱顶	纵向裂缝	裂缝长4.5m、裂缝宽1～2mm
11	下行线	K303+084～K303+110	左拱腰	纵向裂缝	衬砌开裂
12	下行线	K303+724～K303+725	左边墙	斜向裂缝	裂缝长2m、裂缝宽1mm

3.3.2　病害整治

1)整治措施

针对衬砌开裂和混凝土掉块段落,主要采取裂缝环氧树脂注浆+衬砌钢带加固,加固措施如下:

(1)采用长4m、ϕ32mm中空锚杆,每环10根,纵向间距1.5m。

(2)纵向采用厚度5mm、宽度30cm的镀锌钢板,每环10块。

(3)环向采用厚度5mm、宽度30cm的W形钢带,环向间距1.5m。

(4)钢带与锚杆之间采用锚垫板和螺母固定。

钢带加固整治如图3-16所示。

图3-16　钢带加固整治照片

2)整治情况

病害整治钢带加固段见表3-13。

病害整治钢带加固段统计表(第三阶段)　　表3-13

序号	线别	病害里程	整治长度(m)	加固部位
1	上行线	K302+893～K302+908	15	拱腰和拱顶
2	上行线	K302+908～K302+914	6	全环
3	下行线	K302+817～K302+857	40	全环
4	下行线	K302+921～K302+942	21	全环
5	下行线	K303+090～K303+100	10	拱顶
6	下行线	K303+100～K303+110	10	全环
7	下行线	K303+724～K303+734	10	全环
合计			112	

2016年3月—7月,对隧道无砟轨道线路采用轨检小车测量,发现局部道床板有隆起情况,最大隆起值为47mm。针对隆起的道床板,采用预应力锚杆加固,加固段统计见表3-14。

道床板病害整治段统计表(第三阶段)　　表3-14

序号	线别	病害里程	整治长度(m)	整治原因
1	上行线	K299+206～K299+219	13	道床板隆起23mm
2	上行线	K302+291～K302+350	59	道床板隆起32mm
3	上行线	K302+626～K302+764	138	道床板隆起最大值47mm,局部中心偏差13mm

3)整治效果评价

病害整治完成后,对上行线和下行线进行了隧道结构收敛变形监测,监测设计见表3-15。

隧道结构收敛变形监测设计表(第三阶段)　　表3-15

序号	线别	监测范围	监测长度(m)	监测断面(个)	监测时间(月)
1	上行线	K302+824～K305+834	3010	102	1.5
2	下行线	K302+804～K303+344	540	25	1.5

从监测结果来看,钢带加固在一定程度上能抵挡衬砌变形传来的压力,但隧道内部位移与应力仍未趋于稳定,且考虑到火车开通运行,列车振动必将对隧道围岩产生一定的影响,从而造成隧道围岩内部位移、二次衬砌边墙应力等发生进一步变化。

3.4　第四阶段病害(2017年)

3.4.1　病害情况

2017年3月5日,运营单位现场巡检时,发现隧道内轨道有11处病害,其中上行线6处、下行线5处。6月15日,检测车发现新增病害1处。随后对K298+000～K304+900段进行了精调复测,复测结果表明:上行线有17处道床隆起,最大隆起高度52mm;下行线有19处道床板隆起,最大隆起高度71.6mm。经进一步排查,病害类型主要有衬砌开裂变形、道床板隆起等,如图3-17所示。

a)衬砌边墙纵向开裂

b)衬砌边墙裂缝和水沟内挤

c)衬砌边墙及洞室开裂

d)衬砌边墙开裂和水沟内挤变形

e)衬砌边墙开裂和水沟内挤

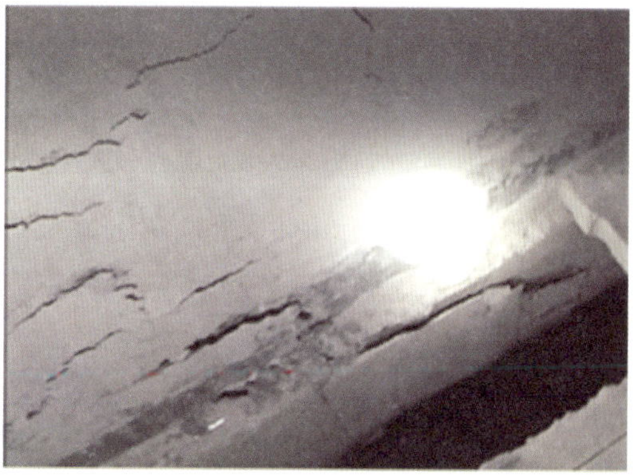

f)衬砌边墙劈裂

图　3-17

g)道床板翻浆冒泥和腐蚀

h)水沟内挤和腐蚀

图 3-17 第四阶段病害照片

对病害进行调查统计,结果见表 3-16、表 3-17。

上行线病害调查统计表(第四阶段) 表 3-16

序号	病害里程	病害部位	病害类型	病害状况
1	K300 + 190 ~ K300 + 255	拱顶	衬砌开裂	劈裂,连续掉块
2	K300 + 190 ~ K300 + 255	拱腰	衬砌开裂	对称开裂,裂缝宽 5 ~ 8mm
3	K302 + 775	左边墙	衬砌开裂	崩裂,斜向裂缝长 3m,崩裂宽 31mm
4	K302 + 775	右边墙	衬砌开裂	纵向裂缝,距水沟盖板高 0.5m,裂缝长 2m,裂缝宽 6mm
5	K302 + 810 ~ K302 + 819	右边墙	衬砌开裂	环向裂缝,裂缝长 3m
6	K302 + 822 ~ K302 + 830	左边墙	衬砌开裂	环向、斜向裂缝,裂缝长 3.5m,裂缝宽 25mm
7	K302 + 822 ~ K302 + 830	右边墙	衬砌开裂	网状裂缝
8	K302 + 834	左洞室	衬砌开裂	洞室内左右侧边墙裂缝贯通洞室拱顶,裂穿至水沟底
9	K302 + 863 ~ K302 + 876	左边墙	衬砌开裂	纵向、斜向裂缝,裂缝长 13m
10	K302 + 886 ~ K302 + 907	右边墙	衬砌开裂	纵向、斜向裂缝,裂缝长 21m
11	K305 + 000	横通道	衬砌开裂	横通道两端洞口出现环向开裂,距洞口 5m 范围有多条纵向裂缝
12	K305 + 080	右洞室	衬砌开裂	左右边墙及拱顶有环向细裂纹。左边墙劈裂状裂缝,错台,缝宽 25mm,高 1.5m。裂缝呈斜向,矮边墙崩裂,电缆槽被挤压损坏
13	K305 + 700 ~ K305 + 710	左边墙	衬砌开裂	斜向裂缝与环向裂缝相互交叉,裂缝裂穿至水沟底部
14	K305 + 700 ~ K305 + 710	右边墙	衬砌开裂	高约 4m 处出现崩裂掉块,裂缝长 5m,呈纵向水平方向发展
15	K298 + 000 ~ K304 + 900	道床	道床板隆起	19 段道床板上浮隆起,最大隆起 71.6mm
16	K298 + 180 ~ K298 + 220	道床	道床板隆起	区段线路不平顺,K298 + 187 处存在高低差,最大值为 14.0mm,达到Ⅱ类行车病害。复测轨面隆起明显,最大值为 33.1mm
17	K298 + 972 ~ K298 + 99	道床	道床板隆起	区段线路不平顺,K298 + 979 处存在高低差,最大值为 12.6mm,达到Ⅱ类行车病害。复测轨面隆起较明显,最大值为 20.0mm

续上表

序号	病害里程	病害部位	病害类型	病害状况
18	K300 +325 ~ K300 +410	道床	道床板隆起	区段线路不平顺，K300 +333 处存在高低差，最大值为13.2mm，达到Ⅱ类行车病害。复测轨面隆起较明显，最大值为31.7mm
19	K303 +218	道床	道床板隆起	该处采用9m长250kN预应力锚杆对道床进行加固，部分锚杆上冒约10cm，为防止继续上冒影响行车，已割除

下行线病害调查统计表(第四阶段)　　表3-17

序号	病害里程	病害部位	病害类型	病害状况
1	K301 +410 ~ K301 +430	右边墙	衬砌开裂	矮边墙与二次衬砌接缝处纵向开裂掉块，裂穿至水沟底部，裂缝长20m
2	K302 +870 ~ K302 +880	左边墙	衬砌开裂	多条裂缝，裂缝呈纵向、斜向发展，高度约2.5m
3	K302 +930 ~ K302 +950	左边墙	衬砌开裂	矮边墙被侵蚀脱皮，二次衬砌向中线挤压，局部电缆槽已挤压损坏掉块。水沟宽度最大变窄5mm。边墙崩裂裂缝呈竖斜向，崩裂处形成错台，错台高25mm，缝高约4m，长约6m
4	K302 +930 ~ K302 +950	右边墙	衬砌开裂	矮边墙被腐蚀脱皮，二次衬砌向中线挤压，局部电缆槽已挤压损坏掉块。水沟宽度最大变窄2mm。边墙崩裂裂缝呈竖斜向，崩裂处形成错台，错台高25mm，缝高约4m，长约6m
5	K305 +080	横通道	衬砌开裂	横通道洞室内多处裂缝，边墙劈裂
6	K305 +230 ~ K305 +240	左边墙	衬砌开裂	多条环向裂缝
7	K305 +350 ~ K305 +385	左侧电缆槽	衬砌开裂	水沟电缆槽和二次衬砌边墙向中线挤压，局部电缆槽已挤压损坏掉块，边墙多条环向裂缝，左侧水沟流水通畅，右侧水沟内无水流通过
8	K305 +350 ~ K305 +385	右侧电缆槽	衬砌开裂	水沟电缆槽和二次衬砌边墙向中线挤压，局部电缆槽已挤压损坏掉块，边墙多条环向裂缝，水沟内无水流通过
9	K302 +157 ~ K302 +216	道床	道床板隆起	区段线路不平顺，K302 +196 处存在高低差，最大值为12.9mm。复测轨面隆起较明显，最大值为16.6mm
10	K302 +313 ~ K302 +460	道床	道床板隆起	区段线路不平顺，K303 +445 处存在高低差，最大值为13.18mm，达到Ⅱ类行车病害。复测轨面隆起较明显，最大值为46.4mm
11	K302 +620 ~ K302 +700	道床	道床板隆起	区段线路不平顺，K302 +662、K302 +681 处存在高低差，最大值为23.9mm，达到Ⅱ类行车病害。复测轨面隆起较明显，最大值为80.3mm
12	K303 +661	道床	道床板隆起	道床板沉降缝处、两块道床板之间沉降缝处错缝明显，错缝水平距离29mm，高差19mm。两侧电缆槽壁开裂，现场观察钢轨隆起明显
13	K303 +790 ~ K303 +820	道床	道床板隆起	轨道板隆起

3.4.2 补充地质勘察

1）补充勘察项目及工作量

病害发生后，采用地质调查、物探、地质钻探和室内试验等进行补充地质勘察，完成主要工作量见表3-18。

病害段补充地质勘察工作量表（第四阶段） 表3-18

<table>
<tr><th>序号</th><th colspan="2">项 目</th><th>完成工作量</th><th>备 注</th></tr>
<tr><td>1</td><td colspan="2">地质调查（km^2）</td><td>10</td><td></td></tr>
<tr><td rowspan="4">2</td><td colspan="2" rowspan="4">钻探</td><td>86.6m/15孔（底板）</td><td rowspan="2">上行线</td></tr>
<tr><td>55.3m/11孔（边墙）</td></tr>
<tr><td>106.87m/21孔（底板）</td><td rowspan="2">下行线</td></tr>
<tr><td>20m/4孔（边墙）</td></tr>
<tr><td rowspan="2">3</td><td colspan="2" rowspan="2">地质雷达（m）</td><td>1635</td><td>上行线</td></tr>
<tr><td>1966</td><td>下行线</td></tr>
<tr><td rowspan="9">4</td><td rowspan="9">室内试验（组）</td><td rowspan="3">岩样</td><td>6</td><td>干湿抗压强度、薄片鉴定</td></tr>
<tr><td>33</td><td>常规试验</td></tr>
<tr><td>29</td><td>膨胀岩试验</td></tr>
<tr><td rowspan="2">土样</td><td>4</td><td>侵蚀性</td></tr>
<tr><td>15</td><td>膨胀土试验</td></tr>
<tr><td>水样</td><td>15</td><td>简分析、侵蚀性</td></tr>
<tr><td rowspan="3">混凝土样</td><td>18</td><td>抗压强度、成分分析</td></tr>
<tr><td>11</td><td>耐久性、碱集料反应</td></tr>
<tr><td>5</td><td>膨胀性</td></tr>
</table>

2）岩土的膨胀性

根据《铁路工程特殊岩土勘察规程》（TB 10038—2012），对岩（土）样进行膨胀性试验结果分析，分析前剔除个别异议偏值，结果如下：

膏溶角砾岩：6组试样，2组属于膨胀岩，自由膨胀率为20%～49%，阳离子交换量为41～156 mmol/kg，蒙脱石含量为4.0%～12.1%，膨胀力为202.8kPa。

含石膏脉状泥灰岩：21组试样，1组属于膨胀岩，自由膨胀率为2%～221%，阳离子交换量为17～90mmol/kg，蒙脱石含量为0.7%～7.4%，饱和吸水率为0.33%～17.96%，膨胀力为170.8～462.2kPa。

泥灰岩：8组试样，均不属于膨胀岩，自由膨胀率为2%～20%，阳离子交换量为9～20mmol/kg，蒙脱石含量为1.5%～9%，饱和吸水率为1.30%～3.43%，膨胀力为1～3kPa。

泥灰岩：4组岩样，均不属于膨胀岩，自由膨胀率为0.07%～3.18%，膨胀力为850～1130kPa。

3)环境水土的侵蚀性

地质调查期间,在 K298 +100 ~ K308 +013 段共取水样 15 组,室内试验 SO_4^{2-} 离子含量为 1305.3 ~2125.0mg/L,根据《铁路混凝土结构耐久性设计规范》(TB 10005—2010),本段地下水侵蚀类型主要为硫酸盐侵蚀,地下水环境作用等级 H2。

分别在 K302 +810、K302 +885、K299 +200 和 K298 +170 钻孔采取土样,SO_4^{2-} 离子含量分别为 745.4mg/kg、173.3mg/kg、2352.2mg/kg、2568.9mg/kg。根据《铁路混凝土结构耐久性设计规范》(TB 10005—2010),环境土按强透水性岩土判别为等级 H1。

3.4.3　病害段监测情况

由于病害持续发展,范围持续增大,严重威胁行车安全,为此,对病害段进行结构收敛变形监测。

2016 年 12 月 23 日—2017 年 8 月 23 日,对上行线 K302 +774、K302 +794、K302 +881 断面进行隧道结构收敛变形监测,监测结果见表 3-19。

上行线隧道结构收敛变形监测结果(第四阶段)　　表 3-19

序号	监测断面里程	监测时间(月)	累计收敛值(mm)	平均收敛速率(mm/d)
1	K302 +774	8	9.68	0.04
2	K302 +794		10.03	0.04
3	K302 +881		67.22	0.28

2016 年 12 月 22 日—2018 年 1 月 25 日,对下行线 K301 +410.32 ~ K305 +000 共 25 个断面进行结构收敛变形监测,监测时间 13 个月,监测结果见表 3-20。

下行线隧道结构收敛变形监测结果(第四阶段)　　表 3-20

监测断面里程	累计收敛(mm)	监测断面里程	累计收敛(mm)
K301 +410.32	3.16	K302 +884.32	18.19
K301 +415.32	5.02	K302 +889.32	19.75
K301 +420.32	1.58	K302 +894.32	28.93
K301 +430.32	0.96	K302 +899.32	29.07
K301 +440.32	0.27	K302 +909.32	21.86
K302 +799.32	0.87	K302 +914.32	13.60
K302 +824.32	0.82	K302 +919.32	16.08
K302 +834.32	1.28	K302 +924.32	24.27
K302 +837.32	1.89	K302 +944.32	86.51
K302 +842.32	3.20	K302 +949.32	58.74
K302 +849.32	12.38	K303 +324.32	6.00
K302 +856.32	12.09	K305 +000.00	10.73
K302 +869.32	71.46	—	—

从监测结果来看：K302 +849.32 ~ K302 +949.32 区段的隧道结构收敛变形量较大，收敛变形量为 12.09 ~86.51mm，其中 K302 +869、K302 +944.32、K302 +949.32 三个断面的收敛变形量较大，分别为 71.46mm、86.51mm、58.74mm。

根据监测结果，自 2017 年 3 月、2017 年 6 月开始，分别对上行线、下行线 K301 +400 ~ K305 +100 段(3700m)采取限速 45km/h 运行措施，并于 2017 年 8 月 22 日 18:00 对上行线进行封锁。

第4章

隧道病害系统性调查

2018年，南昌梁山隧道病害已极其严重，国内外罕见，对运营安全已造成了重大隐患，因此，对该隧道病害开展了系统性调查工作。

4.1 病害主要类型

隧道病害主要类型有衬砌开裂、道床板隆起、翻浆冒泥、水沟内挤变形、衬砌变形、混凝土崩裂、混凝土龟裂、混凝土侵蚀、衬砌裂缝渗漏水等。

(1)衬砌开裂。衬砌开裂是南吕梁山隧道常见的病害，也是数量最多的一种病害。整个监测期间，衬砌裂缝不断发展，出现了正洞的环向裂缝、斜向裂缝、纵向裂缝，以及避车洞裂缝、横通道裂缝等。

(2)道床板隆起、翻浆冒泥。隧道道床主要病害为道床板隆起，其往往伴随道床板板缝渗漏水、翻浆和冒泥，道床和水沟间离缝。整个监测期间，道床板与水沟不断挤压，病害严重段落发展为道床板开裂与水沟隆起。

(3)水沟内挤变形。边墙开裂导致水沟内挤，水沟内挤变形开裂，水沟内的水很容易渗入二次衬砌，导致病害加剧。

(4)衬砌变形、混凝土崩裂、混凝土龟裂。隧道拱顶与拱腰混凝土崩裂是隧道病害影响较为显著的一种，往往由隧道衬砌变形发展而来，危害性较大，影响行车安全。

(5)混凝土侵蚀。隧道衬砌开裂后，围岩中的裂隙水将含有 SO_4^{2-} 的物质带入混凝土内，将混凝土侵蚀。由于干湿、冷热交替的不均衡环境，导致结晶膨胀。

(6)衬砌裂缝渗漏水。渗漏水导致衬砌结构贯通性开裂，形成了渗漏通道，严重影响衬砌结构整体安全。

隧道典型病害如图4-1所示。

a)边墙混凝土开裂掉块

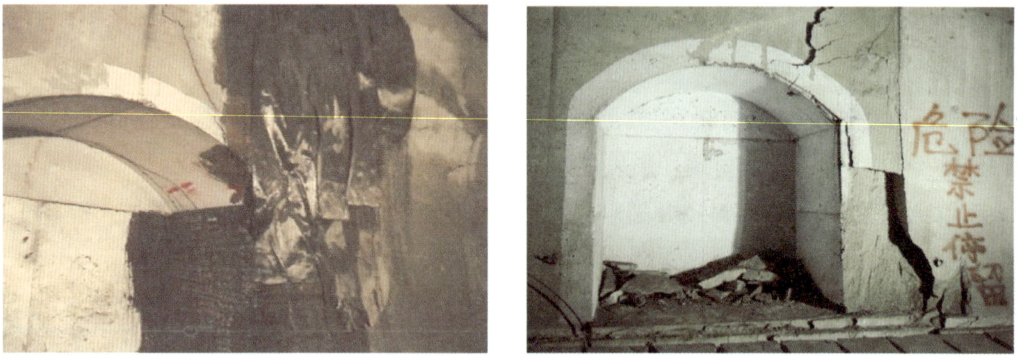

b)洞室混凝土开裂掉块

图 4-1

c)水沟隆起和混凝土侵蚀

d)道床板隆起和翻浆冒泥

图　4-1

e)钢带加固后混凝土再次开裂掉块

图 4-1　典型病害照片(2018 年)

4.2　病害数据统计

统计隧道上行线、下行线病害情况,统计结果分别见表 4-1、表 4-2。

上行线病害调查统计(2018 年)　表 4-1

序号	病 害 里 程	病害部位	病 害 类 型	病害长度(m)	病害数量(处)
1	K297 +187	右侧	环向裂缝	2	1
2	K297 +209 ~ K297 +211	右侧	纵向裂缝	2	1
3	K297 +279	右侧	环向裂缝	4	1
4	K297 +332 ~ K297 +335	右侧	斜向裂缝	6	2
5	K297 +334 ~ K297 +358	右侧	纵向裂缝	24	7
6	K297 +347 ~ K297 +359	左侧	纵向裂缝	12	3
7	K297 +371	左侧	环向裂缝	4	1
8	K297 +400	左侧	环向裂缝	19	5
9	K297 +405 ~ K297 +455	左侧	纵向裂缝	50	5
10	K297 +413	右侧	环向裂缝	2	1
…	…	…	…	…	…
349	K306 +001 ~ K306 +002	右侧	斜向裂缝	2	1

注:为节约篇幅,部分统计数据未列出。

下行线病害调查统计(2018 年)　表 4-2

序号	病 害 里 程	病害部位	病害类型	裂缝长度(m)	裂缝宽度(mm)	备　注
1	K297 +256	右侧	洞室裂缝	1	0.5	发展裂缝
2	K297 +311	右侧	环向裂缝	3	0.2	修补后裂缝

续上表

序号	病害里程	病害部位	病害类型	裂缝长度(m)	裂缝宽度(mm)	备　注
3	K297 +319 ~ K297 +323	右侧	纵向裂缝	4	0.2	发展裂缝
4	K297 +331 ~ K297 +333	右侧	纵向裂缝	2	0.4	发展裂缝
5	K297 +379 ~ K297 +399	左侧	纵向裂缝	20	0.5	原有裂缝
6	K297 +408 ~ K297 +409	左侧	斜向裂缝	3	0.2	发展裂缝
7	K297 +422	右侧	环向裂缝	4	0.2	修补后裂缝
8	K297 +422	右侧	环向裂缝	1	0.2	发展裂缝
9	K297 +435	左侧	环向裂缝	3	1.0	发展裂缝
10	K297 +442 ~ K297 +445	右侧	纵向裂缝	3	0.4	发展裂缝
…	…	…	…	…	…	…
1015	K308 +467	左侧	洞室裂缝	11	1.5	发展裂缝

注:为节约篇幅,部分统计数据未列出。

4.3　病害分布规律

根据病害数据统计,绘制病害分布图,如图4-2所示。

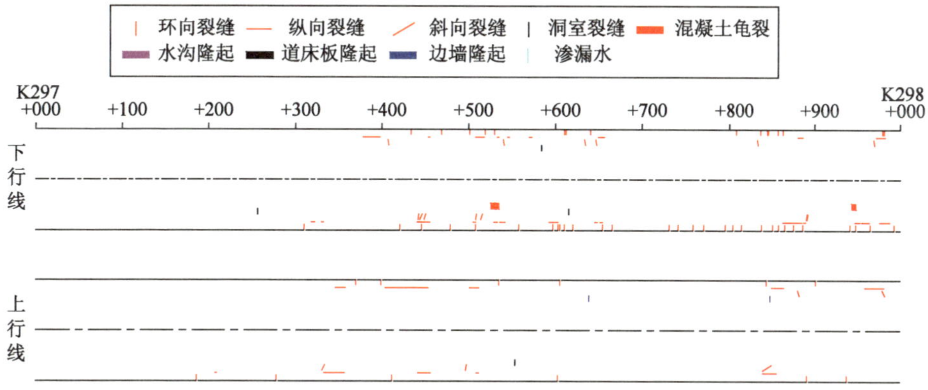

a)K297+000～K298+000

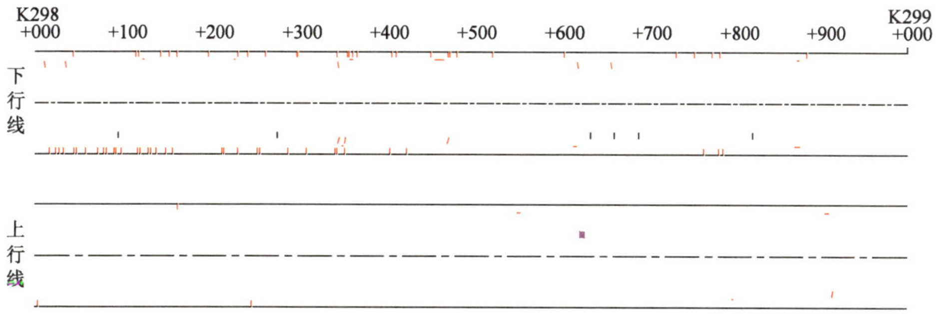

b)K298+000～K299+000

图　4-2

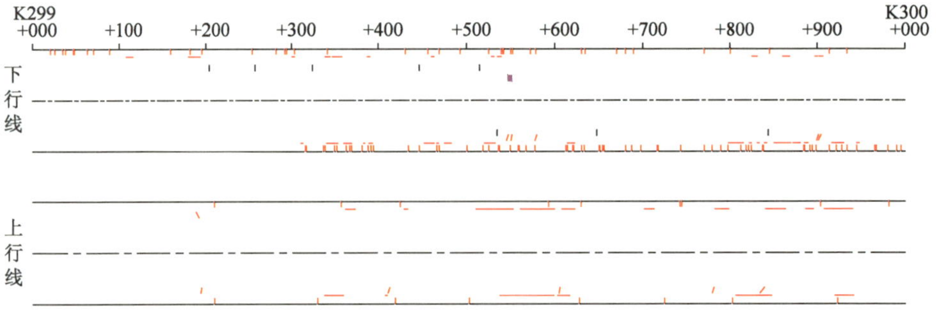

c)K299+000～K300+000

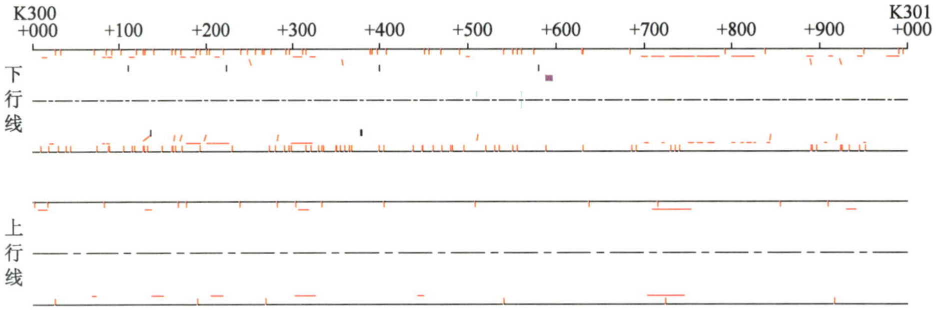

d)K300+000～K301+000

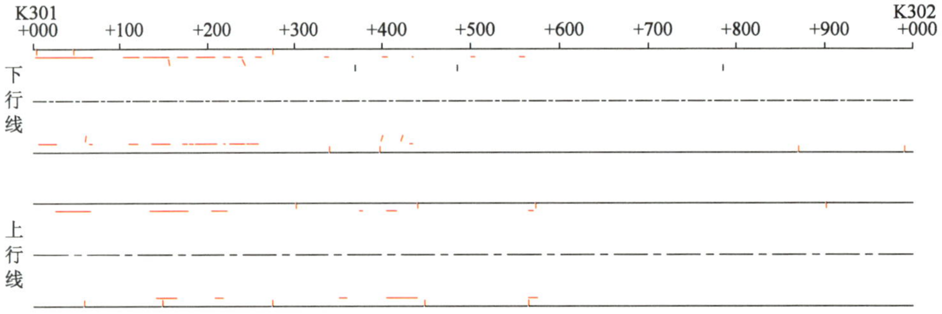

e)K301+000～K302+000

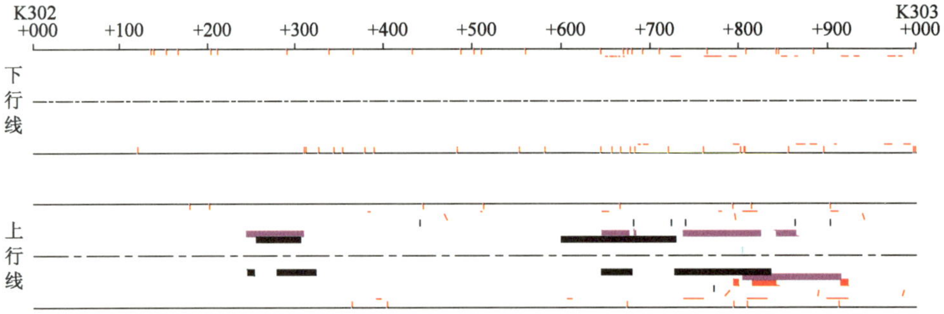

f)K302+000～K303+000

图 4-2

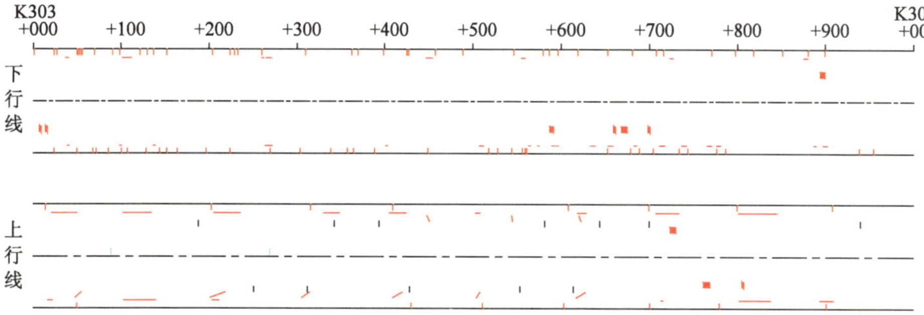

g)K303+000～K304+000

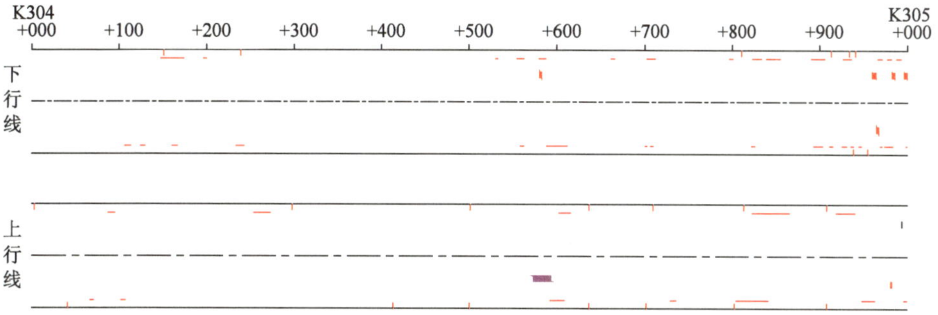

h)K304+000～K305+000

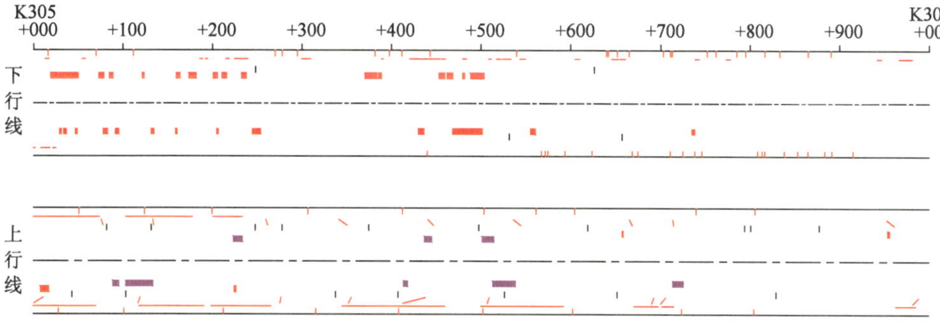

i)K305+000～K306+000

图 4-2　隧道病害分布展示图(2018 年)

从病害分布展示图来看:

(1)K297 +300 ~ K299 +200 段,病害以环向裂缝为主,有少量混凝土龟裂。

(2)K299 +200 ~ K301 +200 段,病害以环向裂缝、纵向裂缝为主,病害情况较为严重。

(3)K301 +200 ~ K302 +200 段,病害较少。

(4)K302 +200 ~ K303 +300 段,病害严重,水沟隆起、道床板隆起病害明显。

(5)K303 +300 ~ K304 +800 段,病害以环向裂缝、部分纵向裂缝为主,有多处混凝土龟裂。

(6)K304 +800 ~ K305 +700 段,病害极为严重,混凝土龟裂和水沟隆起病害明显。

4.4　病害分类规律

进一步统计隧道病害主要类别情况,统计结果见表 4-3。由于上行线、下行线统计时略有差异，表中病害位置和病害类型略有不同，但并不影响病害分类规律的分析工作。

隧道病害类别统计　　表4-3

序号	分类		上行线		下行线	
			数量(处)	比例(%)	数量(处)	比例(%)
1	病害位置	左侧	491	44.2	472	46.5
		右侧	619	55.8	524	51.6
		拱顶			19	1.9
2	病害类型	环向裂缝	405	36.5	539	53.1
		纵向裂缝	462	41.5	318	31.3
		斜向裂缝	123	11.1	44	4.3
		洞室裂缝	64	5.8	35	3.5
		混凝土龟裂	21	1.9	73	7.2
		水沟隆起	19	1.7	2	0.2
		道床板隆起	10	0.9	0	0.0
		边墙隆起	2	0.2	0	0.0
		渗漏水	4	0.4	4	0.4
3	裂缝长度(m)	0~2			320	34.1
		2~5			479	51.0
		5~10			110	11.7
		>10			30	3.2
4	裂缝宽度(mm)	0~0.2			396	42.2
		0.2~0.5			328	34.9
		0.5~1.0			145	15.4
		>1.0			70	7.5

根据统计结果，分析隧道病害数量（比例）与病害位置、病害类型、裂缝长度的关系，如图4-3～图4-8所示。

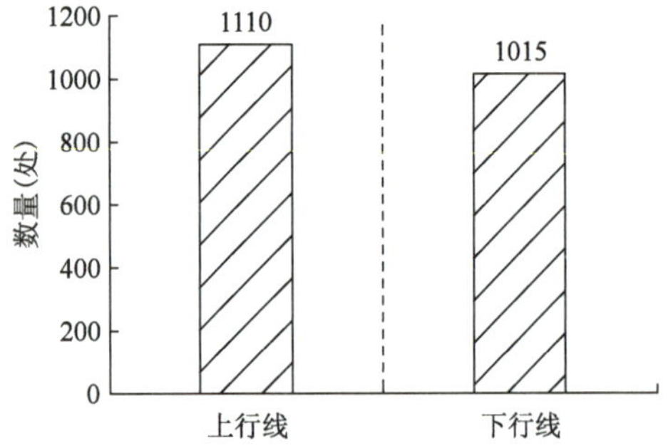

图4-3　上行线与下行线病害数量对比图

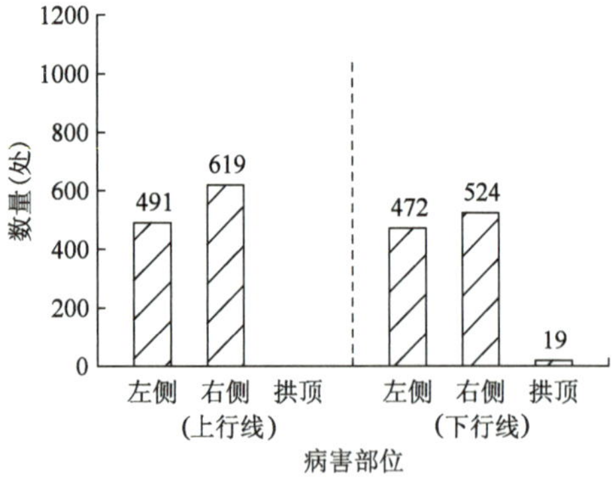

图4-4　病害数量与病害部位关系图

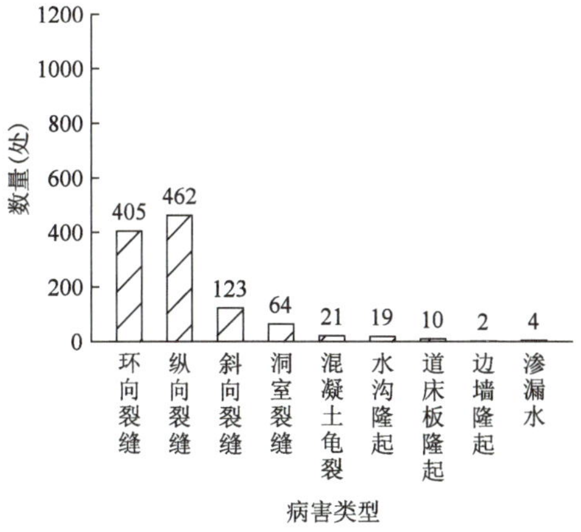

图4-5　上行线病害类型数量

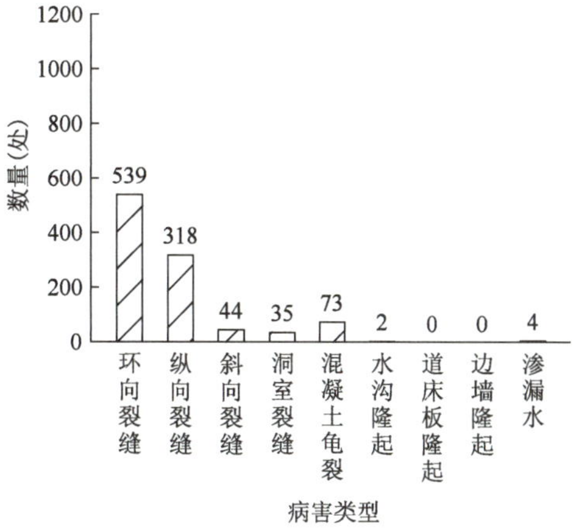

图4-6　下行线病害类型数量

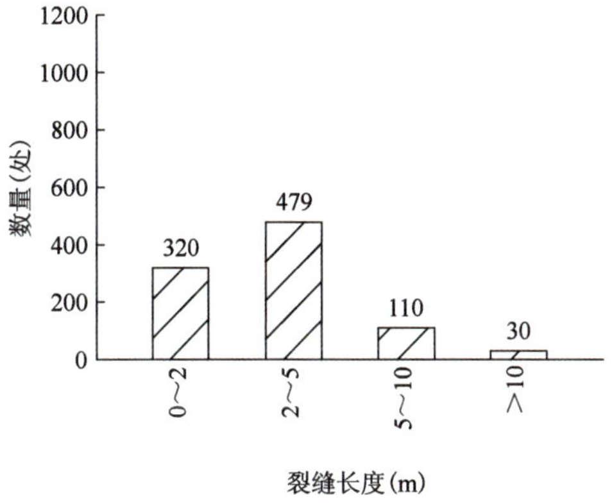

图4-7　下行线裂缝数量与裂缝长度关系图

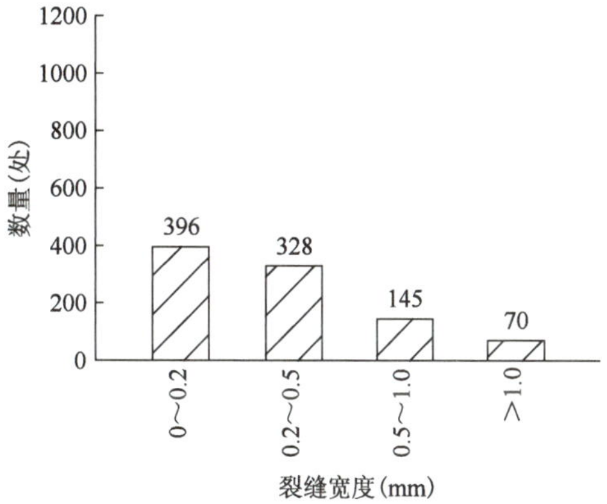

图4-8　下行线裂缝数量与裂缝宽度关系图

从以上图中可以看出：

(1)上行线与下行线隧道病害数量均达到了1000处以上，说明隧道病害相当严重。

(2)上行线与下行线病害数量相差不大，说明两座隧道的病害成因应该是一致的。

(3)上行线病害统计时由于拱顶病害不多，因此未专门统计。但从下行线病害统计情况来看，拱顶病害较少，占下行线总病害数量的1.9%，因此，病害主要发生在左、右两侧。

(4)从上行线和下行线统计情况来看，左、右侧病害数量相差不大，右侧病害数量略多于左侧。

(5)上行线和下行线病害类型均以裂缝为主，主要包括环向裂缝、纵向裂缝、斜向裂缝、洞室裂缝和混凝土龟裂。水沟隆起、道床板隆起、边墙隆起主要分布在一些区段，病害相当严重。渗漏水病害数量总体不多。

(6)上行线和下行线裂缝均以环向裂缝和纵向裂缝为主，上行线纵向裂缝略多于环向裂缝，而下行线环向裂缝略多于纵向裂缝。混凝土龟裂现象下行线多于上行线。

(7)因下行线裂缝统计精度高于上行线，因此主要从下行线分析裂缝情况。从下行线裂缝数量与裂缝长度关系图来看，裂缝长度以2~5m为主，0~2m次之，5~10m和>10m的裂缝比例尽管相对不大，但对于一座隧道来说，数量达到140条，这也充分说明该隧道病害相当严重。

(8)从下行线裂缝数量与裂缝关系图来看,裂缝宽度0~0.2m最多,宽度0.2~0.5m的裂缝也占有相当大的比例,0.5~1.0mm和>1.0mm的裂缝比例尽管相对较小,但对于一座隧道来说,数量达到215条,这也充分说明该隧道病害相当严重。

4.5 病害发展规律

病害自2015年开始发现,至2018年,病害类型越来越多,按以下规律发展。

(1)2015年病害类型主要以纵向裂缝、环向裂缝为主,局部为斜向裂缝、水沟内挤变形、道床板隆起、裂缝渗水、混凝土侵蚀等。

(2)2016年病害类型主要有衬砌开裂、道床板隆起变形、局部掉块、水沟挤压变形等。

(3)2017年病害类型主要有衬砌开裂变形、道床板隆起等。

(4)2018年病害类型主要有洞室裂缝、边墙隆起、道床板隆起、拱顶掉块、拱腰掉块、混凝土龟裂、渗漏水、水沟内挤变形、环向裂缝、斜向裂缝、纵向裂缝等。

隧道历年病害类型统计见表4-4。

隧道历年病害类型统计　　表4-4

序号	病害类型	2015年	2016年	2017年	2018年
1	拱顶局部裂缝	√		√	√
2	拱顶掉块		√	√	√
3	拱腰裂缝渗水	√			√
4	拱腰掉块		√	√	√
5	拱腰开裂	√	√	√	√
6	边墙侵蚀	√			√
7	边墙网状裂缝	√	√	√	√
8	边墙内挤变形			√	√
9	边墙开裂		√	√	√
10	边墙掉块		√	√	√
11	道床板渗水	√	√	√	√
12	道床板挤压破坏				√
13	道床板翻浆冒泥			√	√
14	道床板隆起		√	√	√
15	电缆槽挤压破坏				√
16	电缆槽隆起		√	√	√
17	电缆槽与道床板离缝			√	√
18	综合洞室裂缝	√	√	√	√
19	水沟内挤变形	√	√	√	√
20	水沟壁侵蚀	√		√	√
数量合计(种)		9	11	16	20

根据统计数据绘制隧道病害类型发展规律,如图 4-9 所示。

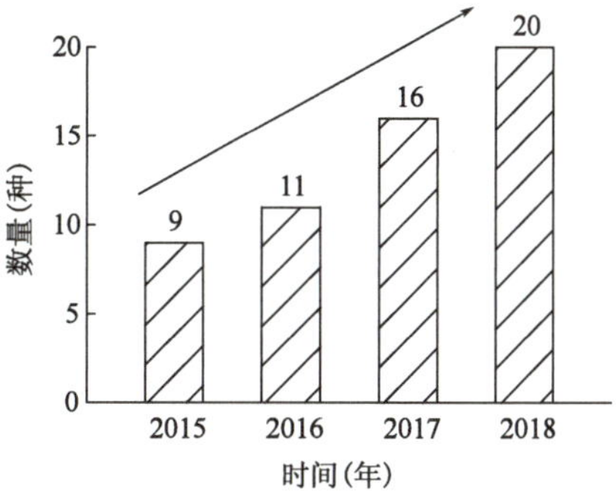

图 4-9　隧道历年病害类型发展规律

由图 4-9 可以看出,2015—2018 年,隧道病害类型越来越多,基本呈线形增长。至 2018 年隧道病害类型已多达 20 种,病害已相当严重,需要立即进行整治。

第 5 章 隧道病害成因研究

南吕梁山隧道通过南吕梁山脉,出口段发育金山沟向斜、F_{34}断层、F_8 断层等。隧道主要通过奥陶系中统峰峰组、上马家沟组、下马家沟组的含石膏岩、泥灰岩和膏溶角砾岩等地层,围岩软弱破碎,具膨胀性,地下水具硫酸盐侵蚀性,且构造应力复杂。隧道贯通后,在重新分布地下水的诱发下,以及多种因素的耦合造成了隧道病害发生。鉴于该隧道病害具有“性质特殊、成因复杂、规模巨大、整治困难”的典型特点,为此对该隧道地质情况进行了深入的补充勘察和研究工作。

5.1 围岩工程特性

5.1.1 岩石类型

2018 年 9 月—2019 年 4 月,对隧道上行线、下行线开展全面补充钻孔勘察工作。

隧道上行线钻孔密度:病害段 1 个/100m、非病害段 1 个/200m、非可溶岩段 1 个/300m,上行线合计钻孔 141 个,其中正线钻孔 118 个、平导钻孔 24 个,钻孔总长度 450m。

隧道下行线在上行线补充勘察基础上,针对重点区段钻孔 22 个,其中深孔(钻孔深度 30m)5 个,其余钻孔深度 5m。

对上行线、下行线共采集岩样 1200 余件,如图 5-1 所示。

a) b)

图 5-1 补充勘察部分岩样

对岩样进行手标本法、热分析法、X 射线衍射法、薄片偏光法、扫描电镜法以及红外光谱法鉴定。岩样鉴定工作量见表 5-1。

岩样鉴定工作量　　表 5-1

线别	手标本法鉴定（组）	热分析法鉴定（组）	X 射线衍射法鉴定（组）	薄片偏光法鉴定（组）	扫描电镜法鉴定（组）	红外光谱法鉴定（组）
上行线	152	44	44	35	15	12
下行线	52	19	18	17	12	10
合计	204	63	62	52	27	22

1）手标本法鉴定

该法借助放大镜和化学试剂对岩性加以区别，其中化学试剂包括稀盐酸和镁试剂。根据灰岩滴稀盐酸剧烈冒泡、白云岩等其他岩性无反应的特性，以及滴镁试剂时白云岩试剂液由紫色变蓝、灰岩等其他岩性无变化的特性，用以区别灰岩和白云岩。手标本法鉴定如图 5-2 所示。

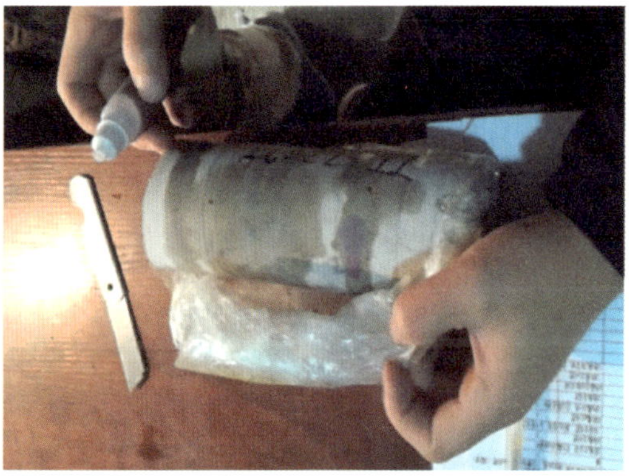
a)

b)

图 5-2　手标本法鉴定

2）热分析法鉴定

热分析法是在程序控制温度下，准确记录物质理化性质随温度变化的关系，研究其受热过程所发生的晶型转化、熔融、蒸发、脱水等物理变化，或热分解、氧化等化学变化，以及伴随发生的温度、能量或质量改变。热分析法广泛应用于物质的多晶型、物相转化、结晶水、结晶溶剂、热分解，以及药物的纯度、相容性和稳定性等研究中。南吕梁山隧道热分析法鉴定主要采用差热分析法和热重分析法。热分析法鉴定如图 5-3 所示。

3）X 射线衍射法鉴定

X 射线衍射法一种研究晶体结构的分析方法，当 X 射线照射晶态结构时，将受到晶体点阵排列的不同原子或分子所衍射。X 射线照射两个等距的晶面，当两束反射 X 光程差是入射波长的整数倍时，即发生相长干涉，这种干涉现象称为衍射。因此由不同原子散射的 X 射线相互干涉，在某些特殊方向上产生强 X 射线衍射，衍射线在空间分布的方位和强度与晶体结构密切相关，每种晶体所产生的衍射花样都反映出该晶体内部的原子分配规律。南吕梁山隧道试样试验测量的入射角为 5°～85°，根据不同衍射角度出现的衍射强度峰可以区分不同岩性。

X 射线衍射法鉴定如图 5-4 所示。

a)

b)

图 5-3 热分析法鉴定

4)薄片偏光法鉴定

反射偏光显微镜是用于研究所谓透明与不透明各向异性材料的一种显微镜,它在地质学等理工科专业中具有重要的应用。反射偏光显微镜是利用光的偏振特性对具有双折射性物质进行研究鉴定的必备仪器,可供广大用户做单偏光观察、正交偏光观察、锥光观察。南吕梁山隧道试样鉴定主要通过单偏光法观察和正交偏光法观察。薄片偏光法鉴定如图 5-5 所示。

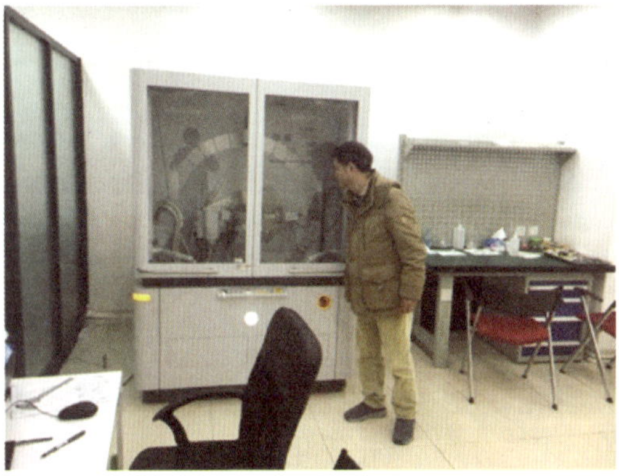

图 5-4 X 射线衍射法鉴定

图 5-5 薄片偏光法鉴定

5)扫描电镜法鉴定

扫描电镜法鉴定包括结构扫描和能谱分析。扫描电子显微镜是依据电子与物质的相互作用,当一束高能的入射电子轰击物质表面时,被激发的区域将产生二次电子,二次电子能够产生样品表面放大的形貌像,这个像是在样品被扫描时按时序建立起来的,即使用逐点成像的方法获得放大像。能谱是指在放大像上选定点位置元素种类及含量。扫描电镜法鉴定主要用以区别膏溶角砾岩、角砾状泥灰岩、泥灰岩。

6)红外光谱法鉴定

红外光谱法鉴定是利用红外光谱对物质分子进行分析和鉴定。将一束不同波长的红外射线照射到物质的分子上，某些特定波长的红外射线被吸收，形成这一分子的红外吸收光谱。每种分子都有由其组成和结构决定的独有的红外吸收光谱，据此可以对分子进行结构分析和鉴定。

红外吸收光谱是由分子不停地做振动和转动运动而产生的，分子振动是指分子中各原子在平衡位置附近做相对运动，多原子分子可组成多种振动图形。当分子中各原子以同一频率、同一相位在平衡位置附近做简谐振动时，分子振动的能量与红外射线的光量子能量正好对应，因此当分子的振动状态改变时，就可以发射红外光谱，也可以因红外辐射激发分子而振动，从而产生红外吸收光谱。红外光谱法鉴定如图 5-6 所示。

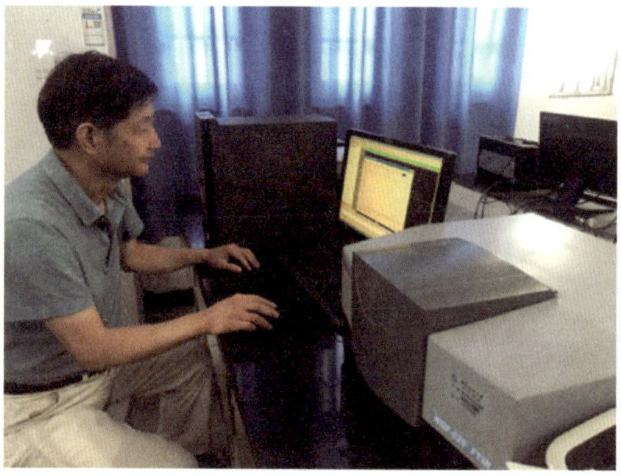

图 5-6　红外光谱法鉴定

隧道围岩鉴定结果见表 5-2、表 5-3。

隧道上行线围岩鉴定结果　　表 5-2

钻孔编号	里程	是否病害	手标本法鉴定	热分析法鉴定	X 射线衍射法鉴定	薄片偏光法鉴定	地层符号
SKYZK-02	K285 +080	否	紫红色泥岩				T_1l
SKYZK-04	K285 +680	否	中砂岩				P_2s
SKYZK-06	K286 +280	否	细砂岩				P_1x
SKYZK-10	K287 +380	否	灰岩，二次晶体发育				O_2f^2
SKYZK-11	K287 +580	否	微晶白云石灰岩，含石膏岩脉				O_2f^1
SKYZK-12	K287 +780	否	细晶白云质灰岩，溶孔发育，孔隙发育方解石晶体，潮湿				
SKYZK-13	K287 +980	否	灰质白云岩，含白色斑块				O_2s^3
SKYZK-14	K288 +180	否	泥晶白云岩，含方解石细脉				O_1l
SKYZK-15	K288 +380	否	细晶白云岩				
SKYZK-16	K288 +580	否	灰质白云岩，溶孔发育，孔壁发育方解石晶体			白云岩，镜下孔隙疑似有石膏	

续上表

钻孔编号	里程	是否病害	手标本法鉴定	热分析法鉴定	*X* 射线衍射法鉴定	薄片偏光法鉴定	地层符号
SKYZK-17	K288 +780	否	微晶白云岩				
SKYZK-18	K288 +980	否	细晶灰岩,含方解石脉				
SKYZK-19	K289 +180	否	细晶白云岩			细晶白云岩	
SKYZK-20	K289 +380	否	细晶白云质灰岩				O_2x^1
SKYZK-21	K289 +580	否	细晶白云岩			细晶白云岩	
SKYZK-22	K289 +780	否	细晶白云岩,溶孔发育,孔壁发育方解石晶体				
SKYZK-23	K289 +980	否	灰质白云岩,含白色斑块,溶孔发育				
SKYZK-24	K290 +180	否	细晶白云岩,发育少数溶孔				
SKYZK-25	K290 +380	否	灰质白云岩,裂隙滴盐酸微冒泡,溶孔发育			白云岩	
SKYZK-26	K290 +580	否	中晶白云岩				
SKYZK-27	K290 +780	否	细晶白云岩			白云岩	O_2x^2
SKYZK-28	K290 +980	否	细晶白云岩				
SKYZK-29	K291 +180	否	灰质白云岩			灰质白云岩	
SKYZK-30	K291 +380	否	角砾状泥灰岩,潮湿				
SKYZK-31	K291 +580	否	角砾状泥灰岩,含石膏,潮湿				
SKYZK-32	K291 +780	否	石膏岩,含硬石膏	石膏岩	石膏岩	水化硬石膏岩	
SKYZK-33	K291 +980	否	角砾状泥灰岩,潮湿				
SKYZK-34	K292 +180	否	微晶灰岩,溶孔发育				
SKYZK-35	K292 +380	否	灰岩夹石膏			灰岩,镜下石膏含量高	O_2x^3
SKYZK-36	K292 +580	否	角砾状泥灰岩,胶结物钙质含量高,溶孔发育				
SKYZK-37	K292 +780	否	角砾状泥灰岩,钙质含量高,溶孔发育,角砾大小不一				
SKYZK-38	K292 +980	否	石膏岩,白色网发育	石膏岩	石膏岩	石膏岩	
SKYZK-39	K293 +180	否	水化硬石膏岩,含白色网细脉	水化硬石膏岩	水化硬石膏岩		
SKYZK-40	K293 +330	是	细晶硬石膏岩,含细脉,局部盐酸反应有泥质	水化硬石膏岩	水化硬石膏岩	水化硬石膏岩	
SKYZK-41	K293 +430	是	细晶硬石膏岩含细脉	水化硬石膏岩	水化硬石膏岩		O_2x^1
SKYZK-42	K293 +530	是	细晶硬石膏岩	水化硬石膏岩	水化硬石膏岩		
SKYZK-43	K293 +630	否	细晶硬石膏岩夹石膏薄片,局部反应有泥质,泥包石状	水化硬石膏岩	水化硬石膏岩	水化硬石膏岩	
SKYZK-44	K293 +830	否	灰岩				

续上表

钻孔编号	里程	是否病害	手标本法鉴定	热分析法鉴定	X射线衍射法鉴定	薄片偏光法鉴定	地层符号
SKYZK-45	K294 +030	否	白云质灰岩			白云质灰岩	O_2s^2
SKYZK-46	K294 +230	否	灰岩				
SKYZK-47	K294 +430	否	灰岩				
SKYZK-48	K294 +630	否	白云质灰岩,泥质团块				
SKYZK-49	K294 +830	否	灰岩			灰岩	
SKYZK-50	K295 +030	否	微晶白云质灰岩				
SKYZK-51	K295 +230	否	泥灰岩含方解石细脉				O_2s^3
SKYZK-52	K295 +430	否	泥灰岩,溶孔很发育			泥灰岩	
SKYZK-53	K295 +630	否	角砾状泥灰岩				
SKYZK-54	K295 +830	否	石膏岩	石膏岩	石膏岩	石膏岩	O_2f^1
SKYZK-55	K296 +030	否	水化硬石膏岩含细脉	水化硬石膏岩	水化硬石膏岩		
SKYZK-56	K296 +230	否	水化硬石膏岩	水化硬石膏岩	水化硬石膏岩	水化硬石膏岩	
SKYZK-57	K296 +430	否	石膏岩	石膏岩	石膏岩		
SKYZK-58	K296 +630	否	团块状泥晶白云岩,含石膏脉,小溶孔	强膏化白云岩	强膏化白云岩	膏化白云岩	
SKYZK-59	K296 +830	否	细晶硬石膏岩,局部夹泥质薄层	水化硬石膏岩	水化硬石膏岩	水化硬石膏岩	
SKYZK-60	K297 +030	否	灰岩			灰岩	
SKYZK-61	K297 +230	否	石膏岩	石膏岩	石膏岩	石膏岩	
SKYZK-62	K297 +430	否	水化硬石膏岩				
SKYZK-63	K297 +630	否	石膏岩	石膏岩	石膏岩		
SKYZK-64	K297 +830	否	白云质角砾岩				
SKYZK-65	K298 +030	否	泥晶白云岩夹石膏泥质薄层			白云岩,镜下显示有石膏	
SKYZK-66	K298 +230	是	白云质角砾岩,含硬石膏岩,发育网格石膏脉	石膏岩	石膏岩		
SKYZK-76	K299 +300	是	角砾状泥灰岩、钙质泥岩				
SKYZK-77	K299 +500	否	石膏岩	石膏岩	石膏岩	石膏岩	
SKYZK-78	K299 +700	否	微晶灰岩,方解石细脉发育			灰岩	
SKYZK-79	K299 +900	否	微晶灰岩、泥灰岩				
SKYZK-80	K300 +020	是	泥质灰质白云岩			泥质灰质白云岩	
SKYZK-81	K300 +120	是	灰岩,溶孔特发育				
SKYZK-82	K300 +220	是	角砾状灰岩,特破碎				

续上表

钻孔编号	里程	是否病害	手标本法鉴定	热分析法鉴定	X射线衍射法鉴定	薄片偏光法鉴定	地层符号
SKYZK-83	K300 +320	是	角砾状泥灰岩,以灰岩角砾为主,潮湿				O_2s^3
SKYZK-84	K300 +440	是	硬石膏岩	水化硬石膏岩	水化硬石膏岩	水化硬石膏岩	
SKYZK-85	K300 +540	是	硬石膏岩夹石膏薄层,部分角砾状,网脉发育	水化硬石膏岩	水化硬石膏岩		
SKYZK-86	K300 +640	是	细晶硬石膏岩夹石膏层	水化硬石膏岩	水化硬石膏岩		
SKYZK-87	K300 +740	是	角砾状泥岩、硬石膏岩	水化硬石膏岩	水化硬石膏岩		
SKYZK-88	K300 +840	是	角砾状泥灰岩,泥包石				
SKYZK-89	K300 +940	是	灰岩,溶孔特发育				
SKYZK-90	K301 +040	是	角砾状泥灰岩、钙质泥岩,潮湿				
SKYZK-91	K301 +140	是	灰岩,溶孔特发育			微晶灰岩	
SKYZK-93	K301 +340	是	角砾状泥灰岩、钙质泥岩,溶孔发育,孔壁有方解石				
SKYZK-94	K301 +440	是	泥灰岩、钙质泥岩,蜂窝状溶孔发育				
SKYZK-96	K301 +840	否	灰岩和泥灰岩,灰岩溶孔特别发育			含泥质灰岩	
SKYZK-100	K302 +440	是	角砾状泥灰岩,含方解石细脉,潮湿				O_2f^1
SKYZK-102	K302 +640	是	微晶硬石膏岩含石膏脉	石膏岩	石膏岩		
SKYZK-103	K302 +740	是	石膏岩	石膏岩	石膏岩		
SKYZK-104	K302 +840	是	角砾状泥灰岩,潮湿				
SKYZK-105	K302 +940	是	微晶灰岩,溶孔发育				
SKYZK-106	K303 +040	是	微晶灰岩,溶孔发育,孔壁有方解石晶体,潮湿				
SKYZK-107	K303 +140	是	灰岩,有溶孔			微晶灰岩	
SKYZK-108	K303 +240	是	角砾状灰岩,溶孔发育,潮湿				
SKYZK-109	K303 +340	是	灰岩				
SKYZK-110	K303 +440	是	微晶灰岩,溶孔发育,孔壁有方解石,潮湿				
SKYZK-111	K303 +540	是	泥质白云岩				
SKYZK-112	K303 +640	是	灰质白云岩	白云岩	白云岩		
SKYZK-113	K303 +740	是	微晶灰质白云岩				
SKYZK-114	K303 +840	是	微晶白云岩				

续上表

钻孔编号	里程	是否病害	手标本法鉴定	热分析法鉴定	X射线衍射法鉴定	薄片偏光法鉴定	地层符号
SKYZK-115	K303 +980	否	细晶白云岩,含方解石细脉				
SKYZK-116	K304 +180	否	泥晶白云质灰岩				
SKYZK-117	K304 +380	否	泥灰岩				
SKYZK-118	K304 +580	否	微晶灰质白云岩				
SKYZK-119	K304 +780	否	灰质白云岩			白云岩	
SKYZK-120	K304 +930	是	微晶白云岩	白云岩	白云岩		
SKYZK-121	K305 +030	是	膏溶角砾岩				
SKYZK-122	K305 +130	是	角砾状钙质白云质泥岩,泥云岩			白云岩	
SKYZK-123	K305 +230	是	含泥质灰质角砾岩				O_2f^1
SKYZK-125	K305 +430	是	硬石膏岩,网状石膏脉	水化硬石膏岩	石膏岩	水化硬石膏岩	
SKYZK-126	K305 +530	是	膏溶角砾岩				
SKYZK-129	K305 +830	是	灰岩,孔特发育	灰岩	灰岩		
SKYZK-130	K305 +930	是	泥质灰云岩			膏化白云岩	
SKYZK-131	K306 +080	否	白云质角砾岩				
SKYZK-132	K306 +280	否	泥质灰云岩			灰云岩,含石膏	
SKYZK-133	K306 +480	否	泥晶灰质白云岩				
SKYZK-134	K306 +680	否	微晶白云质灰岩,有溶孔发育				
SKYZK-135	K306 +880	否	微晶白云质灰岩				
SKYZK-136	K307 +080	否	微晶灰岩,溶孔发育				
SKYZK-137	K307 +280	否	微晶灰岩			微晶灰岩	O_2s^3
SKYZK-138	K307 +480	否	泥晶灰岩				
SKYZK-139	K307 +680	否	泥晶灰岩,溶孔发育			泥晶灰岩	
SKYZK-140	K307 +880	否	灰岩、泥质白云岩				
SKYZK-141	4平-1号 0 +400		石膏化微晶白云岩,潮湿	膏化白云岩	膏化白云岩		
SKYZK-142	4平-1号 0 +300		石膏化微晶白云岩	膏化白云岩	白云岩		
SKYZK-143	4平-1号 0 +200		角砾状灰岩,硬石膏岩				
SKYZK-144	4平-1号 0 +100		角砾状灰岩	灰岩	灰岩	灰岩	O_2f^1
SKYZK-145	4平-1号 0 +000		泥灰岩,钙质泥岩				
SKYZK-146	4平-2号 0 +100		白云岩,溶孔发育方解石晶体,潮湿	膏化白云岩	膏化白云岩	白云岩	

续上表

钻孔编号	里程	是否病害	手标本法鉴定	热分析法鉴定	X 射线衍射法鉴定	薄片偏光法鉴定	地层符号
SKYZK-147	4 平-2 号 0 +200		微晶灰质白云岩		微晶白云岩		O_2f^1
SKYZK-148	4 平-2 号 0 +300		细晶硬石膏岩				
SKYZK-149	5 平-1 号 0 +280		泥灰岩,钙质泥岩				O_2s^3
SKYZK-150	5 平-1 号 0 +180		微晶硬石膏岩,白色细层发育	水化硬石膏岩	水化硬石膏岩		
SKYZK-151	5 平-1 号 0 +080		微晶灰质白云岩				
SKYZK-152	5 平-2 号 0 +020		石膏岩	石膏岩	石膏岩	石膏岩,含硬石膏	
SKYZK-153	5 平-2 号 0 +120		微晶硬石膏岩,白色网脉发育	水化硬石膏岩	水化硬石膏岩		
SKYZK-155	5 平-3 号 0 +030		灰岩,溶孔发育				
SKYZK-156	5 平-4 号 0 +070		灰岩,溶孔发育				
SKYZK-157	5 平-5 号 0 +090		微晶灰岩,溶孔发育,孔壁有方解石晶体				
SKYZK-158	5 平-6 号 0 +010		泥灰岩,溶孔发育			泥质灰岩	
SKYZK-159	5 平-6 号 0 +110		角砾状钙质泥岩				
SKYZK-160	5 平-7 号 0 +050		灰岩,溶孔特发育				
SKYZK-161	出平-1 号 0 +090		微晶硬石膏岩,白色网脉发育	水化硬石膏岩	水化硬石膏岩		O_2f^1
SKYZK-162	出平-2 号 0 +060		水化硬石膏岩,网状石膏脉	水化硬石膏岩	水化硬石膏岩		
SKYZK-163	出平-3 号 0 +040		微晶硬石膏岩,白色网脉发育	水化硬石膏岩	水化硬石膏岩		
SKYZK-164	出平-4 号 0 +140		角砾状泥灰岩,角砾状钙质泥岩				

续上表

钻孔编号	里程	是否病害	手标本法鉴定	热分析法鉴定	X 射线衍射法鉴定	薄片偏光法鉴定	地层符号
SKYZK-165	出平-4 号 0 +020		膏溶角砾岩,角砾状含钙质泥岩				O_2f^1
块 001	K298 +304	否	石膏岩	石膏岩	石膏岩		
块 002	K298 +313	否	灰岩				
块 003	K298 +634	是	微晶白云岩含硬石膏				
块 004	K298 +734	是	细晶硬石膏岩	硬石膏岩	水化硬石膏岩		
块 005	K299 +162	是	水化硬石膏岩	水化硬石膏岩	水化硬石膏岩		
块 006	K300 +048	是	含泥质灰质白云岩				
块 007	K302 +230	是	角砾状泥云岩,含方解石细脉			泥云岩	
块 008	K302 +737	是	含泥质白云质灰岩				
块 009	K303 +536	是	含泥质白云质灰岩				
块 010	K303 +796	是	含泥质白云质灰岩				

隧道下行线围岩鉴定结果　　表 5-3

钻孔编号	里程	深度（m）	手标本法鉴定	热分析法鉴定	X 射线衍射法鉴定	薄片偏光法鉴定	地层符号
SKYZK-10	K293 +330	1.4 ~ 3.0	水化硬石膏岩		膏化白云岩		O_2s^1
		3.0 ~ 13.0	水化硬石膏岩		水化硬石膏	水化硬石膏	O_2x^3
		13.0 ~ 22.0	水化硬石膏岩				
		22.0 ~ 30.0	水化硬石膏岩,含白云质			水化硬石膏	
SKYZK-11	K293 +430	1.4 ~ 5.0	石膏岩		石膏岩		O_2s^1
SKYZK-12	K296 +020	1.6 ~ 5.0	石膏岩		石膏岩		O_2f^1
SKYZK-13	K296 +220	1.8 ~ 7.6	水化硬石膏岩		水化硬石膏岩	水化硬石膏	
		7.6 ~ 22.7	水化硬石膏岩		水化硬石膏	水化硬石膏	
		22.7 ~ 30.0	泥灰岩				
SKYZK-14	K296 +420	1.5 ~ 5.0	石膏岩		石膏岩		
SKYZK-15	K296 +819	1.7 ~ 7.8	水化硬石膏岩		含白云质水化硬石膏		
		7.8 ~ 8.6	白云岩			膏化白云岩	
		8.6 ~ 19.5	灰岩				
		19.5 ~ 22.7	角砾岩				
		22.7 ~ 30.0	石膏岩			石膏岩	
SKYZK16	K297 +230	1.5 ~ 5.0	水化硬石膏岩				
SKYZK17	K298 +030	1.3 ~ 6.0	白云质灰岩			白云质灰岩	

续上表

钻孔编号	里程	深度（m）	手标本法鉴定	热分析法鉴定	X射线衍射法鉴定	薄片偏光法鉴定	地层符号
SKYZK-18	K298 +230	1.2 ~ 5.0	石膏岩		石膏岩		O_2f^1
SKYZK-19	K298 +670	1.3 ~ 5.0	水化硬石膏岩	水化硬石膏岩	水化硬石膏岩	水化硬石膏	
SKYZK-20	K299 +100	1.0 ~ 10.0	白云质灰岩，含网状石膏脉		白云岩	白云岩	
		10.0 ~ 16.0	白云质灰岩，溶孔发育				
		16.0 ~ 30.0	水化硬石膏岩	水化硬石膏岩、白色块石膏、灰色块水化硬石膏	水化硬石膏岩、水化硬石膏岩		O_2s^3
SKYZK-21	K299 +900	1.8 ~ 3.5	灰岩				O_2f^1
		3.5 ~ 5.0	白云质灰岩			白云质灰岩	
SKYZK-22	K300 +315	0.0 ~ 2.8	白云质灰岩			白云质灰岩	
		2.8 ~ 5.0	灰岩				
SKYZK-23	K300 +480	0.0 ~ 17.2	石膏岩		石膏岩	石膏岩	
		17.2 ~ 22.6	泥灰岩				
		22.6 ~ 30.0	水化硬石膏岩				
SKYZK-24	K300 +640	0.0 ~ 5.0	石膏岩		石膏岩	石膏岩	O_2s^3
SKYZK-25	K302 +240	2.0 ~ 5.0	白云质灰岩或泥质白云质灰岩			泥质白云质灰岩	
SKYZK-26	K302 +440	2.0 ~ 4.2	灰岩			石膏	O_2f^1
		4.2 ~ 5.7	泥灰岩				
		5.7 ~ 6.4	灰岩				
SKYZK-27	K302 +640	2.0 ~ 5.0	水化硬石膏岩		膏化白云岩		
		5.0 ~ 7.5	角砾状泥灰岩				
		7.5 ~ 10.0	泥灰岩夹石膏				
		10.0 ~ 17.8	灰岩，夹黑色颗粒				O_2s^3
		17.8 ~ 20.0	灰岩				
		20.0 ~ 28.0	角砾状灰岩				
		28.0 ~ 30.0	灰岩				

续上表

钻孔编号	里程	深度（m）	手标本法鉴定	热分析法鉴定	*X* 射线衍射法鉴定	薄片偏光法鉴定	地层符号
SKYZK-29	K303 +040	1.7 ~ 3.1	灰岩				O_2f^1
		3.1 ~ 5.0	角砾状灰岩				
SKYZK-30	K303 +440	0.8 ~ 1.9	角砾状灰岩				
		1.9 ~ 2.5	灰岩				
		2.5 ~ 4.7	水化硬石膏岩			灰岩	
		4.7 ~ 5.0	灰岩				
SKYZK-31	K303 +650	1.3 ~ 5.0	白云岩或灰质白云岩			灰质泥质白云岩	
SKYZK-36	K305 +809	0.0 ~ 18.4	膏溶角砾岩				
		18.4 ~ 19.3	灰岩				O_2s^3
		19.3 ~ 27.8	膏溶角砾岩				
		27.8 ~ 30.0	灰岩				

5.1.2　围岩分布特征

根据上行线钻孔取样鉴定结果，揭示围岩的岩性类别状况见表 5-4。

上行线围岩类别状况　　表 5-4

序号	岩性类别	主 要 岩 性	长度（m）	所占比例（%）
1	灰岩类	泥晶灰岩、微晶灰岩、细晶灰岩、白云质灰岩、角砾状灰岩、泥质灰岩	6203	26.5
2	白云岩类	微晶白云岩、细晶白云岩、中晶白云岩、灰质白云岩、泥质白云岩、白云质角砾岩、石膏化白云岩、硬石膏化白云岩	4790	20.4
3	泥灰岩类		700	3.0
4	石膏岩类	含水化硬石膏岩、石膏岩	4240	18.1
5	角砾状泥灰岩类		3500	14.9
6	膏溶角砾岩类		300	1.3
7	砂岩类		2651	11.3
8	其他	泥云岩、灰质角砾岩、灰云岩	1059	4.5
合计			23443	100.0

将上行线钻孔揭示的岩性与下行线对应里程或附近钻孔揭示的岩性进行对比发现，只有 3 个钻孔岩性有所出入，第 1 个是上行线 SKYZK-65 号钻孔，里程为 K298 +030，揭示岩性为白云岩，对应下行线 SKYZK-17 号钻孔，里程相同，而岩性为白云质灰岩；第 2 个是上行线 SKYZK-83 号钻孔，里程为 K300 +320，揭示岩性为角砾状泥灰岩，对应下行线 SKYZK-22 号钻孔，里程为 K300 +315，而岩性为白云质灰岩；第 3 个是上行线 SKYZK-129 号钻孔，里程为

K305 +830,揭示岩性为灰岩,对应下行线 SKYZK-36 号钻孔,里程为 K305 +809,而岩性为膏溶角砾岩。对于这一差异现象进行分析,可能的影响因素如下:

(1)上行线钻孔为水平方向,在边墙处水平钻孔,下行线钻孔为垂直方向,在底板处竖直向下钻孔,再加上地层具有一定的倾斜,而隧道则是水平穿越各地层,所以可能会存在一定的误差。

(2)在钻孔取样时,每个钻孔均不止一段岩样,上行线为水平取样,不同岩性的地层具有一定的倾斜,所以有可能同一段岩芯来自不同岩性的两个地层。

综合分析认为,上行线和下行线围岩岩性无差别。

经过对隧道围岩的鉴定,结合隧道病害情况,隧道各区段围岩分布与病害对应关系见表 5-5。其中个别钻孔揭示的岩性已进行合并。

隧道各区段围岩分布与病害对应关系　　表 5-5

序号	里　程		岩　性	是否病害段
1	K284 +529 ~ K287 +180	K284 +529 ~ K286 +300	砂岩类	否
		K286 +300 ~ K286 +800		是
		K286 +800 ~ K287 +180		否
2	K287 +180 ~ K287 +780		灰岩类	否
3	K287 +780 ~ K291 +180		白云岩类	否
4	K291 +180 ~ K291 +580		角砾状泥灰岩	否
5	K291 +580 ~ K291 +780	K291 +580 ~ K291 +600	石膏岩类	否
		K291 +600 ~ K291 +780		是
6	K291 +780 ~ K292 +780	K291 +780 ~ K292 +200	角砾状泥灰岩	是
		K291 +200 ~ K292 +780		否
7	K292 +780 ~ K293 +630		石膏岩类	否
8	K293 +630 ~ K295 +030		灰岩类	否
9	K295 +030 ~ K295 +430		泥灰岩	否
10	K295 +430 ~ K295 +630		角砾状泥灰岩	否
11	K295 +630 ~ K297 +630		石膏岩类	否
12	K297 +630 ~ K298 +030		白云岩类	否
13	K298 +030 ~ K298 +300		石膏岩类	是
14	K298 +300 ~ K298 +600		白云岩类	否
15	K298 +600 ~ K298 +900		灰岩类	否
16	K298 +900 ~ K299 +100		泥灰岩	是
17	K299 +100 ~ K299 +200		白云岩类	是
18	K299 +200 ~ K299 +300		泥灰岩	是
19	K299 +300 ~ K300 +220		灰岩类	是
20	K300 +220 ~ K300 +320		角砾状泥灰岩	是
21	K300 +320 ~ K300 +740		石膏岩类	是

续上表

序号	里程		岩性	是否病害段
22	K300 +740 ~ K302 +440	K300 +740 ~ K302 +200	角砾状泥灰岩	否
		K302 +200 ~ K302 +440		是
23	K302 +440 ~ K302 +740		石膏岩类	是
24	K302 +740 ~ K302 +840		角砾状泥灰岩	是
25	K302 +840 ~ K303 +440	K302 +840 ~ K303 +300	灰岩	是
		K303 +300 ~ K303 +440		否
26	K303 +440 ~ K304 +930		白云岩类	否
27	K304 +930 ~ K305 +030		膏溶角砾岩	否
28	K305 +030 ~ K305 +130		白云岩类	否
29	K305 +130 ~ K305 +230		灰质角砾岩	否
30	K305 +230 ~ K305 +430		石膏岩类	是
31	K305 +430 ~ K305 +630		膏溶角砾岩	是
32	K305 +630 ~ K308 +013		灰岩	否

根据统计数据，绘制隧道各区段围岩分布与病害对应关系，如图 5-7 所示。

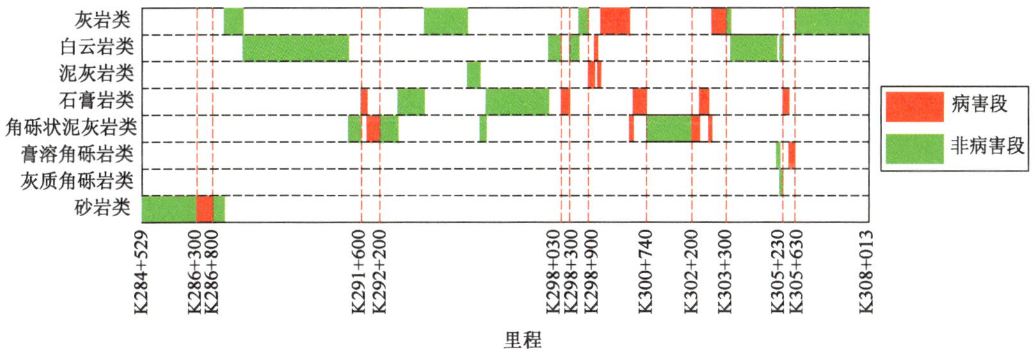

图 5-7 隧道各区段围岩分布与病害对应关系

由以上图表可看出：

(1)隧道穿越地段岩石成层性明显，病害发生段的岩性主要有泥灰岩类、石膏岩类、膏溶角砾岩类等特殊工程性质围岩段。

(2)泥灰岩类、膏溶角砾岩类在地下水作用下可能会发生膨胀病害，石膏岩类在地下水作用下可能会发生膨胀和腐蚀病害，但并不是所有的泥灰岩类、石膏岩类、膏溶角砾岩都发生病害。

(3)对于部分灰岩类、白云岩类、砂岩类，这些围岩等级相对较高，但部分段落也发生了病害，可见，控制病害发生的因素十分复杂，它不仅仅与地层岩性有关，还与其他更为重要的因素相关，病害一定是多种因素叠加耦合的结果。

5.1.3 岩石常规力学参数

1)岩石单轴抗压强度

根据《铁路工程岩石试验规程》(TB 10115—2014)，试验试件为直径 50mm、高度 100mm

的圆柱样。取样、制样时，使试件保持其自然条件，试件的含水率接近天然状态。部分试件样品如图5-8所示。

a)　　b)

图5-8　部分试件样品

岩石单轴抗压强度试验结果见表5-6。

岩石单轴抗压强度试验结果　表5-6

序号	里　程	试件编号	岩　性	岩石单轴抗压强度(MPa)	天然密度(g/cm^3)
1	K293+430	41-3-1	石膏岩	75.6	2.97
2	K298+734	块4-1		72.7	2.96
3		块4-2		73.0	2.96
4	K299+900	79-2-1	泥灰岩	24.8	2.76
5		79-2-2		15.0	2.73
6	K303+840	114-3-1	白云岩	68.8	2.86
7		114-3-2		38.8	2.84
8	K296+230	56-1	石膏岩	80.10	2.93
9	K296+430	57-1		18.62	2.77
10		57-2		34.48	2.57
11	K297+430	63-1		25.78	2.42
12		63-2		33.83	2.42
13		63-3		38.95	2.41
14	4平-1号0+200	143-1		12.41	2.61
15		143-2		29.37	2.82
16	4平-2号0+100	146-1		69.25	2.88
17	5平-2号0+120	153-1		23.93	2.42
18		153-2		22.16	2.42
19		153-3		26.94	2.42

续上表

序号	里程	试件编号	岩性	岩石单轴抗压强度(MPa)	天然密度(g/cm^3)
20	K303 +536	块 9-1	泥灰岩	20.01	2.41
21		块 9-2		17.74	2.40
22		块 9-3		16.24	2.40
23	K305 +000	角 1-1	膏溶角砾岩	11.97	
24		角 1-2		9.05	
25	K305 +530	角 2-1		3.95	
26		角 2-2		2.74	
27	K305 +600	角 3-1		8.82	
28		角 3-2		7.02	

2)岩石单轴压缩变形参数

岩石单轴压缩变形参数试验结果见表 5-7。

岩石单轴压缩变形试验结果 表 5-7

序号	里程	试件编号	岩性	岩石弹性模量(MPa)	泊松比	孔号	备注
1	K293 +430	41-3-1	石膏岩	43500	0.13	41-Ⅲ	
2	K298 +734	块 4-1		70400	0.09	块 4	
3		块 4-2		77400	0.27		
4	K299 +900	79-2-1	泥灰岩	32800	0.45	79-Ⅱ	
5		79-2-2		3300	0.31		
6	K303 +840	114-3-1	白云岩	71800	0.40	114-Ⅲ	
7		114-3-2		29600	0.24		
8	K296 +230	56-1	石膏岩	13410.30		56	
9	K296 +430	57-1		6632.31		57	
10		57-2		8432.56		57	
11	K297 +430	63-1		10025.60		63	
12		63-2		11531.96		63	
13		63-3		9558.68		63	
14	4 平-1 号 0 +200	143-1		1947.76		143	
15		143-2		8181.55		143	
16	4 平-2 号 0 +100	146-1		15608.62		146	
17	5 平-2 号 0 +120	153-1		7431.19		153	
18		153-2		7585.70		153	
19		153-3		7153.94		153	

续上表

序号	里　　程	试件编号	岩性	岩石弹性模量(MPa)	泊松比	孔号	备　　注
20	K303 +536	块 9-1	泥灰岩	4082.07			在洞壁取得岩块
21		块 9-2		3897.53			
22		块 9-3		4058.03			
23	K305 +000	角 1-1	膏溶角砾岩	2127.34			在洞壁取得岩块
24		角 1-2		1357.46			
25	K305 +530	角 2-1		490.54			
26		角 2-2		1080.11			
27	K305 +600	角 3-1		1440.46			
28		角 3-2		898.95			

3)岩石点荷载强度

根据《铁路工程岩石试验规程》(TB 10115—2014),试验试件岩芯样、不规则岩块样。对不同形状试件尺寸要求如下:

(1)采用岩芯样试件做轴向试验时,加荷两点间距与直径之比宜为 0.3 ~1.0。

(2)采用不规则块体试件做试验时,应满足试件长度≥宽度≥高度,试件高度一般控制在 0.5 ~10cm 之间,另外,试件加荷点附近的岩面要修平整。

(3)试件的含水率接近天然状态。

岩石点荷载强度试验如图 5-9 所示,试验结果见表 5-8。

图 5-9　数显岩石点荷载强度试验照片

点荷载强度试验结果　　表 5-8

序号	试样类型	平均基准点荷载强度指数(MPa)	单轴抗压强度(MPa)	岩石抗拉强度(MPa)	黏聚力(MPa)	内摩擦角(°)
1	泥灰岩	0.64	16.33	0.66	1.64	67.35
2	膏溶角砾岩	0.66	16.71	0.67	1.68	67.31
3	石膏岩	2.17	40.80	1.86	4.36	65.87
4	水化硬石膏岩	3.04	52.64	2.59	5.72	65.45

4)岩石波速

根据《铁路工程岩石试验规程》(TB 10115—2014),试验试件为直径 50mm、高度 100mm 的圆柱样。取样、制样时,使试件保持其自然条件,试件的含水率接近天然状态。

针对石膏岩的侵蚀特性,将两种岩样进行不同因素下的多水平侵蚀浸泡试验,分别为静水浸泡、有压浸泡、动水浸泡和酸碱浸泡 4 种试验。浸泡后全部试件进行波速测试。岩石波速试验如图 5-10 所示。

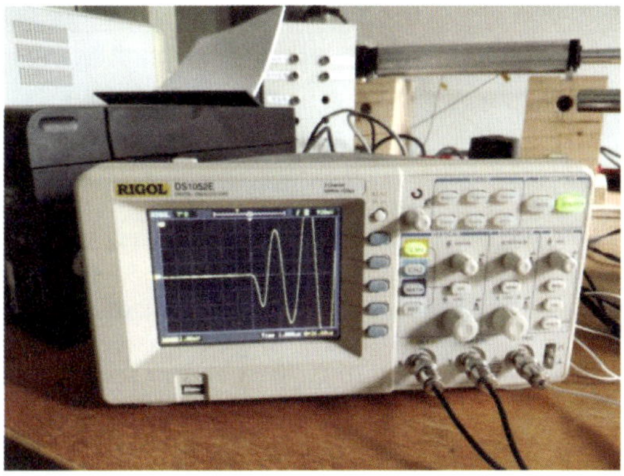

a)

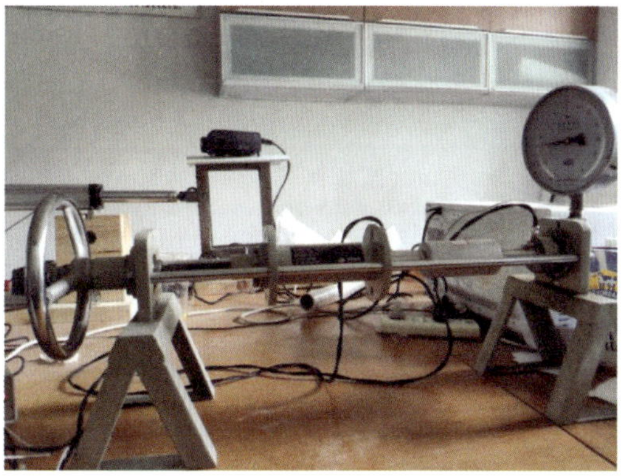

b)

图 5-10　岩芯超声波试验

石膏岩波速试验结果见表 5-9。

石膏岩波速试验结果　　表 5-9

序号	钻孔及试件编号	纵坡波速(m/s)	横波波速(m/s)	动泊松比	动弹性模量(MPa)
1	39-Ⅰ	5926.98	3019.32	0.32	6601.39
2	39-Ⅱ	5830.22	3152.69	0.29	6944.68
3	39-Ⅲ	6100.54	3075.03	0.33	7040.43
4	39-Ⅳ	5749.77	2569.37	0.38	4787.91
5	39-Ⅴ	5595.34	2738.23	0.34	5130.91
6	41-Ⅰ(1)	5830.22	2753.30	0.36	6009.40
7	41-Ⅰ(2)	4588.84	2679.53	0.24	4912.48
8	41-Ⅱ	5684.40	3094.06	0.29	7233.66
9	41-Ⅳ	5378.66	2863.69	0.30	6105.52
10	41-Ⅴ	5871.30	3132.83	0.30	7521.92
11	86-Ⅱ(1)	5671.51	2723.31	0.35	5361.01
12	86-Ⅱ(2)	4972.16	2420.14	0.34	3925.88
13	86-Ⅲ(1)	5012.03	2651.11	0.31	4402.46
14	86-Ⅲ(2)	4809.54	2637.13	0.29	4285.51
15	86-Ⅳ(1)	5545.70	3037.67	0.29	6454.23
16	86-Ⅳ(2)	5104.12	2596.05	0.33	4181.63
17	63-Ⅰ	5344.16	2609.60	0.34	4400.25
18	63-Ⅱ(1)	5265.37	2896.87	0.28	5164.71
19	63-Ⅱ(2)	5188.88	2688.17	0.32	4521.34
20	102-Ⅰ	5484.86	2768.55	0.33	5562.89

续上表

序号	钻孔及试件编号	纵坡波速(m/s)	横波波速(m/s)	动泊松比	动弹性模量(MPa)
21	102-Ⅱ	5243.29	2986.86	0.26	5317.16
22	102-Ⅳ	5254.31	2443.79	0.36	3869.09
23	103-Ⅲ	4894.28	2582.74	0.31	4124.92
24	103-Ⅳ(1)	5178.13	2569.37	0.34	4202.89
25	103-Ⅳ(2)	5254.31	2634.35	0.33	4418.49
26	152-Ⅱ(1)	4763.72	2480.16	0.31	3847.79
27	152-Ⅱ(2)	4972.16	2443.79	0.34	3782.78
28	152-Ⅳ	4828.12	2216.31	0.37	3205.53
29	161-Ⅲ	5104.12	2340.82	0.37	3569.24
30	162-Ⅳ	4709.87	2408.48	0.32	3676.33
31	163-Ⅰ	2564.63	1559.58	0.21	1411.07
32	1	3778.72	1803.75	0.35	2012.89
33	2	3896.51	1871.26	0.35	2173.90
34	3	4702.88	1929.01	0.40	2413.38

5)膏溶角砾岩的软化特性

搜集整理了太行山隧道、南小坪隧道、西小坪隧道、观音堂隧道和屋子坪隧道的膏溶角砾岩的75组软化系数试验数据,试验结果见表5-10。

膏溶角砾岩软化系数试验结果　　表5-10

序号	饱和单轴抗压强度(MPa)	干燥样单轴抗压强度(MPa)	软化系数
1	0~0.3	0~1	0~0.3
2	0.3~0.6	1~2	0.2~0.4
3	0.6~1	2~3	0.4~0.5
4	1~10	3~10	0.5~0.6
5	10~30	10~35	0.6~0.7

5.1.4 围岩的膨胀性

1)岩石膨胀压力

根据《铁路工程岩石试验规程》(TB 10115—2014)进行岩石膨胀压力试验。试验中使用千分表控制应变,使用固结仪代替压力机施加压力。将试样放入环刀的方法参考国际岩石力学协会关于膨胀岩石室内试验的建议方法。岩石膨胀压力试验如图5-11所示。

图5-11 岩石膨胀压力试验

对石膏岩、泥灰岩、膏溶角砾岩进行膨胀压力试验,并对泥灰岩进行平行层理和垂直层理方法膨胀压力试验。岩石膨胀压力试验结果见表5-11。

岩石膨胀压力试验结果 表5-11

序号	里 程	试件编号	岩 性	膨胀压力(kPa)	孔 号
1	K293 +330	40-1	石膏岩	38.9	40
2	K298 +170	1474-5	含石膏脉泥灰岩	726	SZK-24
3		1474-6		386	
4	K298 +977	1475-5		129	SZK-21 +
5		1475-6		154	
6	K299 +264	1473-5		253	SZK-17
7		1473-6		215	
8	K300 +333	1472-5		135	SZK-15
9		1472-6		148	
10	K302 +810	1471-5	泥灰岩	1130	SZK-7
11		1471-6		972	
12	K302 +840	104-1	角砾状泥灰岩	102.7	104
13	K302 +885	1470-5	泥灰岩	850	SZK-4
14		1470-6		994	
15	K305 +530	126-1	膏溶角砾岩	487.3	126
16	K303 +536	块4平1	泥灰岩(平行层理)	378.92	
17		块4平2		504.88	
18		块4平3		644.66	
19	K303 +536	块4垂1	泥灰岩(垂直层理)	944.19	
20		块4垂2		1279.19	
21		块4垂3		812.79	

续上表

序号	里　程	试件编号	岩　性	膨胀压力(kPa)	孔　号
22	K305 +530	角 1	膏溶角砾岩	344.23	
23		角 2		410.46	
24		角 3		398.17	

2)岩石侧向约束膨胀率

试验制样要求按照《铁路工程岩石试验规程》(TB 10115—2014),试件直径 61.8mm、高度 20mm,试件的含水率接近天然状态。岩石侧向约束膨胀率试验试件如图 5-12 所示。

图 5-12　岩石侧向约束膨胀率试验试件

岩石侧向约束膨胀率试验结果见表 5-12。

岩石侧向约束膨胀率试验结果　　表 5-12

序号	里　程	试件编号	岩　性	侧向约束膨胀率(%)	钻孔编号
1	K293 +330	40-1	石膏岩	0	40
2	K298 +170	1474-3	含石膏脉泥灰岩	1.810	SZK-24
3		1474-4		1.115	
4	K298 +977	1475-3		0.224	SZK-21 +
5		1475-4		0.198	
6	K299 +264	1473-3		0.497	SZK-17
7		1473-4		0.521	
8	K300 +333	1472-3		0.397	SZK-15
9		1472-4		0.321	
10	K302 +810	1471-3	泥灰岩	4.462	SZK-7
11		1471-4		5.047	
12	K302 +885	1470-3		0.656	SZK-4
13		1470-4		0.609	

3）岩粉自由膨胀率

试验制样要求按照《铁路工程土工试验规程》（TB 10102—2010），取岩芯碾碎后过 50 目筛。由于当环境温度在 40℃以上时，水石膏会开始失去石膏结构中的结晶水，试件中的水石膏可能会逐渐变为半水石膏或硬石膏，从而使得试验结果存在较大误差，因此，根据规范，对不含石膏的岩石试件应在试验前采用 105℃烘干至少 12h，对含石膏或硬石膏的试件不进行烘干。另外取 105℃烘干的石膏岩做对照组 1，取纯水石膏矿做对照组 2。自由膨胀率试验如图 5-13所示。

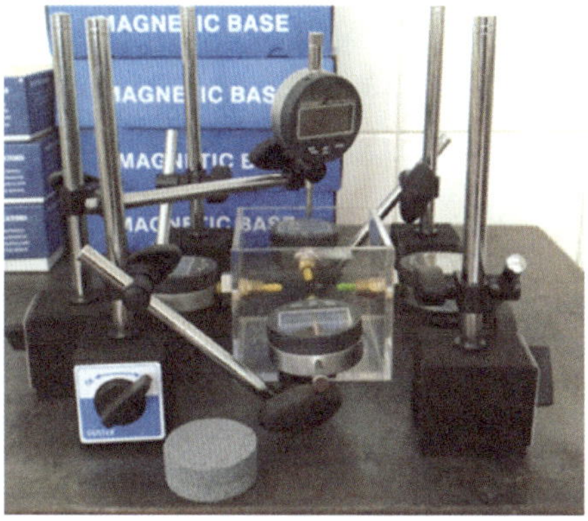

图 5-13 自由膨胀率试验

试验结果见表 5-13，表中对同组结果相差较大者未取平均值。

岩粉自由膨胀率试验结果 表 5-13

序号	里程	试件编号	岩性	岩粉自由膨胀率（%）	
				试验值	平均值
1	K293 +330	40-1	石膏岩	10	7.5
2		40-2		5	
3	K299 +300	76-1	泥灰岩	11	9.0
4		76-2		7	
5	K300 +840	88-1	角砾状泥灰岩	52	55
6		88-2		58	
7	K301 +040	90-1		8	9
8		90-2		10	
9	K302 +840	104-1		0	1.5
10		104-2		3	
11	K303 +536	块 9	白云质灰岩	0	
12	K303 +540	111	泥质白云岩	0	
13	K305 +030	121-1	膏溶角砾岩	18	19
14		121-2		20	

续上表

序号	里　程	试件编号	岩　性	岩粉自由膨胀率(%)	
				试验值	平均值
15	K305 +388	YDZK2-1	强含水化硬石膏灰岩	0	
16		YDZK2-2		191	
17	K305 +530	126-1	膏溶角砾岩	62	
18		126-2		125	
19	K305 +642	YYZK3-1	角砾状泥灰岩	28	
20	K305 +703	YYZK2-2		30	
21	K305 +705	YDZK1-2		49	
22		YDZK1-4		0	
23	K305 +708	YYZK1-3		39	32.5
24		YYZK1-5		26	
25	K293 +330	对照 1-1	石膏岩	120	
26		对照 1-2		195	
27	K305 +210	对照 2-1	水石膏矿	5	6.5
28		对照 2-2		8	

试验结果表明：

(1)泥灰岩试件岩粉自由膨胀率为0～10%，其中88号试件泥质含量较高，自由膨胀率为55%，与其他组试验结果差距较大。

(2)白云岩、灰岩试样的自由膨胀率为0。

(3)石膏岩试件自由膨胀率为5%～10%。

(4)膏溶角砾岩试样自由膨胀率为20%～125%，不同组试验结果差距较大。

(5)对比对照组1(105℃烘干的石膏岩)和40号试件(同里程未烘干的石膏岩)，105℃烘干石膏岩会使测得的自由膨胀率大幅度增大。

4)岩石自由膨胀率

按照《铁路工程土工试验规程》(TB 10102—2010)进行岩石自由膨胀率试验。试验试件如图5-14所示。

图5-14　岩石自由膨胀率试件

岩石自由膨胀率试验结果见表5-14。

岩石自由膨胀率试验结果　　表5-14

序号	里　程	试件编号	岩　性	自由膨胀率(%)		钻孔编号
				径向	轴向	
1	K298+170	1474-1	含石膏脉泥灰岩	0.830	1.607	SZK-24
2		1474-2		0.771	0.763	
3	K298+977	1475-1		0.193	0.200	SZK-21+
4		1475-2		0.521	0.194	
5	K299+264	1473-1		0.322	0.346	SZK-17
6		1473-2		0.312	0.351	
7	K300+333	1472-1		0.211	0.242	SZK-15
8		1472-2		0.217	0.251	
9	K302+810	1471-1	泥灰岩	2.383	1.691	SZK-7
10		1471-2		3.180	1.698	
11	K302+885	1470-1		0.410	0.424	SZK-4
12		1470-2		0.461	0.385	

试验结果表明：

(1)含石膏脉状灰岩径向自由膨胀率为0.211%~0.830%,轴向自由膨胀率为0.2%~1.67%。

(2)泥灰岩径向自由膨胀率为0.410%~3.180%,轴向自由膨胀率为0.385%~1.698%。

5)岩块自由膨胀率

按照《铁路工程土工试验规程》(TB 10102—2010)进行岩块自由膨胀率试验,试验结果见表5-15。

岩块自由膨胀率试验结果　　表5-15

序号	试件编号	岩　性	自由膨胀率(%)		备　注
			径向	轴向	
1	块12平1	泥灰岩(平行层理)	0.773	9.282	局部掉块
2	块12平2		0.433	0.222	
3	块12平3		0.211	0.144	
4	块12垂1	泥灰岩(垂直层理)	0.014	0.204	局部掉块
5	块12垂2		0.016	1.324	
6	块12垂3		0.293	0.968	
7	角3-1	膏溶角砾岩	—	—	30min后崩解
8	角3-2		—	—	
9	角1-1		0.539	0.694	局部掉块

试验结果表明：

(1)泥灰岩(平行层理)岩块的径向自由膨胀率为0.211%~0.773%,轴向自由膨胀率为0.144%~9.282%。

(2)泥灰岩(垂直层理)岩块的径向自由膨胀率为0.014%～0.293%,轴向自由膨胀率为0.204%～1.324%,说明层理对泥灰岩的膨胀性是有影响的。

(3)膏溶角砾岩岩块的径向自由膨胀率为0.539%,轴向自由膨胀率为0.694%,说明角砾岩也具有一定的膨胀性。

5.1.5 含膏砾岩的压缩流变特征

为了分析膏溶角砾岩的蠕变特性及长期强度,进行了单轴压缩蠕变试验。试验采用分级加载蠕变和逐级加载方式。

由于膏溶角砾岩制样困难,试验采用重塑样。将膏溶角砾岩打碎后过5mm筛的粉碎土制成标准样。

单轴压缩流变试验采用改装的高压固结仪进行,杠杆比为8.53,用百分表量测轴向变形,通过用不透水橡皮膜包裹试样保湿,并定时定量洒水保持含水率。试件尺寸为ϕ61.2mm×122.8mm。试件通过分层击实(6层)来制作,各个试件的密度差值均小于0.02g/cm^3,试件的实际含水率为10.2%。

按常规抗压试验求得6个试件的单轴抗压强度的平均值644.5kPa。按最大荷载的85%、80%、75%、70%、65%、60%、50%共7个等级加载,试件采用一次性加载完毕。单轴压缩流变试验加载过程见表5-16。

单轴压缩流变试验加载过程参数 表5-16

设计加载等级(%)	85	80	75	70	65	60	50
设计加载力(kg)	18.4	17.3	16.2	15.2	14.1	13	10.8
实际加载力(kg)	18.5	17.5	16.2	15.2	14.2	13.1	10.8

根据试验结果,绘制膏溶角砾岩各级加载条件下蠕变曲线,如图5-15所示。

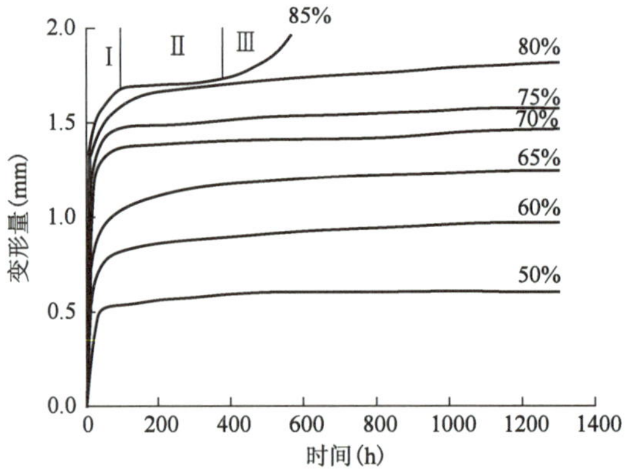

图5-15 膏溶角砾岩各级加载条件下蠕变曲线

从图5-15中可以看出:

(1)当荷载在峰值强度的50%、60%、65%、70%、75%、80%的应力情况下,试件经过初始蠕变、稳定蠕变,没有破坏。

(2)当荷载达到峰值强的85%时,试件经初始蠕变阶段(Ⅰ)、稳定蠕变阶段(Ⅱ)、加速蠕变阶段(Ⅲ),试件破坏,试件最长时间1300h。

根据试验得到的数据,采用下式对曲线进行拟合:

$$\varepsilon(t) = A + B\ln(t) \tag{5-1}$$

式中:$\varepsilon(t)$——稳定荷载作用下 t 时刻的应变量(mm);

A、B——流变试验参数,见表5-17;

t——变形持续时间(h)。

拟合参数 A、B 值　　表5-17

加载(kg)	A	B
18.5	1.166	0.073
17.5	1.241	0.057
16.2	1.170	0.039
15.2	0.969	0.047
14.2	0.856	0.048
13.1	0.628	0.031
10.8	0.392	0.029

逐级加载流变试验为单试件法,其应力分为6级,应力分级与分级加载相同。在每一级达到稳定状态(实际观察试件在1d内变形量小于0.01 mm,或以恒定的变形速率发展)时,加载下一级应力。实际试验过程中,每级荷载试验时间约10d。根据试验结果绘制膏溶角砾岩逐级加载条件下蠕变曲线,如图5-16所示。

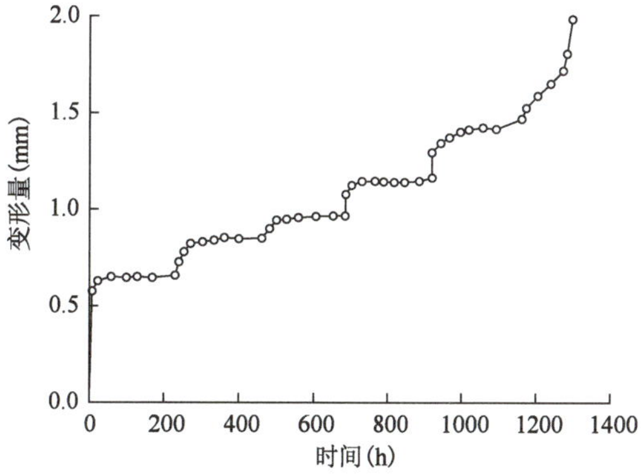

图5-16　膏溶角砾岩逐级加载条件下蠕变曲线

从图5-16中可以看出:

(1)在各级荷载加载条件下,均出现了瞬时的弹性变形,紧接着进入减速蠕变变形阶段和稳定阶段。

(2)当加载应力等级为强度的80%时,试件进入加速蠕变阶段,并最终破坏。

5.1.6 隧道围岩特殊性质问题

1)隧道围岩类型的复杂性问题

隧址区内古生界、中生界及新生界地层均有出露,但缺失古生界奥陶系上统、志留系、泥盆系、石炭系下统,以及中生界的侏罗系、白垩系、新生界下第三系中统等地层。古生界及中生界为隧道通过的主要地层。岩性主要为灰岩、泥灰岩、白云岩、白云质灰岩、含膏灰岩、石膏岩、膏溶角砾岩、砂岩、砂质页岩、页岩、泥岩等。

隧道病害主要发生在K298+140~K298+210段、K298+960~K299+320段、K300+195~K300+430段、K302+208~K303+900段、K304+980~K305+770段。根据岩性特征对隧道病害段进行了岩性划分,见表5-18。

隧道病害段地层岩性划分　　表5-18

序号	病害段里程	地　层	主要岩性
1	K298+140~K298+210	峰峰组下段(O_2f^1)	石膏岩
2	K298+960~K299+320		石膏岩、泥灰岩
3	K300+195~K300+430	峰峰组下段(O_2f^1)、马家沟组上段(O_2s^3)	泥灰岩、角砾状灰岩、石膏岩
4	K302+208-K303+900	马家沟组上段(O_2s^3)	石膏岩、灰岩、角砾状灰岩、泥灰岩
5	K304+980-K305+770		石膏岩、角砾状泥灰岩、膏溶角砾岩

2)隧道含膏岩层的膨胀性及其判别问题

既有资料表明,隧道区段主要有石灰岩、白云岩、含石膏灰岩、石膏岩、膏溶角砾岩、角砾状泥灰岩、砂岩、泥岩等岩石。石膏岩、膏溶角砾岩、角砾状泥灰岩、泥质岩等都具有一定的膨胀性。南吕梁山隧道215组围岩膨胀性试验表明,若按《铁路工程特殊岩土勘察规程》(TB 10038—2012)判定标准,仅有3组围岩可判定为弱膨胀岩,其余均达不到膨胀判定标准,但含石膏地层的膨胀性在局部地段可能具有弱~中等膨胀。

石膏岩中石膏遇水易发生水化作用,可转变为含两个结晶水的石膏,在这个过程中石膏体积增大,往往表现出膨胀性。膏溶角砾岩和含石膏角砾状泥灰岩,由于含有石膏和蒙脱石等亲水矿物,在干湿交替的环境中,具有遇水膨胀、崩解,失水收缩、开裂的性质。

石膏岩不同试件膨胀特性结果差距较大,同时岩石的自由膨胀率、粉末自由膨胀率等试验结果较小,说明了上述岩石膨胀特性的存在,但目前仍不能按照现有规范中对泥质膨胀岩的判别方法进行膨胀性分类,尤其是含膏岩石的膨胀压力与水化时间的滞后性、渐进性相关。

3)隧道围岩的水稳定性及其强度劣化问题

隧道岩石种类复杂,强度受环境水的影响较为显著,水稳定性较差,尤其是含膏岩石的溶解引起的强度损失。泥灰岩、角砾岩遇到水之后的软化、流变,其强度衰减明显。

含膏岩石遇到环境水,在一定的温度和压力下会逐渐溶解,改变隧道围岩范围内水文地质条件,使环境水水质变化,导致侵蚀性增加,同时由于岩石可溶成分的流失,其力学强度也会有一定的损失。隧道区围岩中含有石膏及硬石膏夹层,岩石本身就具有一定的侵蚀性。在地表水和地下水的作用下,硫酸盐溶蚀和溶解,导致地下水 SO_4^{2-} 含量增加,对混凝土结构产生侵蚀,弱化其结构强度。根据 2017 年试验结果分析,病害段 K298 + 100 ~ K308 + 013 地下水侵蚀类型主要为硫酸盐侵蚀,地下水环境作用等级 H2,环境土作用等级 H1。通过对原勘察阶段以及 2015 年、2017 年水化学特征分析,在勘察阶段,SO_4^{2-} 含量为 23 ~ 1453mg/L,2015 年为 220 ~ 1807mg/L,2017 年为 1305 ~ 2125mg/L。SO_4^{2-} 含量呈逐年上升趋势,腐蚀环境逐渐恶化,随着地下水径流条件好转,SO_4^{2-} 离子含量呈下降趋势,说明隧道地下水腐蚀环境受地下水径流条件影响较大。

泥灰岩、膏溶角砾岩受环境水影响显著,水稳定性差。泥灰岩遇到水之后产生明显的崩解破坏现象。膏溶角砾岩的软化系数可以达到 0.1 以下,强度衰减剧烈。膏溶角砾岩在长期荷载作用下,还会表现出一定的流变性。

现有的试验数据表明,在不同环境水浸泡后,各类岩石的波速都有不同程度的衰减。其中石膏岩其波速衰减幅度在 3% ~ 8.85% 范围内变化,较为明显。

4) 含膏岩石膨胀性试验方法问题

膨胀性试验存在的关键问题是硬石膏水化灰岩膨胀速度缓慢,需要研究适合工程要求的测试技术和方法。根据地质资料分析,在围岩地层中石膏岩可能还处于向石膏转化过程中,水化膨胀过程可能会持续几年甚至更长的时间,仍然存在膨胀变形的可能,还需要对此进行深入研究。通过现阶段的试验研究认为,现有规范中关于膨胀性的试验方法并不适用含膏岩石。目前对于含膏岩石膨胀性试验还处于摸索阶段,对膨胀岩的机理和膨胀产生的过程等分析还不够深入。

5.2　区域地质构造

5.2.1　区域构造体系

隧址区西侧以吕梁山紫荆山断裂与鄂尔多斯盆地相接,东侧以霍山断裂与太岳山地接壤,东北为太原盆地,东南为临汾盆地。区内地质构造复杂,经历过多次构造运动,生成了一系列极其复杂的褶皱和断裂构造。对隧址区产生影响的构造包括:以紫荆山断裂为主要构造形迹的五麓山经向构造带,以吕梁山复向斜为主要构造形迹的龙门正弦状构造,以断裂、褶皱和隐伏构造组成的祁吕弧部分东翼及挽近时期构造。南吕梁山隧道区域地质构造如图 5-17 所示。

区内经向构造在临汾幅西部,吕梁山西侧,称五麓山经向构造带。从区域构造看,它是黄河东岸—吕梁山西坡经向构造带的一部分,经向构造带与祁吕弧部分东翼的复合现象。临汾幅西部五麓山经向构造带的走向南北的压性断裂和褶皱与祁吕弧部分东翼内带走向北东或北北东的压性断裂和褶皱彼此显著交叉,后一组穿过前一组为反接复合关系。在临汾的东部,太岳山经向构造带与祁吕弧部分东翼同样呈反接复合关系。

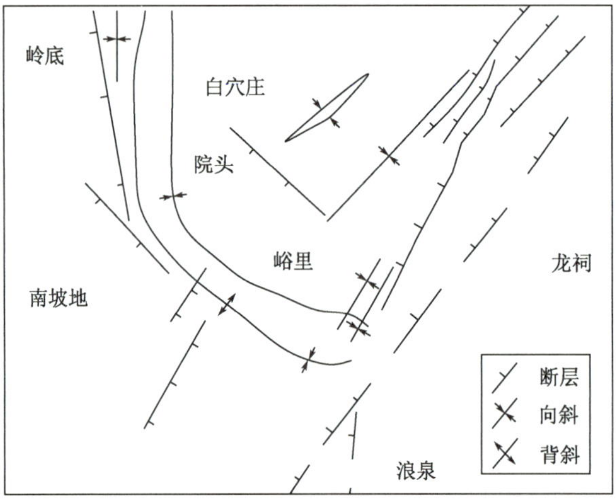

图 5-17　经向构造带和祁吕弧相互关系图

5.2.2　构造体系复合关系及成生时期

临汾幅西部五麓山经向构造带的走向南北的压性断裂和褶皱与祁吕弧东翼内带走向北东或北北东的压性断裂和褶皱彼此显著的交叉，后一组穿过前一组为反接复合关系。洪洞龙门一部分正弦状构造与五麓山经向构造带的关系，前已提及两者具有成生联系，前者是后者的次一级构造，不存在体系间的复合关系。

关于构造体系成生时期的确定，由于临汾、沁源幅内，除了本区的古北东向构造外，其他构造体系所影响的最新地层时代基本相同，都影响到三叠系。在本区成生最早的构造体系是古北东向构造，这可以从震旦系与下伏古老岩系呈明显的角度不整合和它被经向构造带、新华夏系所包容的复合关系得到证实，说明在震旦系以前已发展到成熟的阶段。

区内的其他构造体系都影响到三叠系岩层，说明它们成生在三叠系之后，为中古时期的构造体系，它们之间成生的先后，根据前述的复合关系可以判断出来。首先，图幅内的经向构造与祁吕弧比较，祁吕弧东翼形成较早，由于它从发生到成熟经历的年代很长（古生代至中生代末），在这段时期内经向构造带也发生并成熟，这由经向构造切断或隔断祁吕弧东翼成组的构造形迹的现象可以得到证明，特别是五麓山经向构造带隔断祁吕弧内带的现象最为清楚。但祁吕弧形成的后期，即到成熟阶段，又晚于经向构造带，这由峪里宝泉寺一带经向构造带出现北西走向的重大变化和峪里附近走向北东的祁吕弧断裂和褶皱群叠加属于经向构造带的北西向大向斜之上的现象可以得到证实。洪洞龙门一部分正弦状构造属于经向构造带的次级构造，它的成生时代与经向构造带基本相同。

综合上述，临汾、沁源幅的构造体系，除古北东向构造和东西向构造中的古东西向构造形迹外，其余都生成于中古生代，它们成生的顺序由老到新大致是：祁吕弧形东翼（早期）、经向构造带、祁吕弧形西翼（晚期）、新华夏系、晋东南山字脊柱。

经由中古时期的强烈构造运动，区域内普遍隆起，遭受剥蚀。临汾槽地（汾河地堑）在早第三系之后开始形成，属于挽近时期多字形槽地，四周受不同体系构造控制，边界不规则，主要处于祁吕弧东翼与新华夏系的复合部位，总的表现为由四周向中心呈阶梯状的陷落。临汾槽地在挽近时期活动频繁、强烈,其断裂、褶曲及由此引起的升降运动,至今仍在继续。蒲县盆地,系指吕梁山西麓五麓山经向构造带以西至蒲县大片地区,盆地基底属陕甘宁盆地东部边缘部分。由于五麓山经向构造带的长期活动,使该断裂带东侧吕梁山南段强烈隆起,五麓山至蒲县一带峻山,峡谷深切,西侧下降,于第三系中新世末期形成,在中古向斜及山间盆地中普遍接受堆积。上新世末期的构造运动使本区上身遭受剥蚀,上新世底层发生了舒缓的褶曲。第四系以来,盆地又全面缓慢下降,广为接受了早、中更新世洪相堆积和晚更新风积物黄土,形成了平坦的黄土平原。中更新世之后,由于吕梁山隆起继续及黄河的下切,使盆地内冲沟发育,切割纵横。

5.2.3 现代构造应力场及作用方式

本区的基本构造分为古构造体系和挽近构造体系两大部分。

在第三系之前,隧道所处区域主要为西侧的五麓山经向挤压构造断裂带,中部即隧道主要区域为五麓山构造带同期伴生的宽缓复向斜,东侧为祁吕弧及新华夏扭性构造带。由于五麓山经向带在南侧向南东偏转,两个主要构造带在本区域南侧临汾呈相交趋势。区域地质分析表明,本区两大古构造体系始于三叠系,祁吕弧先于五麓山经向构造开始但晚于其结束。在第三系之前,本区的基本构造作用特征是以东西向的强烈挤压与北东向的逆时针扭转为主。位于隧道西段倾向北东东数条逆扭断层属于其直接产物。临汾槽地在早第三系之后开始形成,挽近地质时期构造活动频繁、强烈,其断裂、褶曲及由它们引起的升降运动,至今仍在继续。挽近构造较明显的有两期,即上新世末至更新世初期和中更新世~晚更新世。前期构造运动使第三系上新世地层发生了构造形变,与中古时期的断裂复合。由于断裂活动造成槽地升降的不均一性,盆地北部霍州市至洪洞南沟,东部浮山县北王至临汾市大阳一带,大部分地区缓慢隆起、遭受剥蚀,而在临汾—洪洞一带及霍山山前李槽—阎家庄一带则大幅度下降,形成凹陷中心,接受了巨厚的第四系不同成因的松散堆积。临汾裂谷构造体系如图5-18所示。

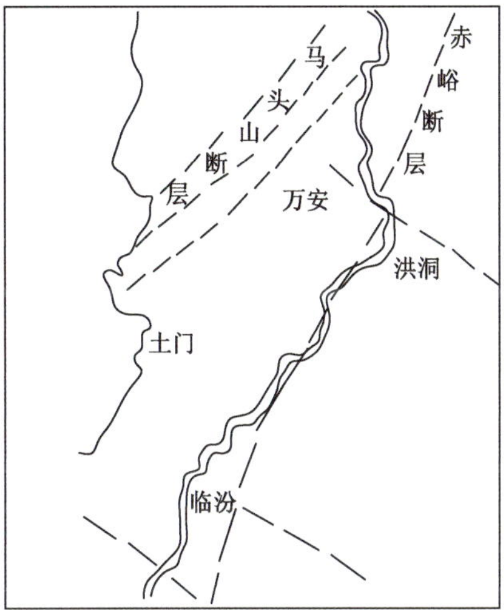

图5-18 临汾裂谷构造体系示意图

裂谷起始于第三系,堆积了1000余米的湖相沉积,第四系不断拉开扩张,裂谷内堆积沉积了300~400m的陆源碎屑物。裂谷内有3组断裂,均为隐伏构造。第1组为北东~北北东向的罗云山F_1、霍山F_4、赤峪F_2断裂,第2组为北西~北北西向的洪洞F_7、临汾F_8、尧庙F_9断层,第3组为近东西向的什林断层F_6。其中,罗云山F_1、赤峪F_2、临汾F_8是相关的活动性断裂。F_2赤峪断裂为主要发震断裂。罗云山F_1、临汾F_8是距离最近的两条活动性断裂。罗云山山前断裂F_1为燕山期强烈挤压、喜山期先压后张的拉张正断层,倾向东南,更新世以来的年位移速率为0.236mm/年。临汾断裂F_8为隐伏断裂,由土门经临汾到东南面的浮山,平均位移速率为0.085mm/年。

赤峪断裂F_2位于裂谷中部,贯通裂谷,但常被其他后期断裂(F_1、F_8)所错断。1303年的洪洞8级地震和1695年的临汾7.75级地震发源在此断裂上。裂谷中北北东、北东向的F_1、F_2

为张拉剪切右旋滑动的正断层，北西和近东西向的 F_7、F_8 为左旋断层，表明现代地应力作用以水平应力为主，北东向断裂拉张量大于北西向。区域应力场表现为近水平延伸的应力场，延伸主张应力轴总体上沿北西～南东向展布，仰角较小且稳定，约 20°。主张应力方向与隧道走向一致，对隧道围岩稳定性极为不利，张应力环境下，裂隙更倾向于张开，这对地下水的入渗提供了通道，加剧了特殊地层的膨胀及侵蚀作用。主压应力作用方向为北东—南西向，仰角变化较大，在 40°～60°之间。

5.2.4 新构造运动与地震

汾渭地堑是地震强烈地区，历史上发生过 8 级以上地震 2 次，5～6 级地震 8 次，为Ⅷ度地震区。1303 年洪洞 8 级地震，震中位于洪洞赵城附近，极震区烈度达 11 度。1695 年临汾盆地发生 8 级大地震，史称“平阳地震”，震中位于临汾市东南。

根据山西省地震工程勘察研究院《山西中南部铁路通道山西段吕梁山隧道工程场地地震安全评价报告》(2010 年 4 月)，南吕梁山隧道近场区横跨 3 个一级新构造单元，即鄂尔多斯断块隆起区、吕梁山断块隆起区及汾渭断陷带，其中汾渭断陷带为近场区范围内的新构造运动的强烈构造单元，鄂尔多斯断块隆起区、吕梁山断块隆起区为新构造运动的稳定构造单元。近场区东部的汾渭断陷带新构造运动强烈，是近场区内强震多发区。

5.2.5 隧址区地应力特征

1）隧址区地质构造

南吕梁山隧道近场区横跨 3 个一级新构造单元，即鄂尔多斯断块隆起区、吕梁山断块隆起区及汾渭断陷带，其中汾渭断陷带为近场区范围内的新构造运动的强烈构造单元，鄂尔多斯断块隆起区、吕梁山断块隆起区为新构造运动的稳定构造单元。近场区东部的汾渭断陷带新构造运动强烈，是近场区内强震多发区。隧址区地质构造如图 5-19 所示。

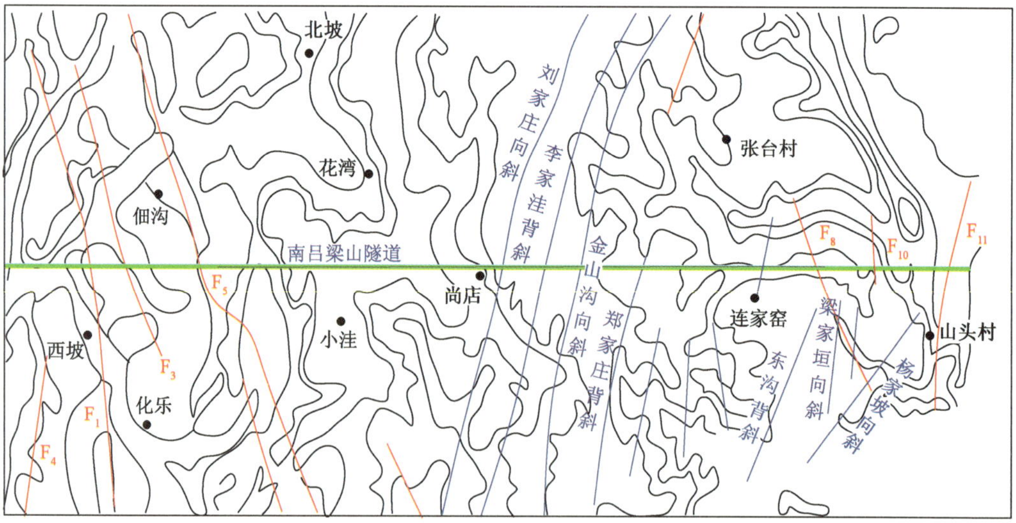

图 5-19 隧址区地质构造示意图

隧址区西侧以吕梁山坡的紫荆山断裂与鄂尔多斯盆地相接,东侧以霍山断裂与太岳山地接壤,东北为太原盆地,东南为临汾盆地。区内地质构造复杂,经历过多次构造运动,生成了一系列极其复杂的褶皱和断裂构造。对隧址区产生影响的构造包括:以紫荆山断裂为主要构造形迹的五麓山经向构造带,以吕梁山复向斜为主要构造形迹的龙门正弦状构造,以断裂、褶皱和隐伏构造组成的祁吕弧部分东翼及挽近时期构造。

2)隧道地应力

南吕梁山隧道多段埋深超过400m,勘察阶段在CZK-4、CZK-5、DZK-9、DZK-10四个钻孔中采用水压致裂法做了22次有效的地应力测试,测试结果见表5-19。

地应力测试结果 表5-19

序号	钻孔编号	测段深度(m)	最大主应力(MPa)	岩性	岩石饱和单轴抗压强度(MPa)	岩石强度应力比
1	CZK-4	149.68~150.29	9.50	石灰岩	38.4	4.04
		171.29~171.90	9.92	含石膏泥灰岩	7.9	0.80
2	CZK-5	292.44~293.04	15.95	砂质泥岩	17.0	1.07
		303.58~304.18	15.93	钻质泥岩	17.0	1.07
		310.72~311.32	16.16	石灰岩	38.4	2.38
		372.86~373.46	17.04	含石膏泥灰岩	7.9	0.46
		400.99~401.59	20.80			0.38
		448.03~448.63	18.51			0.43
		461.56~462.16	20.68			0.38
3	DZK-9	295.05~295.85	5.14	石灰岩	34.2	6.65
		369.79~370.59	7.87		37.5	4.35
		386.79~387.59	9.03	角砾状灰岩	15.0	1.66
		415.51~416.31	13.32	含石膏泥灰岩	15.0	1.13
		427.14~427.94	14.43	泥灰岩	20.0	1.39
		436.49~437.29	16.02			1.25
		447.82~448.62	15.53			1.29
4	DZK-10	262.44~263.24	9.95	细粒砂岩	22.0	2.21
		317.80~318.60	10.79	泥岩	12.0	1.11
		364.30~365.10	10.85	细粒砂岩	22.0	2.03
		418.79~419.59	14.78	泥岩	17.0	1.15
		447.60~448.40	14.77	石灰岩	38.4	2.60
		476.81~477.61	18.35			2.09

地应力测试数据表明:

(1)在4个钻孔22个测段中,极高地应力占全部测点的86%,高地应力占全部测点的14%,总体来讲,隧道处于高地应力区域。

(2)工程区应力场均以水平主应力为主,并随深度呈线性增加趋势,表明该区域为走滑断层型应力状态。三向主应力关系为：

$$S_H > S_v \geqslant S_h \tag{5-2}$$

式中：S_H——最大水平主应力(MPa)；

S_h——最小水平主应力(MPa)；

S_v——垂直主应力(MPa)。

(3)CZK-4 钻孔位于隧址区西部，因受地形地貌和局部构造影响，该孔地应力方向为 NNW。CZK-5 钻孔位于隧道中部，所测深度为隧道附近，最大水平主应力方向为 NNE。DZK-9 钻孔实测最大水平主应力方向为 N26°E ~ N31°E，优势方向 NNE。DZK-10 钻孔实测最大水平主应力方向为 N19°E ~ N33°E，优势方向 NNE。综合分析认为，隧址区最大水平主应力优势方向总体为 NNE。

综上所述，隧道区域处于古挤压—扭剪和新拉张构造强烈的地区，致使区内应力分布极为复杂多变，难以确定。但总体推测，现代应力作用以径向挤压和轴向拉伸为基本模式，隧道病害段衬砌的环形拉裂、边墙轴向裂缝的发生，是这种地应力作用的表现之一。

3)隧址区地应力反演

通过定性分析和 CZK-5 钻孔地应力测试数据，可以基本了解区域地应力主要特征。由于地应力受构造、地形等影响较大，为查明隧道各区段地应力场，在实测地应力基础上，对隧道区域地应力进行反演。

以南吕梁山隧道 1∶10000 工程地质平面图为基础，提取地形、地层界限、断层、褶皱等信息，建立反演模型(图 5-20)。数值分析模型以南吕梁隧道为中线，模拟范围长 30km、宽 22km。

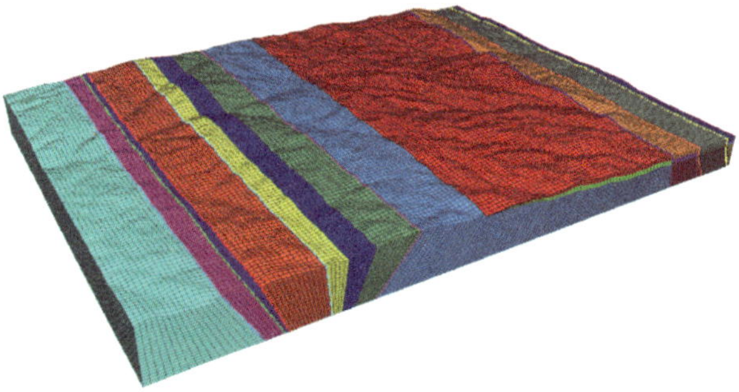

图 5-20　南吕梁山隧道地应力反演模型

测区内断层发育，多数断层都为南北走向或北北东走向。测区内发现断层 36 条，其中与隧道相交并对隧道有重要影响的断层 8 条，见表 5-20。

南吕梁山隧道断层产状参数　表 5-20

断层编号	F_1	F_3	F_5	F_8	F_{10}	F_{34}	F_{35}	F_{36}
倾向	NW	SW	SW	NE	NE	NE	SW	NE
倾角(°)	50 ~ 70	60	70	60	60	80	60	85

由于山体存在构造应力，受山体起伏影响，竖向四个面面积大小都不一样，如果四个面都采用应力边界，模型计算过程中很难平衡，因此，分析构造应力时采用 CZK-5 钻孔地应力测试

数据。

考虑到构造应力主方向，在 X 方向上，取 $x=0$、$x=30000$m 处为位移边界；在 Y 方向上，取 $y=0$、$y=22000$m 处是应力边界，边界应力随深度线性增长；在 Z 方向，取 $z=-1000$m 处为位移边界。这种混合边界不仅能满足有构造应力，而且也能让模型收敛。

一般对于地质模型，由于在强大的构造应力条件下，深部岩体会发生塑形屈服，因此模拟这类问题时通常采取莫尔-库仑模型。考虑到该工程主要关心初始应力场的生成，在长时间地质背景下，考虑到地质体的变形已经完成，因此可以采用弹性模型模拟初始应力场的生成。

运行程序时，先后使用了莫尔-库仑本构模型、更改强度参数的弹塑性求解法、分阶段弹塑性求解法，以及弹性求解法。计算时，发现弹性本构模型能取得更合理的模拟结果，而其他模型，随着计算时步的增加，最大不平衡力会很大，监测点的位移值也会产生振荡现象。施加边界条件时，对于构造应力场来说，它不符合完全弹性的应力场分布，需要进行特殊处理。同时，在施加边界应力时，也需要施加 x、y 两个边界上的位移约束，这样可避免模型由于两侧的不均等应力作用导致“飞得很远”，因而固定底边界的三向位移。

利用弹性本构模型，采取以上处理，得到了在 $S_H/S_v=1.2$、$S_h/S_v=0.9$ 构造应力场条件下，z 从 -1000m 至地表面的竖向应力云图，如图 5-21 所示。

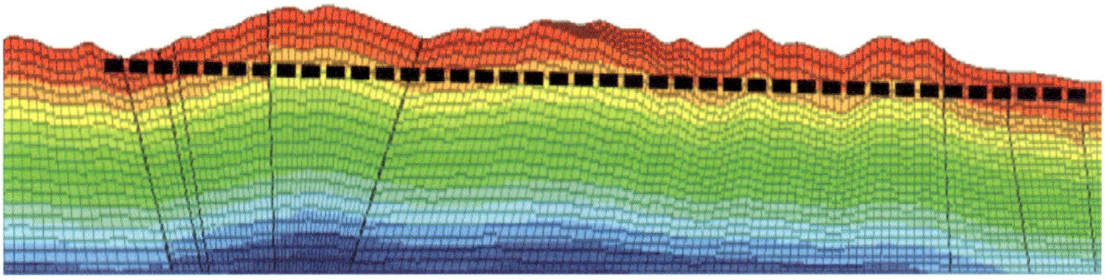

图 5-21　南吕梁山隧道纵剖面最大主应力云图

由图 5-21 可以看出，隧道竖向应力随着深度的增加不断增大，这与实际情况是符合的。

为了检验数值模拟结果是否正确，将数值模拟得到的钻孔点处的构造应力值与实测值进行比对，其结果见表 5-21。

数值模拟结果与 CZK-5 钻孔地应力实测值对比　　表 5-21

距地表深度(m)	最大水平主应力			
	实测值(MPa)	数值模拟值(MPa)	数值模拟值/实测值	误差(%)
293	15.95	15.320	0.960	3.90
304	15.93	15.572	0.977	2.34
311	16.16	15.950	0.987	1.29
373	17.99	17.080	0.949	5.05
448	18.51	17.690	0.955	4.43
462	20.68	19.930	0.963	3.62

从对比结果来看，数值模拟值十分接近实测值，误差基本在 5% 以内，但总体数值略小一

些，因此，采用数值反演地应力可以作为后续围岩应力分析的依据。

区域地应力反演结果如图 5-22 所示。

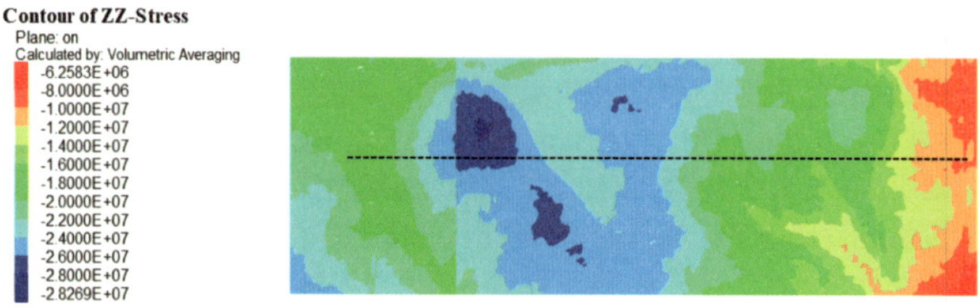

a)区域地应力(竖向应力)

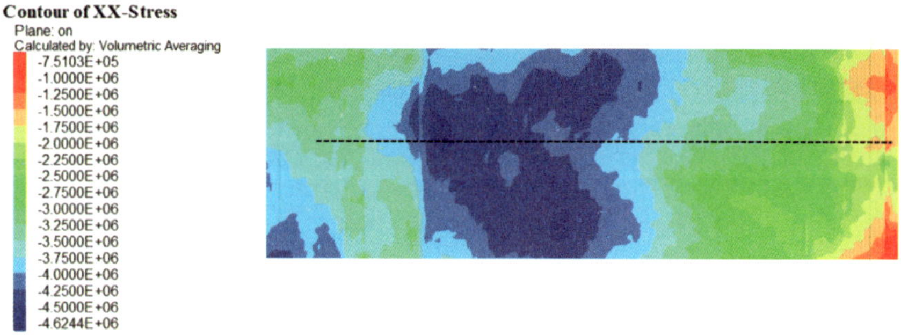

b)区域地应力(X方向应力—隧道纵向)

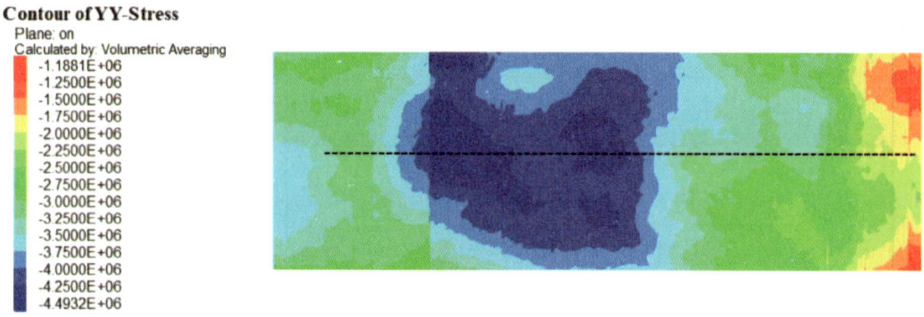

c)区域地应力(Y 方向应力—隧道横向)

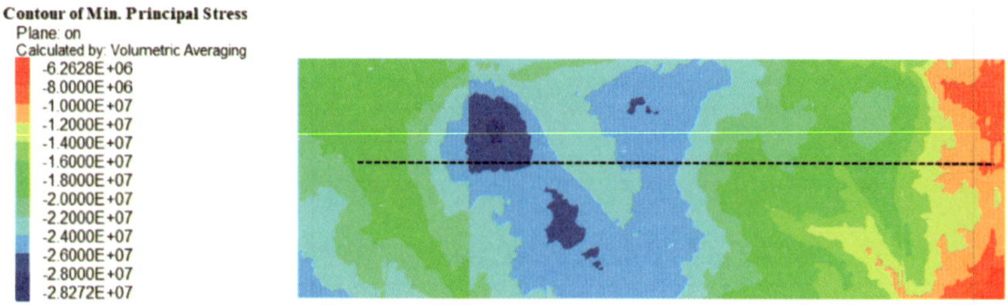

d)区域最大地应力

图 5-22

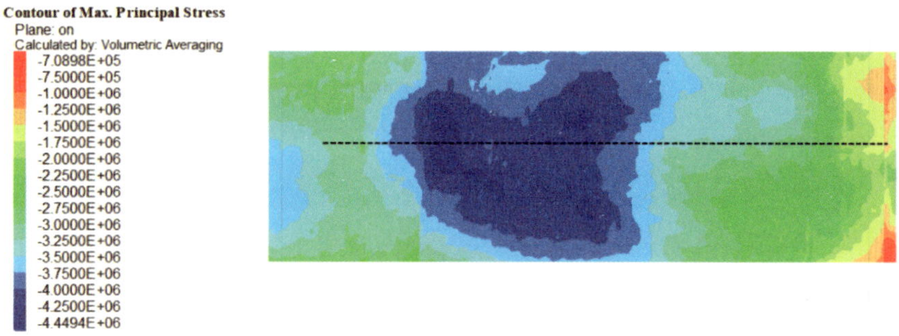

e)区域最小地应力

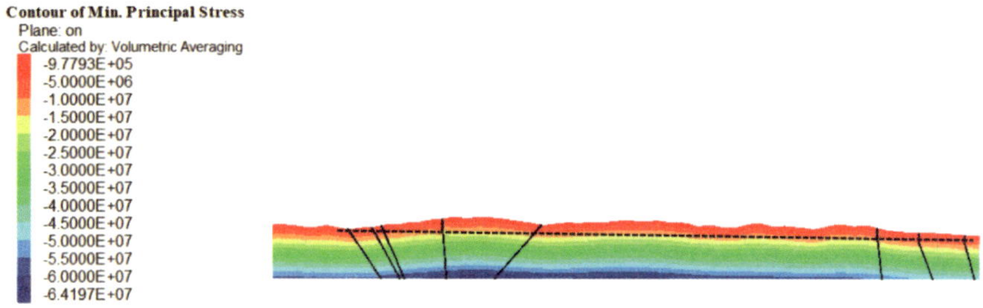

f)最大主应力纵断面

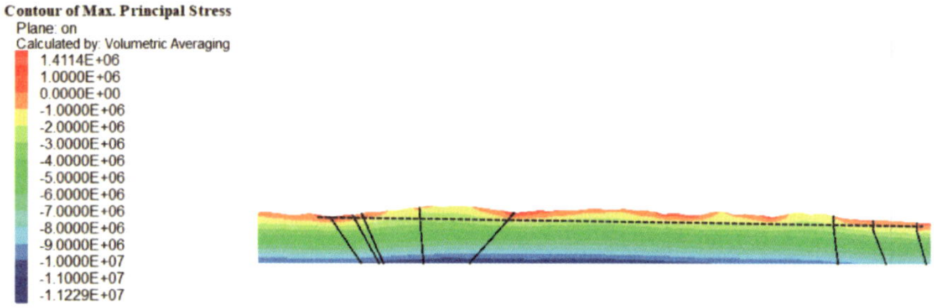

g)最小主应力纵断面

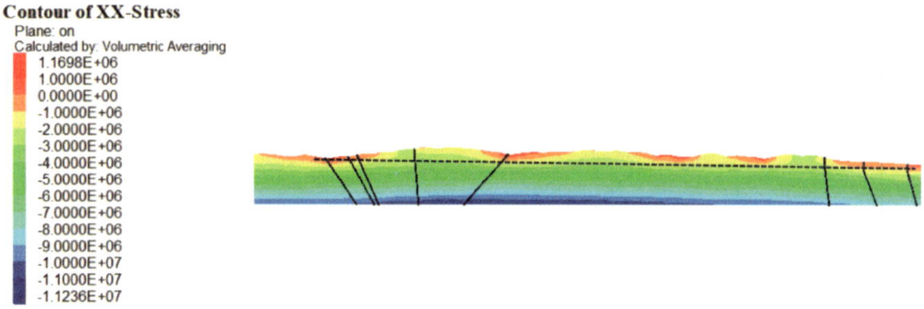

h) X 方向应力纵断面

图　5-22

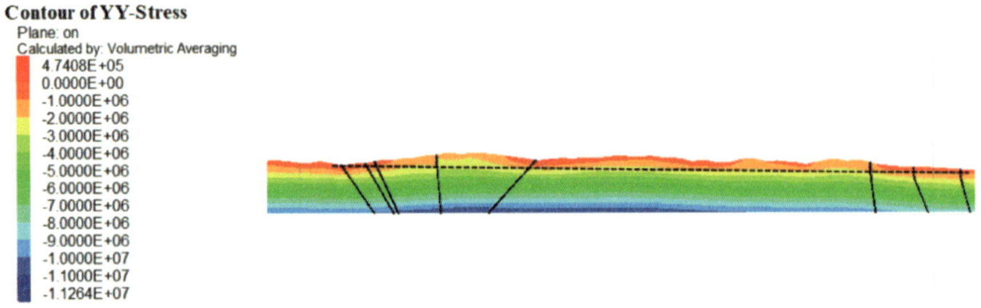

i)*Y* 方向应力纵断面

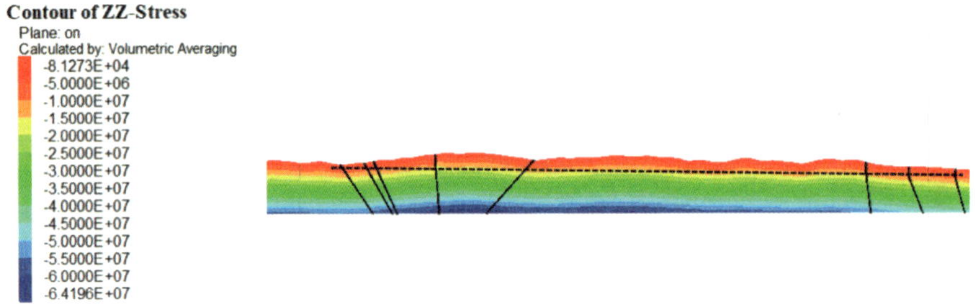

j)*Z* 方向应力纵断面

图 5-22　区域地应力反演结果

从地应力反演结果来看：

(1)隧道轴线平面内，就整个隧道轴线分布而言，在剖面上，应力分布特点是西端(进口端)较大，中部偏东(出口端)较小，这样的分布不仅与隧道埋深有关，且高应力区有向东偏移的趋势。

(2)在平面上，线路左侧的应力高于线路右侧，表现出明显的不平衡趋势。上述趋势，与出口端病害较进口端严重，左边墙裂缝发育较右边墙明显存在着某种联系。

提取隧道轴线应力，如图 5-23 所示。

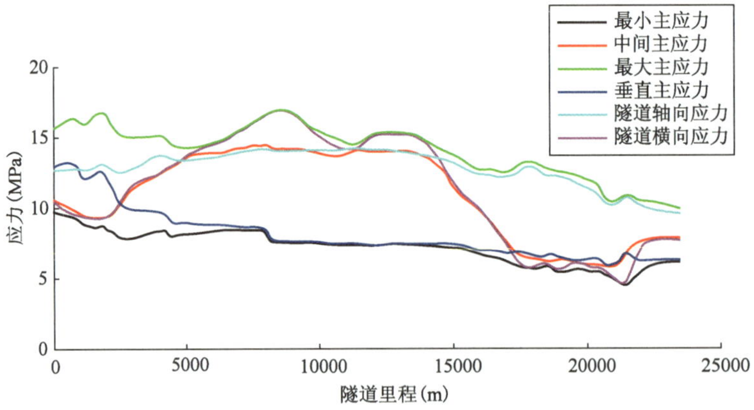

图 5-23　隧道轴线最大主应力分布

根据隧道岩石强度，计算岩石强度应力比，获得岩石强度应力比在隧道轴线上的分布情况，如图 5-24 所示。

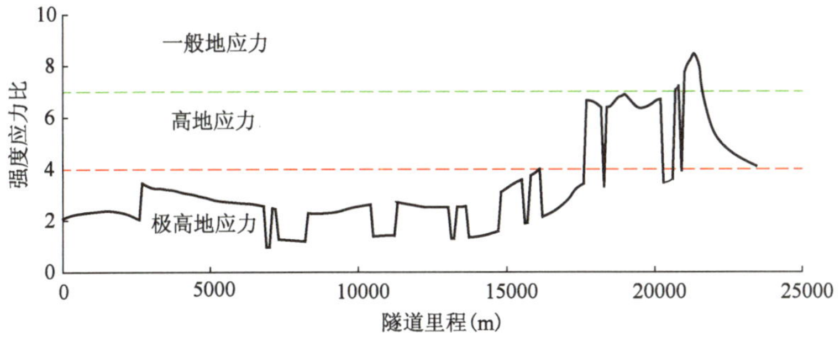

图 5-24　隧道轴线岩石强度应力比分布(横向应力)

由图 5-24 可以看出:

(1)隧道大部分区段处于极高地应力区(占 83.9%),部分区段位于高应力区(占 12.3%),只有极少部分区段位于一般应力区(占 3.8%)。

(2)在隧道轴线方向上,地表部分区段出现拉张应力状态,特别是断层附近。断层在现代构造应力作用下呈拉张状态,这对地表水的入渗提供了条件,对隧道病害的产生极为不利。

5.2.6　隧道区域应力与隧道稳定性

隧道围岩的稳定性不仅取决于垂直于隧道走向的水平应力与垂直应力的比值,以及其绝对值的大小,还取决于隧道走向与最大水平主应力的夹角关系。

采用三维应力分析,可以得到隧道走向与最大水平主应力夹角变化时,与隧道走向垂直的水平正应力增加值,分析结果见表 5-22。

隧道走向与最大水平主应力夹角变化时对隧道走向垂直水平正应力影响结果　　表 5-22

序号	隧道走向与最大水平主应力夹角(°)	隧道走向垂直水平正应力增加比例(%)
1	10	2.6
2	20	11
3	30	25
4	40	41
5	50	59
6	60	75
7	70	88
8	80	97
9	90	100

根据分析结果,绘制随着隧道走向与最大水平主应力夹角变化引起的与隧道走向垂直水平正应力增加比例的关系曲线,如图 5-25 所示。

由图 5-25 可以看出,随着夹角的增大,正应力增加比例越大,特别是当夹角超过 30°时,正应力呈快速增长趋势。因此,通常情况下,隧道走向与最大水平主应力方向的夹角在 0° ~ 30°时,对隧道更为有利。

实测及数值反演表明,南吕梁山隧道洞身附近地应力最大约为 18MPa,最小水平主应力约为 12MPa，垂直主应力为 16～18MPa。最大主应力优势方向为 NNE（N15°～23°E），与隧道走向（约 N70°W）的交角近于垂直，浅地表隧道轴线方向呈现拉张应力，有利于地下水径流。地应力性质和分布方式对隧道围岩的稳定性有较大影响。

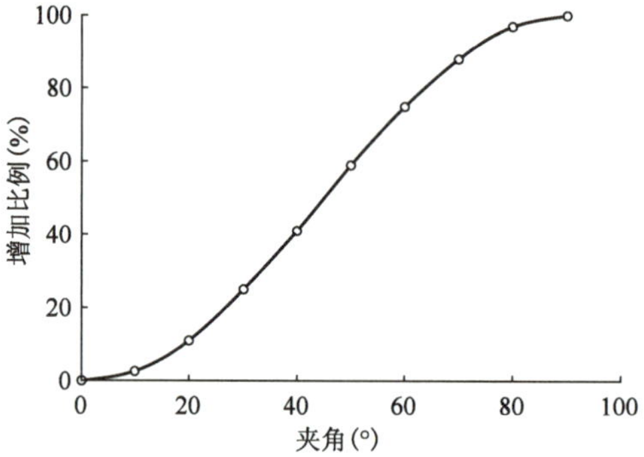

图 5-25　夹角变化与正应力增加比例关系曲线

总体来说，区域地应力对隧道稳定不利，现有隧道设计方法存在缺乏根据复杂地应力边界及其作用进行精细化设计的局限。

5.3　水文地质特性

5.3.1　隧址区水文地质单元划分

综合考虑地貌、地质构造等特征，以吕梁山山地与汾河谷地西侧洪积倾斜平原分界线为界，将本区划分为两个水文地质单元，界线以西为吕梁山南段水文地质单元，以东为临汾盆地水文地质单元，如图 5-26 所示。

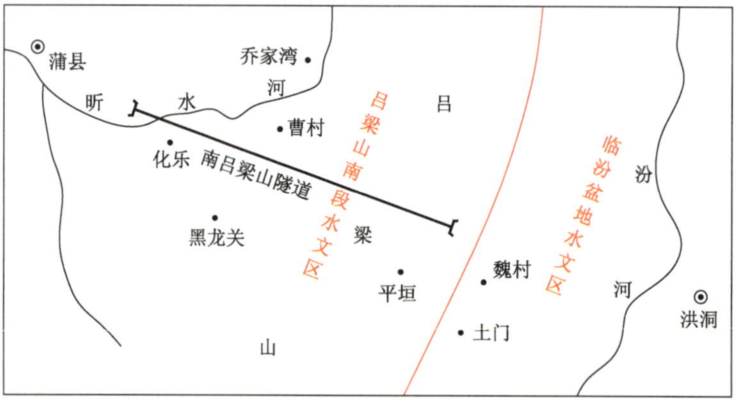

图 5-26　区域水文地质单元分区

吕梁山南段水文地质单元主要呈现低中山区水文地质特征。地下水类型主要为裂隙—岩溶水，赋存于各类基岩的风化带及构造裂隙中。区内地表径流较弱，大气降水多沿裂隙下渗，为地下水的主要补给源。地下水径流条件较好，沿沟谷及岩体裂隙排泄成泉，地下水位及水量随季节变化显著。此外，吕梁山两侧分布黄土丘陵，呈现出黄土丘陵区水文特征，地面总体以一定的坡度向东西两侧倾斜，冲沟发育，地表径流条件较好，下伏基岩裂隙水。

吕梁山南段水文区正常年降水量在550～600mm，地下水径流模数：灰岩区（10～15）×$10^4m^3/(a \cdot km^2)$、其他地段（4～5）×$10^4m^3/(a \cdot km^2)$。

临汾盆地水文地质单元呈现黄土丘陵区及盆地区两种水文地质特征。区内主要为汾河一至三级阶地，阶地上冲沟发育。地表和地下水径流汇集，侵蚀轻微，只是盆地边缘第四系土状堆积物受流水侵蚀较为严重。盆地边缘多活动性断裂，沿断裂带有广胜寺、龙子祠、古堆等岩溶大泉，总流量$19m^3/s$。区内正常年降水量在500～550mm，地下水径流模数临汾以北为（10～15）×$10^4m^3/(a \cdot km^2)$。钻孔单位涌水量：汾河河谷10～$30m^3/(h \cdot m)$、山前倾斜平原区5～$10m^3/(h \cdot m)$。

从构造角度来看，该工程所在区域经历过多次构造运动，形成以紫荆山断裂带为代表的一系列复式褶皱、断裂，彼此互相交错，互相重叠，从而形成极其复杂的构造体系。隧道区即位于一个受紫荆山断裂和罗云断裂所控制的复式向斜构造带内，龙子祠泉域即受此构造体系所控制，从而又构成了本区独立的水文地质单元，水文地质条件较为复杂。

5.3.2　隧址区地下水类型

隧道穿越一系列不同时代的地层，根据隧址区地层岩性及其组合关系、地质构造条件、水理性质、地下水赋存条件和水力特征，可将隧址区地下水类型划分为三类：松散岩类孔隙水、碳酸盐岩裂隙岩溶水和碎屑岩类裂隙水。

1）松散岩类孔隙水

主要包括第四系孔隙潜水及第三系孔隙潜水。第三系孔隙潜水分布范围小，一般不会形成区域含水层。本区域第四系面积大，根据成因类型不同，可分为残坡积层、坡洪积层和冲洪积层，各层水文地质性质分述如下。

（1）坡洪积、残坡积层孔隙水

坡洪积、残坡积层孔隙水主要分布于山地两侧，岩性为黏土、砂土、碎石土及透镜体状粗砾砂，依靠降水补给，分布地形较高，地面坡度较大，地下水排泄条件好，水位水量随季节变化明显，属于包气带水、潜水。

（2）冲洪积层孔隙水

测区内集中分布于隧道入口附近的黑龙关河、乔家湾河、曹村河的干涸河床和阶地，以及隧道沿线各大冲沟中。地层岩性为砂土和卵石。冲洪积层孔隙水有两种补给来源，一是由大气降水直接入渗，或者大气降水在两侧山坡形成地表径流向其汇集入渗补给；二是当山边基岩含水岩组地下水位较高时，向其侧向补给。冲洪积层孔隙水以蒸发方式和向下垂直入渗基岩地层方式排泄，属于潜水。

2）碳酸盐岩裂隙岩溶水

碳酸盐岩裂隙岩溶水主要赋存在奥陶系中统碳酸盐岩中，测区内分布广泛，从紫荆山断裂带F_5断层开始，往大里程方向都存在。此类地下水依靠大气降水补给，分为直接补给和间接补给两种方式。在佃沟东侧至木坪村一带、申家凹至出口一带，奥陶系碳酸盐岩地层裸露时，大气降水就可以直接沿着风化构造裂隙和岩溶裂隙直接入渗补给。隧道中段，奥陶系碳酸盐岩地层被第四系、二叠系和石炭系地层覆盖，埋深较大，上覆碎屑岩地层中的裂隙水可以沿着构造裂隙下渗补给下伏的奥陶系碳酸盐岩裂隙岩溶水，但由于太原组11号煤层至奥陶系中统顶部地层是由铝质泥页岩、粉砂岩、泥岩和石英砂岩等致密岩层组成，厚度约40m，在没有构造裂隙存在的情况下，具备很好的隔水性能，因此，奥陶系中统碳酸盐岩裂隙岩溶水依靠这种间接补给方式得到的水量很大程度上取决于这层隔水地层中是否存在大面积的或者局部的构造裂隙。补给水进入奥陶系中统上部包气带后，会沿着岩溶裂隙继续垂直下渗，直至奥陶系中统饱水带的稳定水位，然后顺着正弦状复式向斜在岩溶裂隙中水平缓慢向东部较低的临汾盆地运移，以大泉排泄为主，自成补、径、排体系，构成独立的水文地质单元，是山西“多”字形构造盆地奥陶系灰岩岩溶水的运动特征。岩溶水天然实际流速为8～12m/d，属层流运动。岩溶水含水介质以溶蚀裂隙为主，岩溶水多以大泉形式集中排泄，按成因而言，可分为断层泉、侵蚀泉、阻溢泉及接触泉四类，区内龙子祠泉属于山前断裂溢流泉。属于潜水，由于向斜构造的存在，局部具有低承压性。

石炭系中夹有几层不厚的灰岩地层，赋存一定的裂隙岩溶水，主要靠大气降水补给，在山坡地段以泉的形式从下伏隔水地层的分界面排泄。由于煤矿开采，也有大量地下水直接排入矿井中，人工抽上地表，属于潜水。

3）碎屑岩类裂隙水

碎屑岩类裂隙水主要赋存在三叠系、二叠系和石炭系的碎屑岩中，分布广泛，重要分布区域是进口附近的紫荆山断裂带，构造裂隙发育，具备较好的地下水运移条件。另外，李家庄向斜、金山沟向斜核部地区也是重要的储水构造。碎屑岩类裂隙水依靠大气降水垂直入渗补给，在山谷或断层构造地点多以悬挂泉、断层泉和侵蚀泉的形式排泄，属于潜水。

5.3.3 隧址区地表水分布特征

南吕梁山隧道勘察设计资料表明：隧道区内龙子祠泉域岩溶地下水位高程为583～877m，距离隧道底部最短距离125m；隧址区地下水类型划分为松散岩类孔隙水、碳酸盐岩裂隙岩溶水和碎屑岩类裂隙水等三类；地下水主要由大气降水的直接入渗补给或形成地表径流入渗补给。地下水渗流至隧道周边，会引起泥岩等围岩的软化、膨胀，与石膏岩相互作用腐蚀衬砌混凝土，是导致隧道病害的可能原因之一。因此，为了探明隧址区地表水源点的分布情况，选取地表水—地下水连通测试的投放点，开展了南吕梁山隧道隧址区的地表水源点的实地调查。

在分析水文地质及气象资料的基础上，2018年9月、2019年3月—5月两次对南吕梁山隧道全线地表的可能水源补给点进行了走访与调查，走访了沿线有水泉的主要村落，并翻越了隧址区的主要地质构造。地表水踏勘范围如图5-27所示。

隧址区地表水主要集中在水沟、水井、隧道斜井、废弃煤井、供水工程、积水坑、煤矿水井等汇水区域，其水源既可以接受地表水和大气降雨的补给，又通过地表水下渗、水井等形式与隧址区地下水系统连通，形成区域水文地质系统。地表水平面分布位置如图5-28所示。

5.3.4 区域地下水补、径、排特征

大气降水为测区地下水的唯一补给来源，其动态变化受大气降水影响明显。按补给方式，可分为直接补给和间接补给两种类型。直接入渗补给发生在奥陶系中统地层裸露区，间接入

渗补给发生在石炭系、二叠系和第四系地层覆盖区。在覆盖区内,大气降水一部分形成地表径流,当流至奥陶系中统地层裸露区时,下渗进入岩溶含水系统;另一部分渗入覆盖层后,或沿着裂隙通道渗入奥陶系中统岩溶含水系统,或以泉的形式由覆盖层出露地表,经二次入渗补给奥陶系中统岩溶水系统。

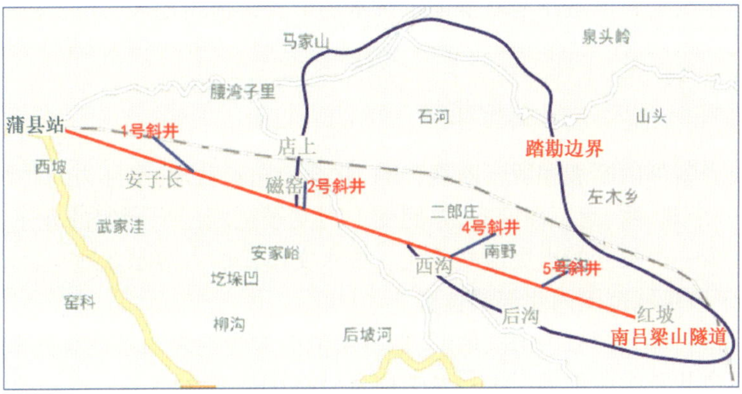

图5-27　地表水踏勘范围示意图

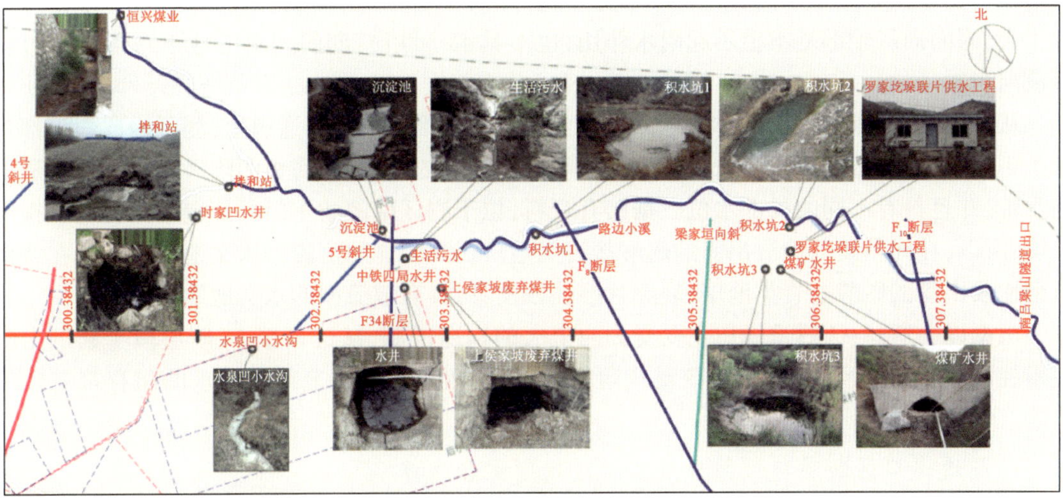

图5-28　地表水平面分布位置示意图

测区位于龙子祠复向斜构造区,沿向斜轴部隔水底板下凹,构成了有利的汇水和储水条件。北、西、南三面位置较高,有利于地下水向向斜中心的轴部汇集。由于次一级褶皱十分发育,龙子祠向斜轴部呈波状起伏,造成了一系列隆起和凹陷相间分布的构造格局。其中隧道区南侧距离隧道出口约9km的土门一带,以及距离隧道北侧约10km的三交河一带,是两个范围较大的凹陷区,其四周为翘起的隔水底板所封闭,形成了有利的储水空间,构成了局部饱水带。据已有资料可知,土门饱水带水位在500m左右,三交河饱水带水位在690m左右,隧道区即位于土门凹陷区与三交河凹陷区的中间过渡地带。

各局部凹陷区汇集其周围裂隙岩溶中的分散水流,形成局部饱水区。各个局部饱水区之间的关系犹如地表河流的梯级水库,具有多级调节功能。上下游各局部饱水区之间,往往并不存在统一的地下水位，但却具有单向的水力联系，其联系方式是通过凹陷区边缘隔水底板的最低缺口，以“跌水”或“陡坡水道”形式，由上游局部饱水区向下游局部饱水区输送水量，并最终在龙子祠以泉水形式排泄出地表。由此表明，龙子祠泉是该复向斜地下岩溶含水系统的最低排泄点。除地下岩溶水系统外，在石炭系、二叠系和第四系地层覆盖区内，一部分未渗入岩溶含水系统的地下水则会在区域排泄基准面以泉水的形式排泄出地表，并最终通过昕水河、汾河水系汇入黄河。

5.3.5 隧址区围岩水文地质结构

隧址区主要受紫荆山断裂和罗云断裂影响，北部为向斜盆地，南部为向北西倾斜的单斜构造，总体上形成一个北、西、南三面仰起，东侧受土门龙子祠断层所限制的龙子祠复向斜，从而使龙子祠泉域成为一个独立的水文地质单元。该水文单元内岩溶水盆地与岩溶泉域范围基本一致，隧道即位于该泉域范围内北部的位置。

复式向斜构造内部为褶皱中山区地形，地下水流向多受地表水系地貌分水岭控制，同时受山体岩层结构面产状及构造作用影响。龙子祠泉域范围地貌类型为构造剥蚀中低山区，自隧道区至龙子祠泉方向，地面高程多在1000～1500m之间，而奥陶系灰岩顶板埋深不超过500m，其高程仍高于龙子祠泉水高程(477.5m)。同时，由于含水岩层组成的向斜岩溶水盆地轴部埋深不大，因而向斜轴部基本上不起阻水作用，也不具承压性质，向斜西翼的地下水可以绕过轴部流向东翼。

从整体上看，隧道区位于龙子祠泉岩溶含水系统地下水的运移通道上，测区内向斜轴部基本上不起阻水作用，但由于隔水底板的起伏和分布高程的变化，在底板凹陷区会形成多个局部饱水带，并且具有不同的局部水位。据已有资料，位于测区南部的土门局部饱水区已为勘探所证实，所以，在向斜核部地段出露的碳酸盐岩类地层仍具明显的汇流型水文地质特征。在背斜核部地段出露的碳酸盐岩类地层，裂隙状溶蚀较发育，具有散流型的水文地质特征。

根据以上所述，该隧道线位主要受到两个大的构造控制，从进口至 F_5 断层段受紫荆山断裂带控制，F_5 断层至出口段受正弦复式向斜控制，这两个大的构造对地下水的赋存都有较大影响。

1）隧道进口区断层与倾斜岩层控制区段裂隙含水体

隧道进口至 F_5 断层段属紫荆山断裂带，地层主要为三叠系、二叠系碎屑岩夹煤地层和石炭系煤系地层。F_1、F_2、F_3 和 F_5 等多条断层发育，与隧道呈大角度相交，断层带内岩体破碎，构造裂隙非常发育，有利于降水沿着裂隙垂直入渗，形成一定量的裂隙潜水。

从 F_5 断层至出口段总体上受正弦复式向斜控制，它直接影响了奥陶系中统碳酸盐岩裂隙岩溶水的运移。复向斜北、西和南三面仰起，岩溶地下水顺势向东面运移，直至土门附近，受到罗云山断层堆积物的阻挡而以大泉形式排泄。复式向斜中间存在若干个较小的向斜和背斜构造，这些构造在一定的区域内对地下水的赋存和运移有较大影响，因此，将正弦状复式向斜控制的区域细分成三小段，研究构造对地下水的影响。

2）隧道中部向斜西翼倾斜岩层段层状含水体

K288+034～K294+384段，构造简单，受大向斜西翼控制，地层整体向东小角度倾斜。这段的碎屑岩地层薄，甚至缺失而直接出露奥陶系碳酸盐岩地层，发育较多溶蚀裂隙，地表水漏失比较严重，直接补给奥陶系中统碳酸盐岩裂隙岩溶水，岩溶水顺势向东面运移。

3）隧道中部复式向斜核部控制段裂隙含水体

K294＋384～K304＋384段，属于复式向斜的核部，同时发育刘家庄向斜、李家洼背斜、金山沟向斜、郑家庄背斜、后沟背斜、连家窑背斜和房家凹向斜等多个规模较小的向斜和背斜构造，致使复式向斜轴部呈正弦状波状起伏。这个特点对地下水运移会产生影响：奥陶系中统的碳酸盐岩裂隙岩溶水仍然受复式向斜的控制而总体上向东面运移，但是在局部地段，比如刘家庄向斜、金山沟向斜的核部盆地会形成较大的饱水带，往东运移时要越过李家洼背斜和郑家庄背斜核部等隆起地带，会受到一定的阻力，因此，地下潜水会具有低承压性。另外，碎屑岩类裂隙水也会依据构造特征向向斜核部汇聚，调查证实，刘家庄向斜和金山沟向斜核部都是有利的储水构造，存在较丰富的碎屑岩裂隙水。

4）隧道出口断层及采空区控制段裂隙含水体

K304＋384至隧道出口段，发育两个与隧道呈较大角度相交的断层，碎屑岩层薄，甚至缺失而直接出露奥陶系灰岩地层，发育较多溶蚀裂隙，地表水漏失比较严重，直接补给奥陶系碳酸盐岩裂隙岩溶水。

5.3.6　含水岩组的划分及富水性

测区主要地层为寒武系、奥陶系碳酸盐岩地层，石炭系、二叠系、三叠系的页岩、灰岩、砂岩、泥岩，第四系松散堆积层。根据地层岩性可将测区含水岩组分为三种类型。

1）碳酸盐岩类裂隙岩溶水含水岩组

（1）寒武系碳酸盐岩岩溶含水岩组

寒武系上统为巨厚层白云岩、中厚层状鲕状灰岩，裂隙、岩溶均较发育，推测为中等富水区。

（2）奥陶系碳酸盐岩裂隙岩溶含水岩组

奥陶系下统以白云岩、泥质白云岩为主，岩溶裂隙不发育，可视为相对隔水层，推测为弱富水区。

奥陶系中统下马家沟组岩性以白云质泥灰岩、钙质页岩、灰岩为主，根据线路附近霍西煤田钻孔资料，饱水带钻孔单位涌水量3.6～180m^3/(h·m)，为强富水区，在包气带则为弱富水区。

奥陶系中统上马家沟组下段为白云质泥灰岩和膏溶角砾岩，中段以厚层豹皮状灰岩为主，上段为石灰岩与泥质白云岩的一系列岩性互层，局部夹角砾。CZK-4、CZK-5、CZK-6、DZK-15、DZK-17等钻孔证实，该组溶孔、溶蚀裂隙发育。根据收集到的煤矿钻孔抽水试验成果，饱水带钻孔单位涌水量达180～288m^3/(h·m)，为强富水区，在包气带则为弱富水区。

奥陶系中统峰峰组下段为膏溶角砾岩，裂隙发育，岩体破碎，钻进时钻孔冲洗液渗漏达到15m^3/h，无返水，说明其具有强透水性。上段为纯灰岩，CZK-4、DZK-15、DZK-17等多个钻孔证实该段岩溶裂隙发育，但现有钻孔没有在峰峰组层位中观测到静止水位，说明此层大都处于奥陶系中统碳酸盐岩岩溶裂隙水的包气带，即垂直入渗带，属于弱富水区。

2）碎屑岩类含水岩组及碎屑岩夹碳酸盐岩类含水岩组

（1）二叠系、三叠系碎屑岩类含水岩组

二叠系下统下石盒子组岩性主要为砂岩与泥页岩，含水层主要是K8和K9砂岩标志层。K8砂岩含水层是下石河子组的底板，位于山西组1号煤层之上，是此煤层的直接充水含水。K8厚0.3～13.48m，平均约4.24m，为灰白色、灰绿色厚层状石英长石砂岩，多为钙质胶结，裂隙稍发育，紫荆山断裂带内裂隙发育。K9砂岩含水层位于K8含水层上约50m，大致与K8情况类似。初测阶段在CZK-5深孔做了混合抽水试验，揭露地下水位高程为1196.4m，本组钻进消耗量不超过0.15m^3/h，涌水量在0.0824～0.1091 m^3/(h·m)之间，说明从整体上来看，本层透水性差，属于极弱富水区。但在紫荆山断裂带内构造裂隙较发育，DZK-5号孔观测在地下水位0.5m附近多处小泉出露，流量一般不超过0.5L/s，属于弱富水区。

二叠系中统上石盒子组岩性主要为砂岩与泥页岩，含水地层主要是K10。K10砂岩含水层是上石盒子组的底板，厚0.5～21.83m，平均4.72m，为灰白色、黄绿色中粗粒石英长石砂岩，底部含小砾石，裂隙稍发育，紫荆山断裂带内裂隙发育。上面存在多层泥页岩隔水层，推测此组地层属于极弱富水区。但在紫荆山断裂带内，DZK-4号孔观测在地下水位埋深0.5m附近多处小泉出露，流量一般不超过0.5L/s，属于弱富水区。在金山沟向斜核部坂底村一带出露泉水，流量1～2L/s，汇成小溪，形成曹村河的源头，因此，该组局部地段属于中等富水区。

二叠系中统石千峰组岩性主要为泥页岩，透水性差，在DZK-3和DZK-18钻孔中均没观察到地下水，属于极弱富水区。

三叠系下统刘家沟组岩性主要为长石砂岩、泥质粉砂岩，在DZK-1钻孔中没观察到地下水，属于极弱富水区。在F_1断层带内，岩体破碎，推测属于弱富水区。

（2）石炭系碎屑岩类夹碳酸盐岩类含水岩组

石炭系中统本溪组岩性主要是铝土质页岩、碳质页岩，属于隔水层，为极弱富水区。

石炭系上统太原组石灰岩岩溶裂隙含水层分别为K4、K3和K2。K4石灰岩厚0～10.40m，平均2.35m，为深灰色，致密块状，局部含泥质，裂隙较发育，多被方解石脉充填，钻孔冲洗液消耗量在0.1～1.0m^3/h之间，局部达到15m^3/h，属于弱富水区局部中等富水区。K3石灰岩厚0～11.29m，平均4.67m，为深灰色，块状，裂隙较发育，多被方解石脉充填，钻孔冲洗液消耗量在0.3～0.6m^3/h之间，属于弱富水区。K2石灰岩厚2.50～15.80m，平均10.08m，为深灰色，致密，坚硬，含燧石结核，中夹薄层灰黑色泥岩、粉砂岩，裂隙发育，根据黑龙关煤业有限公司的煤矿资源储量核查地质报告，钻孔出现15m^3/h全漏，水位1202.84m，抽水试验涌水量为1.35m^3/(h·m)，属于弱富水区。

石炭系上统太原组碎屑岩地层，初测阶段在CZK-5深孔做了混合抽水试验，本组钻进消耗量不超过0.3m^3/h，涌水量在0.0824～0.1091m^3/(h·m)之间，说明本层整体透水性差，属于极弱富水区。但在紫荆山断裂带内构造裂隙较发育，推测属于弱富水区。

11号煤层至奥陶系中统顶部之间的隔水层，是由铝质泥岩、粉砂岩、泥岩和石英砂岩等致密岩层组成，厚约40m，具备良好的隔水性能。在没有构造裂隙贯通的情况下，11号煤层上面的含水层不会和奥陶系碳酸盐岩岩溶裂隙含水层发生水力联系。

3）松散岩类孔隙水含水岩组

现有水文地质资料表明，第四系中、上更新统是本区主要松散岩类含水岩组，主要为孔隙潜水,分布于各沟谷和河床底部,以砂类土、碎石类土为主要含水层,含水性视分布位置和厚度不同而有很大差异。沿汾河两岸主要为富水区段,其中汾河谷地蓄水程度强,钻孔单位涌水量一般为 10~30m^3/(h·m);边山洪积扇则蓄水程度中等,钻孔单位涌水量一般为5~10m^3/(h·m);而在山区因厚度变薄,含水性明显减弱。

隧道区松散岩类含水岩组主要分布在隧道进口端浅埋段及隧道出口段。进口端浅埋段主要为昕水河上游各支流沟谷河道,据庆祥煤矿地质资料,曾对位于黑龙关河上游的黑龙关水井进行简易抽水试验,测得单位涌水量为3.32L/(s·m)。隧道出口段则属于位于汾河谷地西侧的山前洪积倾斜平原区,主要含水岩组为中、上更新统砂砾石层,属于强富水区。

综合以上可知,本区奥陶系中统是由若干局部隔水层分开的若干含水层的组合,在整体上构成相互联系统一的区域含水系统。奥陶系下统与寒武系上统构成含水系统的相对隔水底板,石炭—二叠系则为含水系统的相对隔水顶板。

5.3.7 隧址区地下水水化学特征

为了解隧址区地下水及地表水的化学特征,并判定地下水的侵蚀性,对地表水及地下水进行了取样分析,检测分析结果见表5-23。

隧址区水化学特征 表5-23

采样点		检测项目									
		Ca^{2+}	Mg^{2+}	Cl^-	SO_4^{2-}	HCO_3^-	CO_3^{2-}	游离 CO_2	侵蚀性 CO_2	pH	水化学类型
红崖煤矿地下水	ρ(mg/L)	25.3	17.4	37.1	402.5	718.7	0	1.8	37.9	6.9	HCO_3^- - SO_4^{2-} - Ca^{2+} - Mg^{2+}
	C(mmol/L)	1.3	1.4	1.1	8.4	11.8	0	0	0		
红崖煤矿出露泉	ρ(mg/L)	35.9	22.3	26.5	65.4	359.4	0	2.3	19.9	7.1	HCO_3^- - SO_4^{2-} - Ca^{2+} - Mg^{2+}
	C(mmol/L)	1.8	1.8	0.8	1.4	5.9	0	0	0		
CZK-5钻孔	ρ(mg/L)	21.8	5.8	21.5	23.5	301.0	9.9	0	0	8.3	HCO_3^- - Na^+ - $K^=$ - Ca^{2+}
	C(mmol/L)	1.1	0.5	0.6	0.5	4.9	0.3	0	0		
DZK-5孔外沟远村	ρ(mg/L)	50.6	43.5	27.2	78.2	331.7	0	2.3	12.8	7.2	HCO_3^- - Ca^{2+} - Mg^{2+}
	C(mmol/L)	2.5	3.6	0.8	1.6	5.4	0	0	0		
DZK-5孔外沟近村	ρ(mg/L)	79.0	50.7	46.3	84.8	387.0	0	5.3	8.8	7.3	HCO_3^- - Ca^{2+} - Mg^{2+}
	C(mmol/L)	4.0	4.2	1.3	1.8	6.3	0	0	0		
DZK-4孔外沟	ρ(mg/L)	67.5	38.9	19.3	42.4	331.7	0	0	0	7.3	HCO_3^- - Ca^{2+} - Mg^{2+}
	C(mmol/L)	3.4	3.2	0.5	0.9	5.4	0	0	0		
DZK-4孔里沟	ρ(mg/L)	51.5	38.9	38.6	65.9	387.0	0	0	0	7.3	HCO_3^- - Ca^{2+} - Mg^{2+}
	C(mmol/L)	2.6	3.2	1.1	1.4	6.3	0	0	0		

续上表

采样点		检测项目									
		Ca^{2+}	Mg^{2+}	Cl^-	SO_4^{2-}	HCO_3^-	CO_3^{2-}	游离 CO_2	侵蚀性 CO_2	pH	水化学类型
闫家沟深井	ρ(mg/L)	48.5	29.4	38.9	129.2	383.7	0	2.7	1.2	7.1	$HCO_3^- - SO_4^{2-} - Ca^{2+} - Mg^{2+}$
	C(mmol/L)	2.4	2.4	0.8	2.7	6.3	0	0	0		
闫家沟泉井	ρ(mg/L)	68.4	37.9	25.1	42.8	375.9	0	1.8	0	7.3	$HCO_3^- - Ca^{2+} - Mg^{2+}$
	C(mmol/L)	3.4	3.1	0.7	0.9	6.2	0	0	0		
坂底泉井	ρ(mg/L)	38.8	33.3	23.1	23.1	274.2	0	6.9	8.8	7.4	$HCO_3^- - Ca^{2+} - Mg^{2+}$
	C(mmol/L)	1.9	2.7	0.7	0.5	4.5	0	0	0		
杨家坡泉井	ρ(mg/L)	38.0	13.8	16.9	56.4	320.7	0	0	0	6.9	$HCO_3^- - SO_4^{2-} - Ca^{2+} - Mg^{2+}$
	C(mmol/L)	1.9	1.1	1.5	1.2	5.3	0	0	0		
梁家垣泉井	ρ(mg/L)	39.7	12.3	26.5	62.2	436.7	0	0	0	6.9	$HCO_3^- - SO_4^{2-} - Ca^{2+} - Mg^{2+}$
	C(mmol/L)	2.0	1.0	0.8	1.3	7.2	0	0	0		
石家庄深井	ρ(mg/L)	161.2	63.0	24.1	485.3	293.0	0	7.3	14.0	6.9	$HCO_3^- - SO_4^{2-} - Ca^{2+} - Mg^{2+}$
	C(mmol/L)	8.0	5.2	0.7	10.1	4.8	0	0	0		

注：ρ-密度，C-浓度。

根据检测结果，按照《铁路工程地质勘察规范》(TB 10012—2019)，可以得出如下结论：

(1)隧址区地表水与地下水均属 HCO_3^-、SO_4^{2-}、Ca^{2+}、Mg^{2+} 等类型水。

(2)地表水为弱碱性水，地下水为弱酸性水。

(3)地表泉水对混凝土侵蚀类型为 CO_2 侵蚀，环境水作用等级 H1。

(4)煤矿地下水对混凝土的侵蚀类型为硫酸盐侵蚀与 CO_2 侵蚀，环境水作用等级均为 H1，局部为 H2。

5.3.8 隧道内病害区段渗漏水调查

2019 年 5 月 7 日—12 日，在隧道病害整治期间，对隧道 K297 + 860 ~ K306 + 010 范围内的左线平导、左线正洞(隧道开挖支护期间)、右线平导内的渗漏水状况进行调查，共发现渗漏水 53 处，其中左线平导 32 处、左线正洞 12 处、右线平导 9 处。线路左侧渗漏水数量明显多于右侧，说明隧道总体水流方向来源于左侧。

隧道内的渗漏水状态以渗润、滴水为主，个别地段为流水或喷水。隧道内典型渗漏水情况如图 5-29 所示。

对病害段渗漏水量进行调查统计，结果见表 5-24。

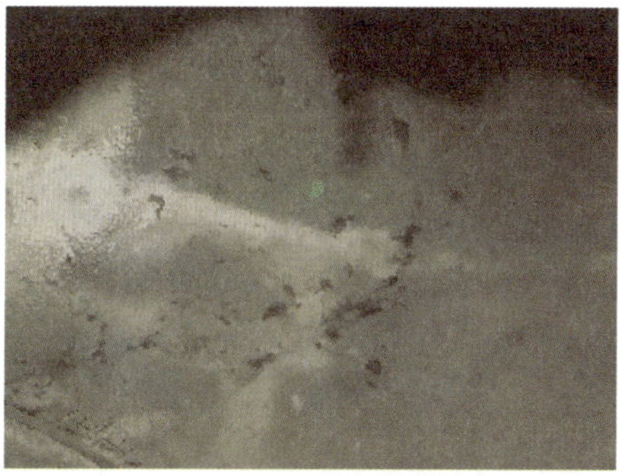

a)K298+150

b)K298+960

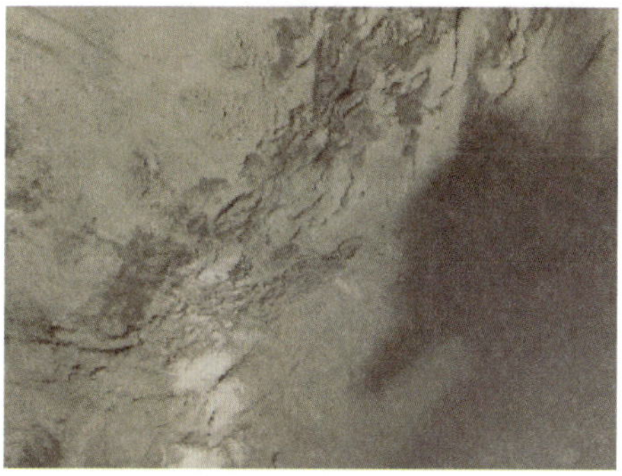

c)K299+200

d)K300+565

e)K302+030

f)K302+218

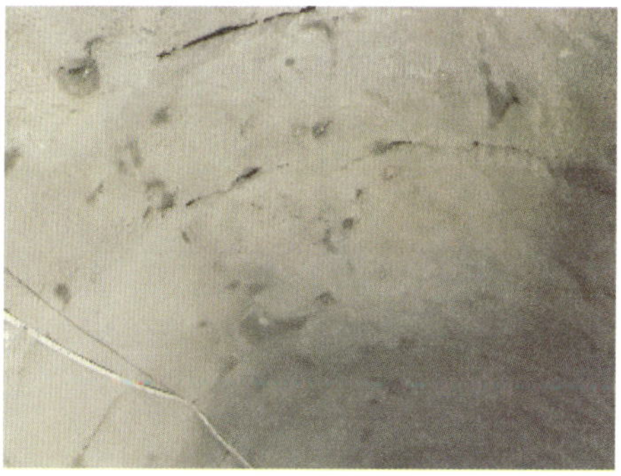

g)K303+380

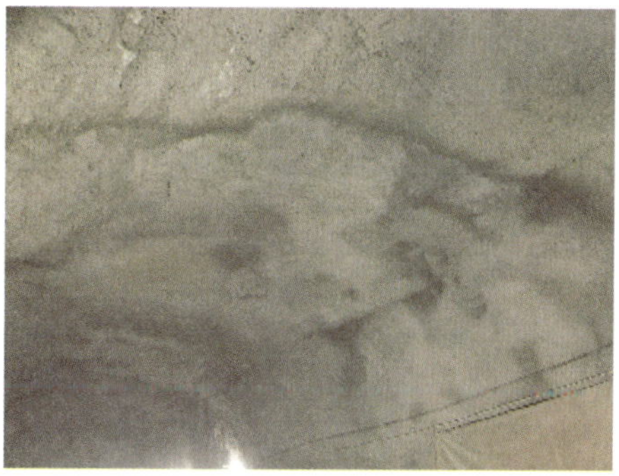

h)K304+105

图　5-29

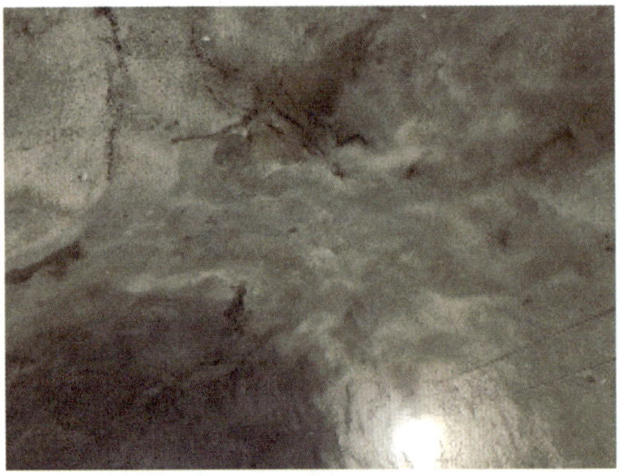

i)K304+265

j)K304+285

k)K304+325

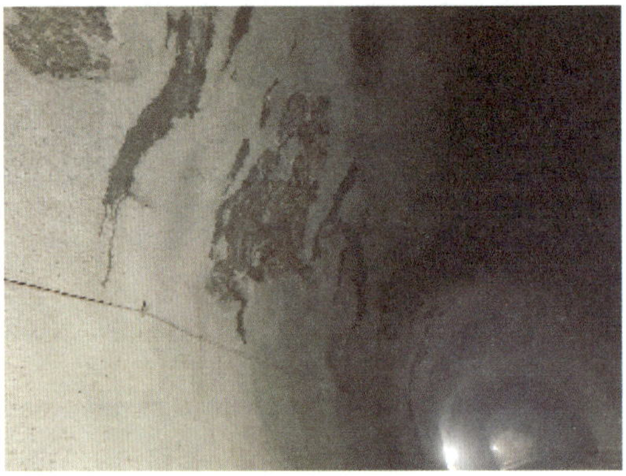

l)K304+735

图 5-29　隧道病害整治期间典型渗漏水

隧道病害段渗漏水调查统计　　表 5-24

工区	里 程 范 围	线别	渗漏水特征	渗漏水量(mL/min)
四号斜井工区	PK298 + 880 ~ PK300 + 585	左右线平导	面漏、点漏,部分区段有持续流水	0.17 ~ 1000
五号斜井工区	PK302 + 670 ~ PK300 + 886 K302 + 030 ~ K304 + 490	左、右线平导 左线正洞	面漏、点漏,部分区段有持续流水	0.2 ~ 1374
出口工区	PK304 + 685 ~ PK305 + 760	左线平导	面漏、点漏,部分区段有持续流水	14.9 ~ 702

病害段各线路内渗漏水状态数量统计见表 5-25。

病害段各线路内渗漏水状态数量统计　　表 5-25

序号	线 路 位 置	渗漏水状态数量(处)				
		渗水	滴水	淌水	涌水	合计
1	左线正洞	11	0	0	1	12
2	左线平导	17	11	3	1	32
3	右线平导	0	7	1	1	9
合计		28	18	4	3	53

根据统计结果,绘制病害段各线路内渗漏水状态数量统计,如图 5-30 所示。

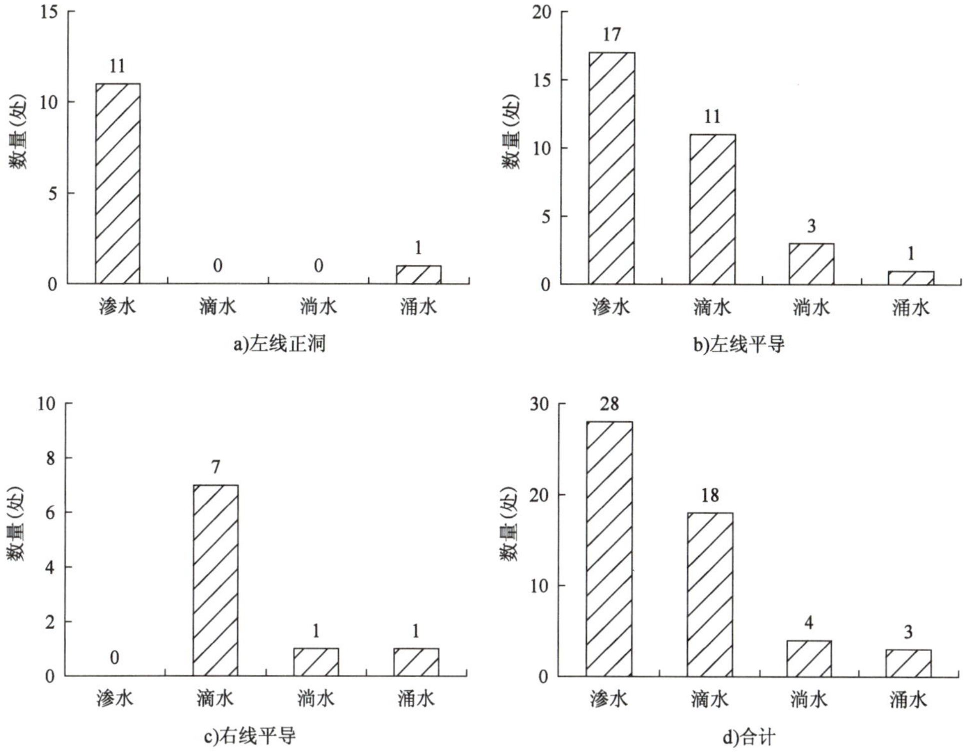

图 5-30 病害段各线路内渗漏水状态数量统计图

由图 5-30 可以看出:

(1)左线正洞渗漏水以渗水为主。

(2)左线平导渗漏部位最多,主要表现为渗水和滴水。

(3)右线平导渗漏部位最少,但以滴水为主。

(4)病害段总体渗漏水量不大,以渗水和滴水为主。

5.4 围岩及环境水侵蚀性

5.4.1 侵蚀性岩石类型及腐蚀性地下水分布

按照《铁路工程水文地质勘察规范》(TB 10049—2014)中关于围岩富水程度分区的规定,以及其代表性指标,根据该隧道勘察报告,综合洞身单位长度可能正常涌水量和地下径流模数,由低至高分为贫水区、弱富水区、中等富水区和强富水区四个等级,可分别用 1、2、3、4 表示。将硬石膏岩、角砾状泥灰岩、石膏岩、含膏碳酸岩、泥灰岩、膏溶角砾岩等 6 种地层的岩石确定为具有一定的侵蚀性,可分别用 A、B、C、D、E、F 表示。

隧道钻孔取样断面侵蚀性岩石类型及富水程度统计见表 5-26。

钻孔取样断面侵蚀性岩石类型及富水程度统计　表 5-26

序号	钻孔编号	里程	是否病害段	具有侵蚀性的岩性	侵蚀性岩层符号	围岩富水程度	富水等级符号
1	SKYZK-30	K291 +380	否	角砾状泥灰岩	B	强富水区	4
2	SKYZK-31	K291 +580	否	角砾状泥灰岩(含石膏,潮湿)	B	强富水区	4
3	SKYZK-32	K291 +780	否	硬石膏岩	A	强富水区	4
4	SKYZK-33	K291 +980	否	角砾状泥灰岩	B	贫水区	1
5	SKYZK-35	K292 +380	否	白云质灰质泥岩(夹网状石膏)	C	强富水区	4
6	SKYZK-36	K292 +580	否	角砾状泥灰岩	B	强富水区	4
7	SKYZK-37	K292 +780	否	角砾状泥灰岩	B	贫水区	1
8	SKYZK-38	K292 +980	否	石膏岩	C	贫水区	1
9	SKYZK-39	K293 +180	否	硬石膏岩	A	贫水区	1
10	SKYZK-40	K293 +330	是	硬石膏岩	A	中等富水区	3
11	SKYZK-41	K293 +430	是	硬石膏岩	A	中等富水区	3
12	SKYZK-42	K293 +530	是	硬石膏岩	A	贫水区	1
13	SKYZK-43	K293 +630	否	硬石膏岩	A	强富水区	4
14	SKYZK-53	K295 +630	否	角砾状泥灰岩	B	中等富水区	3
15	SKYZK-54	K295 +830	否	硬石膏岩	A	中等富水区	3
16	SKYZK-55	K296 +030	否	硬石膏岩	A	中等富水区	3
17	SKYZK-56	K296 +230	否	硬石膏岩	A	强富水区	4
18	SKYZK-57	K296 +430	否	硬石膏岩	A	强富水区	4
19	SKYZK-58	K296 +630	否	强硬石膏化白云岩	A	强富水区	4
20	SKYZK-59	K296 +830	否	细晶硬石膏岩	A	强富水区	4
21	SKYZK-61	K297 +230	否	细晶硬石膏岩	A	强富水区	4
22	SKYZK-62	K297 +430	否	前半段细晶硬石膏岩,后半段角砾状泥灰岩	A	强富水区	4
23	SKYZK-63	K297 +630	否	细晶硬石膏岩	A	弱富水区	2
24	SKYZK-64	K297 +830	否	角砾状泥灰岩	B	强富水区	4
25	SKYZK-65	K298 +030	否	泥晶白云岩,夹石膏泥质薄层	C	强富水区	4
26	SKYZK-66	K298 +230	是	白云质角砾岩(Ⅱ为硬石膏岩,Ⅲ为发育网格石膏脉)	A	强富水区	4

续上表

序号	钻孔编号	里程	是否病害段	具有侵蚀性的岩性	侵蚀性岩层符号	围岩富水程度	富水等级符号
27	SKYZK-77	K299 +500	否	硬石膏岩	A	强富水区	4
28	SKYZK-83	K300 +320	是	角砾状泥灰岩	B	强富水区	4
29	SKYZK-84	K300 +440	是	硬石膏岩	A	中等富水区	3
30	SKYZK-85	K300 +540	是	硬石膏岩	A	强富水区	4
31	SKYZK-86	K300 +640	是	硬石膏岩	A	中等富水区	3
32	SKYZK-87	K300 +740	是	硬石膏岩	A	强富水区	4
33	SKYZK-88	K300 +840	是	角砾状泥灰岩	B	强富水区	4
34	SKYZK-90	K301 +040	是	角砾状泥灰岩	B	强富水区	4
35	SKYZK-93	K301 +340	是	角砾状泥灰岩	B	中等富水区	3
36	SKYZK-94	K301 +440	是	泥灰岩	E	中等富水区	3
37	SKYZK-100	K302 +440	是	角砾状泥灰岩	B	强富水区	4
38	SKYZK-102	K302 +640	是	微晶硬石膏岩	A	强富水区	4
39	SKYZK-103	K302 +740	是	微晶硬石膏岩	A	强富水区	4
40	SKYZK-104	K302 +840	是	角砾状泥灰岩	B	强富水区	4
41	SKYZK-121	K305 +030	是	角砾状泥灰岩	B	中等富水区	3
42	SKYZK-125	K305 +430	是	硬石膏岩	A	中等富水区	3
43	SKYZK-126	K305 +530	是	膏溶角砾岩	F	强富水区	4
44	SKYZK-130	K305 +930	是	硬石膏化白云岩	A	强富水区	4

根据统计结果,进一步分析隧道病害与侵蚀性地层和富水程度之间的关系,见表5-27。

隧道病害与侵蚀性地层、富水程度关系统计分析　　表5-27

病害段地层及富水程度			病害数量(处)		非病害数量(处)	
			分计	合计	分计	合计
侵蚀性地层	硬石膏岩	A	12	21	13	23
	角砾状泥灰岩	B	7		7	
	石膏岩	C	0		3	
	含膏碳酸岩	D	0		0	
	泥灰岩	E	1		0	
	膏溶角砾岩	F	1		0	

续上表

病害段地层及富水程度			病害数量(处)		非病害数量(处)	
			分计	合计	分计	合计
富水程度	贫水	1	1	21	4	23
	弱富水	2	0		1	
	中等富水	3	8		3	
	强富水	4	12		15	

根据统计分析结果，绘制隧道病害与侵蚀性地层和富水程度之间的关系，如图5-31所示。

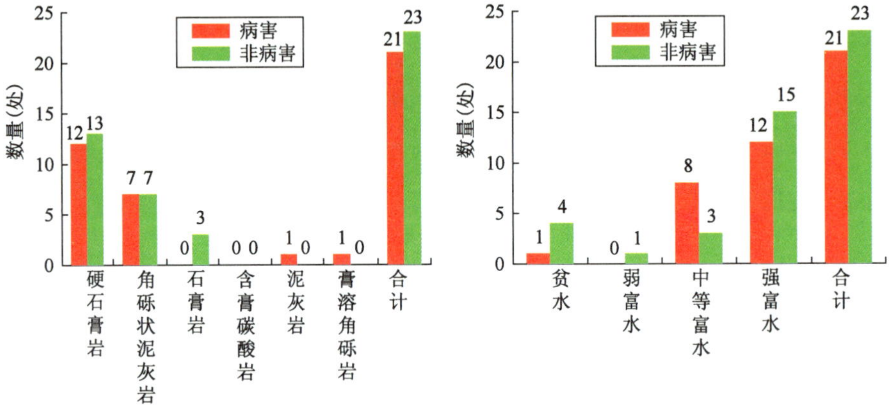

a)侵蚀性地层　　b)富水程度

图5-31　隧道病害与侵蚀性地层和富水程度关系

从图5-31可以看出：侵蚀性地层和富水程度与隧道发生病害的概率均接近于50%，因此，该隧道病害与侵蚀性地层和富水程度相关性并不大。

隧道侵蚀性地层主要分布在10个里程区间，统计分析见表5-28。

隧道侵蚀性地层区段及主要岩性统计分析　　表5-28

序号	里　程	长度(m)	所占比例(%)	主要岩性
1	K291+280～K292+080	800	3.4	角砾状泥灰岩、硬石膏岩
2	K292+280～K293+730	1450	6.2	硬石膏岩、角砾状泥灰岩
3	K295+530～K296+930	1400	6.0	硬石膏岩、角砾状泥灰岩
4	K297+130～K298+330	1200	2.7	硬石膏岩、角砾状泥灰岩
5	K299+400～K299+600	200	0.9	水化硬石膏岩
6	K300+220～K301+540	1320	5.6	角砾状泥灰岩、硬石膏岩、泥灰岩
7	K302+340～K302+940	600	2.7	角砾状泥灰岩、硬石膏岩
8	K304+930～K305+130	200	0.9	角砾状泥灰岩
9	K305+330～K305+630	300	1.3	硬石膏岩、膏溶角砾岩
10	K305+830～K306+030	200	0.9	硬石膏化白云岩
合计		7670	30.6	

5.4.2 环境水侵蚀性及其变化

按照《铁路工程地质勘察规范》(TB 10012),针对环境水对混凝土的侵蚀类型和侵蚀程度,化学侵蚀环境可分为 H1 ~ H4 四个等级。南吕梁山隧道勘察阶段的环境水侵蚀性分布里程段及侵蚀等级见表 5-29。

勘察阶段的环境水侵蚀性分布里程段及侵蚀等级　　表 5-29

序号	里　　程	侵蚀等级	侵蚀类型	地　　质
1	K286 +056 ~ K287 +306	H2	SO_4^{2-}	正穿含煤地层
2	K288 +606 ~ K289 +906	H1		正穿石膏地层
3	K292 +706 ~ K296 +106	H1		正穿石膏地层且下穿含煤地层
4	K296 +106 ~ K297 +106	H2		下穿煤层、刘家庄向斜
5	K297 +106 ~ K298 +406	H1		正穿石膏地层且下穿含煤地层
6	K298 +406 ~ K299 +406	H2		下穿煤层、金山沟向斜
7	K299 +406 ~ K302 +006	H1		正穿石膏地层且下穿含煤地层
8	K302 +006 ~ K303 +084	H2		下穿后沟煤矿采空区、F_{34}断层
9	K303 +084 ~ K305 +006	H1		正穿石膏地层且下穿含煤地层
10	K304 +906 ~ K305 +006	H2		下穿煤层、F_8 断层
11	K305 +206 ~ K305 +606	H2		下穿煤层、梁家垣向斜

隧道勘查报告中分析了隧址区地下水及地表水的化学特性,并判定了地下水的侵蚀性,得出以下结论:

(1)隧址区地表水与地下水均属于 $HCO_3^- - SO_4^{2-} - Ca^{2+} - Mg^{2+}$、$HCO_3^- - Ca^{2+} - Mg^{2+}$、$SO_4^{2-} - HCO_3^- - Ca^{2+} - Mg^{2+}$ 型水,地表水和地下水均为弱碱性水。

(2)地表泉水对混凝土侵蚀类型为 CO_2 侵蚀,环境水作用等级 H1。

(3)煤矿地下水对混凝土的侵蚀类型为硫酸盐侵蚀与 CO_2 侵蚀,SO_4^{2-} 含量为 23 ~ 1453mg/L,环境水作用等级为 H1,局部为 H2。

隧道开挖后,对环境水侵蚀性分布区段及侵蚀等级进行了现场测试和评价,结果见表 5-30。

隧道开挖后环境水侵蚀性分布区段及侵蚀等级　　表 5-30

序　　号	里 程 区 段	环境水侵蚀等级
1	K286 +000 ~ K287 +300	H2
2	K288 +600 ~ K289 +900	H1
3	K292 +700 ~ K302 +000	H1
4	K302 +000 ~ K303 +050	H2
5	K303 +050 ~ K304 +950	H1
6	K305 +150 ~ K305 +550	H1

施工阶段和勘察阶段地下水侵蚀等级对比,如图 5-32 所示。

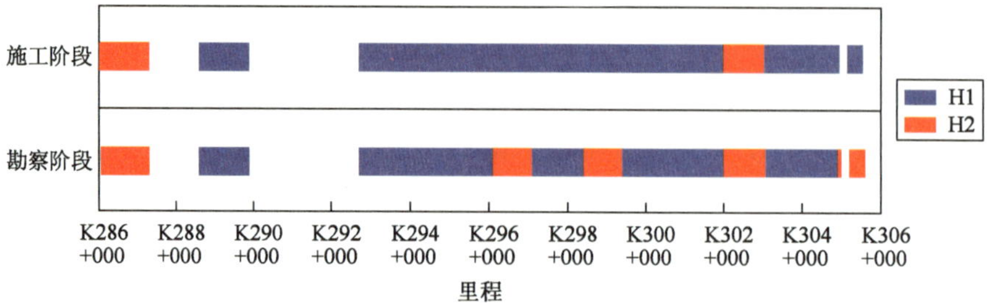

图 5-32　施工阶段和勘察阶段环境水侵蚀等级对比

由图 5-32 可以看出：针对环境水侵蚀等级，施工阶段总体与勘察阶段一致，但也有局部地段降低，这可能是隧道周围静态水还没有达到一定的侵蚀性等级。随着隧道开挖后长时间水力场的变化，水的侵蚀等级会动态变化。

2015 年、2017 年隧道病害整治期间，对部分病害段的环境水化学侵蚀等级进行了重新划分。

2015 年地质调查期间，在 K300 + 560、K302 + 934、K305 + 705、K305 + 731 里程的泄水孔采取水样进行测试，地下水侵蚀类型主要为硫酸盐侵蚀，K300 + 560、K302 + 934 地下水环境作用等级为 H2，K305 + 705 及 K305 + 731 地下水环境作用等级为 H1。

2017 年地质调查期间，在 K298 + 100 ~ K308 + 013 段共取水样 15 组，室内试验 SO_4^{2-} 离子含量为 1305.30 ~ 2125.00mg/L，按照《铁路混泥土结构耐久性设计规范》（TB 10005—2010），判断本段地下水侵蚀类型主要为硫酸盐侵蚀，地下水环境作用等级为 H2。

2018—2019 年隧道病害整治期间，对隧道内多处水点进行 SO_4^{2-} 离子含量测试，测试结果见表 5-31。

隧道病害整治期间环境水腐蚀性测试结果　　表 5-31

取样位置	SO_4^{2-} 离子含量（mg/L）						
	2018.3.21	2018.8.25	2018.10.12	2018.11.29	2019.3.11	2019.3.29	2019.4.10
K296 + 819（底板钻孔）						942	
4 号平导上跨上行线端点（K298 + 944）	224	122	119	190		28	
K300 + 545							1930
5 号平导 0 + 480（K302 + 684）		582	349				
K302 + 740				215			
K303 + 290			603				
K303 + 300				175			
K303 + 309				217			
K303 + 360					414		
K305 + 717		340	205				
K305 + 750						170	

从测试结果可以看出，除K300+545处地下水环境侵蚀作用等级为H2外，其余区段均为H1。综合以上所述，绘制各阶段环境水侵蚀作用等级分布图并进行对比，如图5-33所示。

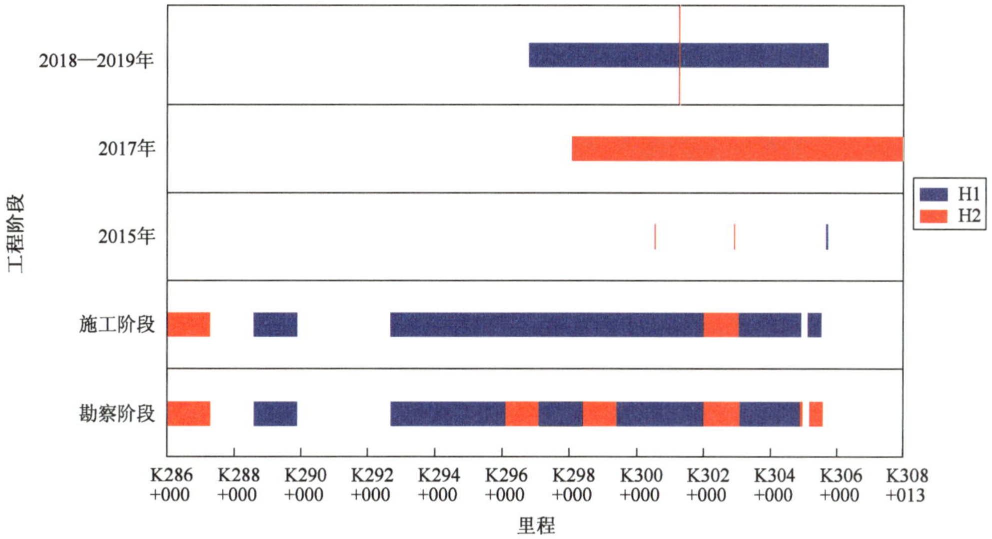

图5-33 隧道内各阶段环境水侵蚀作用等级对比

从2009年勘察阶段至2019年病害整治阶段，K298+100~K308+013段隧道内环境水SO_4^{2-}含量监测结果见表5-32。

各阶段K298+100~K308+013段隧道内环境水SO_4^{2-}含量监测结果　　表5-32

序　号	测试时间(年)	SO_4^{2-}含量(mg/L)
1	2009(勘察阶段)	23~1453
2	2015	220~1807
3	2017	1305~2125
4	2018	119~603
5	2019	28~1930

根据监测结果，绘制各阶段K298+100~K308+013段隧道内环境水SO_4^{2-}含量变化曲线，如图5-34所示。

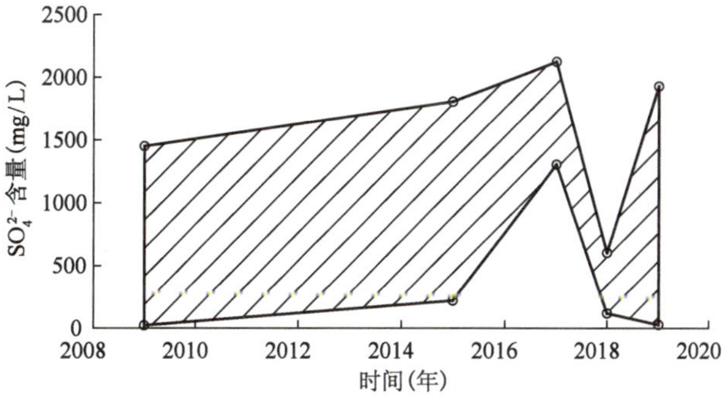

图5-34 各阶段K298+100~K308+013段隧道内环境水SO_4^{2-}含量变化曲线

由图5-34可以看出:从2009年勘察阶段到2019年病害整治阶段的10年时间内,环境水侵蚀作用范围和等级都是动态变化的,其中2017年腐蚀性等级最高。

5.4.3 岩石侵蚀性试验

图5-35 侵蚀性浸泡试验

针对石膏岩、硬石膏岩等含膏岩层的侵蚀特性,采用室内试验进行岩样浸泡样侵蚀性测试。对两种岩样进行不同因素下的多水平侵蚀浸泡试验,分别为静水浸泡、有压浸泡、动水浸泡和酸碱浸泡4种试验,每种岩性进行9组试验,每组3个平行试件,共计54个试件。试件尺寸为直径50mm、高100mm的圆柱体。侵蚀性浸泡试验如图5-35所示。

对不同条件下的浸泡试验,每隔15d将全部试件取出,风干后进行波速测试,着重对其纵波波速变化规律进行分析。

在静水浸泡试验中,仅对浸泡60d的组,每隔15d取1次浸泡液进行检测。对其他条件下的浸泡试验,等浸泡60d后取浸泡液水样进行检测。浸泡试验完成后,对上述试验的全部试件测试相应的单轴抗压强度。另外在岩性鉴定的基础上,选取纯度较高的石膏岩和硬石膏岩进行较为长期的侵蚀液研究,石膏岩与硬石膏岩每种设置4组浸泡试验,依次的取样时间为30d、60d、90d、120d,试件数量为8个,形状为圆柱体,试件尺寸为直径50mm、高50mm。

1)静水浸泡试验

分别对石膏岩、硬石膏岩进行浸泡,每种进行4组静水浸泡试验。第1组至第4组浸泡时间依次递增,分别为15d、30d、45d、60d,水量为2L,试件数量为24个。静水浸泡试验如图5-36所示。

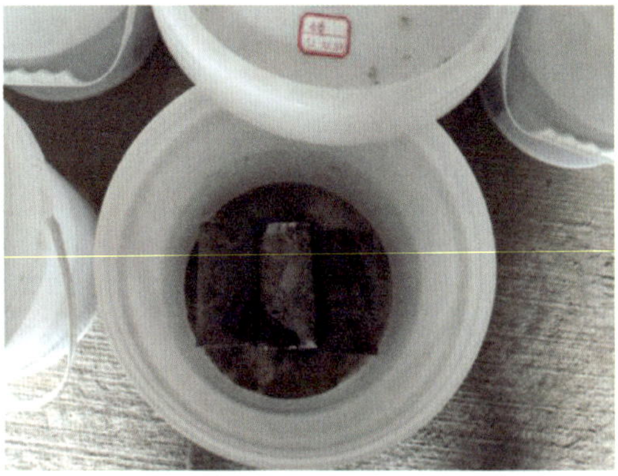

a)石膏岩第4组

b)硬石膏岩第4组

图5-36 静水浸泡试验

2)有压浸泡试验

分别对石膏岩、硬石膏岩进行有压浸泡，每种进行 2 组有压浸泡试验，两组压力分别为 0.2MPa、0.4MPa，浸泡时间 60d，水量为 1.5L，试件数量 12 个。有压浸泡试验如图 5-37 所示。

a)石膏岩第1组　　　　b)硬石膏岩第1组

图 5-37　有压浸泡试验

3)动水浸泡试验

分别对石膏岩、硬石膏岩进行动水浸泡，每种进行 1 组，浸泡时间 60d，水量为 4L，试件数量 6 个。动水浸泡试验如图 5-38 所示。

a)　　　　b)

图 5-38　动水浸泡试验

4)酸碱浸泡试验

分别对石膏岩、硬石膏岩进行酸碱不同溶液浸泡，每种进行 2 组试验。酸性溶液与碱性溶液浸泡时间 60d，水量为 2L，试件数量 12 个。碱性溶液为无水碳酸钠配置，pH = 11.25；酸性溶液为硫酸溶液配置，pH = 1.13。

5)膏岩侵蚀试验

为了了解分析石膏岩、硬石膏岩的侵蚀变化过程，在静水浸泡 60d 的组，每隔 15d 取一次水样进行水样检测。检测结果表明：静水浸泡试验的水样均为 $HCO_3^- - SO_4^{2-} - Ca^{2+} - K^+ +$

$Na^+-Cl^--Mg^{2+}$型水，浸泡石膏岩时间15～30d，SO_4^{2-}离子有所上升，硬石膏岩SO_4^{2-}离子的变化不明显。

6）侵蚀对膏岩强度的影响

腐蚀浸泡试验浸泡后，对全部试件进行了2次波速测试。在侵蚀试验结果的基础上，分析总结试件岩样在浸泡30d过程中的弱化特性，大致评估时间、压力、浸泡液的pH值和动水条件对试件岩样性质的影响特征。崩解或者产生裂缝的试件，由于不能测试波速，为方便进行数据分析，在其崩解或产生裂缝后就不再进行数据统计。超声波测试试验如图5-39所示。

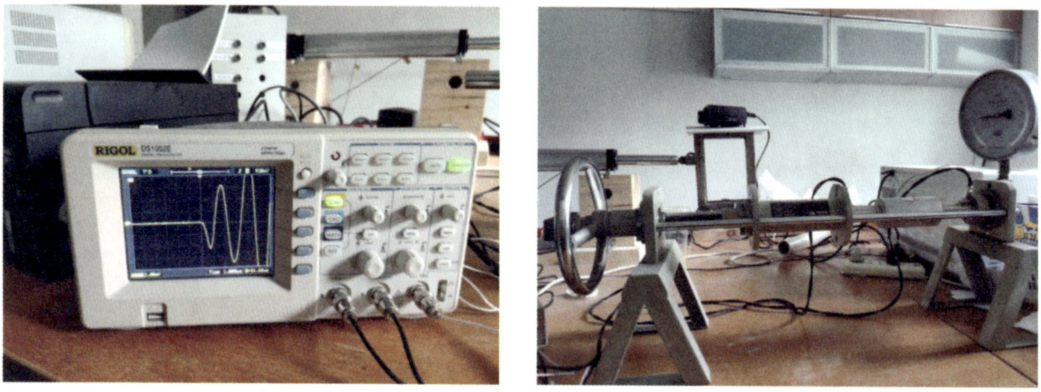

a)　　　　b)

图5-39　超声波测试

石膏岩在不同试验条件下的波速变化见表5-33。

石膏岩在不同试验条件下的波速变化　　表5-33

序号	试验条件	15d后波速变化		30d后波速变化		试件完整率	
		下降值(m/s)	下降百分比(%)	下降值(m/s)	下降百分比(%)	15d后	30d后
1	静水浸泡	209	4.03	238	4.54	12/12	8/9
2	动水浸泡(500mL/h)	88	1.67	158	3.00	3/3	3/3
3	加压浸泡(0.2MPa)	202	3.86	294	5.62	3/3	3/3
4	加压浸泡(0.4MPa)	237	4.22	310	5.50	3/3	3/3
5	酸性浸泡(pH=1.13)	154	2.87	333	6.10	1/3	1/3
6	碱性浸泡(pH=12.35)	247	4.87	449	8.85	3/3	3/3

根据试验数据，绘制不同试验条件下石膏岩波速下降百分比变化曲线，如图5-40所示。由图5-40可以看出：

（1）不同时间段的波速下降百分比并不相同，并且各种因素条件下的波速下降差异不大。

（2）30d后波速下降百分比从大到小依次为：碱性浸泡（pH=12.35）、酸性浸泡（pH=1.13）、加压浸泡（0.2MPa）、加压浸泡（0.4MPa）、静水浸泡、动水浸泡（500mL/h）。

石膏岩试验结果见表5-34。

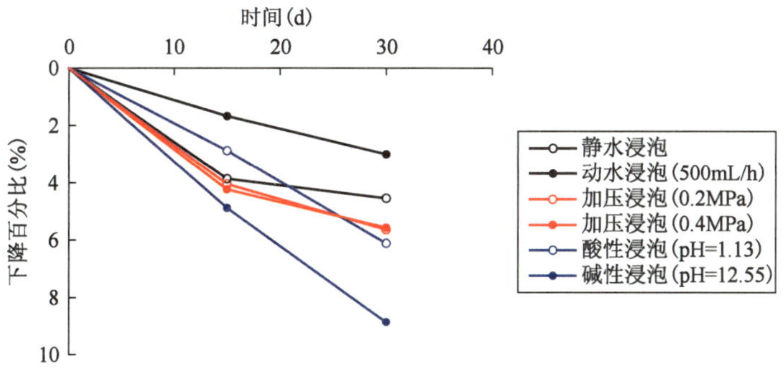

图5-40　不同试验条件下石膏岩波速下降百分比变化曲线

硬石膏岩在不同试验条件下的波速变化　　表5-34

序号	试验条件	15d后波速变化		30d后波速变化		试件完整率	
		下降值(m/s)	下降百分比(%)	下降值(m/s)	下降百分比(%)	15d后	30d后
1	静水浸泡	493	8.59	926	16.33	8/12	5/9
2	动水浸泡(500mL/h)	275	4.58	314	5.24	2/2	2/2
3	加压浸泡(0.2MPa)	729	12.50	1062	18.06	2/3	2/3
4	加压浸泡(0.4MPa)	167	2.90	269	4.69	3/3	3/3
5	酸性浸泡(pH=1.13)	106	1.76	208	3.44	3/3	3/3
6	碱性浸泡(pH=12.35)	122	2.06	198	3.19	3/3	2/3

根据试验数据,绘制不同试验条件下硬石膏岩波速下降百分比变化曲线,如图5-41所示。

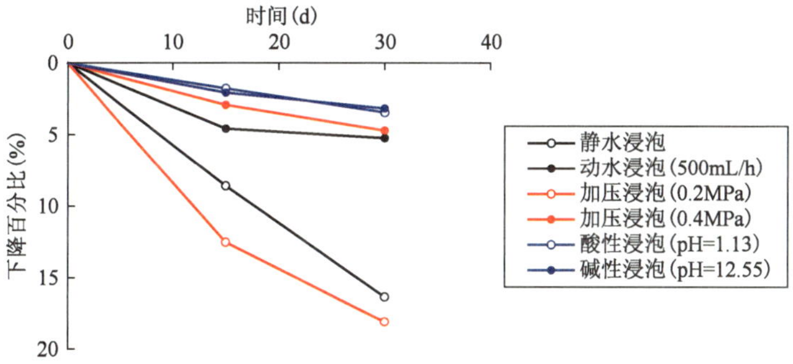

图5-41　不同试验条件下硬石膏岩波速下降百分比变化曲线

从图5-41中可以看出:

(1)不同时间段的波速下降百分比并不相同,并且各种因素条件下的波速下降差异较大。

(2)30d后波速下降百分比从大到小依次为:加压浸泡(0.2MPa)、静水浸泡、动水浸泡(500mL/h)、加压浸泡(0.4MPa)、酸性浸泡(pH=1.13)、碱性浸泡(pH=12.35)。

5.5　结论与体会

(1)采用手标本鉴定、差热及热重、X射线衍射、磨片镜下鉴定、扫描电镜、红外光谱等方法,对南吕梁山隧道全线围岩进行鉴定,隧道全线灰岩段占隧道总长的26.4%、白云岩段占20.4%、泥灰岩段占2.9%、石膏岩类占18.1%、角砾状泥灰岩段占14.9%、膏溶角砾岩段占

1.3%、砂页岩段占11.3%、其他泥云岩和灰云岩等占4.7%。

(2)隧址区内地质构造复杂,经历过多次构造运动,生成了一系列极其复杂的褶皱和断裂构造。隧址区处于古挤压—扭剪和新拉张构造强烈的地区,致使区内应力分布极为复杂多变,难以确定,但总体推测,现代应力作用以径向挤压和轴向拉伸为基本模式。实测及数值反演表明,南吕梁山隧道洞身附近地应力最大为18MPa左右,最小水平主应力约为12MPa,垂直主应力为16~18MPa。最大主应力优势方向为北北东(N15°~23°E),浅地表隧道轴线方向呈现拉张应力,有利于地下水径流,现有隧道设计方法存在缺乏根据复杂地应力边界及其作用进行精细化设计的局限。

(3)南吕梁山隧道补勘及病害整治阶段进行了215组围岩膨胀性试验,试验表明:按照《铁路工程特殊岩土勘察规程》(TB 10038—2012)判定标准,仅有3组围岩可判定为弱膨胀岩,其余达不到膨胀判定标准。由于含膏岩膨胀特性的滞后性,现有的试验方法并不一定能真实有效地反映其膨胀特性,不排除含石膏地层的膨胀性在局部地段可能具有弱~中等膨胀。对于膨胀作用产生的附加荷载如何计算和设计,在现有规范中未见明确的说明,建议按最不利的情况考虑。

(4)泥灰岩、角砾岩和含膏岩类水稳定性差,强度衰减效应明显,尤其是泥灰岩、角砾岩、含膏岩类等膨胀性、侵蚀性、软化性、流变性等表现得较为显著。在水的作用下,围岩结构劣化,强度衰减,降低围岩的稳定性,含膏岩类在浸泡30d后,试样纵波波速都有不同程度的衰减,硬石膏岩的纵波波速衰减幅度为3.19%~18.06%,石膏岩的纵波波速衰减幅度为3.00%~8.85%,这充分说明了环境水对软弱岩石强度劣化的影响。

(5)隧址区内地表水对混凝土具有CO_2侵蚀,煤矿地下水对混凝土具有CO_2和硫酸盐复合侵蚀,且隧道含膏岩石广泛分布,二者复合作用也会加速隧道衬砌变形破坏。地下水水质变化及环境水侵蚀问题具有滞后性和隐蔽性,在工程运营期间应注意监测隧道水质变化。同时,隧道围岩水稳定性差,在环境水的作用下,结构破坏、软化、流变、侵蚀等引起岩石强度劣化的作用,导致岩石强度出现衰减破坏,影响隧道围岩的安全稳定。因此,在病害整治设计中,应强化结构抗侵蚀设计,并充分考虑围岩侵蚀弱化强度降低的风险。

第6章 隧道病害整治设计研究

南吕梁山隧道为运营隧道，病害整治必须确保一次到位，避免反复整治影响使用。结合病害成因的分析与研究，建设单位组织了多次专家会议论证，在此基础上，设计单位于2018年1月18日确定了整治方案，2018年2月完成施工图设计，2018年4月完成了施工图优化设计，2018年5月正式启动整治工程。整治期间，结合施工组织进行了多次设计方案优化。2019年1月对下行线病害整治进行了动态设计。

6.1 隧道病害整治设计特点

(1)工作量大，任务重，时间紧迫

隧道病害段落长度共10332m，其中上行线4490m，下行线5842m，勘察钻孔数量大，试验种类多，方法复杂。其中完成钻孔978m/215孔，取岩样1200件、水样20组，岩性鉴定426组，常规物理性试验54组，抗压试验34组，抗变形试验27组，水质分析20组，波速试验35组，膨胀性试验259组，侵蚀性试验60组，流变试验12组，区域应力特征模拟300km^2。

(2)病害类型多，致灾机理复杂

隧道病害类型多，主要表现为衬砌开裂及掉块、水沟离缝、道床板隆起等。隧址区地质背景复杂，围岩具有特殊工程性质，地层分布不均匀，区域地质构造复杂，侵蚀环境特殊。

(3)区域构造复杂，荷载确定困难

隧道工程地质背景分析表明，隧址区构造应力复杂。区域地应力反演表明，现代应力作用以径向挤压和轴向拉伸为基本模式，区域张应力方向与隧道走向一致，对隧道围岩稳定性不利。

(4)地下水径流复杂，水患防治困难

隧址区经历过多次构造运动，形成一系列复式褶皱、断裂，彼此互相交错、互相重叠，造成地下水径流途径复杂，受构造和地形影响，形成了复杂的区域水文地质系统。

(5)侵蚀环境特殊，耐久性要求高

隧址区地表水对混凝土具有CO_2侵蚀，煤矿地下水对混凝土具有CO_2和硫酸盐复合侵蚀，且隧道含膏地层分布不均匀，石膏岩具有一定的侵蚀性，地下水水质变化及环境水侵蚀问题具有滞后性和隐蔽性，对材料的耐久性要求高。

6.2 国内类似病害工程案例

在我国，已知发育两个巨型海相白云岩、硬石膏岩、岩盐岩沉积组合的盆地，一个是鄂尔多斯盆地中奥陶世马家沟期盆地，另一个是鄂西—四川盆地早三叠世嘉陵江期二时—上三叠统雷口坡期盆地。对于这两个巨型盆地蒸发岩组合的沉积环境，以往的认识是：白云岩为潮上坪—撒勃哈环境的沉积体，而硬石膏岩，特别是岩盐岩是潮上坪潟湖中的沉积物。

鄂尔多斯盆地马家沟期，由于华北地台西侧贺兰裂谷扩张，在地壳均衡作用下，导致裂谷肩部翘升，同时南面渭北隆起地块向北逆冲和左行走滑，导致盆地的西缘和南部形成一条L形的隆起带。同样在地壳均衡补偿条件下，L形隆起带内侧发育一个边侧补偿坳陷盆地，盆地面积达15万km^2以上。由于盆地北面为伊盟古隆，仅东面逐渐抬升过渡为广袤的华北台地，因此，盆地内海水主要由东面华北地台供给。鄂尔多斯边侧坳陷盆地边缘为白云岩夹硬石膏分布区，向盆地核部（中心）硬石膏、岩盐岩逐渐增多。以盆地中心位置的榆9井为例，马二—马五段连续取芯710m，其中岩盐岩412m，硬石膏岩和白云质硬石膏岩近200m，白云岩不足100m，而石灰岩小于10m。在坳陷盆地核部与L形隆起带之间的斜坡区，马五期，即使在干旱的短周期内，由于多少接受来自L形隆起带和北面伊盟古隆的大气淡水，海水水体也会发生弱的循环，因此，仅沉积了含硬石膏结核和柱状晶的微晶白云岩。

鄂西—四川盆地早三叠世嘉陵江期一时，继承了下伏飞仙关期西高东低的开阔海环境。嘉陵江期二时，除西面的康滇古隆外，西北面的后龙门山已急剧升起并向东南推覆，龙门山—九顶山岛链抬升，北面的汉南海隆和东北的大巴山海隆形成。嘉陵江期三时，气候干旱炎热，盆地内原有的海水浓缩，鄂西—四川近20万km^2盆地内演化为咸化浅海。由于嘉陵江期二时盆地仍为西高东低，而江南陆的前峰雪峰山抬升并向四川方向挤压，致使鄂西、川东浅海海底形成局部分散的小盆地，重卤水向这些浅水小盆地汇聚，先为白云岩，后为硬石膏岩沉积。四川盆地形成一个几乎完全与外海隔绝的死海盆地。周期性的气候，干旱炎热期，如雷一、雷四时，盆地内海水高度浓缩并干涸，顶面可以暴露，局部可以有残留卤水，其沉积序列最先为白云岩，其后为硬石膏岩及岩盐岩；中心部位可以有杂卤石、钙芒硝沉积，即成为许靖华称的“似潮坪”环境沉积组合。在偶尔大气降水的作用下，上述沉积组合内均可产生溶孔、溶洞，但硬石膏岩、岩盐岩易于塑性变形，将溶孔、溶洞重新封堵，而下伏的白云岩中可保存，最终形成如雷一那样的硬石膏岩。

我国工程建设中石膏岩对隧道工程的影响，主要发生在白云岩、硬石膏岩、岩盐岩沉积组合的地层中。

6.2.1 成昆铁路百家岭隧道

修建于20世纪六七十年代的成昆铁路百家岭隧道，曾发生过膏岩对隧道工程的影响。从百家岭隧道情况来看，膨胀力导致混凝土结构破坏，集中表现在隧道底部，局部地段边墙下半部也受到影响，但严重程度远小于前者。根据观察，隧道拱部及边墙背后为地下水通道，膏岩被地下水溶解流失，留下的空隙有时宽达20cm，因此，该处受膨胀力的破坏不严重。隧道底部的破坏表现为：①整体道床的局部隆起和下沉；②中心水沟与轨下部分脱节，形成纵向带状破裂；③中心水沟纵向和横向裂纹致使道床呈碎块状；④道床与人行道连接处普遍存在裂缝和破碎；⑤侧沟沟壁破裂，侧沟盖板向外（向边墙）倾斜，倾角达20°～30°。从1972年、1974年两次轨顶抄平资料比较可看出，时隔两年，4处隆起地段又有升高，最大处升高6.1cm。成昆铁路百家岭隧道轨底病害如图6-1所示。

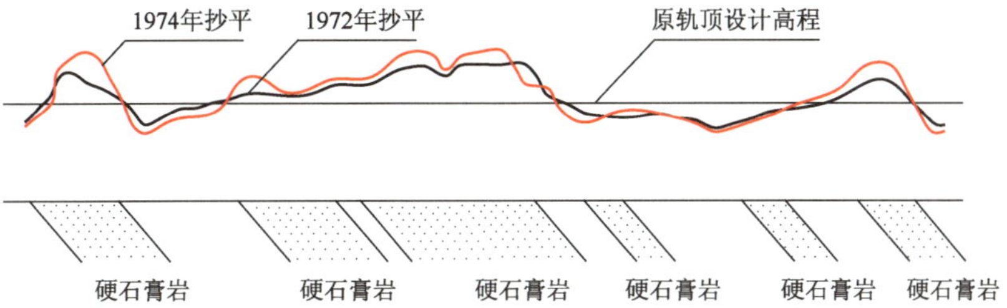

图6-1　成昆铁路百家岭隧道轨底病害示意图

对该隧道调查所作的分析：硬石膏岩的膨胀力导致隧道内混凝土结构物的变形破坏，主要集中在隧道底部及边墙下部1m左右高度内。因为只要有地下水渗流，隧道边墙背后自然会成为地下水的渗流廊道，石膏岩不可避免地要发生溶蚀，以致边墙背部与围岩脱离接触。因此，对含有硬石膏岩的隧道，无论是设计或施工整治，均应把注意力集中到解决道床的抗膨胀能力上面。

针对该隧道病害开展了膨胀压力监测，监测结果如图6-2所示。

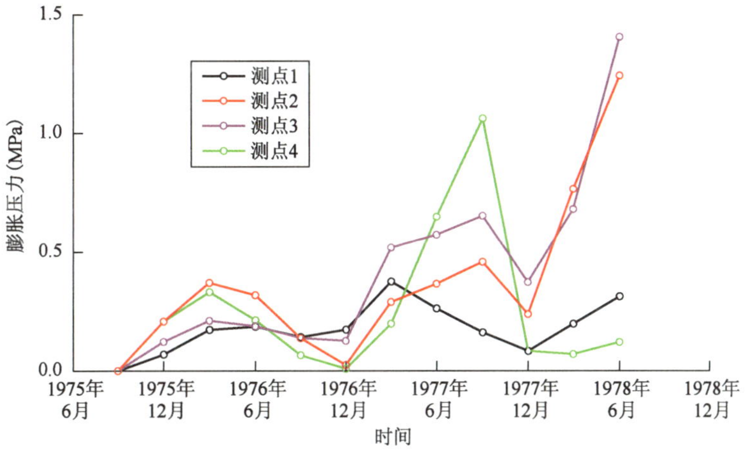

图6-2　成昆铁路百家岭隧道膨胀压力监测曲线

由图6-2可以看出：

（1）膨胀压力随季节起伏变化。膨胀压力在潮湿季节增长显著，并达到该年观测的最大数值。在旱季膨胀压力显著下降，并达到该年内的最低点。这种起伏变化现象，说明膨胀压力与硬石膏水化条件有密切联系。

（2）膨胀压力并不存在简单的累积现象，只是后一年的膨胀压力较前一年的数值略高，其原因有待进一步观测研究。

（3）第一年的观测结果，最大膨胀压力为480kPa，与室内硬石膏岩膨胀压力测试结果697kPa

（一年内）比较接近，只是后者获得的数值略高。二者有出入，可能与观测条件的差异有关。

（4）总体来看，硬石膏岩的水化膨胀过程十分缓慢，持续时间很长，这种作用何时结束，有待继续长期观测。

6.2.2 山西长治杜公岭高速公路隧道

杜公岭高速公路隧道为上、下行分离的四车道高速公路隧道，设计行车速度为 80km/h。其中左线里程 K33 + 226 ~ K35 + 700，全长 2474m，最大埋深 221m；右线里程 YK33 + 227 ~ YK35 + 742，全长 2515m，最大埋深 231m。设计纵坡 2.65% ~ 2.90%，左右线中线距离 30 ~ 40m。隧道总体走向 264°。

隧道建成通车后，出现二次衬砌开裂病害。经调查，病害主要表现为：

（1）衬砌裂缝共 384 条，其中环向裂缝 181 条、纵向裂缝 108 条、斜向裂缝 95 条，分布位置以边墙居多，拱腰、拱顶较少，多分布在距边墙底上 0 ~ 2m 范围内，最大裂缝宽度约 8mm，局部有环向和斜向裂缝，另外个别段落拱顶也存在纵向裂缝。

（2）裂缝类型多为贯通型，部分裂缝有错台，局部渗水。

（3）隧道底板隆起、路面开裂及电缆沟破损等。

隧道病害如图 6-3 所示。

该隧道经过长期的调研与论证，最终通过采用全断面拆换衬砌和局部拆换仰拱衬砌的方案对病害地段进行了彻底整修。

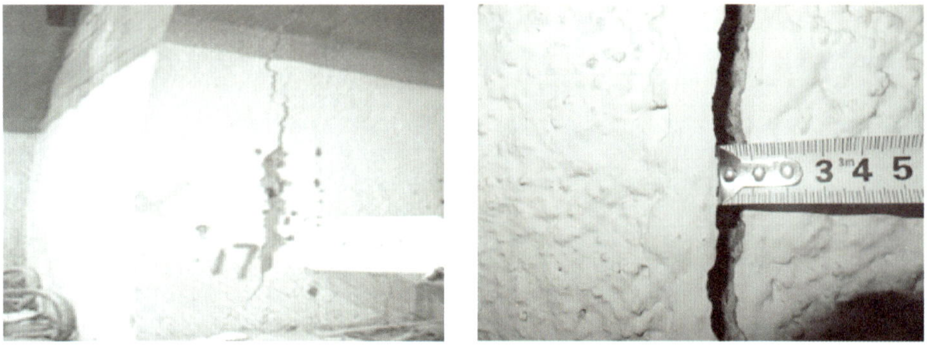

a）二次衬砌开裂

b）隧道底板隆起

图 6-3

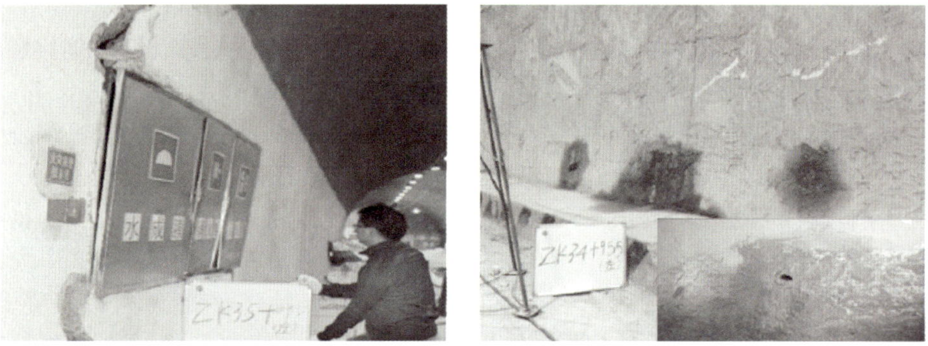

c)隧道边墙崩裂及渗漏水

d)隧道边墙电缆沟隆起

图 6-3　杜公岭高速公路隧道病害

6.2.3　湖北二级公路十字垭隧道

十字垭隧道位于湖北恩施，是一座二级公路隧道，全长 456m，两车道双向行驶，2002 年建成通车。

隧道净高 6.66m、净宽 8.50m，采用新奥法施工，光面爆破，复合式衬砌。主要技术措施为：锚杆挂网喷射混凝土初期支护，排水盲管、止水条、止水带、防水板等综合防排水措施，C20 钢筋混凝土二次衬砌。

隧道洞身穿过的地层围岩主要为层状泥岩、泥质泥岩、泥质灰岩和层状灰岩、白云质灰岩等。施工过程中，在隧道中部揭示出含石膏的角砾灰岩，该岩体沿洞身出露长度约 70m，色泽鲜艳，完整性较好。

2004 年，隧道出现病害，病害表现主要为：

(1)隧道出口洞门端墙、洞身局部地段、仰拱回填及水沟混凝土酥化、软化，酥化、软化范围内的混凝土强度已部分或全部丧失，部分仰拱及仰拱填充混凝土已呈松软酥状。

(2)隧道局部地段拱部及边墙混凝土出现纵向、斜向及网状裂缝，两处拱顶出现掉块现象，近百米水沟侧墙纵向断裂、变形、扭曲。

(3)部分地段路面断板及隆起现象严重，板间横向张开裂缝宽度最大达 5cm，最大凸起 14cm。个别路面板间错台达 4cm，纵向开裂最大宽度达 6cm。

(4)隧道二次衬砌局部渗水、滴水现象明显。

(5)探槽及钻孔揭示,隧道仰拱及铺底下部出现空洞,最大深度10cm。

总体来讲,病害主要集中在隧道中部至出口段200m左右范围,且多出现在能接触到水的部位,处在比较潮湿的环境条件下。

鉴于隧道既有结构混凝土试验结果和佐证事实,经对弃渣场石料取样送检,综合分析得出:隧道中部“意外”出露的这种看似比较好的岩石,实际是含石膏的角砾灰岩。

通过大量反复的取样试验,以及两年多的实地观察及检测,经专家分析论证,得出以下结论:

(1)具有膨胀性的围岩遇水后产生压力,致使隧道基底及路面变形、衬砌混凝土开裂。隧道本身处于膨胀性围岩的山体之中,由于膨胀岩具有吸水膨胀和失水收缩两种变形特性,雨季基底围岩吸水饱和后体积膨胀,造成仰拱混凝土结构的上鼓变形。旱季时,基底围岩失水体积收缩,部分仰拱与路面因发生塑性变形过大而无法复位,形成仰拱及路面下空鼓。

(2)环境地下水对隧道衬砌混凝土影响。经对隧道内病害部位三处渗流水的水样检测,结果显示:一处地下水对混凝土存在结晶类中等侵蚀;一处地下水对混凝土存在分解类中等侵蚀;一处对混凝土无侵蚀作用。地下水由于接触到可溶于水的石膏或其他硫酸盐,从而对混凝土具有了一定的侵蚀性。水的侵蚀作用随着时间延续,水量和水温随季节变化,其侵蚀性也呈现强弱交替、反复作用,继而导致隧道初期支护混凝土强度逐渐降低,并最终失去承载能力。在隧道渗漏水及防水板破坏处,地下水的侵蚀影响范围逐步扩大到二次衬砌混凝土,影响程度越来越严重,直接导致隧道二次衬砌混凝土结构的破坏,威胁行车安全。

(3)混凝土集料中有害物质影响。混凝土集料中含有大量对混凝土有害的石膏,石膏遇水软化、溶蚀、膨胀,导致混凝土开裂、酥松。集料中超标的硫化物和硫酸盐与水泥中的钙离子发生作用,生成硫酸钙与硫铝酸钙,发生体积膨胀,导致混凝土开裂。

(4)当地气候四季分明的变化,导致接触水的混凝土经过冻融循环,加剧了混凝土表面的破坏。旱、雨季水量的变化,干湿交替,也加剧了膨胀岩、石膏及硫酸盐的破坏作用。

6.2.4 宜巴高速公路凉水井隧道

凉水井隧道位于湖北省巴东县平阳坝乡黄家包村2组境内,是宜昌至巴东高速公路段内的1座分幅式隧道。左幅隧道起讫里程ZK158+425~ZK159+750.626,长1325.6m,最大埋深201.5m;右幅隧道起讫里程YK158+470~YK159+745,长1275.0m,最大埋深188.1m。左、右幅隧道间距13~30m,单洞净空10.25m×5.00m,路面坡度-2.4%。隧道围岩及山体地层主要为T_1j的含石膏灰岩(灰包石)及白云质灰岩。

当隧道穿过石膏质围岩时,由于石膏质岩的特殊岩性特征,给隧道建设带来了诸多工程问题,鉴于此类工程问题的复杂性、复合性,从隧道的勘察、设计、施工等方面对石膏质围岩隧道工程建设采取如下措施:

(1)分析地下水的影响

合理地阻止或降低地下水对该隧道围岩和衬砌结构的影响,探明地下水分布范围及规律,分析地下水对隧道施工的影响程度,以便根据地下水的影响特点制订相应的设计方案。

(2)合理选择施工工艺

在隧道施工过程中,开挖石膏质围岩所导致的施工效应是隧道变形破坏的主要因素,因此,为了减少对石膏质围岩体的扰动,并防止地下水的浸湿,采用无爆破掘进法进行隧道开挖。

(3)防止围岩湿度变化

为防止或降低石膏质围岩产生膨胀收缩效应,应及时喷射混凝土来封闭和支护开挖的隧道围岩体。当隧道在有地下水渗流时,应及时采取切断水源的工程措施,并加强洞壁与坑道的防水及排水措施,以防止地下水对石膏质围岩的侵蚀。

(4)防止围岩软化引起不良效应

隧道施工时,增加横支撑、地基注浆预加固、设置拱脚锚杆、增加初期支护拱脚面积等措施处理,防止石膏质围岩因软化作用造成隧道围岩体力学强度降低,进而发生支护结构失稳及隧道地基破坏等病害。

(5)合理进行围岩体支护

根据石膏质围岩膨胀特性,采取合适的围岩支护措施。在石膏质岩隧道施工时应注意以下两点:

①喷锚支护稳定围岩。必要时在喷射混凝土的同时,采用钢筋网。当围岩膨胀力很大时,可采用锚喷及钢架或格栅的联合支护方案。在隧道顶部采用超前锚杆或小导管支护,在隧道底部采用锚杆支护。通过支护膨胀岩隧道围岩体,使其在开挖面周壁上尽可能迅速闭合,避免隧道围岩体失稳破坏。

②衬砌结构及早封闭。石膏质围岩向内挤压变形一般发生在隧道开挖后的28d内,所以为了控制围岩体的变形,要求隧道衬砌结构及早封闭。在浇筑隧道拱圈部分时,为使拱圈在边墙及仰拱未完成前,自身能够形成临时封闭结构,应在上台阶的底部位置设置临时混凝土仰拱或者喷射混凝土充当临时仰拱。然后在下部台阶施工阶段,再拆除临时仰拱,并同时尽快浇筑永久性仰拱。

(6)采用合适的抗硫酸盐水泥

由于石膏质岩的溶蚀及溶出作用产生的高浓度硫酸根离子对混凝土具有较强侵蚀作用,严重影响混凝土的耐久性,因此,在石膏质岩隧道地段施工时,应满足以下4个方面的要求:

①在施工方案中,应特别注意施工材料的防水和抗侵蚀性,并紧密结合治水工程措施。

②针对硫酸根离子对混凝土具有较强侵蚀作用的病害情况,采用抗硫酸盐水泥。

③混凝土采用防水混凝土,其中仰拱混凝土掺用高效抗裂防水膨胀剂,拱墙混凝土掺用高效防水剂。

④二次衬砌混凝土中掺用一级粉煤灰,以增强其抗侵蚀性。

通过类似工程病害调研表明,在华北鄂尔多斯盆地、鄂西—四川盆地等相同和类似大地构造背景下、同类特殊岩层中,在工程建设中均易引发了相同或相近的病害,且病害表现形式类似,病害发生的时间多在隧道完工后的3~5年以后,具有滞后性。

含膏特殊岩系地层,在复杂构造环境、复杂地下水环境等条件下,工程建设中极易发生工程病害,该类病害在类似特殊地层中具有普遍性,也是当前工程界的勘察设计及施工的难题。

6.3 南吕梁山隧道病害整治专家意见

(1)2017 年 10 月 13 日,建设单位组织召开了“瓦日铁路南吕梁山隧道病害整治方案专家研讨会”。专家组认为:

①隧道贯通后,地下水重新分布,在向斜、断层和采空区地段形成相对地下水汇集,含膏盐岩软化、膨胀和侵蚀是病害产生的主要原因,加之局部结构存在薄弱环节和施工偏差,造成二次衬砌不同程度开裂和道床隆起。

②对于衬砌严重开裂、衬砌开裂及道床隆起段采用全环钢筋混凝土拆换,并适当调整断面形状。对于仅有道床和水沟隆起段拆换仰拱等措施是可行的。

(2)2017 年 11 月 18 日,中国铁路总公司工程管理中心和建设单位共同组织召开了“瓦日铁路南吕梁山隧道特殊地质灾害应急抢险专项工程设计方案专家研讨会”。专家组认为:

①隧道病害发展迅速,严重危及行车安全,开展应急抢险工作是必要的。

②南吕梁山隧道通过南吕梁山脉,出口段发育金山沟向斜、F_{34}断层、F_8 断层等,主要通过奥陶系中统峰峰组和上马家沟组含石膏灰岩、泥灰岩和膏溶角砾岩等地层,围岩软弱,具膨胀性,地下水具硫酸盐侵蚀性,且构造应力复杂。隧道贯通后,地下水汇集变化,使地层软化、膨胀和侵蚀性加剧,引起隧道灾害。

③根据地质灾害分析及断面检测和补勘结果,对隧道约 8.4km 衬砌进行拆换处理是必要的。采用注浆堵水、全包防水、断面形状优化、衬砌结构加强、混凝土原材料品质控制和配合比优化等综合措施是合理的。

④建议开展应力监测、侵蚀性长期观测、适应变形的支护技术等试验研究。

(3)2018 年 1 月 11 日,中国铁路总公司鉴定中心组织召开了“瓦日铁路南吕梁山隧道病害整治设计方案专家研讨会”。专家组认为:

①隧道病害段发育有金山沟向斜、F_{34}断层、F_8 断层等构造,局部岩石破碎并具有不均匀导水性,主要通过灰岩、泥灰岩夹石膏和膏溶角砾岩。隧道贯通后,地下水水量、水质变化,含膏岩层差异性大,遇水软化、膨胀,硫酸盐侵蚀加剧,加之混凝土自身缺陷等因素引起隧道衬砌内挤开裂、水沟变形、道床隆起等病害。

②根据病害分布、地质分析、断面检测结果及第一次拆换处理的经验教训,本着“彻底整治、不留隐患”的原则,确定的 8.4km 拆换范围是合适的。

③整治过程中应严格把好抗侵蚀混凝土的材料关、工艺关,加强施工工艺控制,提高二次衬砌混凝土的密实度。

综合南吕梁山隧道多次专家会研究论证意见,以及多家科研单位多年、多地区调查分析研究,认为按当前规范进行勘察设计,不足以有效应对南吕梁山隧道特殊地质灾害。

除南吕梁山铁路隧道外,在我国华北、鄂西、川西的相同或类似复杂地质条件地区的铁路、公路隧道工程中,都产生过类似的工程病害。在公开的文献资料中,就有山西长治杜公岭公路隧道、湖北十字垭公路隧道、宜巴高速公路凉水井隧道、成昆铁路百家岭隧道等,还有部分类似病害隧道资料未公开。病害发生的时间也多在隧道开工后的 3 ~5 年内。已有的研究表明,这种由于复杂地质条件,特别是特殊膏盐地层具有侵蚀、膨胀特性引起的隧道工程病害,具有隐蔽性、滞后性、渐进性,是当前勘察设计及施工中尚未很好解决的复杂难题。特别是部分达不到规范界定为膨胀岩指标而具有一定膨胀性的岩石，现行设计规范不需要考虑膨胀性的影响，但在隧道开挖之后和运营期间，由于地应力状态、围岩边界、地下水径流条件的动态改变，使具有膏盐组分的特殊岩石膨胀、侵蚀特性逐渐显现，恶化围岩工程性质，引发隧道病害产生和发展，严重影响甚至威胁行车安全。因此，针对性地开展南吕梁山隧道特殊地质勘察、设计和施工技术专题研究，保障工程顺利实施和隧道安全运营是必要的。

6.4　隧道病害整治设计原则

南吕梁山隧道病害整治采取针对性设计：

(1)对于仅出现道床板隆起地段，采取预应力锚杆注浆加固方案。

(2)对于小于0.2mm的裂缝，采取环氧树脂裂缝处理方案。

(3)对于0.2～0.5mm的裂缝，采取W钢带＋边墙预应力锚杆补强加固措施。

(4)对于大于0.5mm的裂缝以及开裂变形严重地段，采取初期支护和二次衬砌全环拆换处理措施。

6.5　隧道衬砌断面设计研究

隧道内轮廓依据建筑限界加上设备安装空间及必需的安全间距设置。设计中考虑结构受力条件等因素，采用拱形隧道内轮廓形式。

6.5.1　横断面预设计

病害整治工程环境苛刻，地质构造复杂，地层性质特殊。隧道结构形式在满足建筑功能要求及施工工艺水平的条件下，还需达到结构受力合理的设计要求。

通过采用有限元软件进行了大量计算分析，确定采用加大侧墙和仰拱曲率的多心圆或圆形式。隧道结构采用设置仰拱的复合式衬砌结构。

1)AA型、A型断面

针对地质条件差，膨胀压力、构造应力等应力集中地段，优化衬砌结构形式，采用AA型、A型断面，如图6-4、图6-5所示。

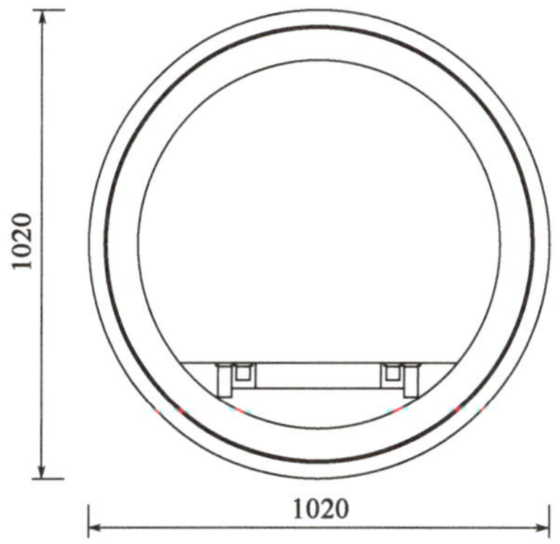

图6-4　AA型断面示意图(尺寸单位:cm)

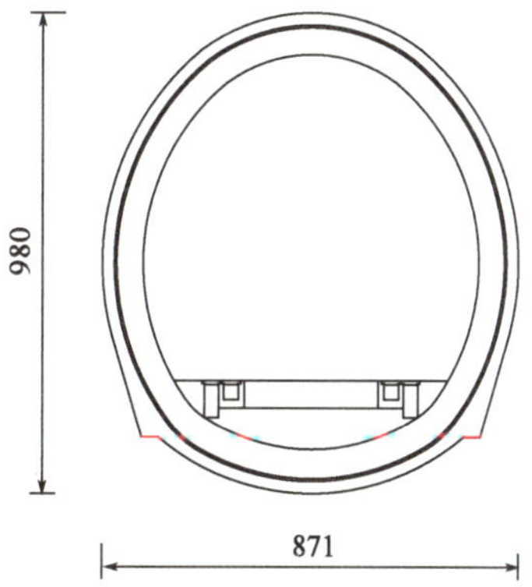

图6-5　A型断面示意图(尺寸单位:cm)

2)B1 型、B2 型、B3 型断面

针对地质条件较差、膨胀压力一般地段，优化衬砌结构形式，采用 B1 型、B2 型、B3 型断面。与原设计断面相比，优化边墙曲率，分别向外扩挖 75cm、50cm、38cm，如图 6-6 ~ 图 6-8 所示。

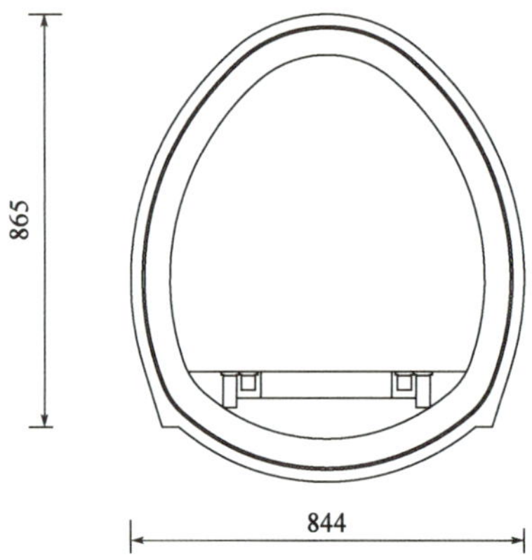

图 6-6　B1 型断面示意图(尺寸单位:cm)

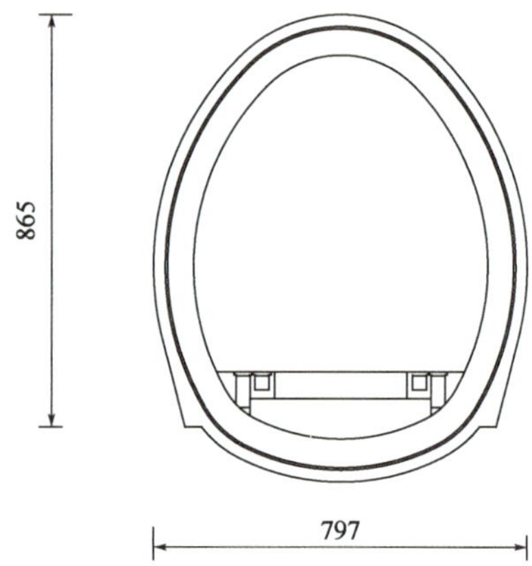

图 6-7　B2 型断面示意图(尺寸单位:cm)

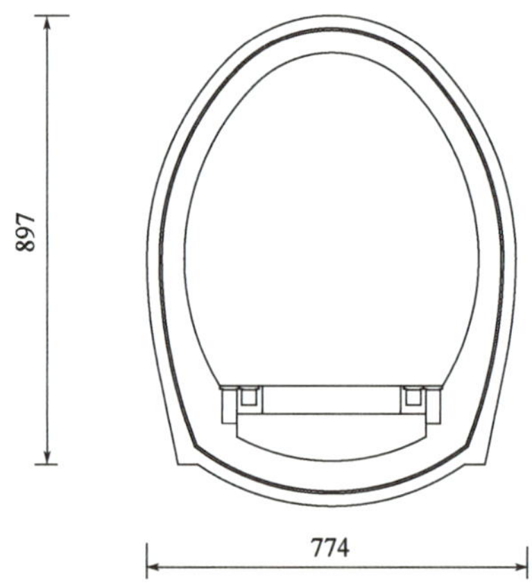

图 6-8　B3 型断面示意图(尺寸单位:cm)

6.5.2　数值分析

1)计算模型

针对围岩附加应力的 3 种分布情况，如图 6-9 ~ 图 6-11 所示。采用 MIDAS GTS 二维模型进行计算。其中，隧道结构采用梁单元(弹性模型)进行模拟，围岩支撑作用采用弹簧单元模拟。

2)荷载组合

主要计算荷载见表 6-1。

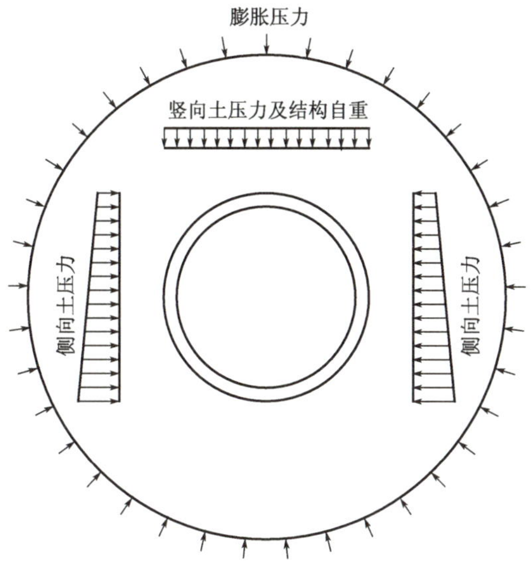

图 6-9　考虑环向膨胀压力示意图

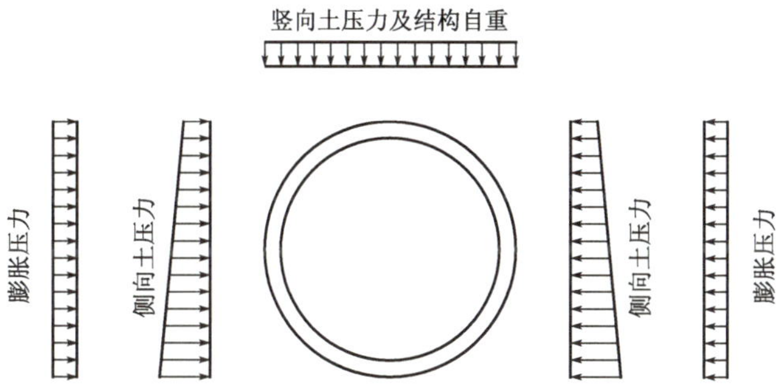

图 6-10　考虑水平向膨胀力示意图

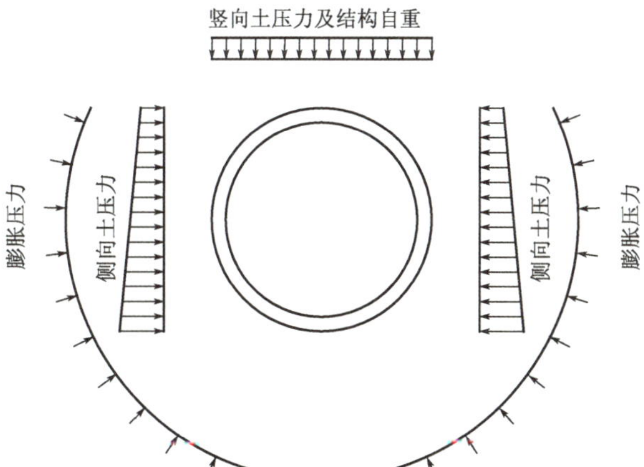

图 6-11　考虑仰拱 + 侧墙膨胀压力示意图

主要计算荷载　表 6-1

荷载类型		荷载名称
永久荷载	恒载	结构自重
		围岩压力
		水压力及浮力
		混凝土收缩及徐变作用
	活载	隧道内列车荷载及其制动力
可变荷载	附加荷载	隧道内列车冲击力
		灌浆压力
		温度变化影响
		冻胀力
		风荷载
		气动力
偶然荷载	附加荷载	施工荷载(施工阶段的某些外加力)
	特殊荷载	落实冲击力
		人防荷载
		地震荷载

按施工阶段、使用阶段和特殊荷载作用的不同工况进行荷载组合。

(1)施工阶段基本组合

永久荷载+可变荷载。不考虑水压力影响。

(2)使用阶段

①基本组合:永久荷载+可变荷载。

②偶然组合:永久荷载+可变荷载+偶然荷载。

(3)正常使用极限状态下的荷载组合采用准永久组合进行计算。

荷载组合系数见表 6-2。

荷载组合系数　表 6-2

序号	荷载组合及工况	永久荷载	可变荷载	偶然荷载	
				地震荷载	人防荷载
1	基本组合构件强度计算	1.35(1.0)	1.4		
2	准永久组合构件裂缝宽度验算	1.0	1.0		
3	准永久组合构件变形计算	1.0	1.0		
4	地震荷载作用下构件强度验算	1.2(1.0)	0.5×1.2	1.3	
5	人防荷载作用下构件强度验算	1.2(1.0)			1.0

3)计算参数

计算断面隧道顶部覆土为 311.2m,地基水平基床系数的加权平均值为 200MPa/m,底层的垂直基床系数为 200MPa/m,拱顶及拱墙衬砌厚度为 650mm,拱脚厚度 650mm。混凝土

C40，钢筋 HRB400。

4）荷载计算

（1）围岩压力

根据《铁路隧道设计规范》（TB 10003—2016）计算围岩压力，垂直均匀压力计算公式如下：

$$q = \gamma h \tag{6-1}$$

$$h = 0.45 \times 2^{s-1} \times w \tag{6-2}$$

$$w = 1 + i \cdot (B - 5) \tag{6-3}$$

式中：q ——围岩垂直均布压力（kPa）；

γ ——围岩重度（kN/m^3）；

h ——围岩塌落拱计算高度（m）；

s ——围岩级别；

w ——宽度影响系数；

B ——坑道开挖宽度（m）；

i ——每增加 1m 的围岩压力增减率，当 $B<5$m 时，取 $i=0.2$；当 $B\geqslant 5$m 时，取 $i=0.1$。

按荷载等效高度的判定公式为：

$$H_P = (2 \sim 2.5)h \tag{6-4}$$

式中：H_P ——深浅埋隧道分界的深度（m）；

h ——等效荷载高度（m）。

当隧道埋深 $H \geqslant H_P$ 时为深埋，隧道埋深 $H < H_P$ 时为浅埋。

计算断面隧道埋深 $H=311.2$m、开挖宽度 $B=10.2$m，则围岩塌落拱计算高度：

$$h = 0.45 \times 2^{i-1} \times w = 10.9\text{m}$$

等效荷载高度：

$$H_P = (2 \sim 2.5)h = 21.8 \sim 27.3\text{m}$$

根据铁路隧道深浅埋判断原则可知，该计算断面属深埋隧道。

按照深埋隧道荷载计算公式计算围岩压力（竖向荷载）：

$$q_y = \gamma h = 311.0\text{kPa}$$

根据《铁路隧道设计规范》（TB 10003—2016），该计算断面处围压侧压力系数（λ）取0.4，则水平荷载为：

$$q_x = \lambda \cdot \gamma \cdot h = 125.2\text{kPa}$$

（2）膨胀力

依据室内试验结果，膨胀力约为 380kPa。考虑其他耦合因素，按 $K=3.0$ 的安全系数设计，最大膨胀力取 1130.0kPa。

5）数值模拟

分别对 AA、A、B1、B2、B3 型衬砌断面进行结构承载力检算。荷载按土压力 + 膨胀力进行模拟，围岩压力按深埋Ⅳ级围岩（120kPa），侧压力系数取0.3，在此基础上，根据膨胀力对衬砌进行加载验算，计算云图及计算结果如下：

（1）AA型断面（圆形断面）

①AA型断面850kPa水平附加力计算云图和计算结果，见图6-12及表6-3。

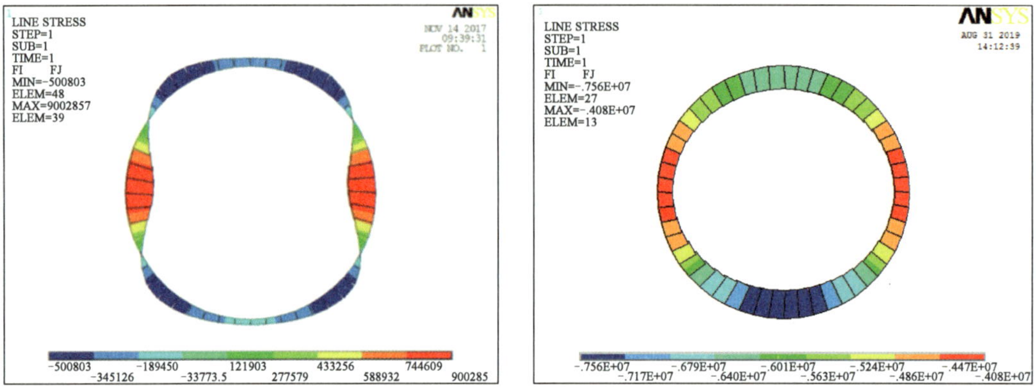

a)弯矩图　　b)轴力图

图6-12　AA型断面850kPa水平附加力计算云图

AA型断面850kPa水平附加应力计算结果　　表6-3

位　置	弯矩（kN·m）	轴力（kN）
拱顶	-3.43×10^5	-7.17×10^6
拱肩	-4.74×10^5	-6.01×10^6
拱腰	8.89×10^5	-4.08×10^6
拱脚	-4.98×10^5	-6.79×10^6
仰拱	-1.89×10^5	-7.56×10^6

②AA型断面1130kPa水平附加力计算云图及计算结果，见图6-13及表6-4。

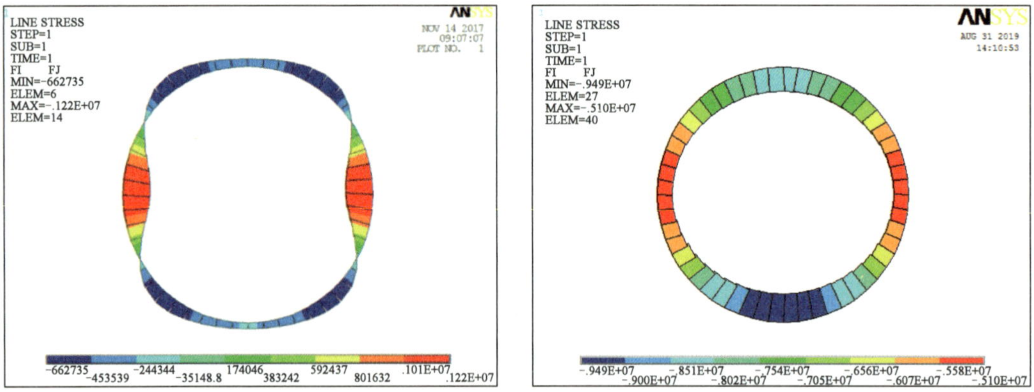

a)弯矩图　　b)轴力图

图6-13　AA型断面1130kPa水平附加力计算云图

AA 型断面 1130kPa 水平附加应力计算结果　　表 6-4

位　　置	弯矩(kN·m)	轴力(kN)
拱顶	-4.53×10^{5}	-8.51×10^{6}
拱肩	-6.45×10^{5}	-7.54×10^{6}
拱腰	1.22×10^{6}	-5.10×10^{6}
拱脚	-6.63×10^{5}	-8.02×10^{6}
仰拱	-2.44×10^{5}	-9.49×10^{6}

(2)A 型(近圆形断面)

①A 型断面 650kPa 水平附加力计算云图及计算结果,见图 6-14 及表 6-5。

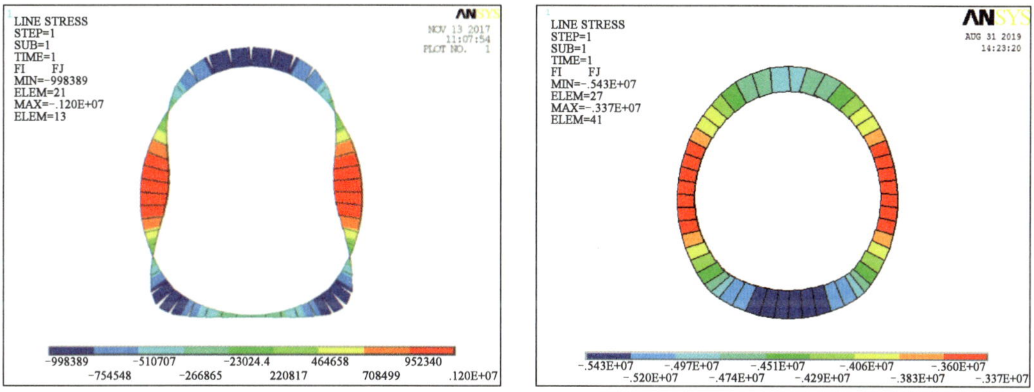

a)弯矩图　　b)轴力图

图 6-14　A 型断面 650kPa 水平附加力计算云图

A 型断面 650kPa 水平附加应力计算结果　　表 6-5

位　　置	弯矩(kN·m)	轴力(kN)
拱顶	-9.98×10^{5}	-4.97×10^{6}
拱肩	-7.54×10^{5}	-4.06×10^{6}
拱腰	9.52×10^{5}	-3.37×10^{6}
拱脚	-9.36×10^{5}	-4.74×10^{6}
仰拱	-2.67×10^{5}	-5.43×10^{6}

②A 型断面 1130kPa 水平附加力计算云图及计算结果,见图 6-15 及表 6-6。

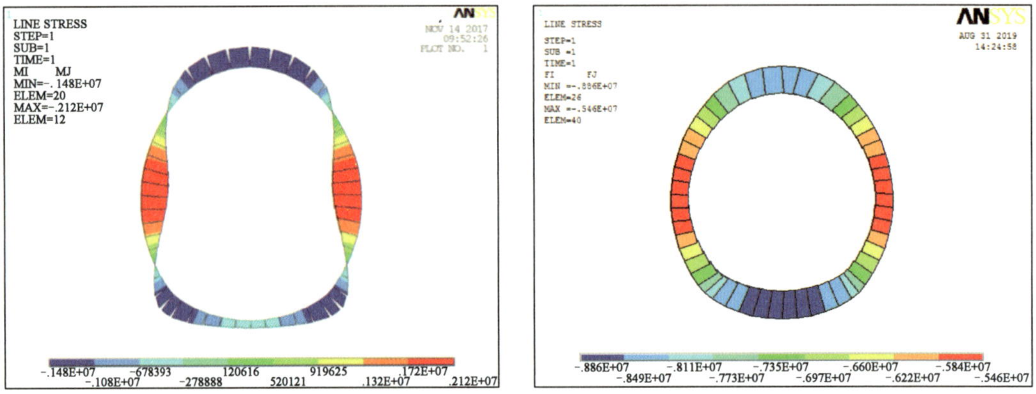

a)弯矩图　　b)轴力图

图 6-15　A 型断面 1130kPa 水平附加力计算云图

A 型断面 1130kPa 水平附加应力计算结果　　表 6-6

位　置	弯矩(kN·m)	轴力(kN)
拱顶	-1.48×10^{6}	-8.49×10^{6}
拱肩	-1.08×10^{6}	-7.73×10^{6}
拱腰	2.12×10^{6}	-5.46×10^{6}
拱脚	-1.39×10^{6}	-7.35×10^{6}
仰拱	-6.78×10^{6}	-8.86×10^{6}

(3)B1 型断面

①B1 型断面 510kPa 水平附加力计算云图及计算结果，见图 6-16 及表 6-7。

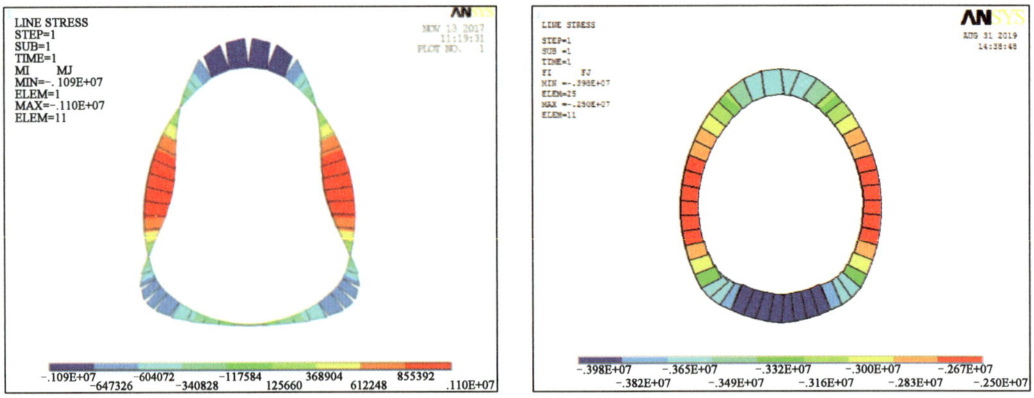

a)弯矩图　　b)轴力图

图 6-16　B1 型断面 510kPa 水平附加力计算云图

B1 型断面 510kPa 水平附加应力计算结果　　表 6-7

位　置	弯矩(kN·m)	轴力(kN)
拱顶	-1.09×10^{6}	-3.65×10^{6}
拱肩	-8.43×10^{5}	-3.00×10^{6}
拱腰	1.10×10^{6}	-2.50×10^{6}
拱脚	-8.47×10^{5}	-3.62×10^{5}
仰拱	-3.60×10^{5}	-3.98×10^{6}

②B1 型断面 1130kPa 水平附加力计算云图及计算结果，见图 6-17 及表 6-8。

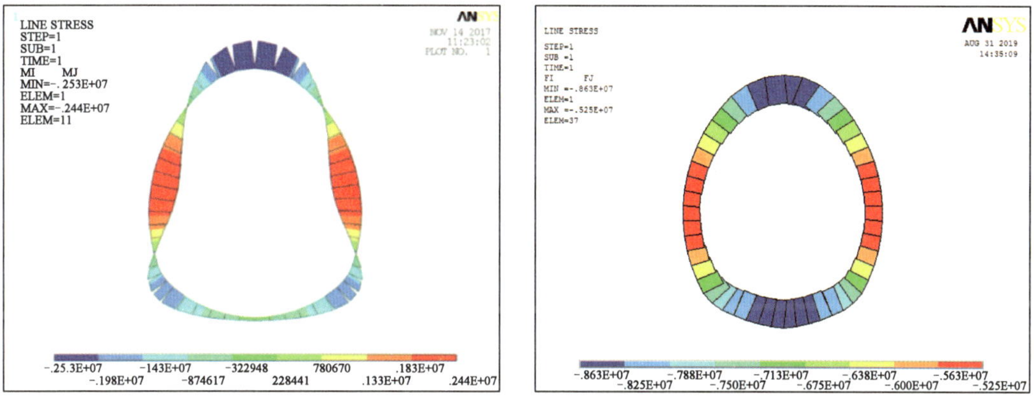

a)弯矩图　　b)轴力图

图 6-17　B1 型断面 1130kPa 水平附加力计算云图

B1 型断面 1130kPa 水平附加应力计算结果　　表 6-8

位　置	弯矩(kN·m)	轴力(kN)
拱顶	-2.53×10^{6}	-8.63×10^{6}
拱肩	-1.98×10^{6}	-7.80×10^{6}
拱腰	2.44×10^{6}	-5.25×10^{6}
拱脚	-1.95×10^{6}	-7.41×10^{6}
仰拱	-3.22×10^{6}	-8.63×10^{6}

(4) B2 型断面

①B2 型断面 450kPa 水平附加力计算云图及计算结果，见图 6-18 及表 6-9。

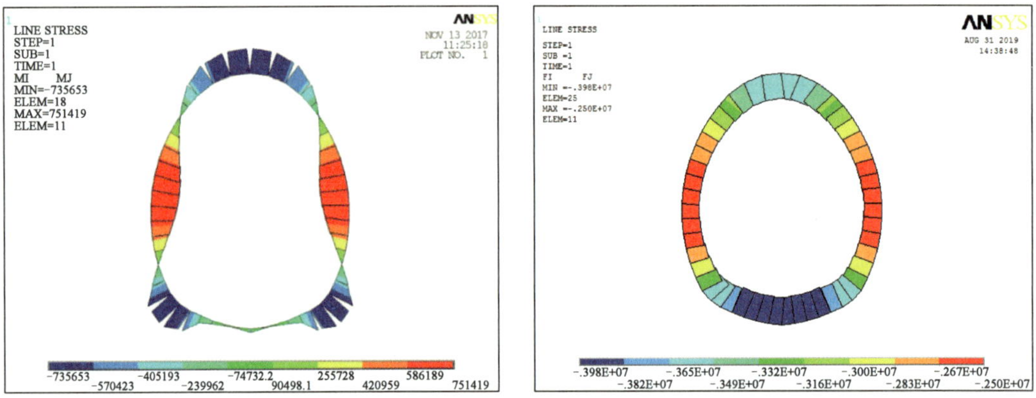

a)弯矩图　　b)轴力图

图 6-18　B2 型断面 450kPa 水平附加力计算云图

B2 型断面 450kPa 水平附加应力计算结果　　表 6-9

位　置	弯矩(kN·m)	轴力(kN)
拱顶	-7.35×10^{5}	-3.82×10^{6}
拱肩	-4.05×10^{5}	-3.32×10^{6}
拱腰	7.51×10^{5}	-2.50×10^{6}
拱脚	-7.32×10^{5}	-3.65×10^{6}
仰拱	-7.47×10^{4}	-3.98×10^{6}

②B2 型断面 1130kPa 水平附加力计算云图及计算结果，见图 6-19 及表 6-10。

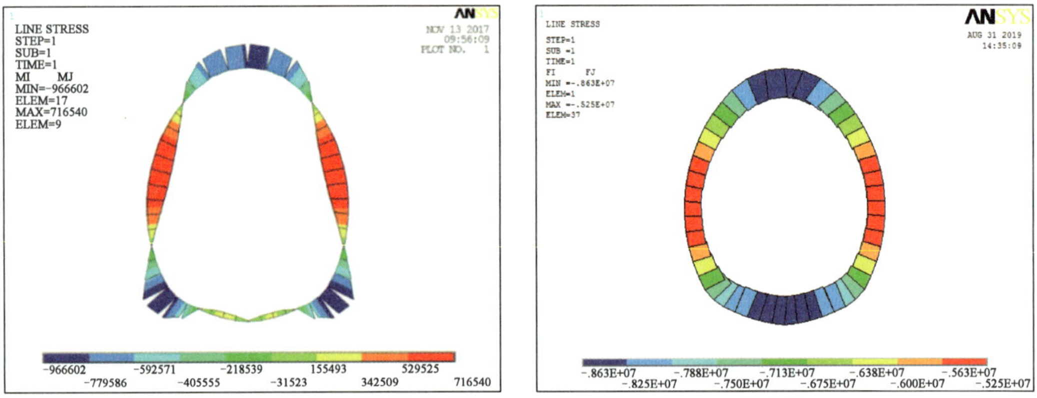

a)弯矩图　　b)轴力图

图 6-19　B2 型断面 1130kPa 水平附加力计算云图

B2 型断面 1130kPa 水平附加应力计算结果 表 6-10

位　置	弯矩(kN·m)	轴力(kN)
拱顶	-9.12×10^5	-8.63×10^6
拱肩	-5.92×10^5	-7.80×10^6
拱腰	7.17×10^5	-5.25×10^6
拱脚	-9.67×10^5	-7.41×10^6
仰拱	-2.18×10^5	-8.63×10^6

(5)B3 型断面

①B3 断面 420kPa 水平附加力计算云图及计算结果，见图 6-20 及表 6-11。

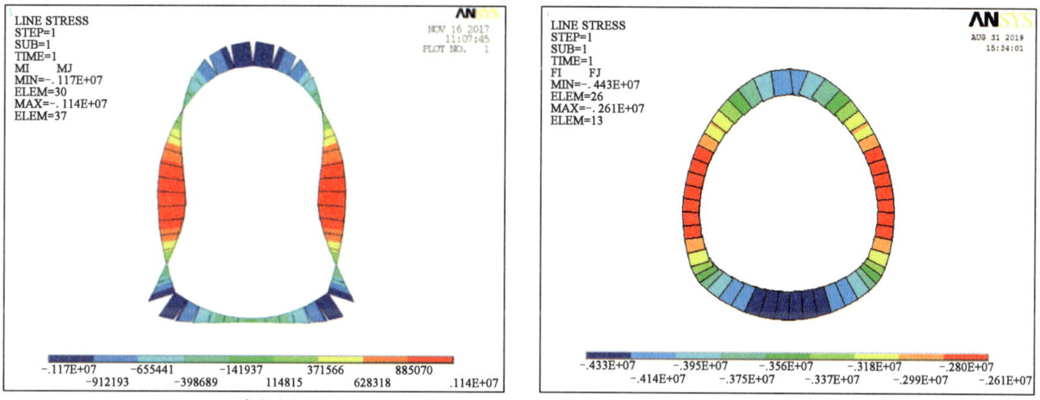

a)弯矩图　　b)轴力图

图 6-20　B3 断面 420kPa 水平附加力计算云图

B3 型断面 420kPa 水平附加应力计算结果 表 6-11

位　置	弯矩(kN·m)	轴力(kN)
拱顶	-1.17×10^6	-4.14×10^6
拱肩	-9.12×10^5	-3.56×10^6
拱腰	1.15×10^6	-2.61×10^6
拱脚	-1.09×10^6	-3.96×10^6
仰拱	-3.96×10^5	-4.33×10^6

②B3 型断面 1130kPa 水平附加力计算云图及计算结果，见图 6-21 及表 6-12。

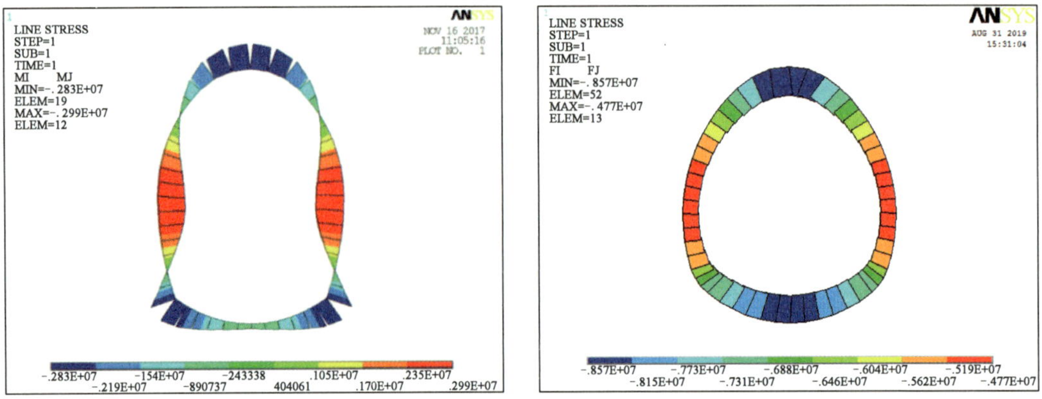

a)弯矩图　　b)轴力图

图 6-21　B3 型断面 1130kPa 水平附加力计算云图

B3 型断面 1130kPa 水平附加应力计算结果　　表 6-12

位　置	弯矩(kN·m)	轴力(kN)
拱顶	-2.83×10^6	-8.57×10^6
拱肩	-2.19×10^6	-8.16×10^6
拱腰	2.99×10^6	-4.77×10^6
拱脚	-2.69×10^6	-7.31×10^6
仰拱	-8.91×10^5	-8.43×10^6

6.5.3　计算结果

根据模拟计算汇总计算结果,见表 6-13。

计算结果汇总　　表 6-13

衬砌断面类型	承受最大膨胀压力(水平作用,kPa)	最大承受膨胀压力 1130kPa 核算	安全系数	最不利点位置	断面轮廓面积(m^2)	设计厚度(cm)
AA 断面	850	水平作用:衬砌厚度 600mm,钢筋 25@150;环向作用:衬砌厚度 500mm,钢筋 25@150	2.8	侧墙、拱肩	81.71	70
A 断面	650	水平作用:衬砌厚度 700mm,钢筋 25@150;环向作用:衬砌厚度 600mm,钢筋 25@150	2.6	侧墙、拱脚	69.91	55
B1 断面	510	水平作用:衬砌厚度 900mm,钢筋 25@150	2.6	侧墙、拱顶	65.8	55
B2 断面	450	水平作用:衬砌厚度 850mm,钢筋 25@150	2.6	拱顶、拱脚、侧墙	65.5	55
B3 断面	420	水平作用:衬砌厚度 1000mm,钢筋 25@150	2.6	拱脚	63.2	55

通过计算分析,圆形断面较马蹄形断面在抵抗水平附加荷载上具有明显优势。当仅考虑膨胀引起的压力作用时,马蹄形断面可满足环向膨胀引起的压力大于380kPa的需求。根据膨胀室内试验结果验算,病害整治工程采用A型、AA型断面,设计采用55cm/70cm厚C40钢筋混凝土,抗渗等级P10。

6.6　隧道支护时机研究

隧道洞室周边径向位移与围岩压力的关系曲线称为围岩特征曲线,典型的隧道开挖围岩特征曲线如图6-22所示。即对同一工况,隧道开挖后施作支护结构所需承担的围岩压力有多组解,隧道结构所需承载的围岩压力随允许的洞周位移量变化而变化。在隧道裸洞无法自稳的工况下,位移较小时围岩压力以形变压力为主导,位移较大时围岩压力以松散压力为主导。当周边位移为60.86cm时,形变压力和松散压力相等。

通常除超浅埋隧道、人工回填等特殊工况,在常规隧道支护条件下,围岩压力以形变压力为主导,此时以围岩特征曲线的形变压力主导段为研究主体,在不考虑围岩劣化及岩体膨胀性时,其典型的变化规律如图6-23所示。

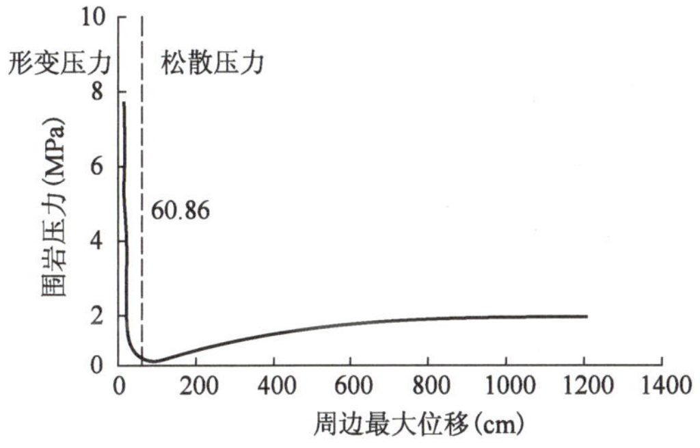

图6-22　典型的围岩特征曲线

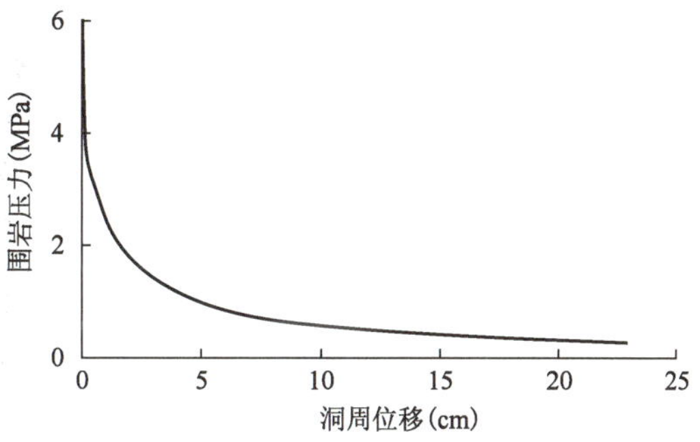

图6-23　形变压力主导段围岩特征曲线

在复合式衬砌支护体系中,以格栅钢架、喷射混凝土及锚杆构成的初期支护,可看作半柔性支护,在一定变形范围内可与围岩共同协调变形而不发生明显破坏,特别在混凝土强度尚未完全发展的阶段。而二次衬砌的混凝土一般等级高、厚度大、配筋率较大,且结构整体刚度大,可看作刚性支护,衬砌不开裂情况下允许变形量很小。因而在常规支护下,对于围岩变形发展具有明显时间效应的情况,二次衬砌的支护时机直接影响到隧道结构所承受的围岩压力。

6.6.1　数值模型

以南吕梁山隧道出口段工况为例,通过FLAC 3D建立数值模型进行分析,如果隧道开挖后立即施作刚性二次衬砌,在当前设计参数下衬砌结构需要承受的压应力将超过100MPa,此时衬砌已经发生压剪破坏。因而要分析隧道结构的受力机理与受力状态,首先需要分析围岩特征曲线以及当前隧道结构所承受的围岩压力水平。

基于南吕梁山隧道所处的地质工况建立数值计算模型,求解围岩特征曲线。

根据现有含膏岩段地应力测试结果:水平主应力强度应力比约为0.4,单轴抗压强度为8MPa,水平主应力为20MPa,埋深为450m,竖向地应力约为11.88MPa,测试地应力的钻孔深度一般为40~60m。基于此建立的数值模型受力简图如图6-24所示。

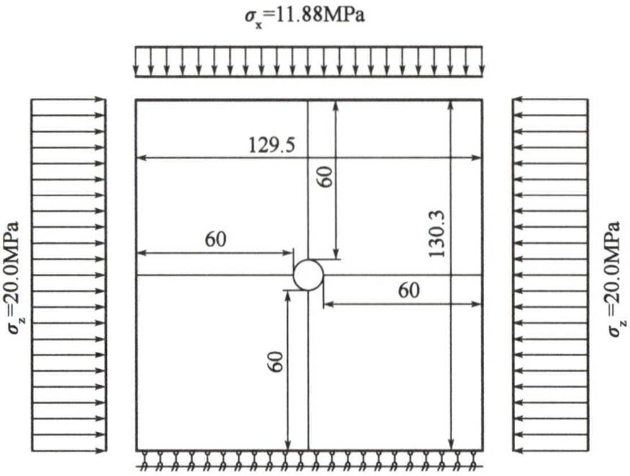

图 6-24　计算模型受力简图(尺寸单位:m)

建立的数值模型尺寸为 129.5m × 130.3m × 50m,其应力边界条件及网格划分如图 6-25 所示,其余未显示边界面均采用位移边界,边界面位移为 0,岩体采用实体单元模拟,岩体的计算参数见表 6-14。

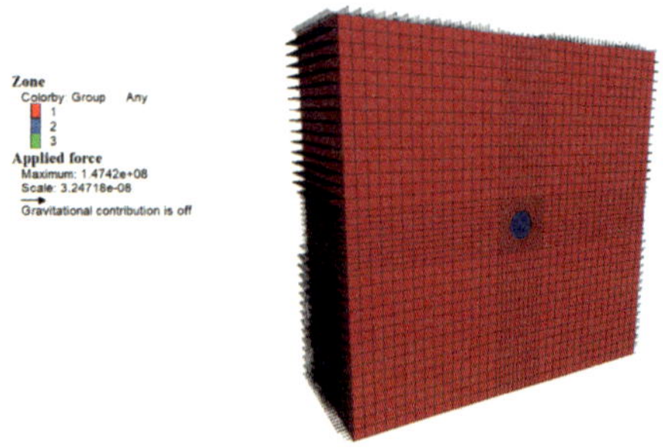

图 6-25　计算模型应力边界条件及网格划分

岩体基本计算参数　　表 6-14

本构模型	变形模量(GPa)	泊松比	密度(kg/m^3)	内摩擦角(°)	黏聚力(MPa)	抗拉强度(MPa)
莫尔-库仑	3.3	0.4	2640.0	38.0	0.6	0.5

最终计算得到的以拱顶下沉为特征量的围岩特征曲线以及洞周位移与支护承载系数(支护结构承受围岩压力与原岩应力的比值)的关系曲线,如图 6-26 所示。

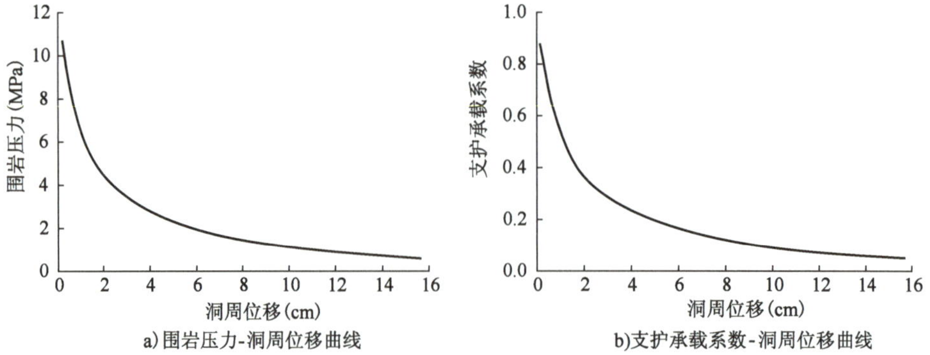

图 6-26　基于现场工况的围岩特征曲线

6.6.2　初期支护受力分析

施作初期支护后，施作二次衬砌前，隧道的拱顶下沉量平均值为0.3～0.5mm/d，通常在初期支护施作后的2～3个月内施作二次衬砌，累计拱顶下沉量以30mm计，此时对应的支护承载系数为0.3，即二次衬砌施作后需要与已施作的初期支护共同承载30%原岩应力的围岩压力，以此作为基本条件计算设计参数下隧道结构的受力。

建立如图6-27所示的数值计算模型。

在上述计算模型的基础上，考虑隧道初期支护结构及二次衬砌的作用，采用AA型断面设计参数进行计算分析。初期支护采用实体单元模拟，厚度25cm，由于初期支护与二次衬砌之间设置了土工布、防水板，因而接触界面以传递法向应力为主导，剪切应力很小，这种力学效应通过设置接触参数进行模拟，二次衬砌采用结构单元liner模拟，厚度70cm，支护结构的计算参数见表6-15、表6-16。

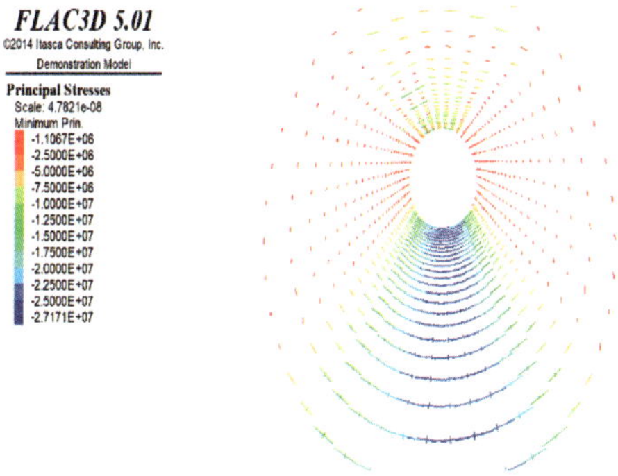

a)初期支护结构主应力张量

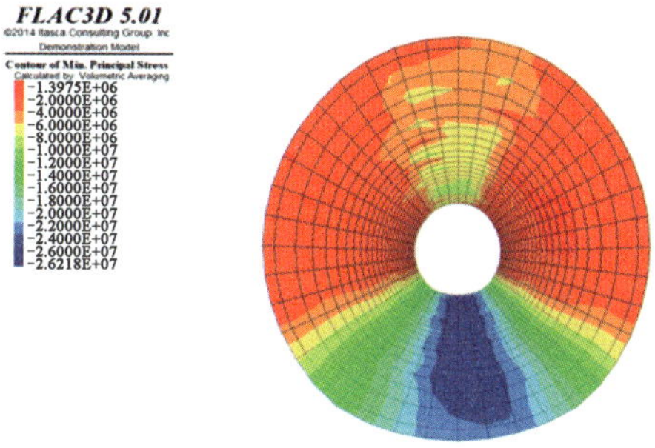

b)初期支护最小主应力

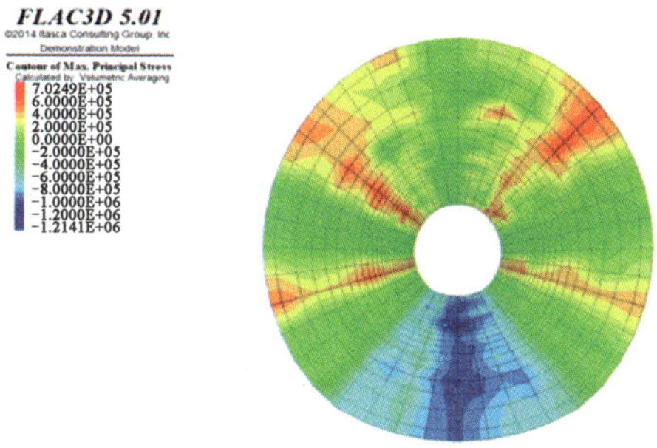

c)初期支护最大主应力

图6-27　初期支护结构受力分布图

初期支护结构基本计算参数　　表6-15

本构模型	弹性模量(GPa)	泊松比	密度(kg/m³)	内摩擦角(°)	黏聚力(MPa)	抗拉强度(MPa)
莫尔-库仑	28.0	0.22	2450.0	51.50	3.34	2.0

二次衬砌基本计算参数　　表6-16

单元类型	弹性模量(GPa)	泊松比	密度(kg/m³)	法向刚度(GPa)	切向刚度(MPa)	切向摩擦角(°)	切向黏聚力(kPa)
Liner	32.0	0.2	2600.0	1.27e3	2.0	12.0	5.0

计算过程中，隧道开挖后施作初期支护，并与围岩共同协调变形，在围岩压力降低至原岩应力的30%时，施作二次衬砌，计算得到最终的隧道结构受力状态。

初期支护主要分析结构应力张量的最小主应力与最大主应力的分布与数值。由结构应力张量可知，最小主应力方向隧道环向基本一致，最大主应力方向与隧道的纵向基本一致。因而对于初期支护结构环的横断面受力，可根据最小主应力的分布情况进行分析，计算结果中应力数据以拉为正、压为负。

从最小主应力云图可知，隧道全环受压，结构的最大压应力位于仰拱，约为 -26.22MPa；边墙处的压应力最小约为 -1.4MPa，设计参数中初期支护采用C40喷射混凝土，能够满足受力要求。

隧道纵向受力可根据最大主应力的分布来进行分析。隧道拱腰及边墙下方在纵向受拉，最大拉应力约为0.70MPa，小于初期支护喷射混凝土的抗拉强度；仰拱拱顶在纵向受压，最大压应力为 -1.21MPa，原设计参数均能满足受力要求。

需要指出的是，计算结果是在开挖后立即施作初期支护的情况下计算得到。实际施工中，初期支护的施作及强度发展需要一定时间，这将会使围岩自承的作用更加显著，而初期支护结构承受的围岩压力更小，因而计算的结构应力值略大。

6.6.3 二次衬砌受力分析

二次衬砌主要分析结构横断面衬砌环向受力及隧道的纵向受力。由于二次衬砌厚度较大，因而分为净空侧与围岩侧，分析其边缘的正应力分布，如图6-28所示。

a)净空侧环向正应力

b)净空侧纵向应力

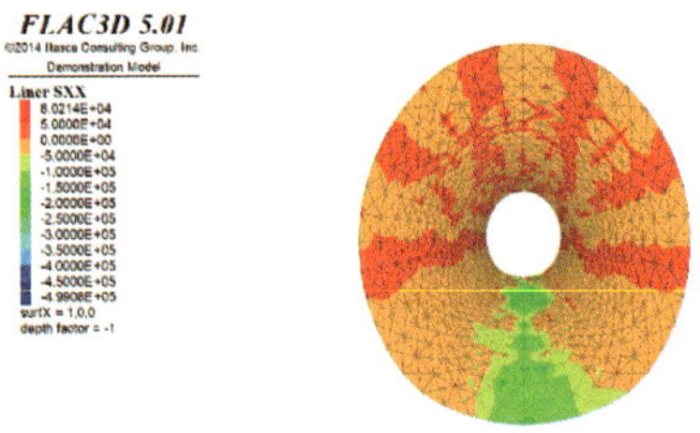

c)围岩侧环向正应力

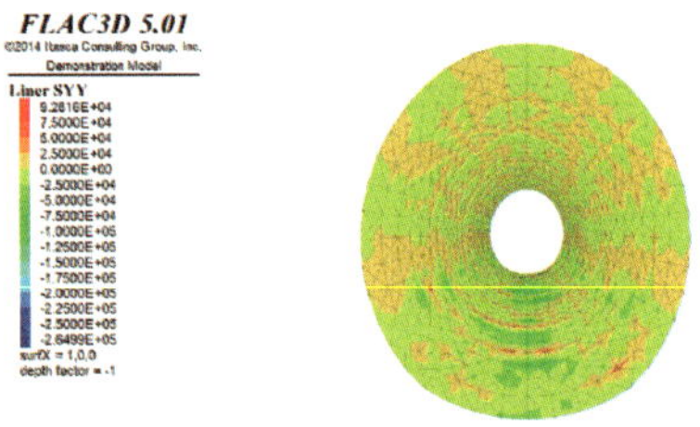

d)围岩侧纵向应力

图6-28　二次衬砌结构受力分布图

计算结果：

(1)净空侧环向最大拉应力为0.34MPa，最大压应力为0.24MPa；围岩侧环向最大拉应力为0.08MPa，最大压应力为0.50MPa，均远小于混凝土强度。

(2)二次衬砌纵向应力净空侧及围岩侧最大压应力为0.265MPa，最大拉应力为0.24MPa，均远小于混凝土极限强度。

由计算结果可知：

(1)由数值计算结果可知，根据南吕梁山隧道出口段岩体参数与地应力，计算得到的围岩特征曲线处于形变压力的主导阶段。初期支护应以柔性支护为宜，可选用屈服控制型支护，同时二次衬砌不宜紧跟初期支护，需要根据初期支护的变形监测情况选择合理的支护时机。

(2)初期支护仰拱环向压应力较大，为26.22MPa；拱腰边墙压应力较小，最小值为1.4MPa；纵向在拱腰及边墙受到约0.7MPa拉应力。

(3)根据施作二次衬砌前拱顶下沉量，以及类似地质工况的量测值，并结合围岩特征曲线，计算得到了施作二次衬砌前的应力释放率，以此为依据，计算得到了二次衬砌的受力，总体应力水平低，远小于结构的承载力。在考虑地层岩性及地应力水平的情况下，设计的初期支护和二次衬砌参数均能够满足受力要求。

6.7　隧道缓冲层设计研究

针对南吕梁山隧道特殊地质条件，开展两种缓冲层设计研究：一是在初期支护和二次衬砌之间设置厚度5cm的聚乙烯泡沫塑料板，二是在初期支护和二次衬砌之间设置径向限阻器。

计算分析中考虑的地应力边界和岩体参数与前述章节一致。岩层倾向倾角考虑倾向90°、倾角0°的水平岩层。根据岩体基本参数，考虑剪切膨胀作用，节理剪胀角取19°，岩体软化作用考虑软化系数为0.5的计算工况。

聚乙烯缓冲层和限阻器缓冲层单元在其工作行程内，通过压缩性能曲线设置其力学参数，在超过其最大变形量后取较大的刚度，以此考虑缓冲层全压缩行程的力学性质。

6.7.1　常规支护衬砌无缓冲层方案

在前述计算工况设置下，首先计算常规支护衬砌无缓冲层条件下洞周应力场的分布，如图6-29、图6-30所示。图中负号表示压应力，存在压应力时最小主应力即微元体的最大压应力。

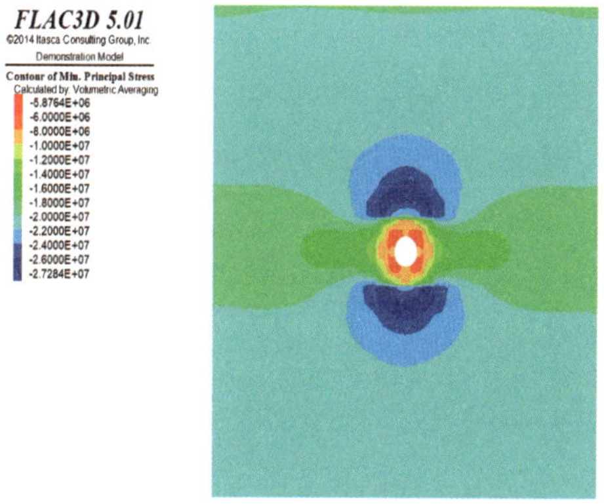

图6-29　洞周最小主应力分布图

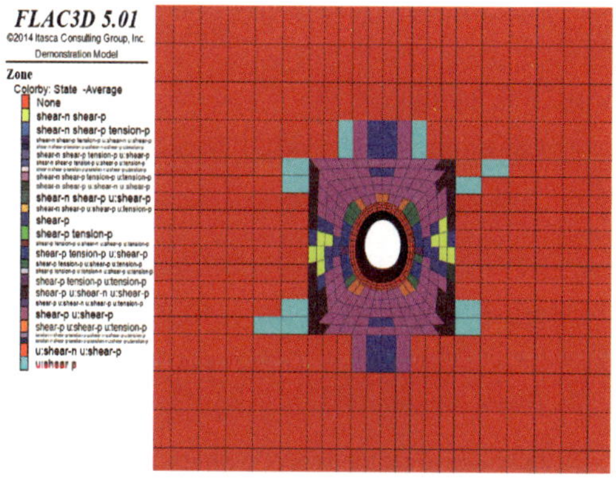

图6-30　洞周塑性区分布图

由计算结果可知：

(1)最小主应力的绝对值最大值位于拱顶及仰拱一定深度的岩体内，为－27.28MPa。

(2)塑性区内的岩体以剪切塑性为主，由于考虑了剪胀作用，这部分岩体将会膨胀，从而对衬砌产生膨胀压力，这种膨胀压力也属于形变压力，而其余岩体及衬砌单元尚未进入塑性。

计算得到的衬砌的应力分布如图6-31所示。

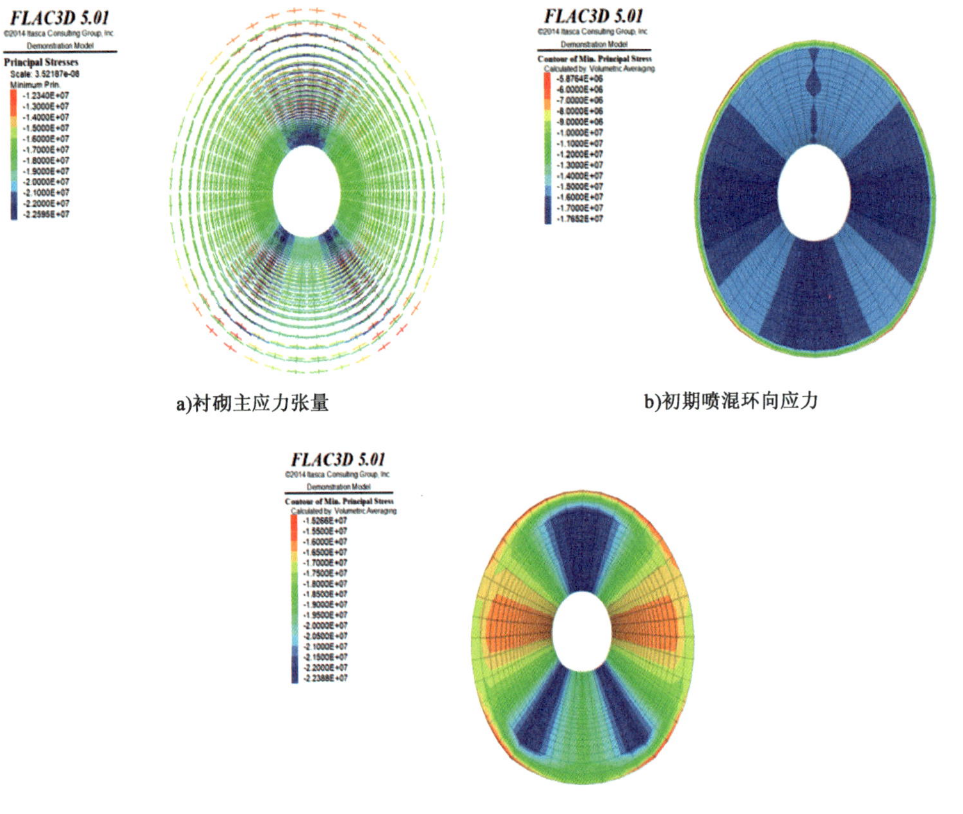

a)衬砌主应力张量

b)初期喷混环向应力

c)二次衬砌环向应力

图6-31　常规支护衬砌无缓冲层应力分布图

由图6-31可以看出：

(1)衬砌最小主应力张量最大值均沿衬砌环向，即最小主应力值为环向压应力值，因而最小主应力分布代表了衬砌环向压应力分布。

(2)初期支护全环受压，在边墙、仰拱及拱顶均有较大压应力，最大值为－17.65MPa。

(3)二次衬砌全环受压，压应力最大值位于拱顶及仰拱拱腰，最大值为－22.49MPa。

6.7.2　聚乙烯泡沫塑料板缓冲层方案

设计方案采用厚度5cm的聚乙烯泡沫塑料板，施作于初期支护与二次衬砌之间，材料基本性能参数见表6-17。其中抗压强度是指压缩变形量小于10%时所能承受的最大压应力。

聚乙烯泡沫塑料板材料基本性能参数　　表6-17

序　号	性能指标	检查结果
1	表观密度(kg/m^3)	96
2	抗拉强度(kPa)	1084
3	抗压强度(kPa)	234
4	压缩永久变形(压缩50%、22h、70℃)(%)	2.8

聚乙烯泡沫塑料板的压缩性能曲线规律如图6-32所示。

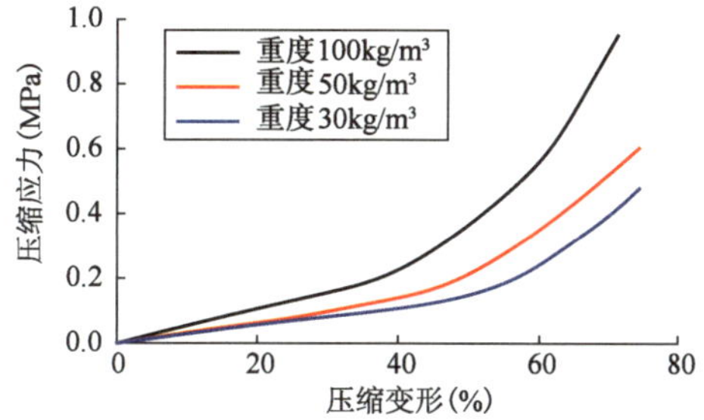

图6-32　聚乙烯泡沫塑料板压缩应力-变形曲线

根据聚乙烯泡沫塑料板的压缩性能曲线及检测得到的基本性能参数,类比得到施工所采用的板材的压缩性能曲线,如图6-33所示。在后续的计算分析中,缓冲层单元的力学性能参数即以此数据作为设置依据。

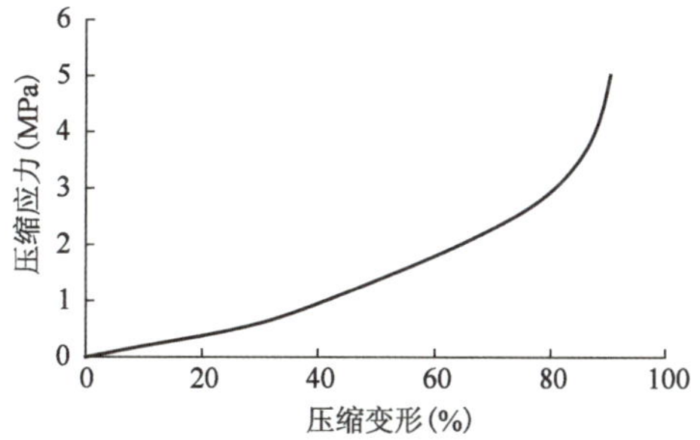

图6-33　施工用聚乙烯泡沫塑料板压缩性能曲线

围岩、初期支护、聚乙烯泡沫塑料板缓冲层及二次衬砌均采用实体单元进行模拟。围岩采用多节理弹塑性本构模型,围岩及初期支护采用莫尔-库仑本构模型,缓冲层采用各向同性弹性本构模型,并根据材料的压缩曲线动态调整对应计算参数。建立的数值计算模型如图6-34所示。

衬砌应力分布如图6-35所示。从计算结果来看,洞周应力场的分布规律与常规支护相同,主要是隧道支护结构的受力差异。

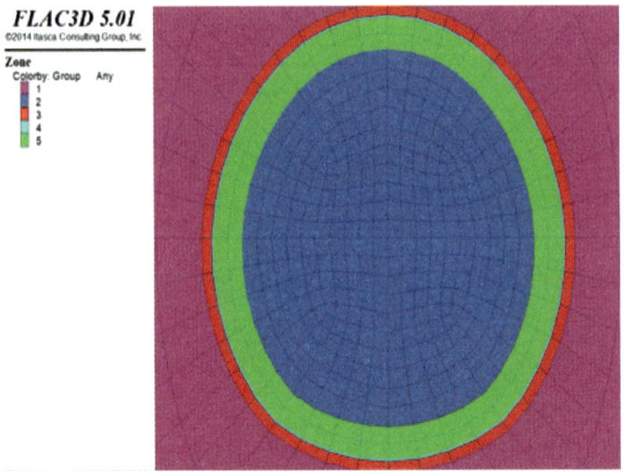

图 6-34 隧道洞周部分计算模型及网格划分图

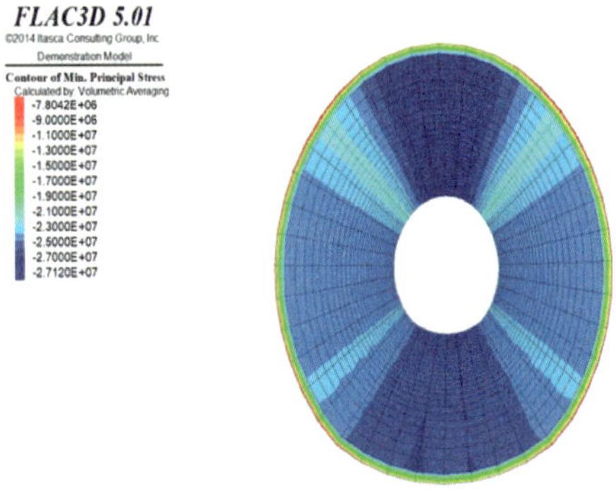

a)初期喷混环向应力

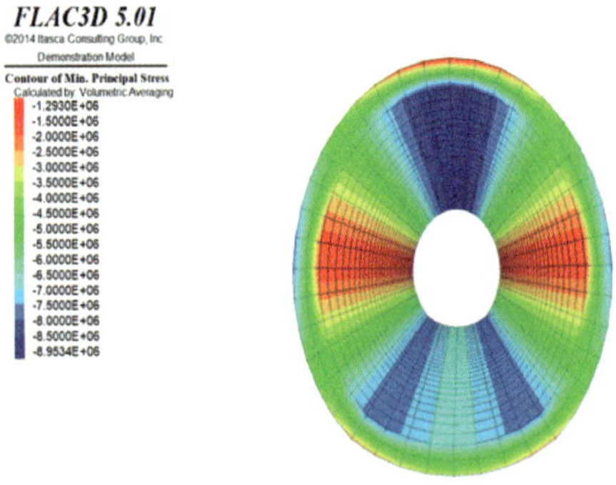

b)二次衬砌环向应力

图 6-35 施作聚乙烯泡沫塑料板缓冲层工况支护衬砌应力分布图

由计算结果可知：

(1)初期支护全环受压，在拱顶、仰拱及边墙均有较大压应力，最大值为 -26.99MPa。

(2)二次衬砌全环受压，压应力最大值位于拱顶，最大值为 -8.77MPa。仰拱、拱腰也有较大压应力。

6.7.3 限阻器缓冲层方案

设计方案采用 10cm 限阻器单元，施作于初期支护与二次衬砌之间。根据钢管型限阻器构件压缩试验得到的压缩性能线组，类比得到设计方案所采用限阻器型号的压缩性能曲线，如图 6-36 所示。在后续的计算分析中限阻器缓冲层单元的力学性能参数即以此数据作为设置依据。除缓冲层单元参数不同外，其余计算参数设置与聚乙烯泡沫塑料板缓冲层方案计算工况相同。

衬砌应力分布如图 6-37 所示。从计算结果来看，洞周应力场的分布规律与常规支护相同，主要是隧道支护结构的受力差异。

由计算结果可知：

(1)初期支护全环受压,在拱顶、仰拱及边墙均有较大压应力,最大值为-21.51MPa。

(2)二次衬砌全环受压,压应力最大值位于拱顶,为-6.35MPa。仰拱、拱腰也有较大压应力。

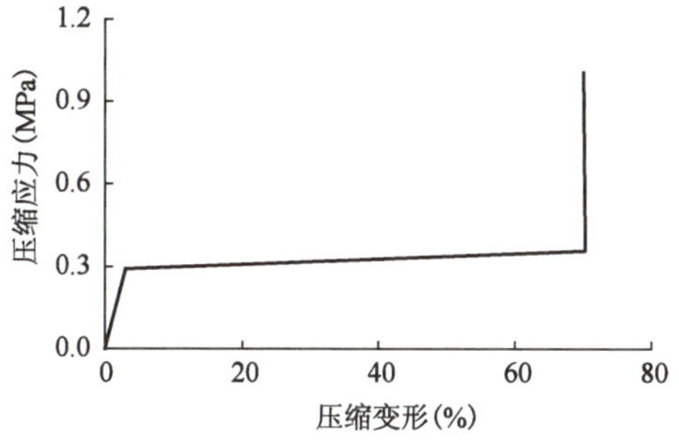

图6-36　限阻器构件压缩性能曲线

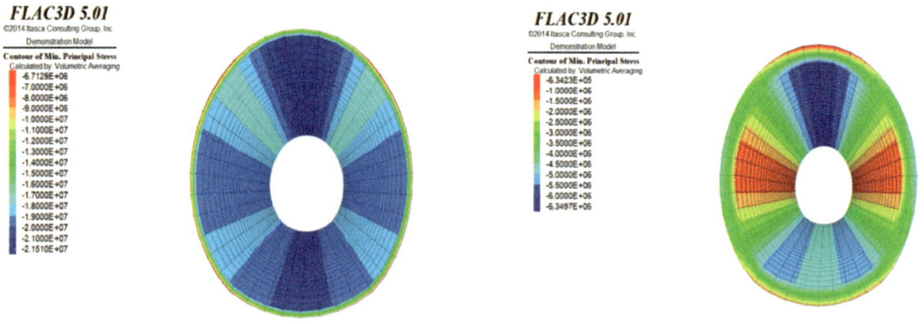

a)初期喷混环向应力　　b)二次衬砌环向应力

图6-37　施作限阻器缓冲层工况支护衬砌应力分布图

6.7.4　方案比较

从研究情况来看,施作缓冲层,会增大初期支护受力,但二次衬砌的应力水平会明显降低,可以起到保护二次衬砌的作用,同时充分发挥初期支护与围岩的承载能力。不同缓冲层方案的作用效果也存在一定差异,见表6-18。

不同缓冲结构作用对比表　　表6-18

序号	支护方案	初期支护应力最大值(MPa)	不同缓冲结构与常规支护的初期支护应力比值(%)	二次衬砌应力最大值(MPa)	不同缓冲结构与常规支护的二次衬砌应力比值(%)	缓冲层有效压缩量	缓冲层实际平均压缩量	计算收敛时缓冲层变形模量(MPa)
1	常规支护	-17.65	—	-22.49	—	—	—	—
2	聚乙烯泡沫板缓冲层	-27.12	153.65	-8.95	39.97	50%(2.6cm)	33.45%(1.67cm)	5.0
3	限阻器缓冲层	-21.51	121.87	-6.35	28.36	70%(7cm)	35.92%(3.59cm)	0.77

两种缓冲层的主要优劣点对比如下：

(1)聚乙烯泡沫板施工简易,可操作性强,能与初期支护密贴,各部分缓冲性能分布均匀。

(2)在富水段,聚乙烯泡沫板吸水后变形模量增大,降低其缓冲性能;另一方面,其存在老化问题,在长时间周期内其缓冲性能不稳定。

(3)聚乙烯泡沫板有效压缩量相对较低,当前计算工况其有效压缩量仅为50%,即2.6cm。其压缩量不可利用段,一方面是由于施工期间的二次衬砌注浆压力,拱顶脱空区注浆时注浆压力引起的先期压缩量,这部分约为15%;另一方面,是由于泡沫板的变形模量及压缩应力随压缩量的增大而增大,且压缩性能曲线是在单轴受压情况下测定的。在实际施工中的三轴受力条件下与泊松效应将使其变形模量进一步增大,当压缩量约65%时,泡沫板传递给二次衬砌的压缩应力已超过二次衬砌的开裂荷载,此时泡沫板已经丧失缓冲性能,因而总的有效压缩量仅为50%。

(4)限阻器缓冲层的施工工艺相对较复杂,难以保证与初期支护密贴;另一方面,二次衬砌注浆压力,拱顶脱空区注浆时注浆压力有侵入部分预留变形空间的风险,对施工控制要求高。

(5)限阻器缓冲层有效压缩量较大,当前型号限阻器最大有效压缩量达70%,即7cm。其不可利用压缩量主要由连接钢板厚度、钢管厚度,以及刚度增大段组成。

(6)限阻器在70%的有效压缩量内,缓冲性能稳定,二次衬砌应力始终保持较低水平,随压缩量增大,二次衬砌应力基本保持稳定。而聚乙烯泡沫板在50%的有效压缩量内,缓冲性能不稳定,二次衬砌应力随压缩量的增大而增大。

6.8 隧道防排水设计研究

根据“新做衬砌防排水坚持以排为主、堵排结合,对于地下水丰富地段采用注浆堵水,优化防排水系统,满足可维护要求”的防排水设计原则,隧道防水设计中采取了注浆分段堵水和全环防水的防水设计,隧道排水设计中对排水系统进行了加大排水管管径、加密排水板(盲管)布置、利用平行导坑引排正洞周圈地下水等优化措施。

6.8.1 隧道防水设计

本着“以防为主、限量排放、刚柔结合、多道防线、因地制宜、综合治理”的原则,防水设计形成“围岩注浆+初期支护背后注浆+防水板全环防水+混凝土结构自防水”多道防线。

1)围岩注浆

主要针对拆除二次衬砌、初期支护后,围岩岩性较差、岩体破碎、裂隙发育或岩面湿润、滴水等部位采取围岩径向注浆加固措施。

2)初期支护背后注浆

在初期支护重新施作后,对初期支护背后采取注浆回填措施。

3)防水板全环防水

采用自黏式EVA防水板、环向透水软管、凹凸排水带、土工布和聚乙烯泡沫板缓冲层结构。

4)混凝土结构自防水

加强结构自防水功能,主要通过采用耐侵蚀性防水混凝土和C40高强度喷射混凝土,以提高二次衬砌和初期支护喷层的密实度及抗渗性能。

6.8.2　隧道排水设计

1)隧道排水系统

隧道排水系统由纵向盲管、凹凸排水板、环向排水盲管、纵向盲管检查井(30m一处)共同组建而成。病害整治工程,通过加大盲管管径、加密排水盲管布置,以提高隧道自排水能力;通过平导的设置,以及增加面向正洞的横向泄水孔(孔深20m、沿隧道纵向10m间距),从而增加平导对于正洞的引排能力。隧道排水系统如图6-38所示。

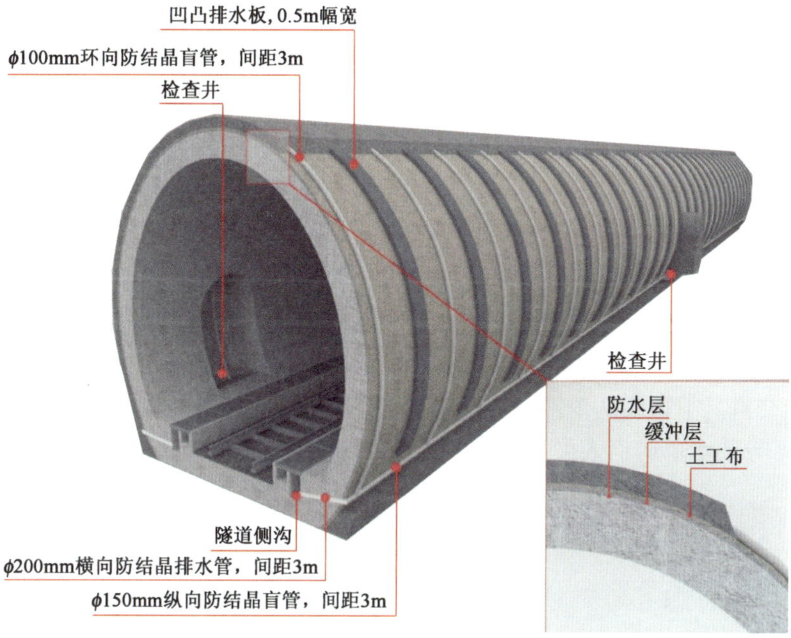

图6-38　病害整治段隧道排水系统设计示意图

2)隧道排水措施

(1)隧道防水板和土工布之间设置环向HDPE凹凸排水板,排水板向下延伸至纵向波纹管高度处,采用四通将环向盲管连接入隧道纵向盲管。

(2)采用防结晶新型排水盲管,通过内壁涂料和U形结构防止结晶堵塞,如图6-39所示。加大隧道纵向、环向盲管直径,纵向盲管直径采用150mm,环向盲管采用100mm,并加密环向盲管布置。盲管间距为3m一道,盲管出水弯头段及泄水管接口处采用PVC弯管及四通连接。

(3)为了保证隧道盲管的运营期间可维护性,采用分区排水,即:墙角处设置的纵向盲管结合模板台车,每9m一个独立单元排水体系;纵向盲管两端结合避车洞连接检查井。环向盲管、横向泄水管通过四通与纵向盲管联通排入侧沟。

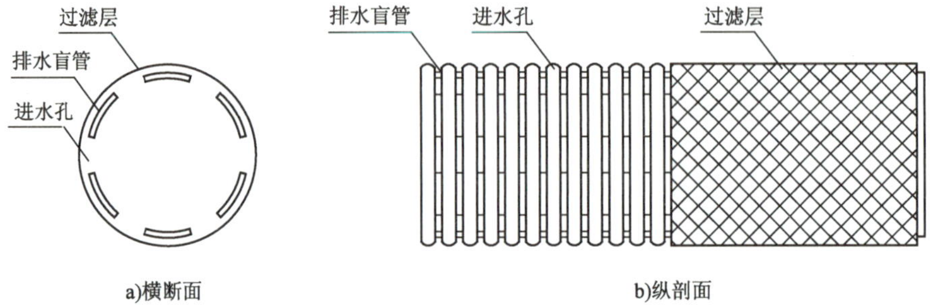

图 6-39 防结晶新型排水盲管结构示意图

(4)为解决隧道初期支护与二次衬砌间排水不畅问题,在全环防水的基础上,稍做调整,设置横向泄水管一端穿过防水板,管口位于初期支护与二次衬砌之间,引排初期支护与二次衬砌之间的渗流水。

6.8.3 洞内排水体系

平导坑底高程比正洞底高程低 1.5m,利用平导作为施工物流通道兼作截水和排水辅助坑道。此外,通过平导对隧道底部打设泄水孔排水等措施,加强对隧道底部水的排出,降低周边环境水对隧道结构产生影响。针对病害段分为 3 个洞内排水体系。

1)4 号斜井排水体系

由于 4 号斜井病害位于井底大、小里程两个方向,因此综合考虑病害分布情况,往正线大、小里程方向需要分别设置两个方向的平导,其中上行线 2 个平导相交位置为最高点,分别引排水到对应正洞交点。下行线两个平导为两个同向的单面下坡,通过对交点处设置加深水坑处理,可满足将平导的水单向汇入大里程方向正洞。4 号斜井排水体系如图 6-40 所示。

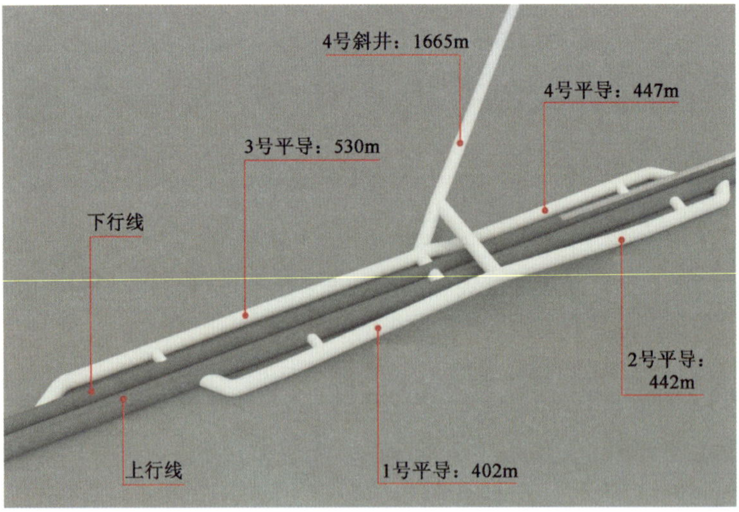

图 6-40 4 号斜井排水体系示意图

2)5 号斜井排水体系

5 号斜井共设置上、下行线两个平导,自平导开始,通过调整平导纵坡,绝大部分平导线路高程低于正线高程,可满足将平导的水单向汇入大里程方向正洞水沟。5 号斜井排水体系如图 6-41 所示。

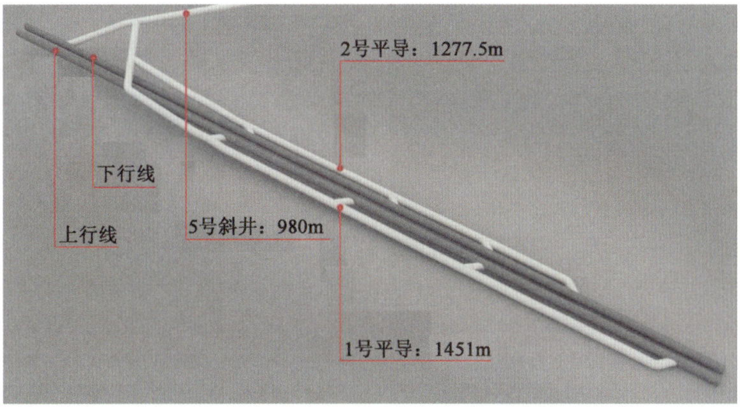

图 6-41　5 号斜井排水体系示意图

3)出口排水体系

出口工区共设置上、下行线两个平导,自平导开始,通过调整平导纵坡,绝大部分平导线路低于正线高程,可满足将平导的水单向汇入大里程方向正洞水沟。

6.8.4　平导引排水及对隧道应力分布影响分析

南吕梁山隧道正洞左、右线间距为 30m,双侧平导与正洞中心间距也为 30m。为考虑平导对隧道结构受力的影响,分别从不同原岩应力主应力方向,按平导与隧道的先后施工顺序,来分析平导的影响性。

原岩应力主应力为水平方向时,应力边界沿用前述章节的参数设置。原岩应力主应力为竖直方向时,计算模型上部边界为 -15.0MPa 的应力边界,左右边界为 X 方向位移约束边界。另一方面,正线隧道也考虑施工的先后顺序,考虑先开挖左线正洞,再开挖右线正洞,并对岩体软化前后的洞周及衬砌受力状态都进行了分析。计算模型及网格划分如图 6-42 所示。

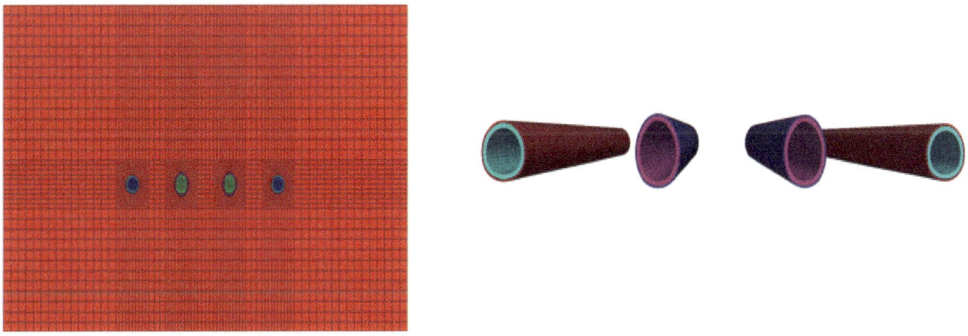

a)整体计算模型　　b)隧道支护结构模型

图 6-42　平导影响性分析计算模型及网格划分图

1)主应力为水平方向,先正洞后平导施工

不同施工过程的洞周应力场分布如图6-43所示。

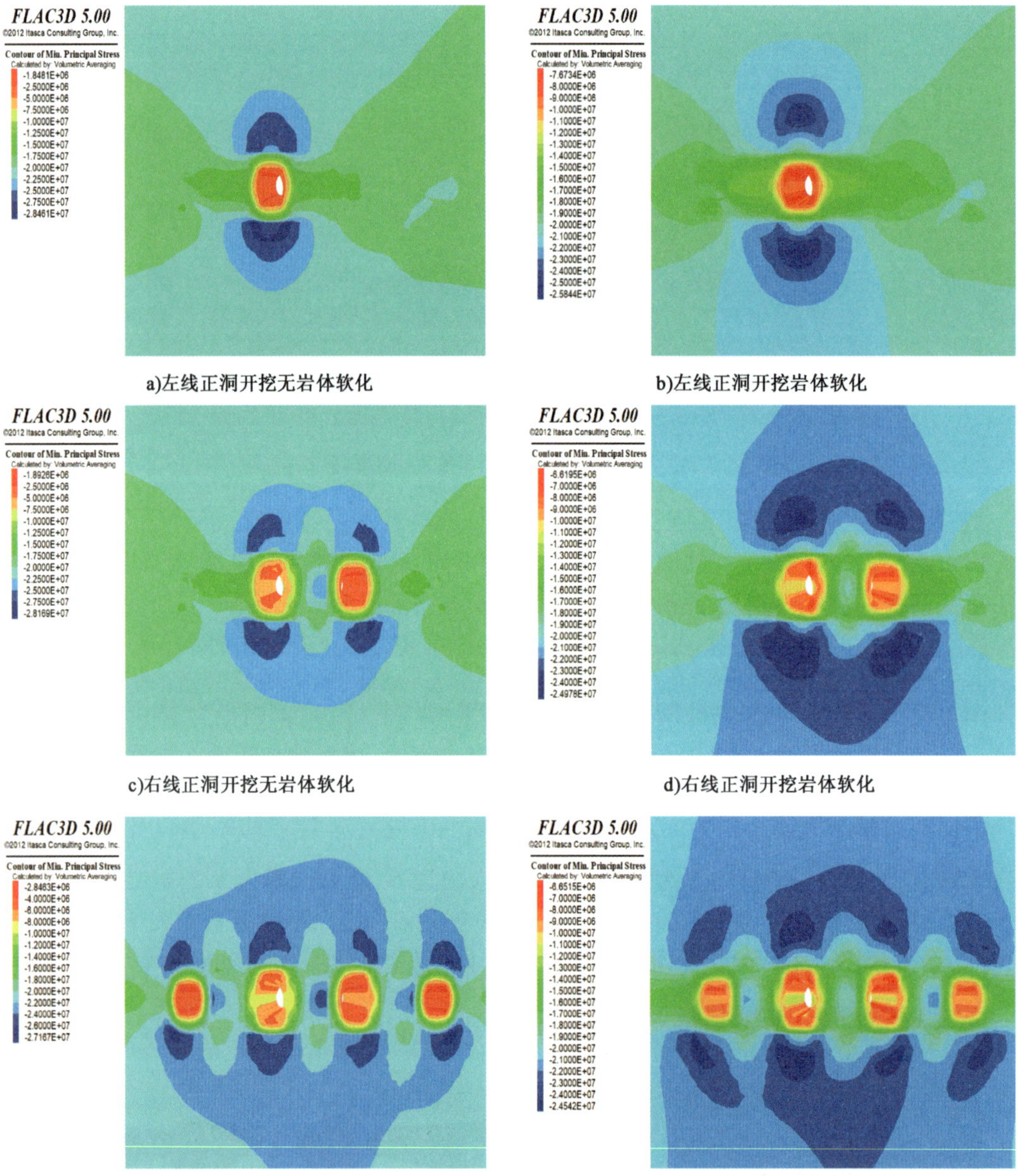

a)左线正洞开挖无岩体软化　b)左线正洞开挖岩体软化

c)右线正洞开挖无岩体软化　d)右线正洞开挖岩体软化

e)双侧平导开挖无岩体软化　f)双侧平导开挖岩体软化

图6-43　主应力水平方向洞周应力分布图(先正洞后平导开挖)

由图6-43可以看出:

(1)对比各施工过程岩体软化前后洞周应力场的分布可见,相同施工过程岩体软化前洞周岩体最小主应力的绝对值更大。岩体软化后,岩体强度降低,原应力集中区域进入塑性状态,应力集中区域向岩体深部转移,且应力集中的区域变大。

（2）考虑无岩体软化时正洞洞周应力场分布的变化。左线正洞开挖后，应力集中于左线正洞拱顶上方及仰拱下方区域的岩体，最小主应力极值为 -28.46MPa。之后右线正洞开挖，应力集中于两个正洞拱顶上方及仰拱下方区域的岩体，最小主应力极值为 -28.17MPa，洞周应力集中水平变化很小，同时左右线正洞间夹岩的应力集中水平也较高。最后双侧平导开挖，应力集中于所有洞室的拱顶上方及仰拱下方区域的岩体，以及洞室之间的夹岩，正洞洞周岩体最小主应力极值为 -26.05MPa。

（3）平导的开挖使正洞洞周岩体的应力水平略有降低，但实质上并没有使正洞洞周的应力得到有效释放，但也没增加正洞洞周应力集中度，只是使应力集中的区域增大，进入塑性区的区域增大，对于富水段落，这将给地下水的流动渗入创造条件，加速岩体软化与溶蚀效应。

不同施工过程的二次衬砌应力分布如图 6-44 所示。

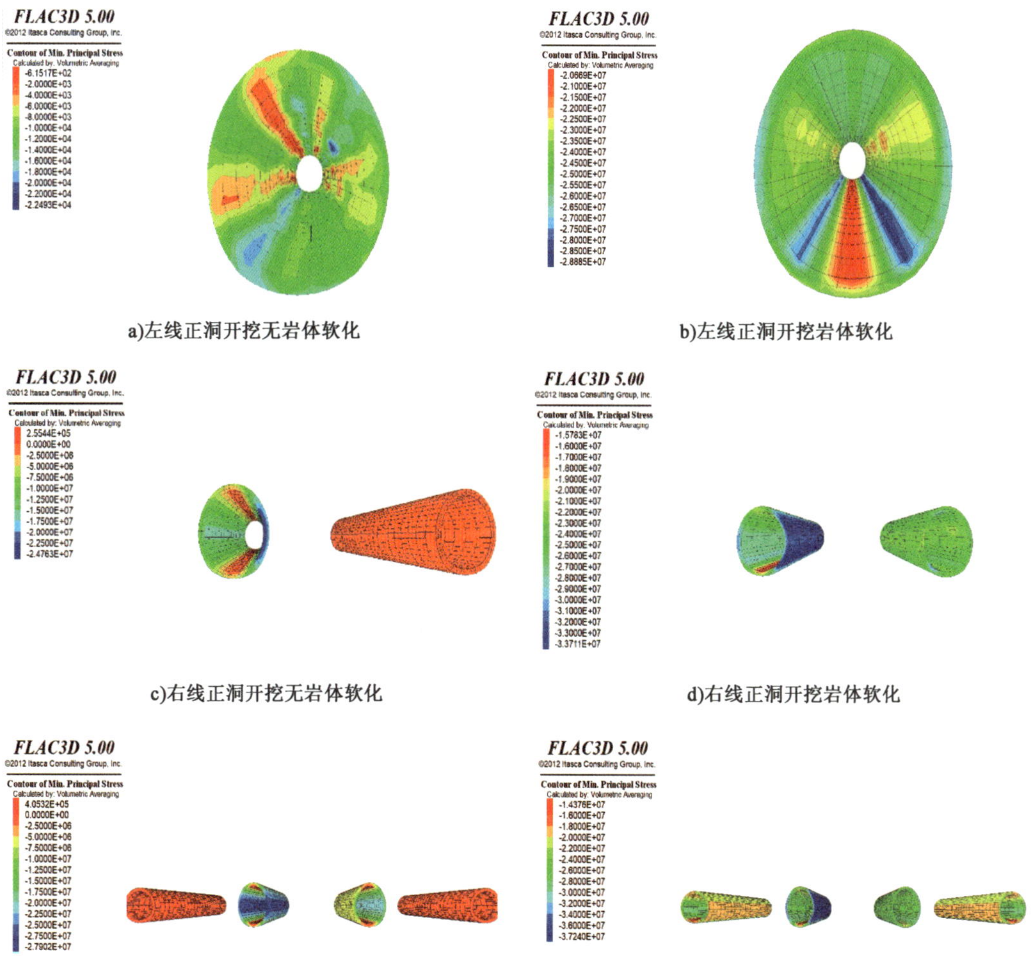

a)左线正洞开挖无岩体软化

b)左线正洞开挖岩体软化

c)右线正洞开挖无岩体软化

d)右线正洞开挖岩体软化

e)双侧平导开挖无岩体软化

f)双侧平导开挖岩体软化

图 6-44　主应力水平方向二次衬砌应力分布图（先正洞后平导）

由图 6-44 可以看出：

(1)考虑无岩体软化时正洞衬砌应力场分布。左线正洞开挖支护后，二次衬砌的应力水平很低，环向压应力最大值为 -22.59kPa。之后右线正洞开挖支护，先行施工的左线正洞右侧边墙及小边墙环向压应力升高至 -24.76kPa，说明左右线线间距过近，产生了明显近接扰动。最后双侧平导开挖支护，平导衬砌的应力水平很低，但左线正洞的右侧边墙及小边墙处压应力继续增大至 -27.90MPa，左侧边墙也增大至 -26.18MPa，说明右线正洞与左侧平导均对左线正洞产生了明显的近接扰动效应，产生了较大附加应力，对隧道结构的安全不利。

(2)考虑岩体软化时正洞衬砌应力场分布，左线正洞开挖支护后岩体软化，环向压应力最大值位于仰拱拱腰，为 -28.89MPa。之后右线正洞开挖支护，先行施工的左线正洞右侧边墙及小边墙环向压应力升高至 -33.71MPa，说明左右线线间距过近，产生了明显近接扰动。最后双侧平导开挖支护，平导衬砌的应力水平很低，但左线正洞的右侧边墙及小边墙处压应力继续增大至 -37.24MPa，说明右线正洞与左侧平导均对左线正洞产生了明显的近接扰动效应，产生了较大附加应力，对隧道结构有影响。

2)主应力为水平方向，先平导后正洞施工

不同施工过程的洞周应力场分布如图 6-45 所示。

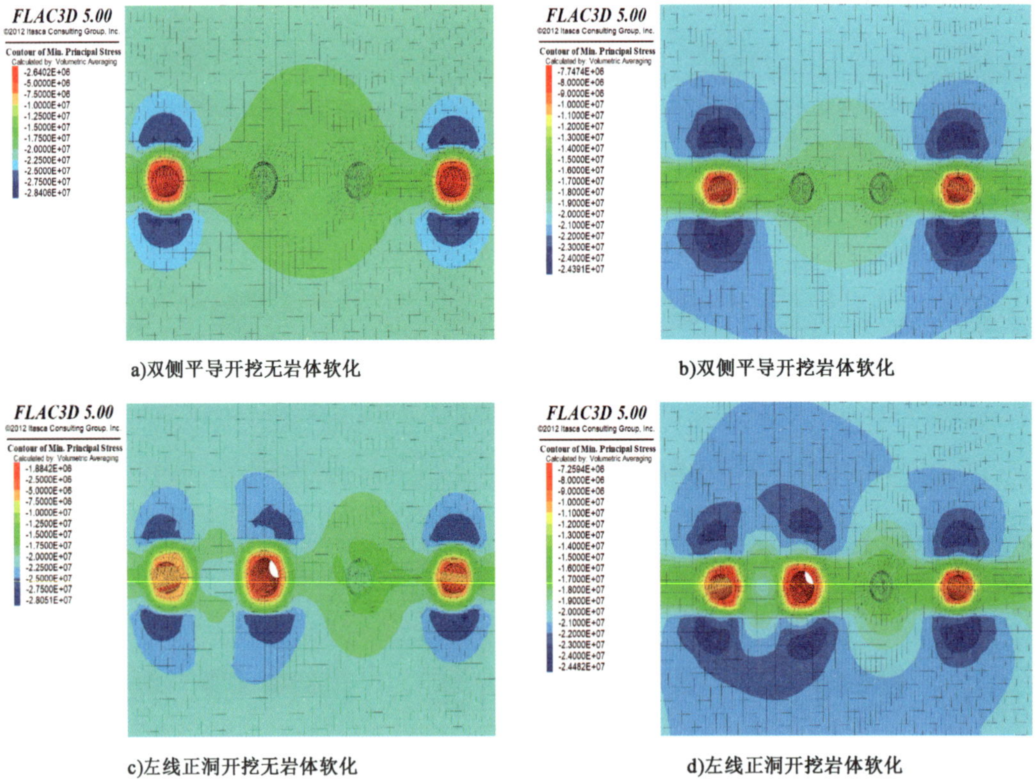

a)双侧平导开挖无岩体软化

b)双侧平导开挖岩体软化

c)左线正洞开挖无岩体软化

d)左线正洞开挖岩体软化

图 6-45

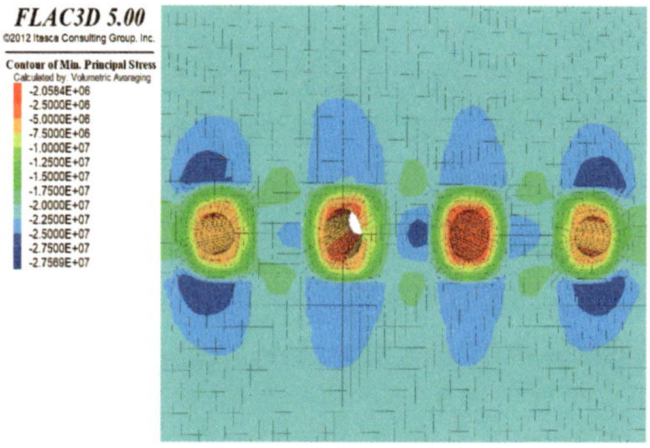

e)右线正洞开挖无岩体软化

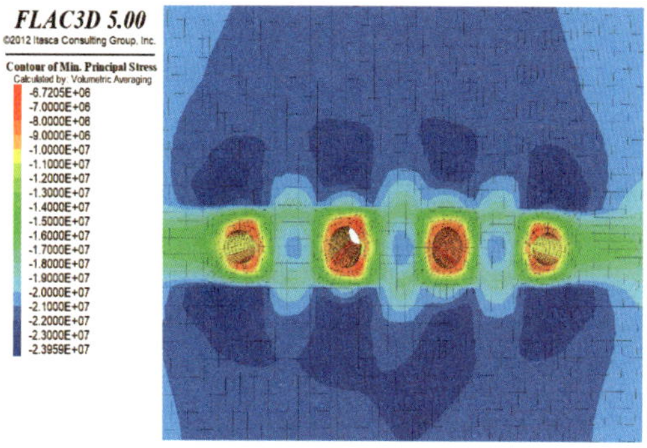

f)右线正洞开挖岩体软化

图 6-45　主应力水平方向洞周应力分布图(先平导后正洞施工)

由图 6-45 可以看出：

(1)对比各施工过程岩体软化前后洞周应力场的分布，可见相同施工过程岩体软化前洞周岩体最小主应力的绝对值更大，岩体软化后，岩体强度降低，原应力集中区域进入塑性状态，应力集中区域向岩体深部转移，且应力集中的区域变大。

(2)不同洞室开挖过程情况洞周的应力分布不再赘述，所有洞室开挖完成后洞周的应力分布及应力集中水平与先正洞后平导基本一致，岩体软化对洞周应力场的分布规律的影响也基本一致。

不同施工过程的二次衬砌应力分布如图 6-46 所示。

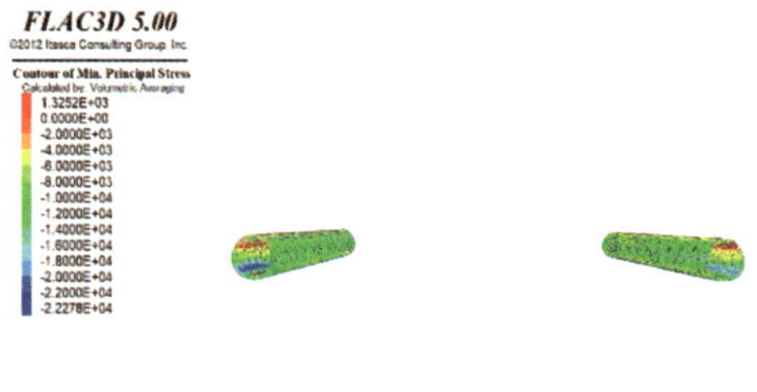

a)双侧平导开挖无岩体软化

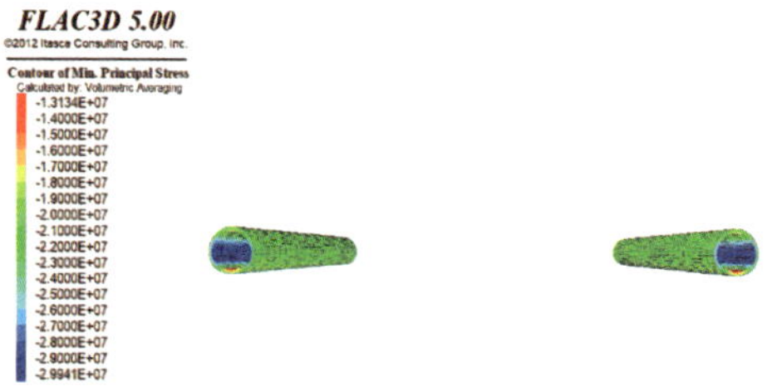

b)双侧平导开挖岩体软化

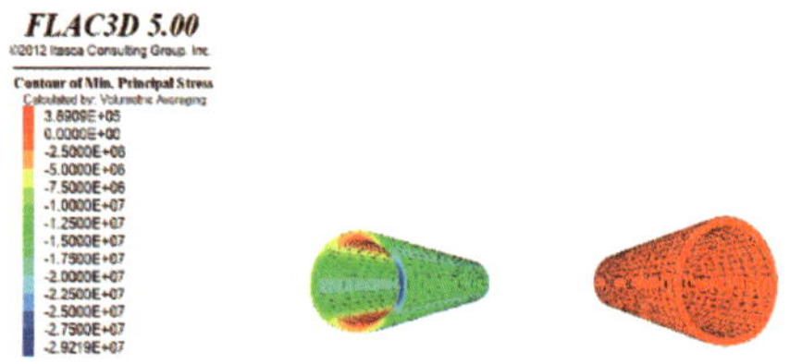

c)左线正洞开挖无岩体软化

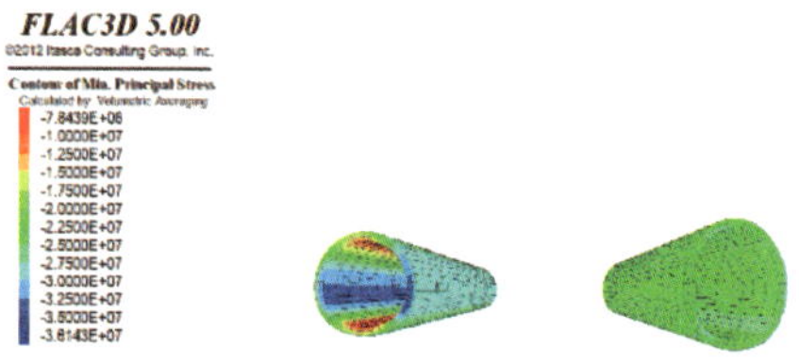

d)左线正洞开挖岩体软化

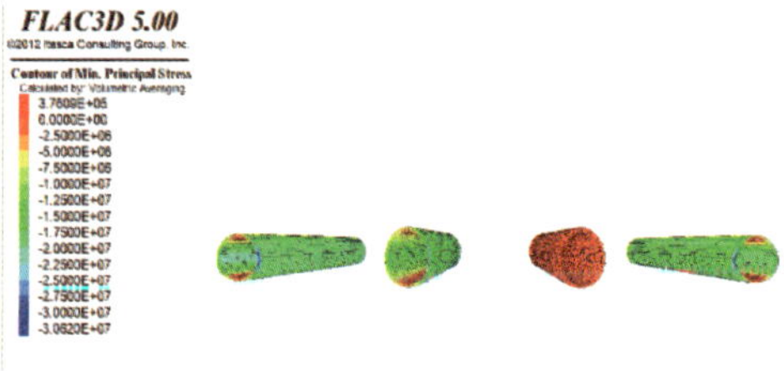

e)右线正洞开挖无岩体软化

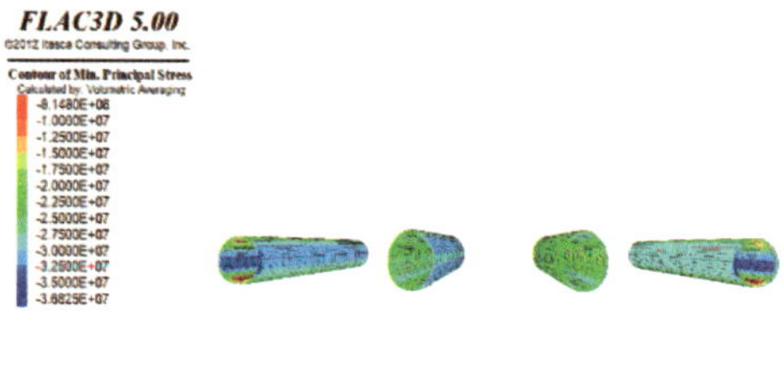

f)右线正洞开挖岩体软化

图 6-46　主应力水平方二次衬砌应力分布图(向先平导后正洞施工)

由图 6-46 可以看出：

（1）考虑无岩体软化时正洞衬砌应力场分布。双侧平导开挖支护，导坑二次衬砌的应力水平很低，环向压应力最大值为 -22.38kPa。之后左线正洞开挖支护，正洞应力水平较低，最大压应力仅为 -23.35kPa，与左线正洞开挖支护无平导时相比（最大压应力 -22.59kPa），衬砌应力还是略有增大，平导边墙处压应力增大至 -29.22MPa。最后右线正洞开挖支护，左线正洞右侧边墙处压应力最大，为 -22.82MPa；与左右线正洞开挖支护无平导时相比（最大压应力 -24.76MPa）相比略有降低，平导与正洞近接侧边墙处应力最大，为 -30.62MPa。

（2）考虑岩体软化时正洞衬砌应力场分布。双侧平导开挖支护，导坑衬砌环向压应力最大值位于边墙为 -29.94MPa。之后左线正洞开挖支护，正洞最大压应力为 -29.30MPa，与左线正洞开挖支护无平导时相比（最大压应力 -33.71MPa）衬砌应力有所降低，平导边墙处压应力增大至 -36.14MPa。最后右线正洞开挖支护，左线正洞右侧拱腰及小边墙处压应力最大，为 -32.30MPa，与左右线正洞开挖支护无平导时（最大压应力 -37.24MPa）相比有所降低，平导与正洞近接侧边墙处压应力最大，为 -36.82MPa。

3）主应力为竖直方向，先正洞后平导施工

不同施工过程的洞周应力场分布如图 6-47 所示。

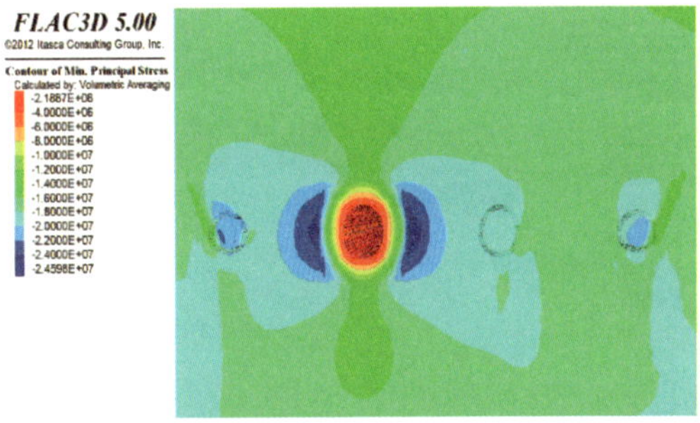

a)左线正洞开挖无岩体软化

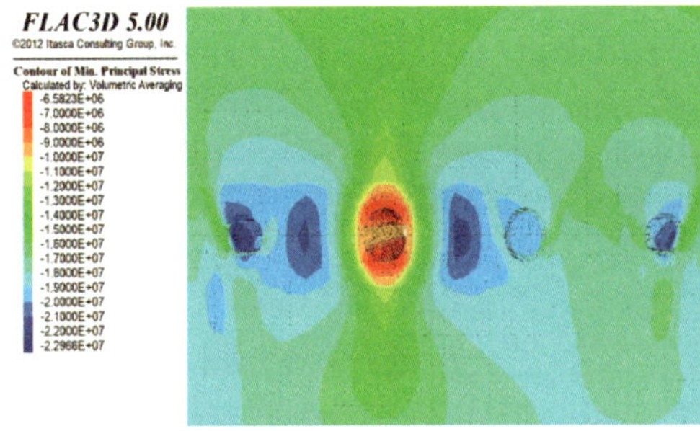

b)左线正洞开挖岩体软化

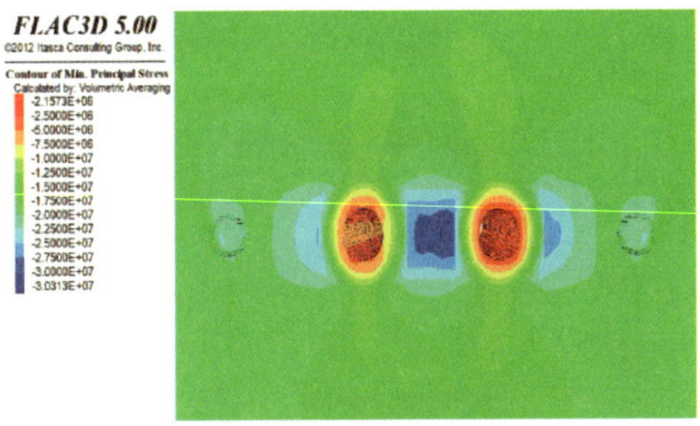

c)右线正洞开挖无岩体软化

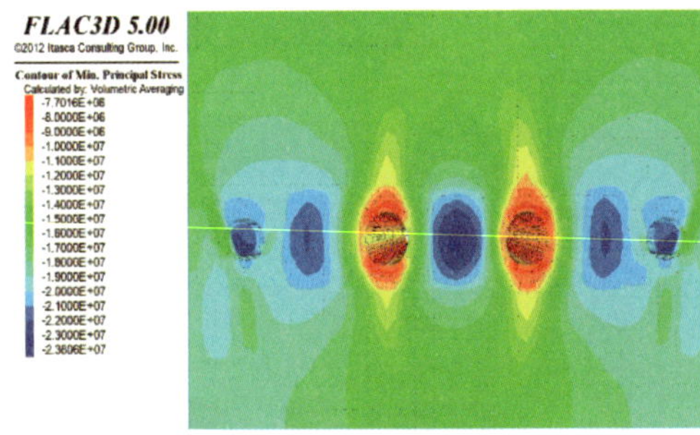

d)右线正洞开挖岩体软化

图 6-47

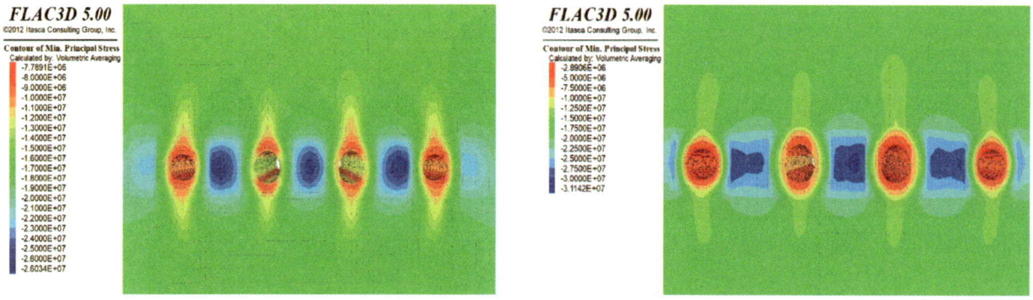

e)双侧平导开挖无岩体软化　　f)双侧平导开挖岩体软化

图6-47　主应力竖直方向洞周应力分布图(先正洞后平导施工)

由图6-47可以看出:

(1)对比各施工过程岩体软化前后洞周应力场的分布,可见相同施工过程岩体软化前洞周岩体最小主应力的绝对值更大,岩体软化后,岩体强度降低,原应力集中区域进入塑性状态,应力集中区域向岩体深部转移,且应力集中的区域变大。

(2)考虑无岩体软化时正洞洞周应力场分布的变化。左线正洞开挖后,应力集中于左线正洞左右两侧区域的岩体,最小主应力极值为-24.60MPa。之后右线正洞开挖,应力集中于两个正洞之间区域的夹岩内,最小主应力极值为-30.31MPa,洞周应力集中水平变化升高。最后双侧平导开挖,应力集中于洞室之间的夹岩,两个正洞之间的夹岩应力集中度最高,最小主应力极值为-31.14MPa。

(3)平导的开挖使正洞洞周岩体的应力水平略有升高,同时使应力集中的区域增大,进入塑性区的区域增大,对于富水段落,这将给地下水的流动渗入创造条件,加速岩体软化与溶蚀效应。

不同施工过程的二次衬砌应力分布如图6-48所示。

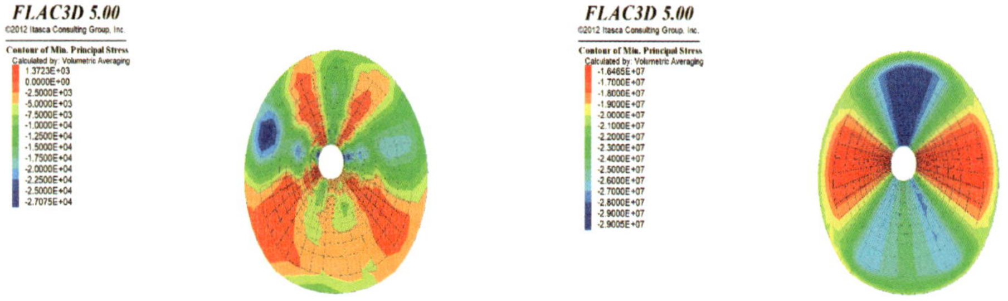

a)左线正洞开挖无岩体软化　　b)左线正洞开挖岩体软化

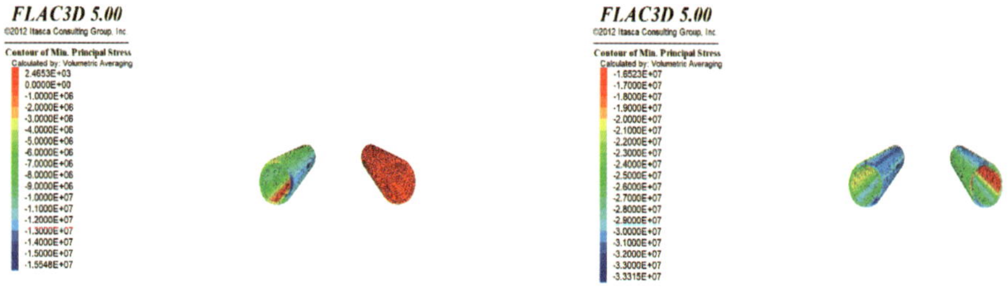

c)右线正洞开挖无岩体软化　　d)右线正洞开挖岩体软化

图　6-48

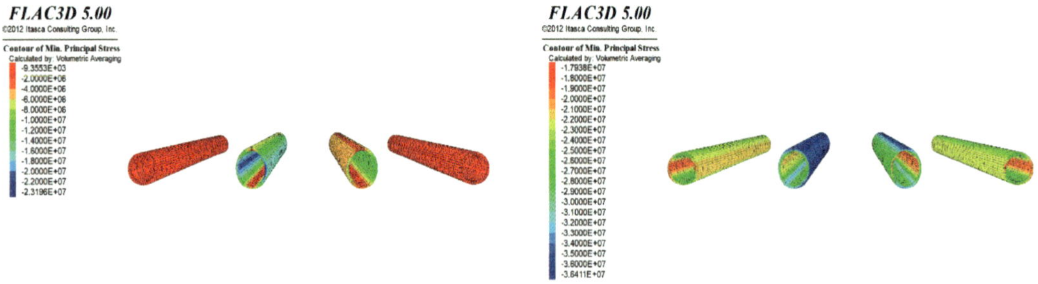

e)双侧平导开挖无岩体软化　　f)双侧平导开挖岩体软化

图6-48　主应力竖直方向二次衬砌应力分布图(先正洞后平导施工)

由图6-48可以看出：

(1)考虑无岩体软化时正洞衬砌应力场分布。左线正洞开挖支护后，二次衬砌的应力水平很低，环向压应力最大值为-27.08kPa。之后右线正洞开挖支护，先行施工的左线正洞右侧边墙及小边墙环向压应力升高至-15.55MPa，说明左右线线间距过近，产生了明显近接扰动。最后双侧平导开挖支护，平导衬砌的应力水平很低，但左线正洞的右侧边墙及小边墙处压应力继续增大至-23.20MPa，左侧边墙也增大至-20.49MPa，说明右线正洞与左侧平导均对左线正洞产生了明显的近接扰动效应，产生了较大附加应力，对隧道结构的安全不利。

(2)考虑岩体软化时正洞衬砌应力场分布。左线正洞开挖支护后岩体软化，环向压应力最大值位于拱顶，为-29.01MPa。之后右线正洞开挖支护，先行施工的左线正洞右侧拱腰及小边墙环向压应力升高至-33.32MPa，说明左右线线间距过近，产生了明显近接扰动。最后双侧平导开挖支护，平导衬砌的应力水平相对较低，但左线正洞的右侧拱腰及小边墙处压应力继续增大至-36.41MPa，说明右线正洞与左侧平导均对左线正洞产生了明显的近接扰动效应，产生了较大附加应力，对隧道结构的安全不利。

4)主应力为竖直方向，先平导后正洞施工

不同施工过程的洞周应力场分布如图6-49所示。

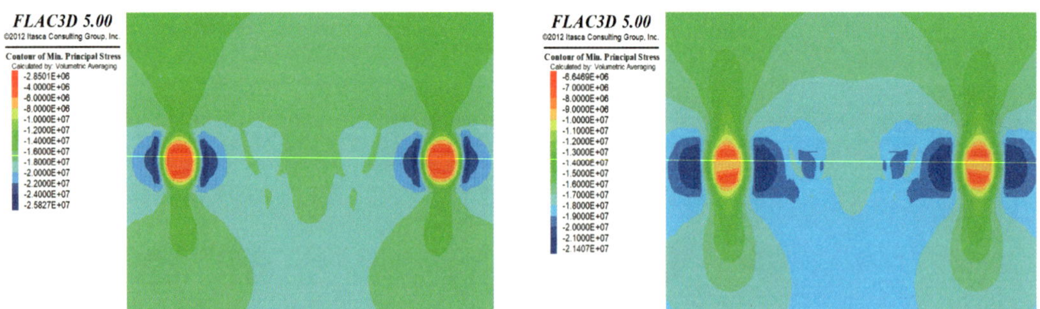

a)双侧平导开挖无岩体软化　　b)双侧平导开挖岩体软化

图　6-49

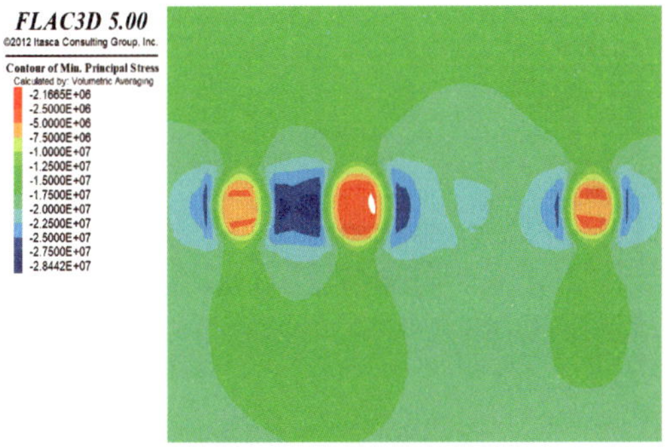

c)左线正洞开挖无岩体软化

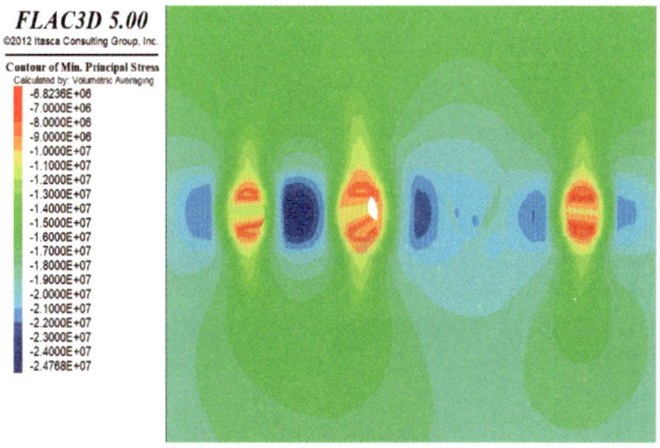

d)左线正洞开挖岩体软化

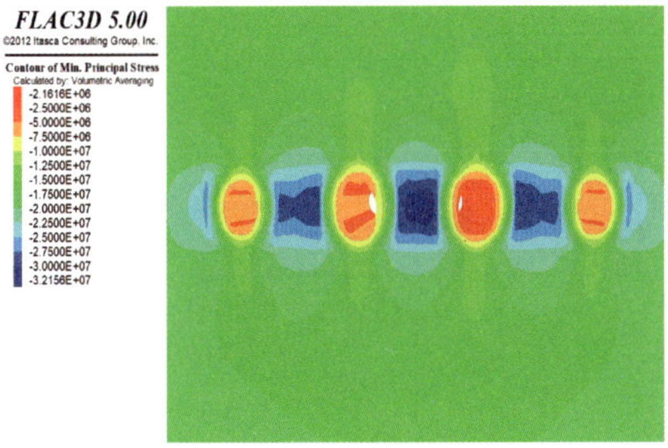

e)右线正洞开挖无岩体软化

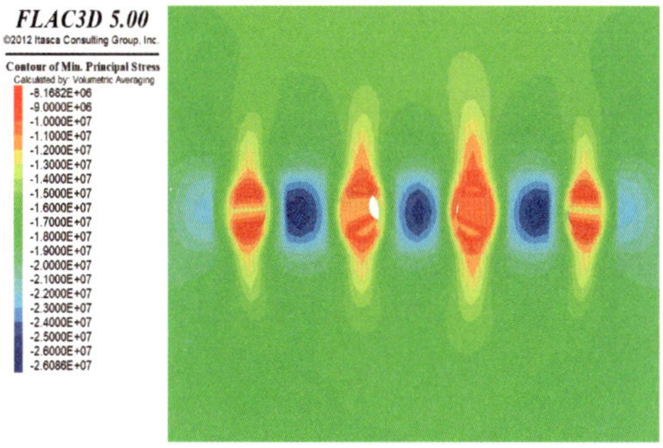

f)右线正洞开挖岩体软化

图6-49　主应力竖直方向洞周应力分布图(先平导后正洞施工)

由图6-49可以看出:

(1)对比各施工过程岩体软化前后洞周应力场的分布,可见相同施工过程岩体软化前洞周岩体最小主应力的绝对值更大,岩体软化后,岩体强度降低,原应力集中区域进入塑性状态,应力集中区域向岩体深部转移,且应力集中的区域变大。

(2)不同洞室开挖过程情况洞周的应力分布不再赘述,所有洞室开挖完成后洞周的应力分布及应力集中水平与先正洞后平导基本一致,岩体软化对洞周应力场的分布规律的影响也基本一致。

不同施工过程的二次衬砌应力分布如图6-50所示。

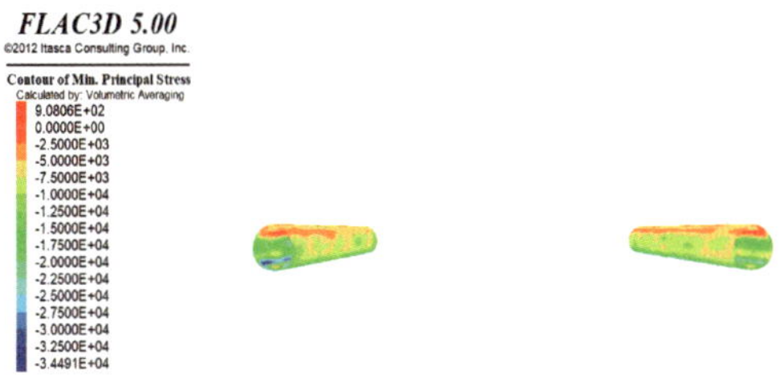

a)双侧平导开挖无岩体软化

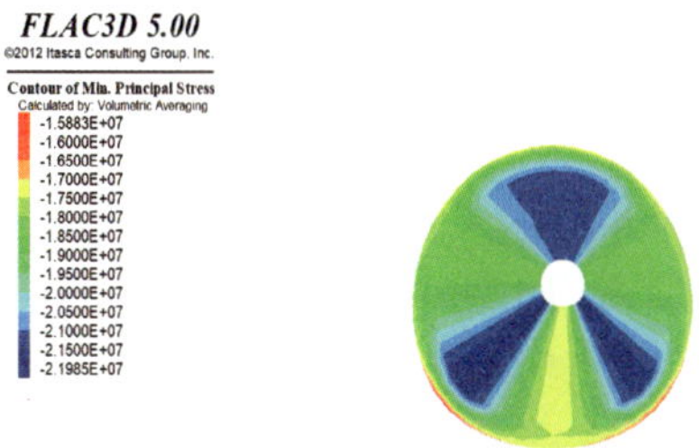

b)双侧平导开挖岩体软化

图　6-50

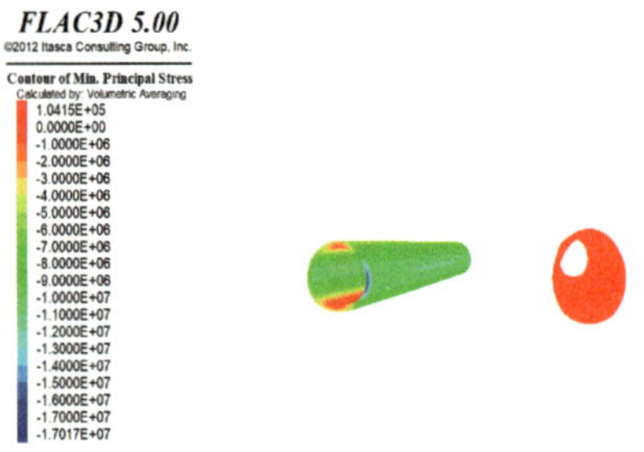

c)左线正洞开挖无岩体软化

d)左线正洞开挖岩体软化

e)右线正洞开挖无岩体软化

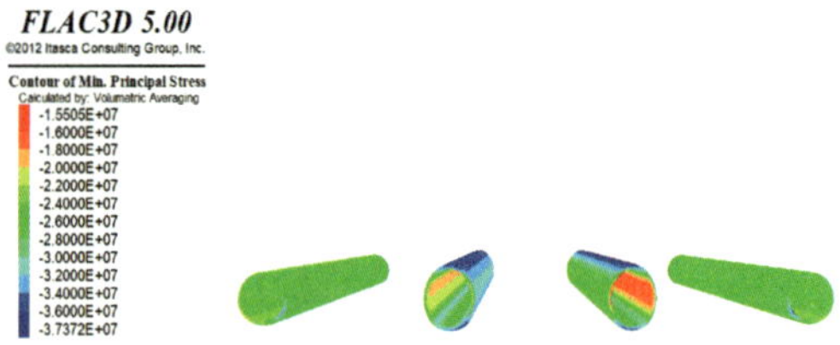

f)右线正洞开挖岩体软化

图 6-50 主应力竖直方向二次衬砌应力分布图(先平导后正洞施工)

由图 6-50 可以看出:

(1)考虑无岩体软化时正洞衬砌应力场分布。双侧平导开挖支护,平导二次衬砌的应力水平很低,环向压应力最大值为 -34.49kPa。之后左线正洞开挖支护,正洞应力水平较低,最大压应力仅为 -23.06kPa,与左线正洞开挖支护无平导时相比(最大压应力 -27.08kPa),衬砌应力略有降低,平导边墙处压应力增大至 -17.02MPa。最后右线正洞开挖支护,左线正洞右侧边墙及小边墙处压应力最大,为 -16.24MPa,与中左右线正洞开挖支护无平导时(最大压应力 -15.55MPa)相比略有增大,平导与正洞近接侧小边墙处应力最大,为 -20.29MPa。

(2)考虑岩体软化时正洞衬砌应力场分布。双侧平导开挖支护,平导二次衬砌环向压应力最大值位于仰拱拱腰,为 -34.50kPa。之后左线正洞开挖支护,最大压应力位于右侧边墙,为 -23.06MPa,但与左线正洞开挖支护,无平导时相比(最大压应力 -27.08kPa),衬砌应力略有降低,平导仰拱拱腰处压应力增大至 -17.02MPa。最后右线正洞开挖支护,左线正洞右侧拱腰及小边墙处压应力最大,为 -16.24MPa,与左右线正洞开挖支护无平导时(最大压应力 -15.55MPa)相比略微有所增大,平导与正洞近接侧小边墙处应力最大,为 -20.29MPa。

5)小结

从计算分析结果可知,平导对正洞隧道结构受力的影响与平导与正洞隧道的先后施工顺序以及原岩应力的主应力方向有关。

(1)当原岩主应力为水平方向时,先正洞后平导施工,实质上并没有使正洞洞周的应力得到有效释放,但也没增加正洞洞周应力集中度,只是使应力集中的区域增大,进入塑性区的区域增大。对于富水段落,这将给地下水的流动渗入创造条件,加速岩体软化与溶蚀效应,且正洞衬砌受力相对于无平导工况略有增大。

(2)当原岩主应力为水平方向时,先平导后正洞施工,可以使正洞衬砌最大压应力有所降低，对正洞隧道结构的安全性产生了一定的有利影响，但在富水段产生的不利影响也是存在的。

(3) 当原岩应力主应力为竖直方向时，无论先施工平导还是先施正洞，平导的施作均不会对正洞洞周应力场分布及隧道结构的受力带来有利影响，但会导致洞周应力集中度及衬砌受力增大。

6.9　隧道耐久性设计研究

隧址区地表水与地下水均属于 $HCO_3^- - SO_4^{2-} - Ca^{2+} - Mg^{2+}$、$HCO_3^- - Ca^{2+} - Mg^{2+}$、$SO_4^{2-} - HCO_3^- - Ca^{2+} - Mg^{2+}$ 型水。病害段洞内化学环境为 H1，局部为 H2 环境，通过常年研究，隧道内地下水 SO_4^{2-} 的含量受径流的变化影响较大。

通过研究，由于隧道地下水及岩土中 SO_4^{2-} 含量较高，除了易产生一般性 SO_4^{2-} 侵蚀，此外还伴有碳硫硅钙石型硫酸盐侵蚀，该类侵蚀易在有水、SO_4^{2-}、CO_3^{2-} 的条件下发生化学反应，且在隧道常年低温的环境中更易诱发。

6.9.1　国内工程案例

硫酸盐腐蚀是导致混凝土破坏的一种常见化学侵蚀，世界各国均发生过混凝土因硫酸盐腐蚀破坏的工程案例。我国是混凝土硫酸盐侵蚀的多发地区，沿海、西北、西南等地区的混凝土结构均发生过因硫酸盐侵蚀而破坏的工程实例。

过去报道较多的硫酸盐侵蚀破坏类型主要包括钙矾石结晶型侵蚀、石膏结晶型侵蚀。自 20 世纪末到 21 世纪初，一种新的硫酸盐腐蚀类型——低温硫酸盐腐蚀，也称碳硫硅钙石型腐蚀(Thaumasite sulfate attack，TSA)，开始引起人们注意。一开始是在国外，在英国、美国、加拿大、法国、德国、挪威等国都发现并报道了混凝土工程中的 TSA 破坏案例。近年来国内工程类似的破坏案例也逐渐增多，这警醒我们必须高度重视此种类型的硫酸盐侵蚀。

以下为相关的低温硫酸盐侵蚀工程实例，主要是高速公路隧道项目。

1) 国道 209 线某公路隧道

国道 209 线某公路隧道位于湖北省恩施境内，全长 456m，净宽 8.5m，净高 6.66 m，双向两车道。隧道于 2002 年动工，2004 年试通车，混凝土发生低温硫酸盐侵蚀后，在隧道内部产生了墙角混凝土软化、拱顶掉块等问题。发现问题后隧道封闭整治，整治后通车至今。隧道病害如图 6-51所示。

a)墙脚混凝土软化

b)拱顶混凝土掉块

图　6-51

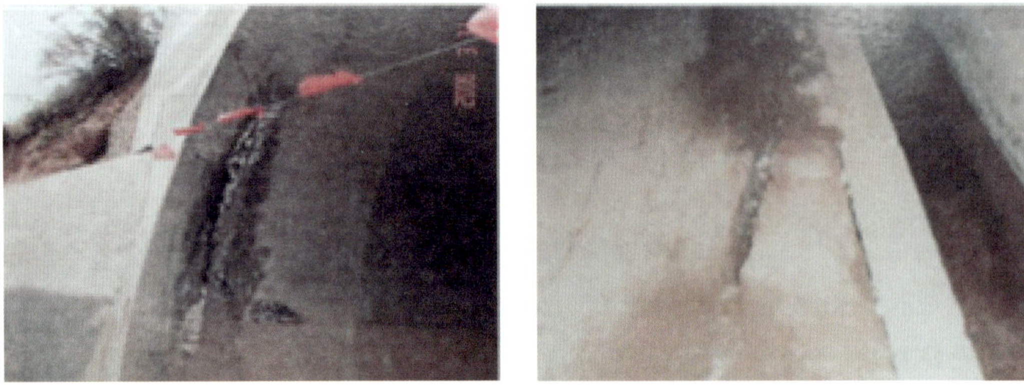

c)边墙混凝土开裂　　d)水沟边墙和路面工作缝增宽

图 6-51　隧道混凝土低温硫酸盐侵蚀病害

隧道采用复合式衬砌,初期支护采用锚杆挂网喷射混凝土,并设置排水盲管、止水条、止水带和防水板等综合防排水结构。二次衬砌采用 C20 钢筋混凝土。隧道洞身穿过的地层围岩主要为层状泥岩、泥质泥岩、泥质灰岩、层状灰岩和白云质灰岩等。

对破坏混凝土进行 *X* 射线衍射分析(XRD)后发现,块状混凝土内部生成碳硫硅钙石和钙矾石两种硫酸盐侵蚀产物,但仍保持硬化状态。泥状混凝土内部硫酸盐侵蚀产物完全转化为碳硫硅钙石,内部结构已被完全破坏,失去了硬化混凝土状态,成泥状。破坏混凝土 XRD 图谱如图 6-52、图 6-53 所示。

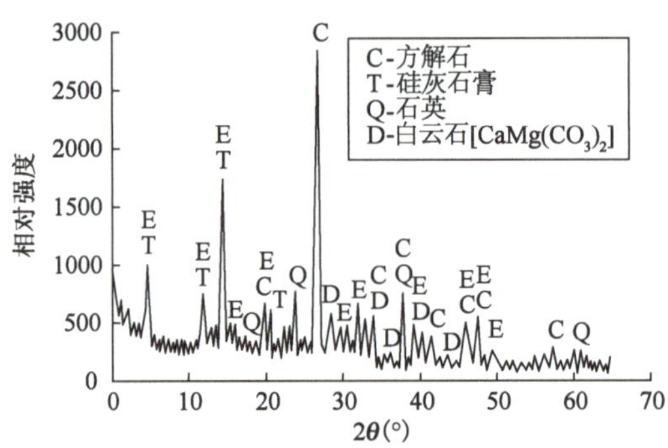

图 6-52　破坏混凝土(块状)XRD 图谱

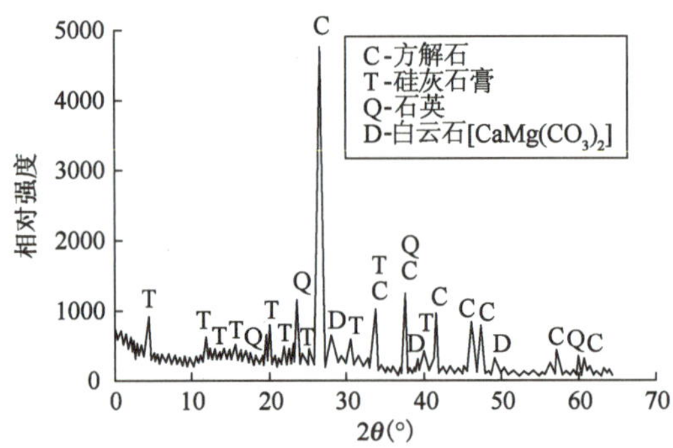

图 6-53　破坏混凝土(泥状)XRD 图谱

对该隧道含石膏白云岩集料的衬砌混凝土进行显微观察，发现石膏与砂浆界面模糊，有反应物堆积，且出现裂缝。混凝土中含石膏白云岩集料和砂浆基体开裂的显微照片如图6-54所示。

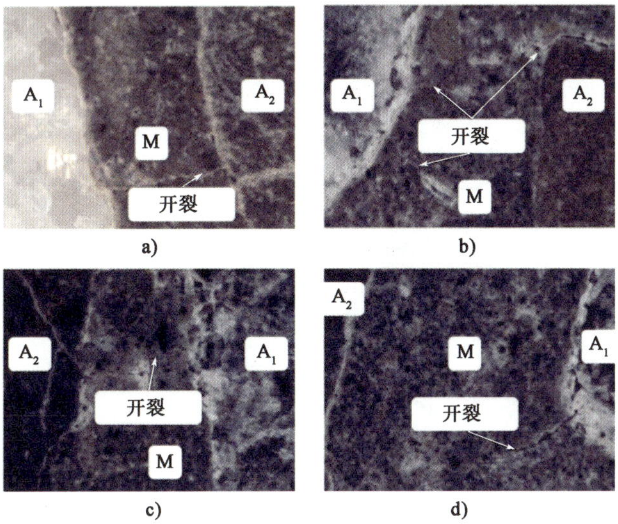

图6-54　混凝土中含石膏白云岩集料和砂浆基体开裂的显微照片

A_1-含石膏白云岩；A_2-白云质灰岩；M-砂浆基体

综合分析认为，在潮湿环境下混凝土发生的低温硫酸盐侵蚀导致了混凝土破坏，硫酸盐来源于含石膏白云岩。

2）上海—重庆高速公路某隧道

上海—重庆高速公路某隧道位于重庆市清忠县境内，全长2890m，净宽10.5m，净高5.0m，于2008年建成。建成通车后不久即开始出现病害，多段路面局部起拱、沉陷、开裂严重，部分位置形成凸点。该隧道于2014年、2018年两次维修。隧道病害如图6-55、图6-56所示。

图6-55　局部混凝土侵蚀照片

图6-56　电缆槽盖板破坏照片

对破坏混凝土进行扫描电子显微镜（SEM）观察，发现衬砌混凝土破坏部分内部有大量疑似为碳硫硅钙石和钙矾石的针状晶体，没有明显的C-S-H凝胶。破坏混凝土扫描电镜（SEM）观察结果如图6-57所示。

a) b) c) d)

图 6-57 破坏混凝土 SEM 观察结果照片

综合分析认为,隧道混凝土发生的低温硫酸盐侵蚀,硫酸盐来源于侵蚀水。

3) 平长高速公路某隧道

平长高速公路某隧道位于长治市平顺县境内,全长 2515m,净宽 10.25m,净高 5m,于 2009 年开工建设,2012 年建成通车。2016 年发现存在低温硫酸盐侵蚀破坏,出现了隧道衬砌开裂、衬砌局部崩裂、路面开裂隆起、检修道变形、渗漏水等问题。

经对隧道内钻孔取芯进行了岩矿鉴定,在 5 组送检的岩芯中 4 组鉴定岩样含有石膏,石膏含量高达 95%。

隧址区地下水类型主要为上层滞水,受大气降水补给,水量小,分布随地而异,季节性变化大。地下水水化学类型为 $OH^- - SO_4^{2-} - Ca^{2+} - Na^+$。隧道病害情况如图 6-58 ~ 图 6-60 所示。

a) b)

图 6-58 隧道混凝土中发现碳硫硅钙石及钙矾石照片

图 6-59　衬砌结构破坏照片

图 6-60　隧道洞渣石膏质岩照片

综合分析认为,隧道混凝土发生的低温硫酸盐侵蚀导致了结构破坏。

6.9.2　低温硫酸盐侵蚀机理

1)产生机理

衬砌混凝土受低温硫酸盐侵蚀的化学反应式为:

$$4Ca^{2+} + Si(OH)_6^{2-} + 2HCO_3^- + SO_4^{2-} + 2OH^- + 10H_2O \rightleftharpoons Ca_3[Si(OH)_6 \cdot 12H_2O](SO_4)(CO_3)\downarrow + CaCO_3\downarrow \quad (6\text{-}5)$$

若反应溶液(混凝土孔溶液或地下水)中尚存在一定浓度的 Mg^{2+},此时反应式可微变为:

$$4Ca^{2+} + Mg^{2+} + Si(OH)_6^{2-} + 3HCO_3^- + SO_4^{2-} + 3OH^- + 9H_2O \rightleftharpoons Ca_3[Si(OH)_6 \cdot 12H_2O](SO_4)(CO_3)\downarrow + CaMg(CO_3)_2\downarrow \quad (6\text{-}6)$$

式(6-4)和式(6-5)中的 Ca^{2+} 一般可由水泥水化生成的 $Ca(OH)_2$、C-S-H 凝胶、$CaSO_4 \cdot 2H_2O$ 以及围岩水中的 Ca^{2+} 提供。

由式(6-4)和式(6-5)可发现,生成碳硫硅钙石的硫酸盐侵蚀反应将伴随生成等摩尔量的 $CaCO_3$(方解石)晶体,这与避车洞中发现大量高纯度、白色的 $CaCO_3$ 晶体相符。$CaCO_3$ 晶体的大量生成,也直接反映出碳硫硅钙石的大量生成以及侵蚀程度的严重性。

混凝土受低温硫酸盐侵蚀的反应如图 6-61 所示。

2)产生条件

混凝土发生低温硫酸盐侵蚀需具备的基本条件为 SO_4^{2-}、SiO_3^{2-}、CO_3^{2-}、水。

以南吕梁山隧道为例,发生腐蚀的局部区域,围岩水、土、二次衬砌混凝土等环境条件中,共同具备了碳硫硅钙石型硫酸盐侵蚀的基本条件。

(1)南吕梁山隧道 K301 +984 ~ K303 +062 里程段,下穿后沟煤矿采空区、F_{34} 断层,侵蚀类型为 SO_4^{2-},侵蚀等级为 H2。K303 +062 ~ K304 +984 里程段,正穿含石膏地层且下穿含煤地层,侵蚀类型为 SO_4^{2-},侵蚀等级为 H1。取样点 K302 +880、K303 +270、K303 +430 里程,处于上述两里程段内,且旧混凝土粗集料内检测出硬石膏($CaSO_4$),也可为隧道侵蚀提供了 SO_4^{2-} 侵蚀源。

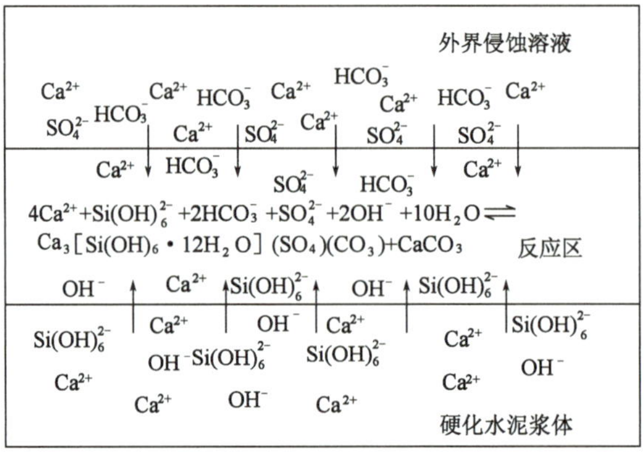

图 6-61 混凝土受低温硫酸盐侵蚀的反应示意图

(2)隧道衬砌混凝土采用 P. O42.5 水泥,隧道二次衬砌混凝土硬化后,主要胶凝物质是 C-S-H 凝胶,这是形成碳硫硅钙石所需硅酸盐的主要来源,残留的未水化的 C_3S 和 C_2S 熟料矿物是次级来源。

(3)隧址区地下水主为碳酸盐岩裂隙岩溶水和基岩裂隙水。地表水与地下水均属 HCO_3^-、SO_4^{2-}、Ca^{2+}、Mg^{2+}、Na^+、K^+ 型水。该侵蚀域地质构造为碳酸盐地层和硫酸盐地层混合区,且混凝土集料均为石灰石质($CaCO_3$)集料,以上可为隧道侵蚀提供了 CO_3^{2-}、SO_4^{2-} 侵蚀源。

(4)所有的硫酸盐侵蚀形式都需要水源或非常潮湿的环境条件。隧道侵蚀域位于断层、破碎带地质构造内,岩体破碎,节理发育,地下水发育明显,隧道内涌水量较大。

(5)碳硫硅钙石容易在低温条件下形成,15℃以下的低温条件最利于碳硫硅钙石生成,环境温度越低,碳硫硅钙石型破坏出现的时间越早。南吕梁山隧道腐蚀段埋深约 240m。从现场监测的数据来看(图 6-62):岩体内温度(1.5m 深处)在 12.8 ~ 13.5℃之间,较洞内及二次衬砌温度稍高,温度稳定;二次衬砌内温度在 12.5 ~ 13.4℃之间,每天温度比较稳定,低于 15℃,满足低温硫酸盐侵蚀发生的温度条件。

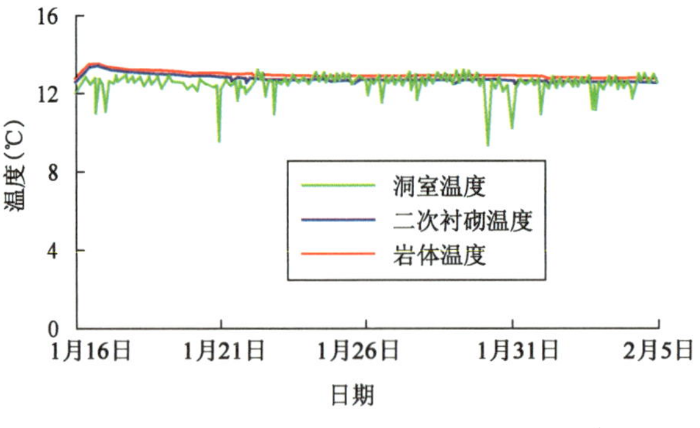

图 6-62 隧道 K297 + 220 处温度变化曲线(2019 年)

综合以上分析,南吕梁山隧道侵蚀段所处的深埋、低温环境,将加速其混凝土发生碳硫硅钙石型硫酸盐侵蚀。

3)破坏形态

与传统硫酸盐侵蚀相比,TSA 并不会引起混凝土宏观体积发生明显膨胀开裂,却直接导致水泥石中 C-S-H 凝胶分解,从而使混凝土最终变为一种失去强度的果肉状泥沙混合物,因此,它具有极强隐蔽性和破坏性,且前期难以被观测、识别。碳硫硅钙石侵蚀破坏如图 6-63 所示。

图 6-63　碳硫硅钙石侵蚀混凝土

4)破坏过程

侵蚀初期破坏过程一般为 0 ~ 90d。该阶段的侵蚀现象主要是混凝土吸附区"长毛",该现象主要是硫酸盐溶液在混凝土吸附区由于水分蒸发使得盐浓度急剧增加,从而产生的盐析出结晶现象。盐结晶的厚度随着硫酸盐浓度的增大而增大。混凝土侵蚀初期如图 6-64 所示。

a)　b)

图 6-64　混凝土侵蚀初期

侵蚀后期破坏过程一般为 210 ~ 300d。这一阶段混凝土试块侵蚀继续加重,吸附区剥落严重,粗集料外漏。10% 浓度下的混凝土试块侧面粗集料几乎全部外漏,顶面周边剥落现象也较严重,整个混凝土试块形状趋向"O"形。混凝土侵蚀后期如图 6-65 所示。

图 6-65　混凝土侵蚀后期

6.9.3　隧道结构耐久性设计

在混凝土抵抗低温硫酸盐侵蚀方面,主要从两个方面进行防治:一是从源头降低产生硫酸盐侵蚀的可能性,可通过做好围岩涌水的疏导和引排等措施实现;二是提高混凝土自身的抗硫酸盐侵蚀的性能。

该设计思路是在调查研究隧道混凝土所处的侵蚀作用环境后,考虑到原材料供应、施工水平等因素,对混凝土的原材料性能指标、配合比设计参数、混凝土性能指标做出规定。

长大深埋隧道衬砌混凝土抗低温硫酸盐侵蚀性能设计主要包括侵蚀环境确定、抗侵蚀混凝土的原材料要求、抗侵蚀混凝土的配合比设计参数、抗侵蚀混凝土的质量要求、抗侵蚀混凝土的试验检验方法等。

南吕梁山隧道病害整治方案的选择上,考虑按 H2 水环境设防,需要从混凝土和添加剂等材料避免硫化物特别是粉末状硫化物的掺入,提高衬砌结构抗硫酸盐侵蚀的能力。对材料的具体要求如下:

(1)喷射混凝土

采用抗硫酸盐 C25 喷射混凝土,严格控制速凝剂的使用,采用低碱或无碱速凝剂,可掺入 0.5% ~1% 的高效减水剂,24h 抗压强度应≥10MPa。

(2)二次衬砌混凝土

隧道病害区段拱部、边墙及仰拱采用抗硫酸盐 C40 防水钢筋混凝土,主要材料包括抗硫酸盐水泥、高性能减水剂、矿物掺合料、RMA 外加剂。混凝土抗渗等级≥P10,最大水灰比应小于 0.45,最小胶凝材料应 >330kg/m^3 且 <450kg/m^3。

二次衬砌混凝土中磨细矿渣掺入量宜为 40% ~50%。磨细矿渣、粗集料、细集料等混凝土原材料应严格按照衬砌结构混凝土原材料品质、配合比参数限值,以及耐久性指标要求,按《铁路混凝土结构耐久性设计规范》(TB 10005—2010)、《铁路混凝土结构耐久性修补及防护》(TB/T 3228—2010)中相关规定执行。

施工过程中应加强混凝土集料的检查,混凝土中各种原材料的碱含量之和应≤3.0kg/m^3,各种原材料(水泥、砂、碎石、水等)中氯离子含量之和不能超过胶凝材料质量的 0.1%,硫化物和硫酸盐含量应≤1%,C40 钢筋混凝土的电通量应≤1200C。

隧道拱部、边墙、仰拱超挖部分,均应采用与二次衬砌同强度等级的混凝土回填。

综上所述,碳硫硅钙石型反应是极其罕见且难以根治的,通过调研国内外同类型工程,采取的技术手段主要为提高衬砌混凝土的抗渗等级,以及预防衬砌与水的直接接触。

南吕梁山隧道地下水环境主要为硫酸盐类和碳酸盐类侵蚀,隧道温度常年维持在15℃以下,非常有利于碳硫硅钙石反应。因此,在隧道病害整治的耐久性设计中:一是通过提高隧道支护结构的抗渗等级,以及全环防水,有效地阻隔地下水与衬砌的直接接触;二是通过优化混凝土配合比参数,合理选取速凝剂、减水剂等外加剂,控制硫化物等加速碳硫硅钙石类反应物质(特别是粉末状石灰岩)等,从而有效地提高隧道结构的耐久性。

6.10 结论与体会

(1)水是隧道诱发病害的“万恶之源”。南吕梁山隧道病害整治工程防排水设计:在防水设计中,采取了全环防水、注浆堵水等措施;在排水设计中,通过采取加大排水管管径、加密排水板(盲管)布置,同时利用平导引排正洞周圈地下水等措施对隧道排水系统进行了优化。通过工程检验,对隧道多因素病害的预防是有效的。

(2)针对南吕梁山隧道的特殊地质条件,从原材料上进行严格把控,杜绝使用石灰岩作集料,尤其杜绝粉末状石灰岩的掺入,同时对于初期支扩、二次衬砌使用的外加剂做出了明确要求。此外,在结构自防水方面提高了结构抗渗等级。

(3)南吕梁山隧道地质条件极为复杂,病害整治工程在方案研究阶段采取了针对性设计,衬砌支护设计方案经过了多次专家论证,确定了“宁强勿弱、全环拆换、优化衬砌断面”的设计原则。针对本隧道多因素耦合作用形成的病害,在隧道初期支护与二次衬砌之间设置缓冲层,研究表明,设置缓冲层较常规支护方案可减少约60%以上二次衬砌应力,并且预留有2.5cm围岩位移余量,通过南吕梁山隧道病害整治工程实践验证,设置缓冲层的方法是有效的。

第7章

隧道病害整治施工技术

南吕梁山隧道病害整治主要技术方案为病害段衬砌结构的拆换，包括拆除、扩挖及恢复三部分内容。病害整治段长度：上行线4490m、下行线5842m，合计10332m。整治段统计见表7-1，平面位置如图7-1所示。

隧道病害整治段统计　　表7-1

序号	线别	病害整治段里程	长度(m)	合计(m)
1	上行线	K298+180~K299+400	1220	4490
2		K300+000~K300+630	630	
3		K302+200~K303+960	1760	
4		K304+870~K305+750	880	
5	下行线	K297+860~K297+980	120	5842
6		K298+100~K299+350	1250	
7		K300+090~K301+610	1520	
8		K301+980~K302+210	230	
9		K302+628~K303+850	1222	
10		K304+510~K306+010	1500	
合计				10332

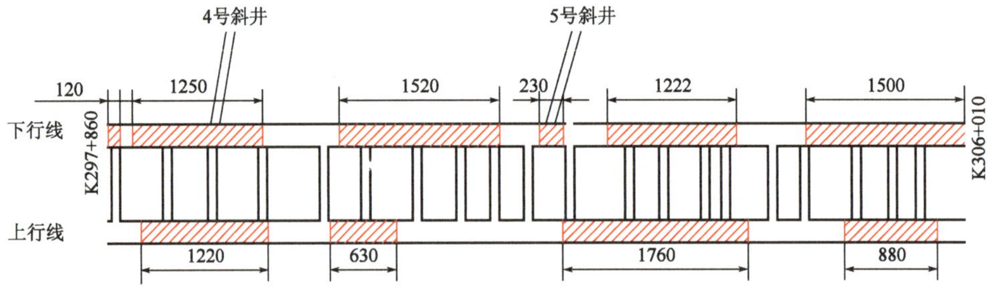

图7-1　隧道病害整治段平面示意图(尺寸单位:m)

南吕梁山隧道为运营隧道,病害整治采取“封锁一条线、整治另一条线”的总体施工原则。为加快整治进展,减少对运营的影响,新增辅助坑道15228m,其中上行线辅助坑道6204m、下行线辅助坑道9024m。新增辅助坑道统计见表7-2,平面位置如图7-2所示。

隧道病害整治新增辅助坑道长度统计 表7-2

序号	线别	位置	长度(m)	合计(m)
1	上行线	上跨坑道	544	6204
2		平导	5090	
3		横通道	570	
4	下行线	平导	7944	9024
5		横通道	1080	
合计				15228

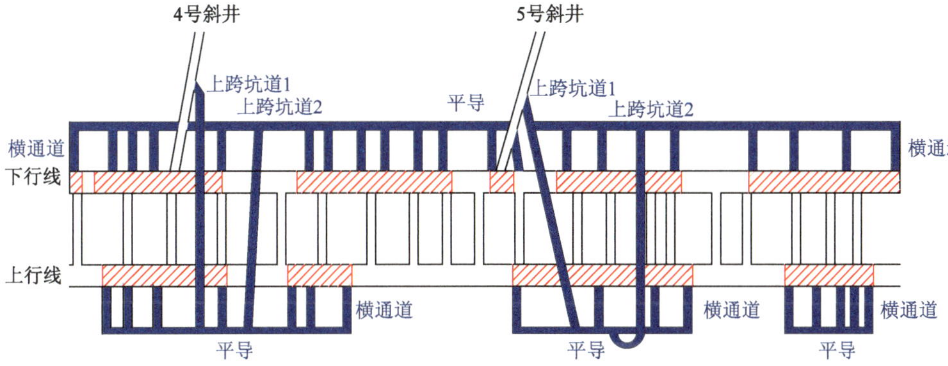

图7-2 隧道病害整治新增辅助坑道平面示意图

7.1 隧道病害整治施工特点

(1)施工任务重、节点工期紧

南吕梁山隧道病害是由于特殊地质环境引起的,严重危及铁路的行车运营安全及运输组织,对瓦日铁路运输增量产生了极大影响。为短期内解除隧道对瓦日铁路运输增量影响,该病害整治工程按照应急抢险工程组织实施,需要在短时间内完成巨大的工作量,工期压力极大。

上行线拆除、扩挖及恢复重建4490m,新增辅助坑道开挖支护6204m。拆除圬工约10万m^3、开挖约44万m^3、浇筑混凝土约28万m^3、加工安装钢材约2万t。有效工期仅5个月,正洞单工作面单月最小进度120m、辅助坑道单工作面单月最小进度180m。

下行线拆除、扩挖及恢复重建5842m,新增辅助导坑开挖支护9024m。拆除圬工约13万m^3、开挖约75万m^3、浇筑混凝土约38万m^3、加工安装钢材约3万t。有效工期仅5.5个月,正洞单工作面单月最小进度150m,辅助坑道单工作面单月最小进度195m。

同时,4座拌和站、3个钢结构加工场、5处材料中转存储场、约20km施工便道、约60km供电线路架设、高峰期7000多人的驻地等大量的大小临建工程需要先期完成,以确保工程如期推进。

(2)作业空间小、运输组织难

隧道病害整治工程分布在约10km范围内的3个工区,隧道正洞断面仅30m^2,只能单向组织物流。约5km范围内布置32个作业面、1300余台套工装设备，约4000人同时作业，拆除、扩挖支护和仰拱衬砌各工序同时施工。洞内施工车辆极多，通勤车、物料运输车、特种车辆等进进出出，平均车流量约5辆/min，极易发生拥堵现象。短短5个多月时间，需要完成大量的弃渣外运、物料进洞。在如此狭小的空间内，无论是施工组织、物流组织、调度组织，还是各种保障组织，都面临严峻的挑战。

(3)平行施工作业面多、辅助措施复杂

隧道病害整治采取多个施工段同时作业，最高峰时，上行线正洞15个作业面、下行线正洞32个作业面、辅助导坑36个作业面，因此，施工通风要求高、施工用电负荷大、施工用水点及用水量多，风水电供应极为困难。针对该隧道病害整治的工程特点，对隧道通风、供电、供水等进行专项研究，从而解决风水电对整体施工进度的制约，确保快速完成整治施工。

(4)安全隐患多、既有线施工风险高

上行线先期施工期间，下行线“带病”运营，营业线安全隐患多，运营安全风险高，施工必须做到不影响既有线行车安全，确保运输不中断。32个作业面爆破作业，复杂运输条件下火工品使用安全风险高。斜井坡度12%、正洞和平导坡度12.8‰，小断面远距离通风效果不甚理想情况下，洞内能见度低，作业环境差，大坡度、高密度车流运输风险高。作业面前方集中了预加固、拆除衬砌、扩挖、支护等多工序施工，暴露在围岩下的衬砌破拆、断面扩挖及支护施工安全隐患多，施工风险高。

(5)技术参数标准高、工艺材料新

病害整治施工设计标准高，二次衬砌采用抗侵蚀性高标号C40钢筋混凝土，混凝土抗渗等级P10。衬砌钢筋采用HRB400、ϕ25mm环向主筋，间距15cm。涉及衬砌混凝土纵、环向切缝及拆除、钢板止水带与钢边橡胶止水带搭接、全环自黏式EVA防水板铺挂、聚乙烯缓冲垫层施工等新工艺、新材料施工技术。

7.2 隧道病害整治结构设计及支护参数

7.2.1 结构设计

隧道病害整治段采用AA型、A型两种复合式衬砌结构设计断面，如图7-3、图7-4所示。

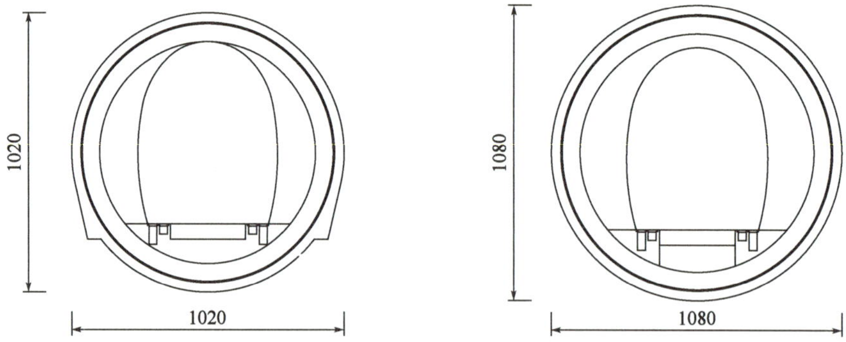

a)一般段　　b)锚段/下锚段

图7-3　AA型复合式衬砌结构设计断面示意图(尺寸单位:cm)

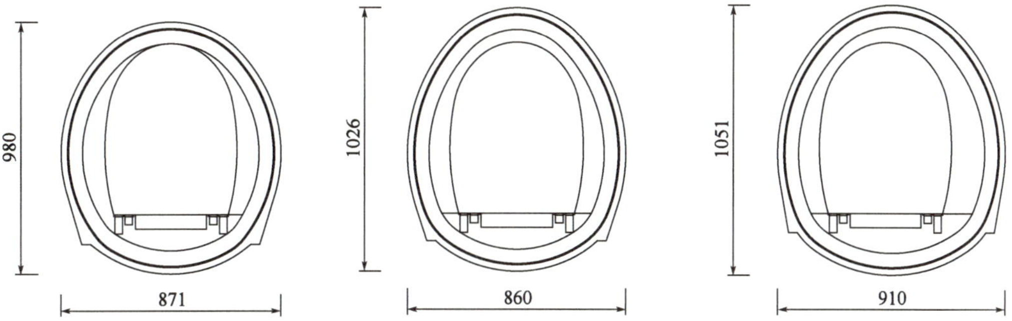

a)一般段　　b)锚段　　c)下锚段

图 7-4　A 型复合式衬砌结构设计断面示意图(尺寸单位:cm)

新增辅助坑道衬砌结构设计断面如图 7-5 所示。

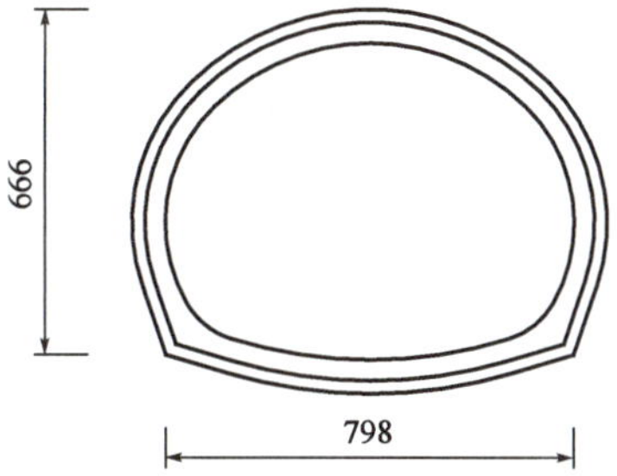

图 7-5　新增辅助坑道衬砌结构设计断面示意图(尺寸单位:cm)

7.2.2　支护参数

隧道病害整治衬砌结构设计参数见表 7-3。

隧道病害整治衬砌结构设计参数　　表 7-3

<table>
<tr><th rowspan="3">序号</th><th rowspan="3">围岩级别</th><th rowspan="3">衬砌类型</th><th colspan="9">初 期 支 护</th><th colspan="3">二 次 衬 砌</th></tr>
<tr><th colspan="4">锚杆</th><th rowspan="2">钢筋网</th><th colspan="2">喷射混凝土</th><th colspan="2">钢架</th><th colspan="2" rowspan="2">厚度
(cm)</th></tr>
<tr><th>位置</th><th>型号</th><th>长度
(m)</th><th>间距(环向×纵向)(m×m)</th><th>型号</th><th>厚度
(cm)</th><th>型号</th><th>间距
(m)</th></tr>
<tr><td>1</td><td>Ⅲ级</td><td>AA</td><td rowspan="6">边墙</td><td rowspan="6">φ22mm 组合中空锚杆</td><td rowspan="6">3.5</td><td>1.5×1.5</td><td rowspan="6">全环,φ8mm,间距 0.2m×0.2m</td><td rowspan="6">C25</td><td>12</td><td>—</td><td>—</td><td rowspan="6">C40、P10 钢筋混凝土</td><td rowspan="3">70</td></tr>
<tr><td>2</td><td>Ⅳ级</td><td>AA</td><td>1.2×1.2</td><td>25</td><td rowspan="2">φ22mm 格栅钢架</td><td>1.0</td></tr>
<tr><td>3</td><td>Ⅴ级</td><td>AA</td><td>1.0×1.0</td><td>25</td><td>0.75</td></tr>
<tr><td>4</td><td>Ⅲ级</td><td>A</td><td>1.5×1.5</td><td>12</td><td>—</td><td>—</td><td rowspan="3">55</td></tr>
<tr><td>5</td><td>Ⅳ级</td><td>A</td><td>1.2×1.2</td><td>25</td><td rowspan="2">φ22mm 格栅钢架</td><td>1.0</td></tr>
<tr><td>6</td><td>Ⅴ级</td><td>A</td><td>1.0×1.0</td><td>25</td><td>0.75</td></tr>
</table>

7.3　隧道病害段拆除施工

隧道病害段拆除施工主要工序流程为:四电及轨道拆除→道床板拆除→隧道径向预加固

及临时加固→二次衬砌拆除→初期支护拆除。

7.3.1 四电及轨道拆除

封锁线路后,各专业平行作业,实现四电、轨道快速安全拆除。

钢轨切割后,按顺序、方向编号,转移存放至施工范围外两端隧道内水沟盖板上,支垫枕木、分层堆放,复位时再按照编号原位恢复。

轨道拆除具体步骤如下:

(1)锯轨,拆除扣件,拆除钢轨。

(2)提前用枕木搭设存轨台,钢轨下支垫滚轮,卷扬机作为牵引力,拖动钢轨至存放区域,同时做好相应标记。

(3)将扣件分类定量装袋标记存储。

轨道拆除过程如图7-6所示。

a)扣件拆除

b)长轨切除

c)卷扬机牵引

d)钢轨转运

图7-6　轨道拆除过程

7.3.2 道床板拆除

采取大孔径切割、大功率机械破碎的方式拆除道床板钢筋混凝土,道床板拆除具体步骤如下:

(1)对道床板横向、纵向切割,采用大功率破碎锤对道床板混凝土进行破碎。

(2)采用液压剪切和气体切割相结合方式拆除钢筋。

(3)出渣外运。

道床板拆除如图7-7所示。

a)道床板大孔径切割

b)道床板破拆

图7-7　道床板拆除

7.3.3　隧道径向预加固及临时加固

1)隧道径向预加固

(1)加固参数

对裂缝集中、衬砌结构破损严重、断层和向斜核部区域等病害严重段,衬砌拆除前应进行径向注浆加固,加固范围为隧道衬砌外3.5m。

注浆孔梅花形布置,环向开孔间距1.5m,终孔间距3.2m,纵向开孔间距2.0m,孔深3.5m。注浆材料一般地段采用硫酸盐水泥单液浆,富水地段采用超细水泥单液浆,浆液水灰比为0.8:1~1:1。设计浆液扩散半径2m。隧道径向注浆加固如图7-8所示。

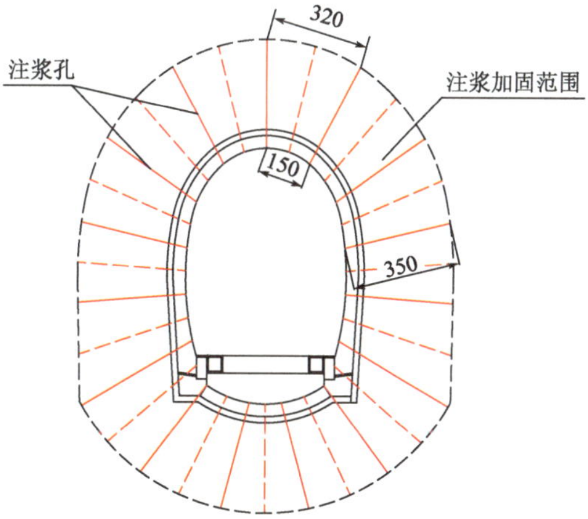

图7-8　隧道径向注浆加固示意图(尺寸单位:cm)

(2)施工工序

径向注浆加固施工工序为：钻孔→安装注浆管→注浆准备→注浆→注浆验收。

①钻孔：按注浆孔参数进行钻孔，钻孔完毕后及时清孔，验收合格后安装注浆管。

②安装注浆管：注浆管采用 ϕ50mm×3.5mm 钢花管，长度 3.5m，参照小导管进行开孔。注浆管采用锚固剂锚固，安装应牢固。

③注浆准备：注浆前应进行管路调试，检查注浆管路及设备，确保注浆压力表完好。

④注浆：注浆顺序分区从两侧到拱顶，采取跳孔注浆方式。注浆压力为 0.5MPa 左右，并结合现场注浆试验及施工需要动态调整。

⑤注浆验收：注浆压力达到设计终压并继续注浆 10min 以上，可结束注浆。

现场注浆加固如图 7-9 所示。

a)注浆孔位布置

b)拌制浆液

图 7-9　衬砌拆除前径向注浆加固

2)临时加固

每次衬砌拆除前，应对作业面前方 6m 范围，采用 I16 工字钢钢架对拱墙临时加固，纵向间距 0.6m。钢架临时加固作业面随衬砌拆除作业面平行前移。

7.3.4　二次衬砌拆除

1)拆除方法

采用自动化环切台车，按设计要求对既有衬砌进行切割，切缝环向间距 1.0m、纵向间距 1.0m、深度 30cm。切割后，采用机械结合微差爆破法破拆，降低二次衬砌混凝土拆除风险。拆除作业面先行于掌子面扩挖施工，随扩挖作业面平行前移。

2)切割设备

二次衬砌混凝土采用破碎锤或者爆破进行拆除作业，效率低、成本高，对邻近既有线或者拆除区域扰动较大。当局部拆除时，由于破碎或爆破处理的不规则性，容易造成二次衬砌混凝土恢复作业难度加大，为此，采用一种隧道悬臂式万向切割设备或自制加工环切台架，如图 7-10、图 7-11 所示。

图 7-10　隧道悬臂式万向切割设备

图 7-11　自制加工环切台架

切割圆盘锯能实现 360°任意空间方位的切割。切割圆盘锯配备有深度控制轮，用于控制切割深度，根据不同二次衬砌混凝土厚度来调整深度控制轮，能够满足隧道拱顶、侧墙的切割要求，可以实现隧道纵向和环向切割。

用于隧道二次衬砌混凝土切割时，采用先环向切割、再纵向切割的方式对一定长度范围内的隧道二次衬砌混凝土进行分块切割，再结合破碎锤或者微差爆破拆方式，既减少了炸药用量和对邻近既有线及拆除区域周边扰动，又能保证只对不符合要求的二次衬砌混凝土进行拆除，施工效率高，施工成本低。

3）切割工艺

隧道悬臂式万向切割设备进入隧道后，设备必须停稳可靠，确保设备纵向中心平面与隧道纵向中心平面重合。

沿隧道延伸方向对二次衬砌混凝土进行环向切割，环向切割完成后进行纵向切割，每两个环向切割线之间进行 5 次纵向切割，从而在每两个环向切割线之间将二次衬砌混凝土分成 6 块。

在最靠近地面的纵向切割线下方 20cm 位置进行最后一次纵向切割，从而分割出一个二次衬砌混凝土小块，采用破碎锤或者微爆破拆除。

拱墙混凝土切割后进行爆破拆除，每段拆除纵向长度 3m。炮孔垂直于二次衬砌内表面，孔径 42mm，深度 40cm，环向间距 0.5m，纵向排距 0.5m，矩形布置。炮孔布置如图 7-12 所示。

采用 2 号岩石乳化炸药，药卷直径 32mm，集中装药，单孔装药量 150g，每孔装 1 个非电毫秒雷管。采用炮泥堵塞，堵塞长度不宜小于 10cm，采用非电毫秒雷管微差爆破，单段起爆最大药量控制在 4.84kg 以内。

7.3.5　初期支护拆除

无钢架地段的初期支护拆除和扩挖工序一并施工。

有钢架地段的初期支护拆除，采用人工配合机械的方式进行。初期支护拆除时，先进行钢架切割,再拆除钢架。切割时先纵向后环向。将钢架划分为7个单元,预设计7条切缝,如图7-13所示。

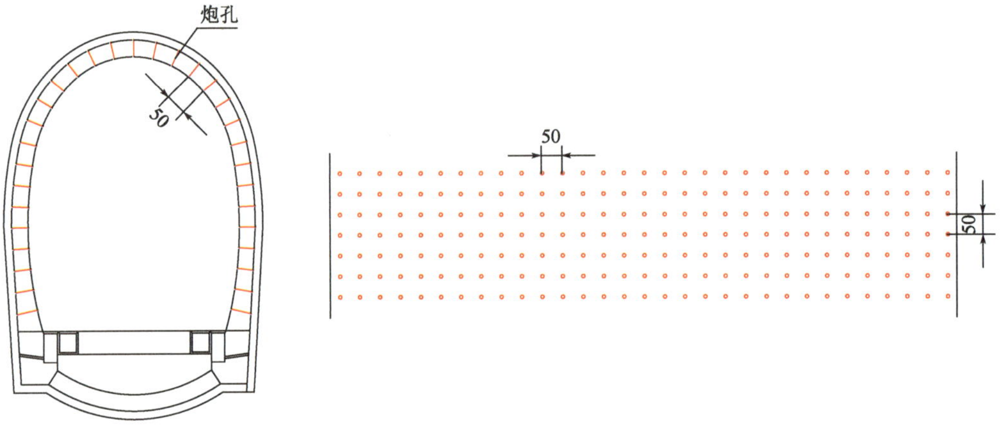

a)横断面图　　　　b)环向展布图

图7-12　炮孔布置示意图(尺寸单位:cm)

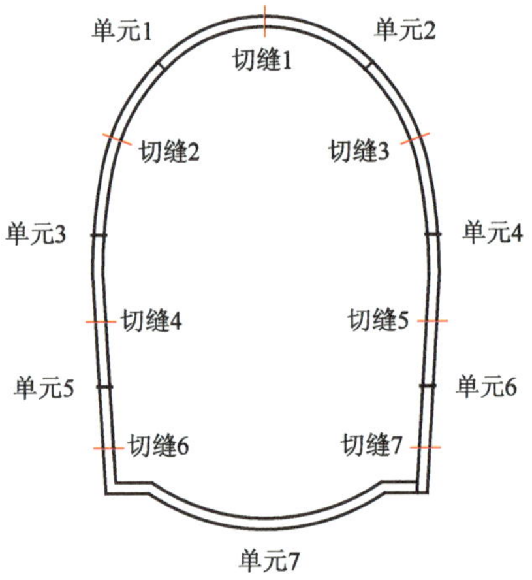

图7-13　钢架切割单元示意图

钢架拆除顺序如下:

(1)沿隧道纵向切割,切割时从钢架单元的中部向两侧分别进行,将钢架主筋切割断开。

(2)沿隧道环向切割,切割时将两榀钢架之间的纵向连接钢筋切断。

(3)钢架完全切割后再拆除。

7.4　隧道病害段扩挖施工

7.4.1　隧道微振爆破扩挖技术

病害段二次衬砌及初期支护拆除后,对隧道拱墙及仰拱的净空进行扩挖,扩挖采用微振爆破法施工。扩挖顺序为先拱墙后仰拱。

1)爆破器材选用

采用2号岩石乳化炸药,集中装药,每孔装1个非电毫秒雷管进行微差爆破。

非电毫秒雷管1~6段间隔时间小于50ms,6段之后间隔时间大于50ms。对于隧道爆破掘进,实际爆破表明,起爆间隔大于50ms时爆破振动基本不叠加。因此,现场爆破时采用分段起爆,保证同一段别雷管同时起爆炸药用量均在安全用药量范围以内。非电毫秒雷管段别及延期时间见表7-4。

非电毫秒雷管段别及延期时间表　　表7-4

段别	延期时间(ms)	段别	延期时间(ms)
1	<13	11	460±40
2	25±10	12	555±45
3	50±10	13	650±50
4	75±15	14	760±55
5	110±15	15	880±60
6	150±20	16	1020±70
7	200±20	17	1200±90
8	250±25	18	1400±100
9	310±30	19	1700±130
10	380±35	20	2000±150

2)爆破参数选定

(1)爆破振速选择

根据《铁路工程爆破安全技术规程》(TB 10313—2019),交通隧道安全允许质点振动速度为15~20cm/s。

南吕梁山隧道上行线和下行线之间中心距离相距30m,最小净距21.29m,如图7-14所示。第一步,上行线封锁施工,下行线运营,爆破振动速度控制在3cm/s以内。第二步,下行线封锁施工,上行线运营,爆破振动速度控制在3cm/s以内。

(2)爆破炸药用量计算

根据《铁路工程爆破安全技术规程》(TB 10313—2019),可以初步计算隧道掘进爆破炸药

安全用量,确定循环进尺,计算公式为:

$$Q_{max} = \left(R \cdot \sqrt[\alpha]{\frac{v}{k}}\right)^3 \tag{7-1}$$

式中:Q_{max}——炸药量齐发爆破时为总药量,延时爆破时为最大一段药量(kg);

v——保护对象所在地的质点振动安全允许速度(cm/s),新建隧道邻近既有隧道控爆施工对既有隧道爆破振动速度按不大于3cm/s进行施工;

R——爆破区药量分布的几何中心至既有营业线结构物的距离(m);

k、α——地质条件等多种因素有关的系数,取值见表7-5。

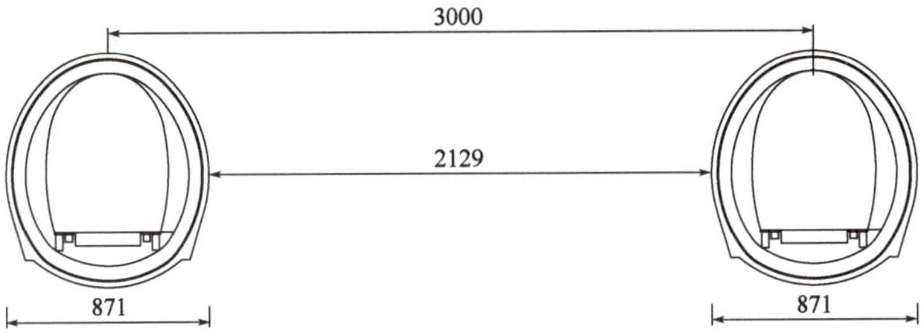

图7-14 隧道病害段上行线和下行线横断面位置关系示意图(尺寸单位:cm)

不同岩性爆破时的 k、α 参考值 表7-5

序号	岩　性	k	α
1	坚硬岩石	50～150	1.3～1.5
2	中硬岩石	150～250	1.5～1.8
3	软岩石	250～350	1.8～2.0

根据南吕梁山隧道地质条件等选定 k、α,见表7-6。

隧道病害段爆破施工 k、α 取值表 表7-6

序号	围岩级别	k	α
1	Ⅲ级	150	1.6
2	Ⅳ级	200	1.7
3	Ⅴ级	250	1.8

将选定的爆破参数代入公式,计算可得到不同爆心距下的最大分段装药量,见表7-7。

隧道病害段各种围岩级别控制爆破参数　　表 7-7

围岩级别	爆破振动速度控制指标(cm/s)	相关参数取值			最大药量 Q_{max} (kg)
		R (m)	k	α	
Ⅲ级	3	20	150	1.6	5.22
		25	150	1.6	10.19
		30	150	1.6	17.61
		40	150	1.6	41.75
		50	150	1.6	81.53
Ⅳ级	3	8	200	1.7	0.31
		12	200	1.7	1.04
		13	200	1.7	1.33
		14	200	1.7	1.66
		16	200	1.7	2.48
		20	200	1.7	4.84
		25	200	1.7	9.44
		30	200	1.7	16.32
		40	200	1.7	38.68
		50	200	1.7	75.55
Ⅴ级	3	20	250	1.8	5.03
		25	250	1.8	9.83
		30	250	1.8	16.98
		40	250	1.8	40.25
		50	250	1.8	78.62

3)爆破设计

爆破施工先拱墙爆破,后仰拱爆破。

(1)拱墙扩挖爆破设计

对于拱墙扩挖爆破,沿设计扩大开挖轮廓环向布置炮孔,钻孔方向垂直于隧道横断面。开挖方法根据围岩情况分为全断面法和台阶法两种。

①全断面法爆破

全断面法爆破施工,每循环进尺 3m。拱墙开挖方量约 26.17m^3。

按爆破设计要求,以Ⅳ级围岩为例,爆破区药量分布的几何中心至既有营业线结构物的距离取20m,爆破振动速度取3cm/s,单段最大起爆药量为4.84kg。爆破设计如图7-15所示,爆破参数见表7-8。

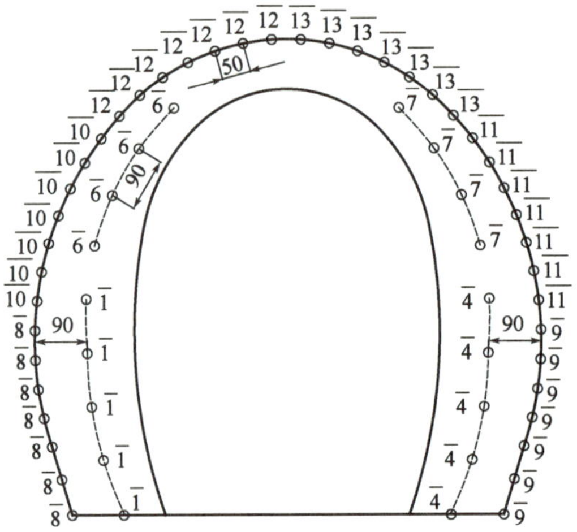

图7-15　拱墙全断面法扩挖爆破施工炮眼布置示意图(尺寸单位:cm)

拱墙全断面法扩挖爆破参数　表7-8

序号	爆破部位	炮孔名称	炮孔深度(m)	炮孔数量(个)	雷管		单孔装药量(kg)	总装药量(kg)	线装药密度(kg/m)
					段数(段)	数量(个)			
1	全断面	辅助眼	4.2	5	1	5	0.50	2.52	0.12
2		辅助眼	4.2	5	4	5	0.50	2.52	0.12
3		辅助眼	4.2	4	6	4	0.50	2.02	0.12
4		辅助眼	4.2	4	7	4	0.50	2.02	0.12
5		周边眼	4.2	7	8	7	0.50	3.73	0.12
6		周边眼	4.2	7	9	7	0.50	3.73	0.12
7		周边眼	4.2	7	10	7	0.50	3.73	0.12
8		周边眼	4.2	7	11	7	0.50	3.73	0.12
9		周边眼	4.2	7	12	7	0.50	3.73	0.12
10		周边眼	4.2	7	13	7	0.50	3.73	0.12
合计				60		60		30.24	

②台阶法爆破

台阶法爆破施工,每循环进尺为3m。上台阶开挖方量为16.36m³,下台阶开挖方量为11.06m³。爆破设计如图7-16所示,爆破参数见表7-9。

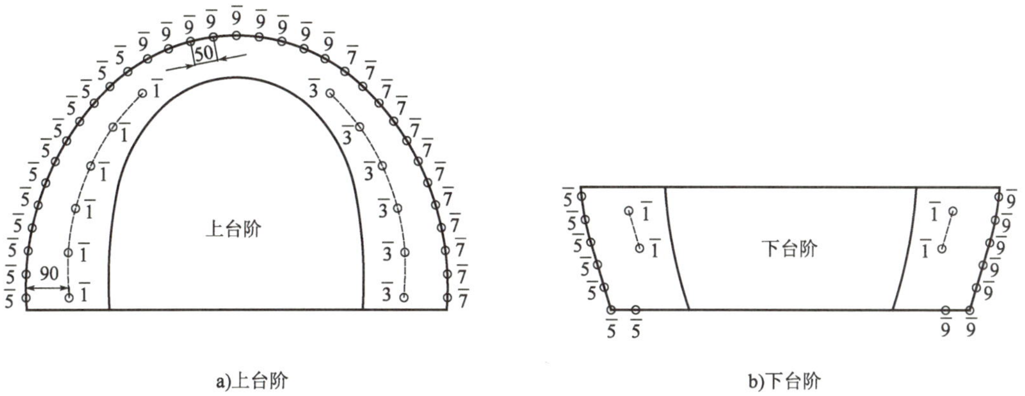

图 7-16 拱墙台阶法扩挖爆破施工炮眼布置示意图(尺寸单位:cm)

拱墙台阶法扩挖爆破设计参数 表 7-9

序号	爆破部位	炮孔名称	炮孔深度(m)	炮孔数量(个)	雷管		单孔装药量(kg)	总装药量(kg)	线装药密度(kg/m)
					段数(段)	数量(个)			
1	上台阶	辅助眼	3	6	1	6	0.36	2.16	0.12
2		辅助眼	3	6	3	6	0.36	2.16	0.12
3		周边眼	3	12	5	12	0.36	4.32	0.12
4		周边眼	3	12	7	12	0.36	4.32	0.12
5		周边眼	3	9	9	9	0.36	3.24	0.12
6		小计		45		45		16.20	
7	上台阶	辅助眼	3	4	1	4	0.36	1.44	0.12
8		周边眼	3	7	5	7	0.36	2.52	0.12
9		周边眼	3	7	9	7	0.36	2.52	0.12
10		小计		18		18		6.48	
合计				63		63		22.68	

(2)仰拱扩挖爆破设计

拱墙混凝土拆除初期支护后,间隔约 30m 进行该段仰拱钢筋混凝土二次衬砌及填充混凝土拆除,同时进行扩挖施工。仰拱扩挖爆破炮孔沿线路方向 45°钻进,钻孔直径为 42mm,周边眼采用药卷直径 32mm。仰拱扩挖循环进尺 3m,断面面积 8.27m^2,一次爆破 24.81m^3。爆破设计如图 7-17 所示,爆破参数见表 7-10。

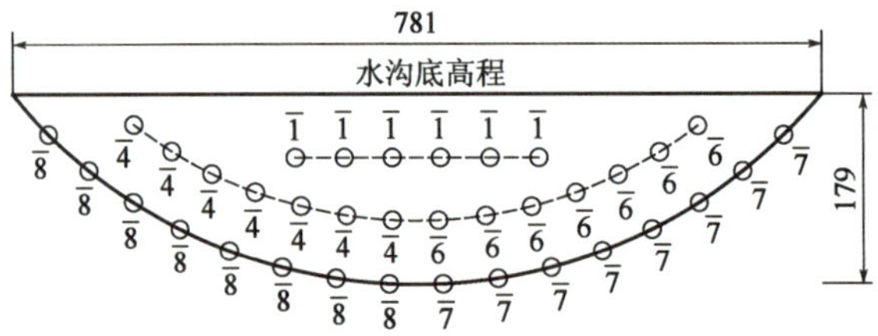

图 7-17　仰拱扩挖爆破施工炮眼布置示意图(尺寸单位:cm)

仰拱扩挖爆破设计参数　　表 7-10

序号	爆破部位	炮孔名称	炮孔深度(m)	炮孔数量(个)	雷管 段数(段)	雷管 数量(个)	单孔装药量(kg)	总装药量(kg)	线装药密度(kg/m)
1	仰拱	辅助眼	3.2	6	1	6	0.4	2.4	0.125
2		辅助眼	3.2	7	4	7	0.4	2.8	0.125
3		辅助眼	3.2	7	6	7	0.4	2.8	0.125
4		周边眼	3.2	8	7	8	0.4	3.2	0.125
5		周边眼	3.2	8	8	8	0.4	3.2	0.125
合计				36		36		14.4	

4)隧道光面爆破施工工艺

(1)测量放样布孔

钻孔前,测量人员要用红油漆准确绘出开挖面的中线和轮廓线,标出炮孔位置,其误差不得超过5cm。

(2)钻孔

钻工要熟悉炮孔布置图,要能熟练地操纵凿岩机械,特别是钻周边眼,必须有专人指挥,以确保周边眼有准确的外插角。尽可能使两茬炮交界处台阶小于15cm。同时,应根据眼口位置及掌子面岩石的凹凸程度确定炮孔位置,其误差不得超过5cm。

(3)清孔

装药前,用由钢筋弯制的炮钩和小于炮孔直径的高压风管输入高压风将炮孔内石屑刮出和吹净。

(4)装药

装药需分片分组按炮孔设计图确定的装药量自上而下进行,雷管要“对号入座”。装药时,爆破员要对炮孔的孔位、深度进行检查,对不合格的应进行补钻。尽量减少装药量,根据经验,炸药单耗控制在设计范围以内。采用人工装药,严格按技术交底要求进行装药,同时做好以下工作:

①装药前,应清点炮孔数、药包数量和延时分段要求等是否和设计一致。

②装药时,从所在爆区的一端向另一端顺序作业,逐炮装入,以防止遗漏。

③装药时,将起爆体和炸药按设计要求放置在孔口附近。将炸药轻送至炮孔底部,每装入一定量的药包后,应测量装药长度。装药量所决定的装药长度有差别时,应立即停止装药,并

采取措施进行处理。

④装入起爆药包后，严禁强力捣压药包，尤其是起爆药包，防止引起早爆事故。

⑤装药时，严格按操作规程进行缓慢逐步进行，并由专人进行检查，同时做好现场记录。

(5)填塞

所有炮孔均应采用炮泥堵塞，填塞长度不小于20cm。堵塞时应注意：

①用含水率适宜的黏土进行填塞，并用竹制或木制炮杆将填塞物捣实，增加爆破效果，避免冲炮。填塞时，严禁用较大粒径的石屑回填，以免破坏雷管的脚线。

②如果炮孔有水，填塞时应尽量将水挤出，保证填塞的密实度。

③填塞时，应保护好起爆网路，防止导线被砸断、砸破，填塞的长度应符合设计要求。

④填塞质量必须保证，填塞长度必须达到设计要求，如果岩石的裂隙较密，应该适当增加填塞长度。

⑤填塞完成后，理顺、区分好每个炮孔的连接线，并做好标记。

(6)连接起爆网路

起爆网路为复式网路，以保证起爆的可靠性和准确性。连接时要注意：

①连接前，应对每个起爆体线路逐个检查，符合质量要求后方可连入网路。

②导爆管不能打结和拉细，各炮孔雷管连接次数应相同，引爆雷管应用黑胶布包扎在离一簇导爆管自由端10cm以上处。

③网路连接应在全部炮孔堵塞完成后，并且无关人员撤离爆区后进行。

④网路连接好后，要禁止非爆破人员进入爆破区域，同时应由爆破技术员对网路连接进行检查，以防止漏连、错连等，要有专人警戒，以防意外。

(7)爆破防护

网路连接完成并检查合格后，方能按照爆破设计中的防护范围、防护措施进行防护，防护时应注意不要破坏起爆网路，确认爆破防护到位后，作业人员撤离爆区。

严格按照爆破设计的警戒范围布置安全警戒。警戒时，警戒人员从爆区由里向外清场，所有与爆破无关的人员、设备撤离到安全地点并警戒。确认人员设备全部撤离危险区，具备安全起爆条件时，爆破作业负责人才能发出起爆信号。爆破员收到起爆信号后，才能进行爆破器充电，并将主线接到起爆器上，充好电以后进行起爆。爆破15min后，在确认隧道内通风设备正常后，检查人员进入爆区进行检查，确认安全后，方准发出解除警戒信号。

(8)爆破检查、总结

每次爆破完成后，爆破现场负责人、爆破员和专职安全员进入爆破地点检查有无盲炮和其他不安全因素。如果发现有危石、盲炮等现象，应及时处理。

未用完的爆破器材应进行仔细清点、退库。

爆破结束后，爆破工程技术人员要认真填写爆破记录，进行爆破总结，并进行爆破安全分析，提出施工中的不安全因素和隐患以及防范办法，提出改善施工工艺的措施。

对照监测报告和爆后安全调查，分析各种有害效应的危害程度及保护物的安全状况，如实反映出现的事故，处理方法及处理结果，总结经验和教训，指导下一步施工。

7.4.2 爆破振动速度监测与反馈

1)监测方案

根据开挖爆破方案和爆破参数设计,对爆源周边一定范围内的振动敏感部位进行振动监测。

(1)振动监测点布置

监测点应布置在靠近爆源区的建筑物部位,在爆破段与之对应的隧道迎爆侧侧壁位置,每20m设置3个监测点,监测点根据爆破作业点平行前移。振动监测点布置如图7-18所示。

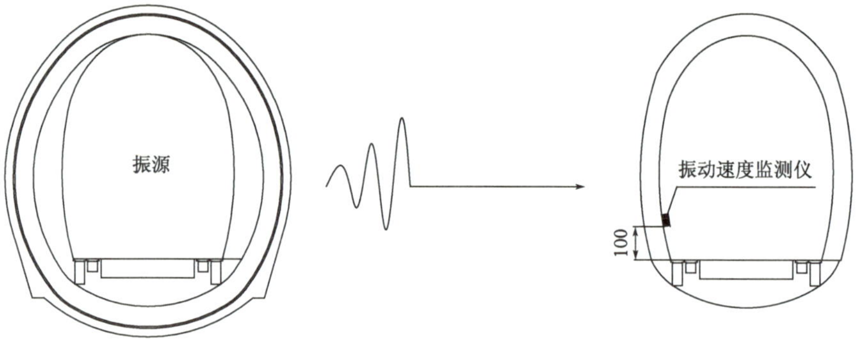

图7-18 隧道病害段爆破振动监测点布置示意图(尺寸单位:cm)

(2)传感器安装

在爆破前提前按预定的位置及要求安装三矢量速度传感器,其中Z方向铅直,X方向为水平径向,Y方向为水平切向。对监测点进行编号,测量并记录振源中心及传感器的位置与高程。

(3)仪器连接与调试

在爆破前30min,将采集仪连接各传感器,记录传感器和采集仪编号、设置参数,选择合适的开门阈值,宜为预测最大幅值的20%,且不低于0.2cm/s,防止频繁误触发。确认仪器连接、调试完好,使用保护罩盖在仪器和传感器上,加以保护。

在爆破现场警戒前撤到安全区域。特别对于隧道内的振动监测,应反复调试开门阈值,以确保接收有效信号。

将主机、电源等放在长25cm、宽35cm、高20cm的配电箱内,配电箱安装在边墙位置距盖板1m高处,用膨胀螺丝固定,最内缘距既有线中心距离为2.3m,对既有线不造成影响。

(4)现场监测

爆破产生的振动超过仪器设定的开门阈值,开始记录爆破振动信号。爆破警戒解除后,进入爆破现场收拾仪器、传感器与连接线。清除黏结在地表面的石膏,收拾现场工作垃圾。

(5)资料整理

通过计算机USB接口与记录仪连接,传输现场记录的振动波形数据。

使用振动分析软件对波形进行分析处理,分别读取竖向、水平径向和水平切向的振动峰值、峰值主频、主振持续时间等参数。必要时,对三分量振动数据进行矢量和运算,得到合成最大振幅。

2)典型段落监测结果分析

(1)典型段落选择

选取3个典型施工段落:①上行线DK313+616~DK314+246段,对应下行线段落为病害严重段落;②5号工区辅助坑道上跨段,爆破中心点距下行线DK315+911~DK316+106段最短距离15m;③5号工区平导PDK314+616~DK315+826段,监测爆破施工振动速度,分析爆破对正洞运营安全影响。

(2)爆破测点设置

在爆破段与之对应的运营隧道迎爆侧侧壁位置,每20m设置3个监测点。其中上行线病害整治段爆破时,在下行线对应位置布置33个测点;5号工区辅助坑道上跨段爆破时,在上行线、下行线对应位置布置19个测点,1~13号测点位于下行线左侧,14~16号测点位于下行线右侧,17~19号测点位于上行线右侧。5号工区小里程平导爆破时,在上行线对应位置布置61个测点。

爆破施工振动速度监测方案见表7-11,如图7-19所示。

爆破施工振速监测方案　　表7-11

爆破区域	上行线整治段	5号斜井工区辅助上跨坑道	5号斜井工区小里程平导
爆破范围	DK313+616~DK314+246	DK315+911~DK316+106	PDK314+616~PDK315+826
振动监测范围	下行线K300+000~K300+630(段落长度630m)	上行线及下行线K302+295~K302+490(段落长度195m)	上行线K301+000~K302+210(段落长度1210m)
影响区域	爆破段与之对应的运营线		
测点安装位置	运营线迎爆侧侧壁位置		
测点	3个,间距20m		

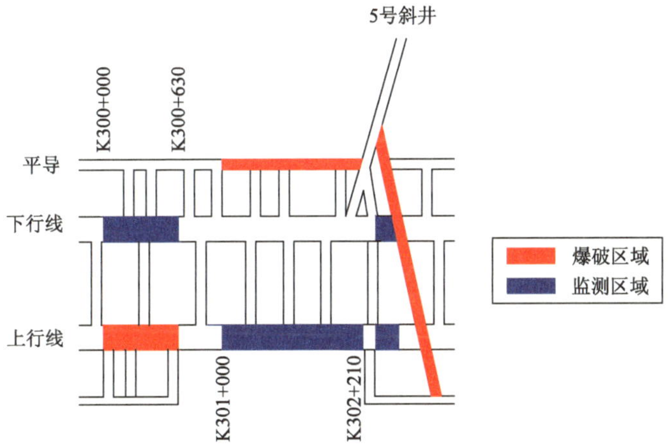

图7-19　病害整治爆破区域与监测区域位置关系示意图

(3)监测结果

监测结果见表7-12。当开挖过程中出现振动速度大于3cm/s时,当日对爆破影响段对应点前后50m范围内的建(构)筑物(含轨道几何尺寸)进行全面检查,应确保安全。

爆破施工振动速度监测结果统计表　　表 7-12

爆破区域	监测结果				
	测点数量（个）	测试数据（组）	爆破振动速度控制指标（cm/s）	超标数据（组）	未超标数据（组）
上行线整治段	33	148	3	1	147
5 号斜井工区辅助上跨坑道	19	475		2	473
5 号斜井工区小里程平导	61	340		0	340

7.5　隧道病害段恢复施工

隧道恢复施工前，应做好施工准备，对施工人员进行技术交底、安全交底，交底新材料、新工艺、新技术的操作流程，明确质量控制标准，告知危险源以及相应的应急措施。施工前，应对初期支护断面进行检查和复核，隧道中线、水平、断面尺寸和净空大小均应符合设计要求。施工中应确保二次衬砌不侵入隧道建筑限界。

隧道恢复施工包括拱墙初期支护施工、仰拱施工、缓冲层施工、防水层施工、二次衬砌施工、水沟电缆槽施工、道床施工、四电及轨道施工共 8 项内容。

7.5.1　拱墙初期支护施工

1）锚杆施工

（1）锚杆施工前准备

检查锚杆的类型、规格、质量及其性能是否与设计相符。根据锚杆类型、规格及围岩情况，准备钻孔机具。

（2）锚杆钻孔

钻孔机具应根据锚杆类型、规格及围岩等情况选择。锚杆钻孔前，应按设计要求定出位置，孔位允许偏差为 15cm。钻孔应与围岩壁面或其所在部位岩层的主要结构面垂直，钻孔深度应大于锚杆设计长度 10cm。

（3）锚杆安装

安装前应检查锚杆体钻头的水孔是否畅通，若有异物堵塞，应及时清理。锚杆体装入设计深度后，应用水或空气洗孔，直至孔口返水或返气。锚杆注浆宜采用 1∶1 水泥砂浆，水灰比宜为 0.4～0.5，水泥砂浆的砂子粒径不应大于 1.0mm。注浆时，注浆料应由杆体中孔注入，上仰孔应设置止浆塞和排气孔。

2）钢筋网片安装

钢筋网片施工工艺流程：调直→下料→除锈、去油污→焊接→运输→安装。

钢筋网按照设计要求加工成方格网片，纵、横钢筋相交处可点焊成块。钢筋网一般在初喷混凝土、锚杆完成后安设。

施工时，将钢筋网片运至工作面进行敷设。网片要紧贴初喷面，混凝土保护层厚度必须满足设计要求。网片与网片、网片与锚杆、网片与钢架之间应焊接牢固。

3)格栅钢架制作与架设

钢架在隧道外钢构件厂设计的工装台上加工制作。工作台采用厚度20mm的钢板制成,根据不同断面的钢架主筋轮廓放样成钢筋弯曲模型。钢架应在胎模内焊接,避免变形。钢架焊接不得有假焊,焊缝表面不得有裂纹、焊瘤等缺陷。

每榀钢架加工完成后放在水泥地面上试拼,周边拼装允许误差为±3cm,平面翘曲小于2cm。格栅钢架各单元必须明确标准类型和单元号,并类堆放。

钢架在初喷混凝土后及时架设,架设后及时喷射混凝土。钢架应全部被喷射混凝土覆盖,保护层厚度不得小于40mm。

4)喷射混凝土

选用抗硫酸盐硅酸盐水泥,喷射混凝土严格按照设计配合比进行拌和,配合比及搅拌的均匀性每班检查不少于两次。

喷头距岩面距离宜为0.6~1.2m,喷头垂直受喷面。喷射至初期支护钢架、钢筋网时,应将喷头稍加偏斜。

喷射路线应先边墙、后拱部,分区、分段螺旋形运动。喷头作连续不断的圆周运动,后一圈压前一圈1/3,螺旋状喷射。

隧道喷射混凝土厚度25cm分两次作业,第一次初喷4cm,第二次喷射混凝土在钢架安装完成后喷射厚度21cm。湿喷机械手现场施工如图7-20所示。

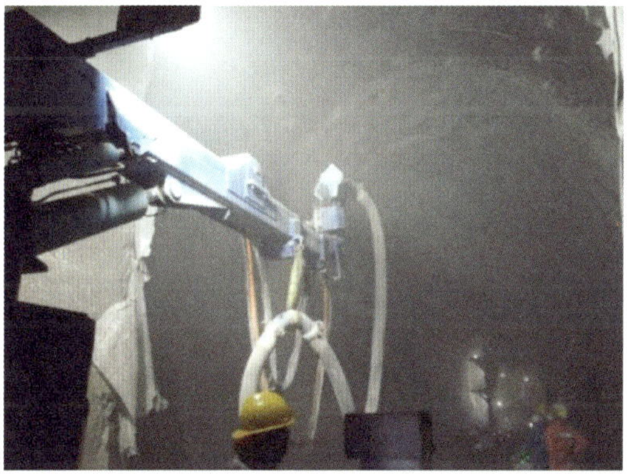

图7-20　湿喷机械手现场施工

7.5.2　仰拱施工

1)双栈桥施工工艺

仰拱施工是制约病害整治的关键。为加快仰拱施工,采用双栈桥施工工艺。两个仰拱栈桥间距离为24m,平行施工。

(1)作业分区

双栈桥施工工艺如图7-21所示,将两个横通道之间的正洞作业区段依次划分为二次衬砌区、1号栈桥区、2号栈桥区和拱墙扩挖区等四个工作区间,四个区段间隔适当距离,一般宜为20~50m。

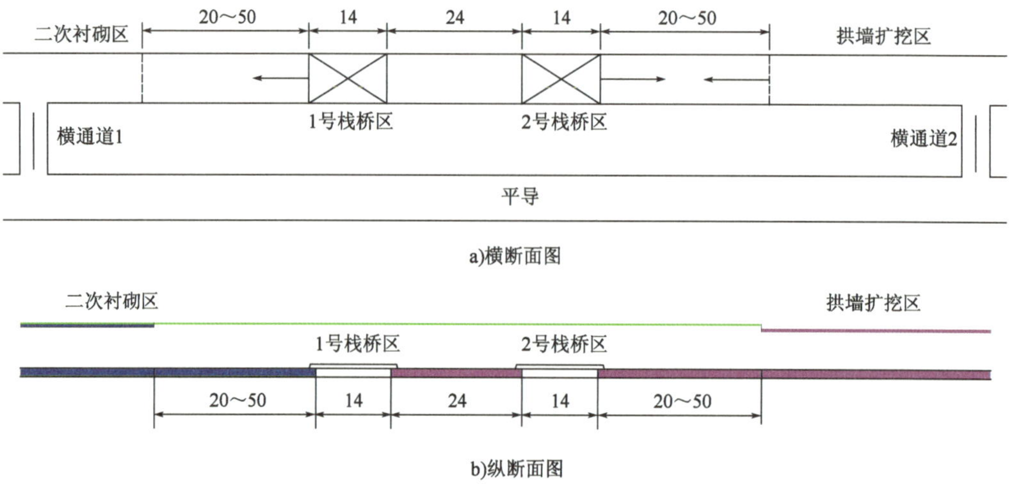

图 7-21　仰拱双栈桥施工工艺示意图(尺寸单位:m)

仰拱栈桥段落长度 14m,每循环施作初期支护 3m,完成 4 次初期支护后,一次浇筑混凝土长度 12m。

(2)物流组织

扩挖区采取反向物流组织,即通过 2 号栈桥区→1 号栈桥区→二次衬砌区→横通道 1 进行出渣和进料。

1 号栈桥区采取反向物流组织,即通过二次衬砌区→横通道 1 进行出渣和进料。

2 号栈桥区采取正向物流组织,即通过拱墙扩挖区→横通道 2 进行出渣和进料。

二次衬砌区采取反向物流组织,即横通道 1 进行进料。

仰拱双栈桥施工如图 7-22 所示。

图 7-22　仰拱双栈桥现场施工照片

2)仰拱钢筋加工

在平导通道内设置加工区域,仰拱钢筋按 2m 节段长度在胎架上加工。

胎架上采用角钢按照标准间距开 U 形槽,要求钢筋布置简易,间距固定、准确,满足设计及规范要求,这样不仅提高了仰拱钢筋笼制作工效,还减少了出现因钢筋间距不规范而返工的现象。仰拱钢筋加工胎架如图7-23所示。

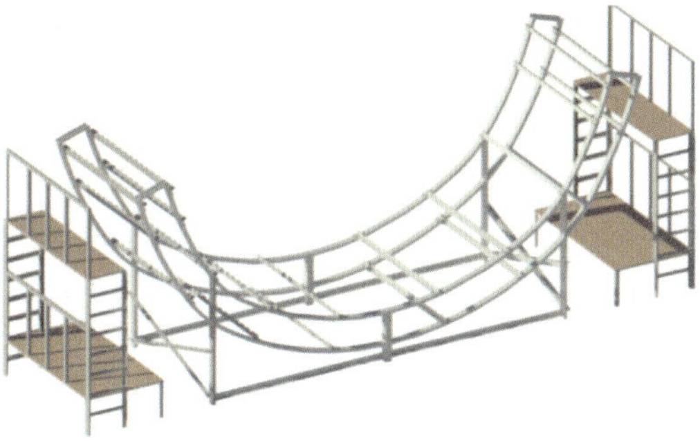

图7-23　仰拱钢筋加工胎架示意图

3)仰拱钢筋笼运输

采用炮车运输加工好的钢筋笼。钢筋笼高度为3.5m,炮车离地高度为0.2~0.3m,炮车净空高度为4.1m,桁架梁净空高度为4.2m,炮车钢筋笼运输满足净空要求。

炮车设置横向、纵向的转轴,满足炮车横向的转向及纵向的颠簸。炮车转轴、炮车运输钢筋笼如图7-24、图7-25所示。

图7-24　炮车转轴示意图

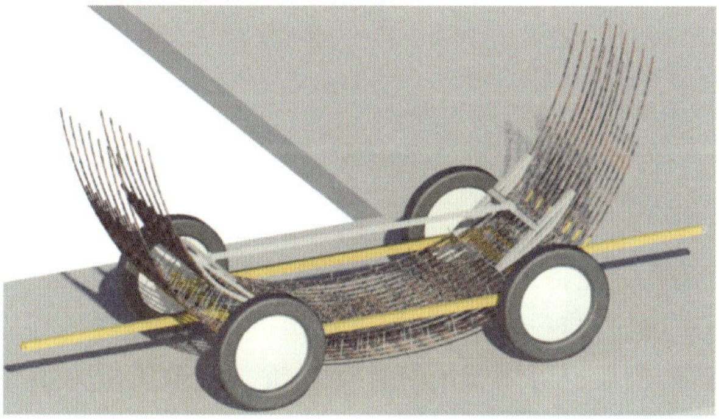

图7-25　炮车运输钢筋笼示意图

4)钢筋笼吊装

采用钢筋笼吊架进行钢筋笼吊装。钢筋笼吊架由槽钢和横、纵杆组装制成,槽钢弧度与钢筋笼弧度相吻合,如图7-26所示。钢筋笼吊装时,将钢筋笼吊架的槽钢与钢筋笼的钢筋连接牢固,保证钢筋笼吊装时结构稳定、不变形。

5)钢筋笼安装

钢筋笼采用自制的桁架吊装就位,如图7-27所示。

桁架的牛腿采用工字钢和槽钢焊接成的T形结构,固定锚杆采用上边3根、下边1根的布置形式。槽钢锚孔直径7cm,锚杆直径2.5cm,减小了锚杆、锚孔位置的对接难度。在槽钢后部插入楔形硬质方木,通过插入深度可精调纵向高度与水平位置。桁架牛腿加工如图7-28所示。

图 7-26　钢筋笼吊架结构示意图

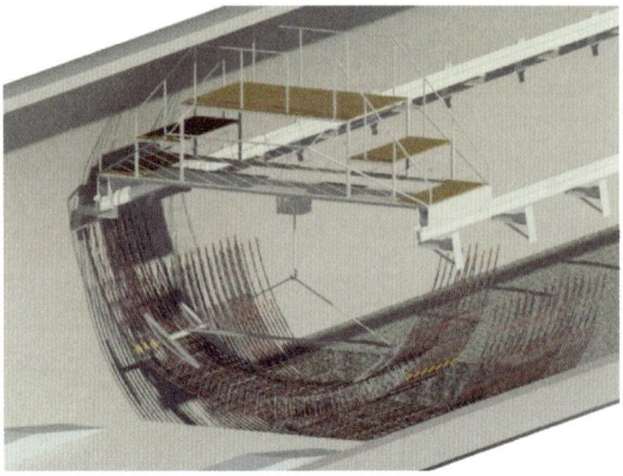

图 7-27　桁架吊装钢筋笼示意图

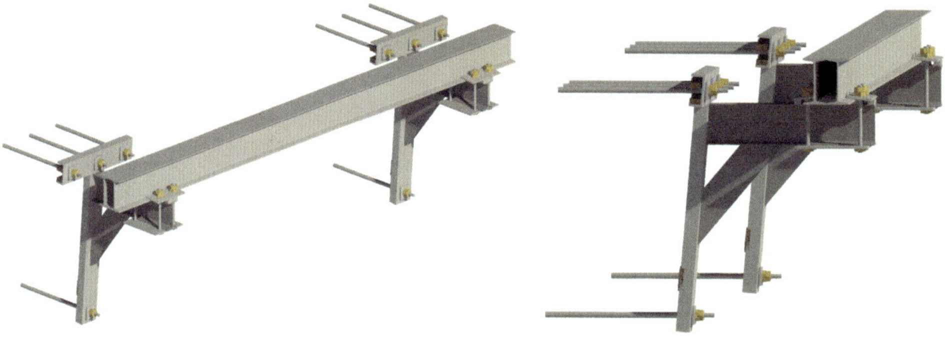

a)整体图

b)局部图

图 7-28　桁架牛腿示意图

桁架上方配备工作平台，配置载重 5t 的葫芦，用于吊装作业。当桁架不吊装钢筋笼时，可移至仰拱坑外，与栈桥错开，保证通道内净空。

同时，桁架也可用于吊装移动栈桥。栈桥质量为 6t，两台葫芦同时使用，可吊装移动栈桥，取代之前用装载机横拖硬拉的栈桥移动方式。

7.5.3　缓冲层施工

在隧道边墙和拱部设置缓冲层，缓冲层铺设的底边线为轨顶高程。缓冲层采用聚乙烯泡沫板，厚度 50mm。聚乙烯泡沫板缓冲层分块加工，加工尺寸为 0.75m × 1.5m，采用燕尾扣进行固定。施工工艺流程如下：

(1)定线。在初期支护表面，用红油漆喷出缓冲垫层的底边线，以及环向软管和环向排水板的中线。缓冲层铺设的底边线为轨顶高程，环向软管和环向排水板交错布置，中线间距为 1.6m。

(2)安装燕尾扣。在初期支护上安装燕尾扣，燕尾扣环向间距 × 纵向间距为 81cm × 78cm。每固定一块缓冲层，四角各需要安装 1 个燕尾扣。燕尾扣如图 7-29 所示。

(3)铺设缓冲层。在相邻的环向软管和环向排水板之间铺设缓冲层，缓冲层利用燕尾扣固定，两端各预留约 4cm。缓冲层铺设如图 7-30 所示。

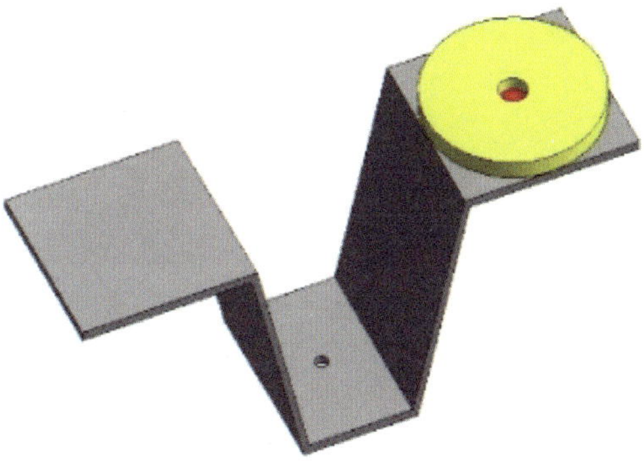

图 7-29　燕尾扣

图 7-30　缓冲垫层铺挂

从墙脚向拱顶方向,依次安装燕尾扣、铺设缓冲层。底部缓冲层在仰拱防水板铺设前利用梯子进行铺设,上部缓冲层在仰拱及仰拱填充浇筑完毕后利用台架进行施工。缓冲层施工如图 7-31 所示。

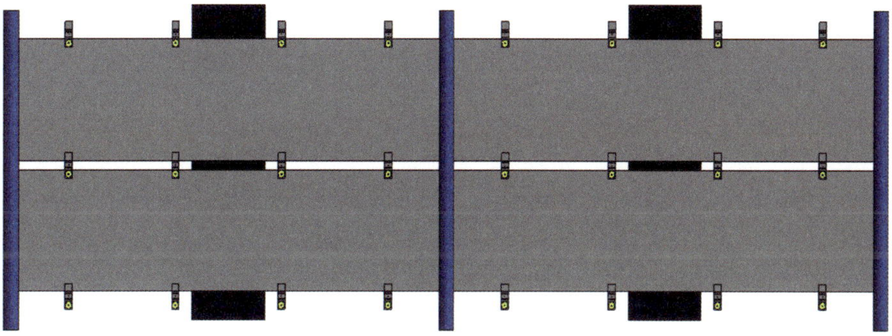

图 7-31　隧道缓冲层施工示意图

7.5.4　防水层施工

1) 防水板铺设

隧道全环铺设 EVA 自黏式防水板,厚度 1.5mm,幅宽 3m。

为了提高防水板铺设能力,分两次施工,首先一次铺设仰拱及墙部,然后铺设拱部。

针对仰拱及墙部的防水板铺设,创新了施工工艺,如图 7-32 所示。

施工工艺流程如下:

(1) 在边墙大跨处安装 ϕ22mm 锚固钢筋,锚固端长 40cm,外露 16cm,并设置挂钩。纵向每 3m 安装 1 个。两挂钩间放置 ϕ16mm 钢管。

(2) 利用角钢和松紧螺栓将防水板固定,每侧设置 4 个固定点,纵向间距 60cm。

(3) 通过防水板固定装置(花篮螺栓,调节高度 20cm)将锚固钢筋与松紧螺栓相连接。

(4) 防水板从一侧向另一侧铺设,铺设到位后,利用挂梯采用超声波焊接防水板。

2) 纵环向止水带搭接施工

由于钢边橡胶止水带橡胶部分有凸起,钢板止水带凹槽一面朝向初期支护基面,从而致使纵向施工缝钢板止水带与环向钢边橡胶止水带搭接时两者之间不能密贴，中间有较大缝隙，是防水的薄弱环节，需加强环纵向止水带搭接施工。

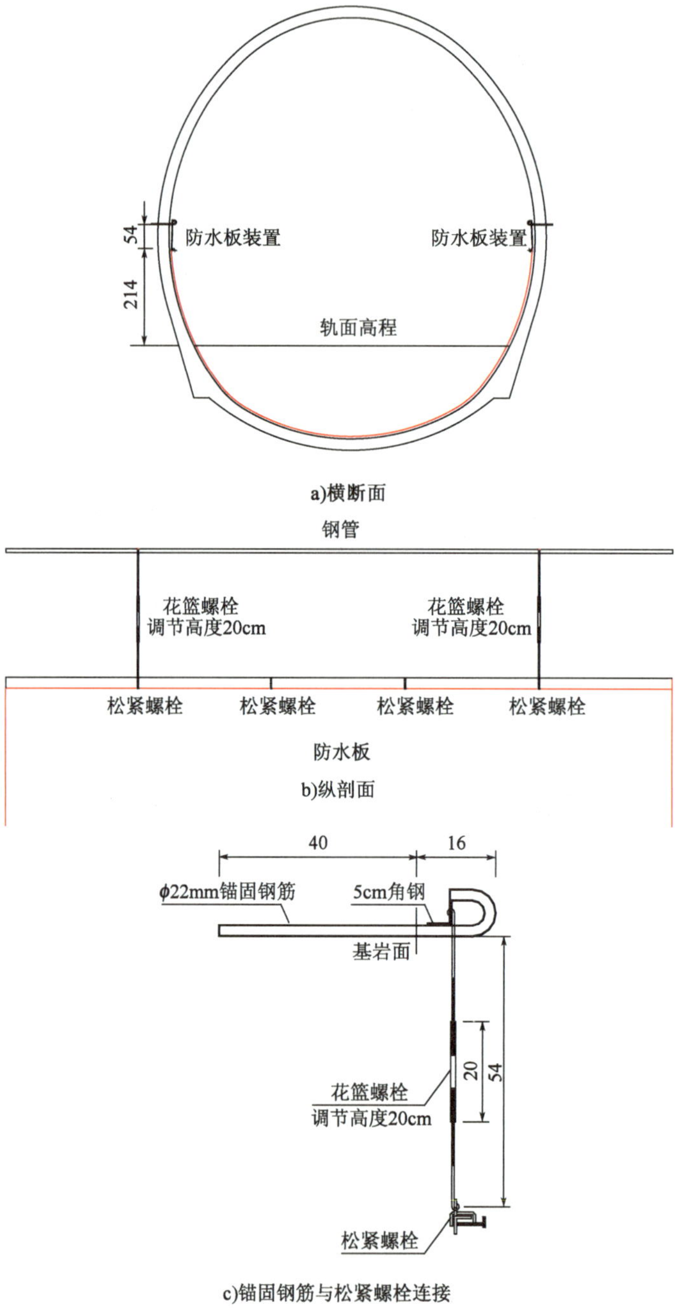

图 7-32 仰拱及墙部防水板铺设工艺示意图(尺寸单位:cm)

搭接施工顺序：切除钢边橡胶止水带搭接凸起部分的橡胶→把钢板止水带与钢边橡胶止水带靠在一起→两侧各用 3 颗铆钉锚固→待铆钉锚固好后，钢边橡胶止水带与钢板止水带中间缝隙用粘接材料粘接密实。搭接操作如图 7-33 所示。

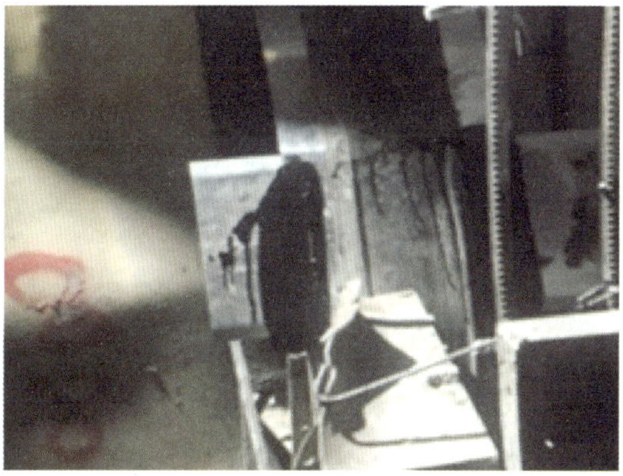

a)

b)

图 7-33 钢边橡胶止水带与钢板止水带现场搭接

7.5.5 二次衬砌施工

1)衬砌钢筋施工

防水层铺设完成后,进行钢筋绑扎。采用的钢筋均在加工厂集中加工成型后,运送至现场使用。加工时,钢筋一端预装挤压连接套筒,便于现场绑扎钢筋方向辨识,加快现场安装速度。

现场先施工定位钢筋,根据定位钢筋安装环向钢筋和纵向分布钢筋,最后安装两层钢筋之间的连接筋。钢筋绑扎施工采用钢筋台阶及防水板台架组合施工方法,从而加快钢筋绑扎施工速度。衬砌钢筋施工如图 7-34 所示。

a)

b)

图 7-34 二次衬砌钢筋施工

2)衬砌分窗浇筑

衬砌混凝土浇筑采用滑槽逐窗分层浇筑,通过料斗、主溜槽、三通分流槽、分流串筒和入窗溜槽,并在各级插板设置阀门,使混凝土流向各工作窗口,实现混凝土的逐窗进料。

衬砌台车长度 12m,顶部平台中线位置设置 2 个主分流斗,每主分流漏斗左右两侧各设 2 个一级分流槽。一、二级分流槽采用弧形滑槽和一级漏斗组成,一级漏斗左右两侧各设 8 个分流滑槽引至一、二级平台对应工作窗口。三级分流槽采用串筒、二级漏斗和弧形滑槽组成,采取串筒将一级漏斗、二级漏斗连通，二级漏斗左右两侧各设4个分流滑槽至三级平台对应工作窗口。衬砌施工如图7-35所示。

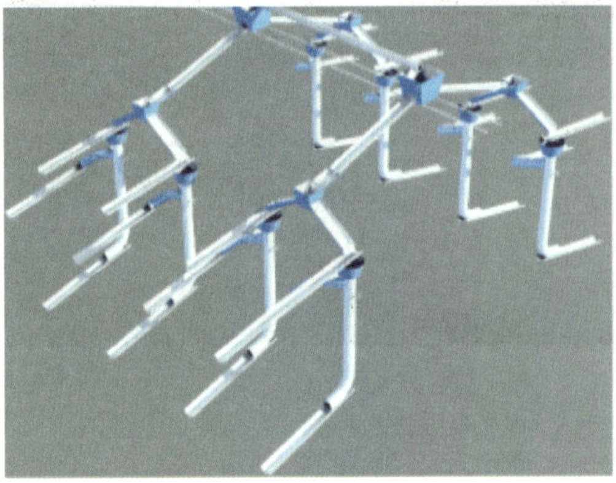

a)分流槽三维图

b)分流槽混凝土浇筑

c)衬砌分窗浇筑

图7-35 二次衬砌施工

混凝土搅拌运输车运送至现场时，由混凝土输送泵泵送入顶平台主料斗。混凝土采用水平分层、对称浇筑，控制灌注混凝土的速度和单侧灌注高度，两侧浇筑高度相差不超过0.5m。输送软管管口至浇筑面垂直距离混凝土的自落高度不得超过2m，台车前后不超过1m，防止混凝土离析。混凝土连续浇筑，相邻两层浇筑时间间隔控制在2h之内。

3）混凝土表面凿毛

混凝土表面凿毛流程：浇筑混凝土→喷洒缓凝剂（提浆完成）→凿毛（高压水枪冲洗）→清理界面（积水和废渣清除）。

（1）按照混凝土施工工艺进行混凝土浇筑。

（2）对二次衬砌端头和仰拱端头界面处理。在关模前对端头模板喷洒缓凝剂。小边墙顶面待混凝土提浆完成后，立即喷洒缓凝剂，要求20min内完成缓凝剂喷洒。

（3）混凝土初凝或浇筑后6～8h，利用高压水枪对混凝土界面进行高压冲洗。

（4）清除施工界面上的积水和废渣。

混凝土表面凿毛效果如图7-36所示。

a)　　b)

图7-36　混凝土表面凿毛处理效果

4)混凝土养护

脱模后采用可移动雾炮对衬砌混凝土进行喷雾(洒水)养护。可将雾炮装置固定于洒水车上,实现隧道内各段落混凝土喷雾(洒水)养护或隧道除尘。

养护期间需保持混凝土表面持续湿润,养护水的温度与环境温度基本相同,气温低于5℃时不得洒水养护。如在拆模前混凝土温度较高时,采用不低于混凝土20℃的水喷射模板降温,拆模后挂设保湿膜对混凝土表面进行养护。

利用二次衬砌台车进行保湿膜的铺挂。养护从上而下分段进行,防止漏保湿膜。

采用不同养护方法混凝土强度对比见表7-13。

衬砌混凝土不同养护方法强度对比　　表7-13

序号	试验地点	养护方式	混凝土设计强度等级	回弹强度(MPa)					
				7d		28d		56d	
				测试值	平均值	测试值	平均值	测试值	平均值
1	4号工区	自然养护	C40	22.6	23.8	37.6	36.1	43.8	43.1
2				24.2		35.6		42.3	
3				25.7		36.1		43.9	
4				21.9		33.8		43.1	
5				24.8		37.5		42.3	
6	5号工区	喷雾(洒水)养护		29.3	28.3	41.6	39.5	47.3	48.5
7				27.9		37.9		49.3	
8				28.3		38.4		48.2	
9				28.4		39.1		50.2	
10				27.6		40.6		47.3	
11		养护膜养护		31.3	32.5	43.8	42.8	53.2	54.1
12				32.6		45.1		51.9	
13				30.8		41.9		55.3	
14				33.8		42.6		54.2	
15				34.1		40.8		55.9	

根据测试数据绘制不同养护方法时混凝土强度变化对比曲线,如图 7-37 所示。

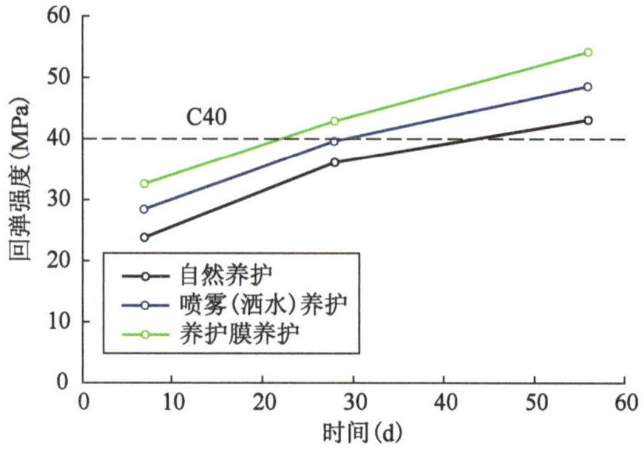

图 7-37　不同养护方法时混凝土强度变化对比曲线

从图 7-37 可以看出:

(1)混凝土采用自然养护、喷雾(洒水)养护和养护膜养护三种方式,混凝土强度均能满足设计要求。

(2)三种养护方式条件下,混凝土强度均随龄期呈增长趋势。

(3)从三种养护方式对比,采用养护膜养护混凝土强度最高,采用喷雾(洒水)养护混凝土强度次之,采用自然养护混凝土强度相对最低。与自然养护相比,采用喷雾(洒水)养护混凝土强度增长 12.5%,采用养护膜养护混凝土强度增长 25.5%。因此,若对混凝土强度要求很高,可选择养护膜养护,但成本较高。一般情况下,采用喷雾(洒水)养护也是可行的。

7.5.6　水沟电缆槽施工

水沟电缆槽施工流程:施工准备→测量放线→边墙和基底处理→沟墙钢筋、预埋件安装→模型安装→浇筑混凝土→养护。

盖板施工流程:钢筋加工→立模→钢筋骨架入模→混凝土灌注、振捣→混凝土抹面→混凝土养护→成品脱模→转至成品存放区。

水沟、电缆槽盖板预制采用预制场预制,工厂化大规模的批量生产,以保证盖板的质量和数量。

水沟及电缆槽施工结束后进行盖板铺设。铺设过轨管线处盖板预留,待过轨管线穿完后再铺设盖板。

7.5.7　道床施工

恢复二次衬砌拆除段落 CPⅡ、CPⅢ后,对拆除仰拱段落道床按照原无砟轨道设计及无砟轨道验收条件进行道床施工。道床施工如图 7-38 所示,轨道精调如图 7-39 所示。

7.5.8　四电及轨道施工

按照轨道铺装工艺进行施工,严格按照拆除前轨道位置进行复位,按照拆除时轨道编号进行恢复,同时进行轨道数据采集和精调,严格控制施工精度。根据四电恢复方案进行施工。

图 7-38　道床一次性浇筑施工

图 7-39　轨道精调工装布置

隧道病害整治完成后如图 7-40 所示。

a)整治段与未整治段连接处

b)整治段

图 7-40　隧道病害整治完成后

7.6　结论与体会

(1)采用隧道悬臂式万向切割设备,对衬砌混凝土进行纵环向切割,结合破碎锤或者微爆破拆除衬砌混凝土的施工方法,形成了隧道安全快速拆除施工技术,解决了钢筋衬砌混凝土拆除速度慢、难度大、风险高的施工难题。

(2)通过优化炮孔装药量、间距和深度等爆破设计参数,形成了微振控制爆破技术,并将既有线爆破振动速度监测纳入施工工序管理,降低了爆破对邻近既有线及拆除区域周边的扰动,确保了施工及运营线安全。

(3)通过研究应用隧道全断面防水板铺挂结构、衬砌缓冲层铺挂结构、隧道仰拱双栈桥对向物流方法、纵环向止水带搭接施工方法、混凝土表面凿毛新技术等多种新工艺、新技术,解决了抗渗等级 P10 的抗侵蚀性 C40 钢筋混凝土衬砌(HRB400 ϕ25mm 环向主筋)、钢板止水带、全环自黏式 EVA 防水板、聚乙烯缓冲垫层等新型材料及新工序施工技术难题,高效优质完成了隧道结构恢复施工。

第8章 隧道病害整治施工组织

南吕梁山隧道上行线2018年5月8日开始病害整治,12月30日完成整治并恢复运营,整治工作历时约8个月。下行线2019年1月6日开始病害整治,8月30日完成整治并恢复运营,整治工作历时约8个月。

南吕梁山隧道病害段落长,加上隧道断面面积较小,物流组织和施工通风极为困难,因此,病害整治工作施工组织难度极大。

为解决施工组织难题,缓解工期压力,按期完成整治施工任务,减少整治施工对瓦日铁路运营的影响,项目针对"整治任务重、有效工期短"的特点,对整治工程施工组织进行研究,并进行方案比选,总结出一套适用于现场快速组织施工技术方案。

8.1 总体施工方案

按照总体施工要求,将上行线、下行线病害整治施工划分为4个阶段:上行线封锁、四电拆除和辅助坑道施工阶段,上行线衬砌拆除扩挖和恢复运营阶段,下行线封锁、四电拆除和辅助坑道施工阶段,下行线衬砌拆除扩挖和恢复运营阶段。

(1)上行线封锁、四电拆除和辅助坑道施工阶段

该阶段施工时间为2018年5月8日—2018年7月15日。

主要工程量包括:拆除四电和轨道工程,填筑洞内运输通道,从正洞开设横通道施工平导,平导贯通后为正洞施工提供物流通道。上行线辅助坑道共计6204m,设置18个横通道、18个平导作业面。

(2)上行线衬砌拆除扩挖和恢复运营阶段

该阶段施工时间为2018年7月16日—2018年12月30日。

主要工程量包括:正洞整治段4490m,设置15个作业区段,其中4号斜井工区6个,施工长度1850m;5号斜井工区6个,施工长度1760m;出口工区3个,施工长度880m。每个区段利用平导、横通道各自形成物流内循环。

验收同步推进,完成一段,验收一段。无砟轨道混凝土强度达到设计要求后,同步完成验收,开通上行线。

(3)下行线封锁、四电拆除和辅助坑道施工阶段

该阶段施工时间为2019年1月6日—2019年4月30日。

主要工程量包括:拆除四电和轨道工程,同时进行下行线辅助坑道施工,洞内运输通道填筑,风水电等从上行线倒接转换到下行线。

出口工区以平导施工为主,利用出口上跨段转运工装设备;5号斜井工区以正洞施工为主,利用2个上跨段作为运输循环通道,提高运能;4号斜井工区以平导施工为主、正洞施工为辅,利用2个上跨段尽快连通各运输通道。

(4)下行线衬砌拆除扩挖和恢复运营阶段

该阶段施工时间为2019年4月30日—2019年8月30日。

主要工程量包括:全部启动正洞作业面施工,正洞整治段5842m,设置32个作业区段,其中4号斜井工区14个,施工长度2280m;5号斜井工区9个,施工长度2062m;出口工区9个,施工长度1500m。每个区段利用平导、横通道各自形成物流内循环。

完成四电恢复,同步完成验交,开通下行线。

8.2　主要施工工序流程

根据设计方案及规范要求,结合现场实际情况,进行施工组织设计,编制施工专项方案。按照“先注浆加固、后逐榀拆除、再逐榀扩挖、最后整体衬砌”的原则进行施工。施工工序共17道,主要施工工序流程为:

四电拆除→轨道拆除→道床防护→运输通道施工→径向预注浆加固→道床板提前拆除→二次衬砌拆除→初期支护拆除及扩挖→初期支护→仰拱开挖及衬砌→拱墙二次衬砌→水沟电缆槽施工→道床恢复→运输通道清理→轨道恢复→四电恢复→验收开通。

8.3　主要处理措施

(1)拆除前采用ϕ50mm小导管对隧道全环进行径向注浆,加固深度3.5m。对于拆除后围岩破碎有裂隙水时,还应继续施作围岩径向注浆加固,以达到封堵裂隙水、加固围岩的目的。

(2)分区段拆除二次衬砌和初期支护结构。采用“先上后下、纵向推进”的原则进行,二次衬砌一次拆除长度不大于3m,初期支护应逐榀拆除。

(3)重新施作初期支护。为改善结构受力,适当增大边墙曲率和仰拱厚度。AA-Ⅲ、A-Ⅲ型复合式衬砌不设置格栅钢架,喷射C25混凝土,厚度12cm。其余衬砌断面均全环设置格栅钢架,钢架间距0.75m或1m,喷射C25混凝土,厚度25cm。

(4)隧道拱墙初期支护与二次衬砌之间铺设土工布+高分子自黏胶膜防水卷材+聚乙烯泡沫塑料板缓冲层。全环拆换整治段落按全包防水处理,环向施工缝采用背贴式橡胶止水带+中埋式橡胶钢边止水带进行处理,纵向施工缝采用中埋式钢板止水带+遇水膨胀橡胶止水条进行处理,变形缝采用中埋式钢边橡胶止水带进行处理。防水层外侧设置排水系统。

(5)重新施作抗硫酸盐耐侵蚀性C40钢筋混凝土二次衬砌,拱墙厚度55cm/70cm。隧道拱墙衬砌一次浇筑,先施工仰拱。仰拱整体浇筑,以确保仰拱施工质量。仰拱施工必须将底部虚渣清理干净。

(6)拆换衬砌与原结构结合部位起终点环向各设一道变形缝。变形缝采用中埋式钢边橡

胶止水带(350mm×15mm),变形缝内缘以双组分聚硫密封胶封堵,其余空隙采用填缝材料填塞密实,拱墙变形缝外侧设置不锈钢接水盒。

(7)重新施作隧道附属大、小避车洞,洞室衬砌等级同主隧道为C40耐腐蚀钢筋混凝土,开洞处设一道加强环梁。

(8)恢复沟槽、道床、轨道及四电工程。

8.4 整治段落分区

隧道病害整治段落分布在约10km范围内,上行线和下行线之间距离30m,原4号斜井长1655m、5号斜井长980m,均与下行线相交。上行线正洞病害整治共计4段,长4490m,新增辅助坑道长6204m;下行线正洞病害整治共计6段,长5842m,新增辅助坑道长9024m。

隧道病害整治段及新增辅助坑道如图8-1所示。

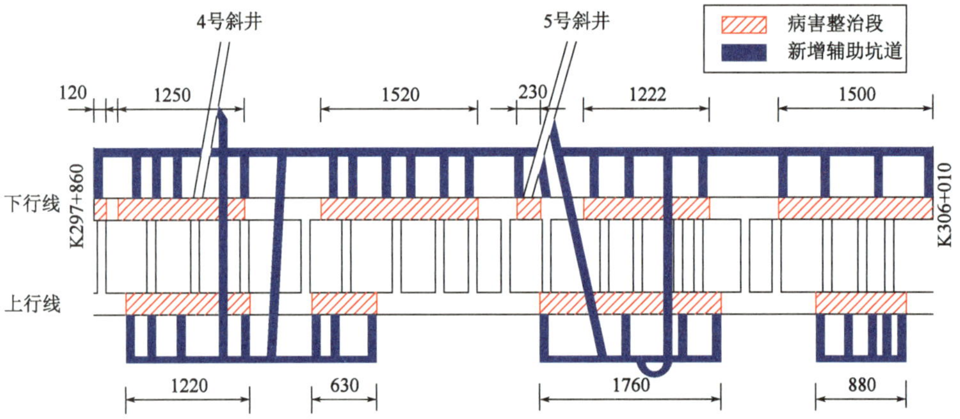

图8-1 隧道病害整治段及新增辅助坑道平面示意图(尺寸单位:m)

病害整治施工分为3个施工工区,分别为4号斜井工区、5号斜井工区、出口工区。4号斜井工区由原4号斜井进入施工区域,5号斜井工区由原5号斜井进入施工区域,出口工区由隧道出口进入施工区域。病害整治施工各工区工程量见表8-1。

南吕梁山隧道病害整治施工各工区工程量统计　　表8-1

序　号	施工线	施工工区	正洞整治长度(m)	辅助坑道施工长度(m)
1	上行线	4号工区	1850	2450
2		5号工区	1760	1760
3		出口工区	880	1994
4		小计	4490	6204
5	下行线	4号工区	2280	3069
6		5号工区	2062	3461
7		出口工区	1500	2494
8		小计	5842	9024
合计			10332	15228

隧道病害整治各工区划分及工程量分布如图8-2所示。

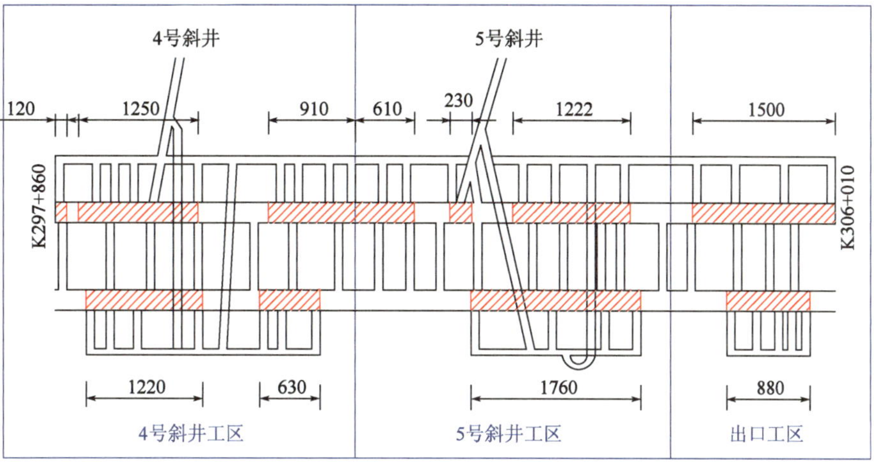

图8-2　隧道病害整治各工区划分及工程量分布示意图(尺寸单位:m)

8.5　辅助坑道施工组织

8.5.1　各工区病害整治运输通道

1)4号斜井工区

(1)上行线

4号斜井与下行线相交,上行线施工时,由“4号斜井+上跨坑道1+平导+横通道”组成到达正洞作业面的运输通道,如图8-3所示。

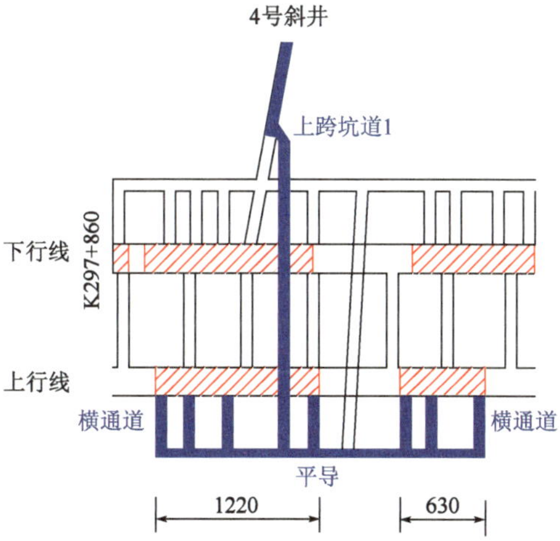

图8-3　4号斜井工区上行线病害整治运输通道示意图(尺寸单位:m)

(2)下行线

4号斜井与下行线相交,下行线施工时施工作业面太多,考虑运输分流,小里程方向由“4

号斜井+平导+横通道”组成到达正洞整治作业面的运输通道,大里程方向由“4号斜井+上跨坑道1+平导+上跨坑道2+横通道”组成到达正洞整治作业面的运输通道,如图8-4所示。

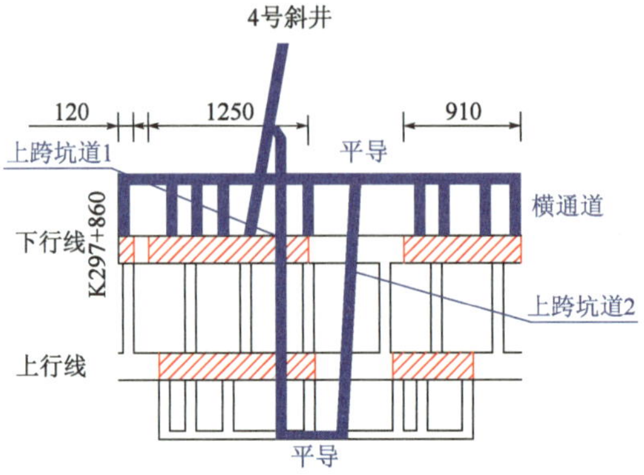

图8-4　4号斜井工区下行线病害整治运输通道示意图(尺寸单位:m)

2)5号斜井工区

(1)上行线

5号斜井与下行线相交,上行线施工时,由“5号斜井+上跨坑道1+平导+横通道”组成到达正洞作业面的运输通道,如图8-5所示。

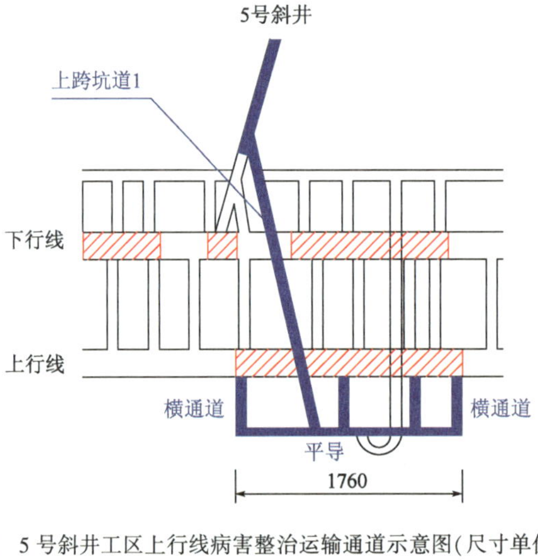

图8-5　5号斜井工区上行线病害整治运输通道示意图(尺寸单位:m)

(2)下行线

5号斜井与下行线相交,下行线施工时施工作业面太多,考虑运输分流,小里程方向由“5号斜井+平导+横通道”组成到达正洞整治作业面的运输通道。大里程方向由“5号斜井+上跨坑道1+平导+上跨坑道2+横通道”组成到达正洞整治作业面的运输通道,如图8-6所示。

3)出口工区

(1)上行线

出口工区没有斜井可以利用,采用出口工区的“未整治垫路段+平导+横通道”组成到达正洞整治作业面的运输通道，如图 8-7 所示。

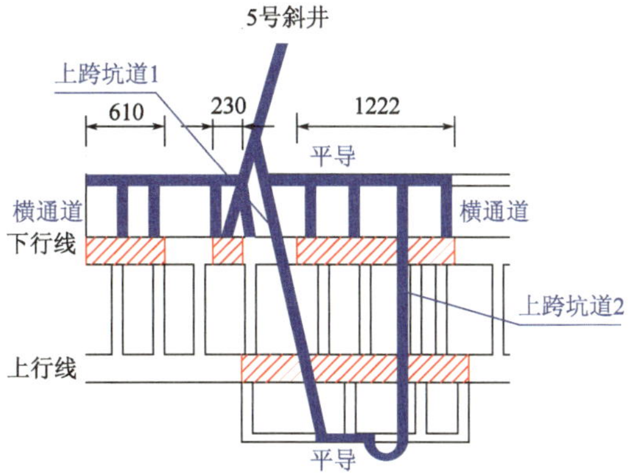

图 8-6　5 号斜井工区下行线病害整治运输通道示意图(尺寸单位：m)

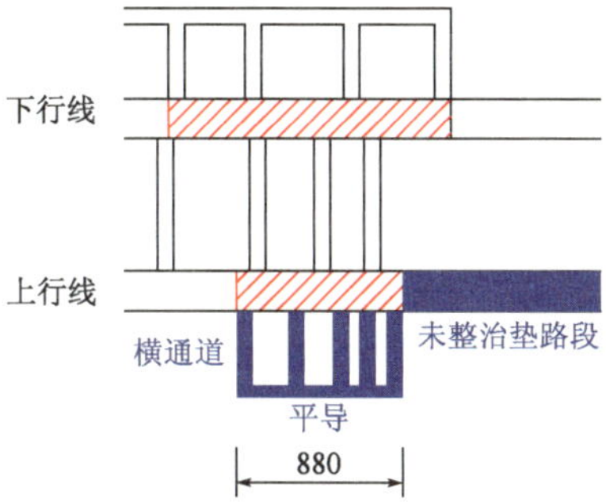

图 8-7　出口工区上行线病害整治运输通道示意图(尺寸单位：m)

(2)下行线

出口工区没有斜井可以利用，采用出口工区的"未整治垫路段 + 平导 + 横通道"组成到达正洞整治作业面的运输通道，如图 8-8 所示。

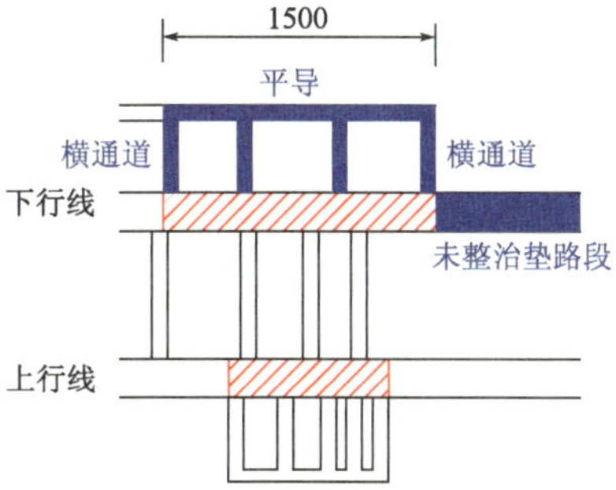

图 8-8　5 号斜井工区下行线病害整治运输通道示意图(尺寸单位：m)

8.5.2　上跨既有线辅助坑道设置

为解决上行线施工运输通道，4 号斜井工区和 5 号斜井工区需要设置上跨既有线辅助坑道。上跨既有线辅助坑道设置平面如图 8-9 所示。

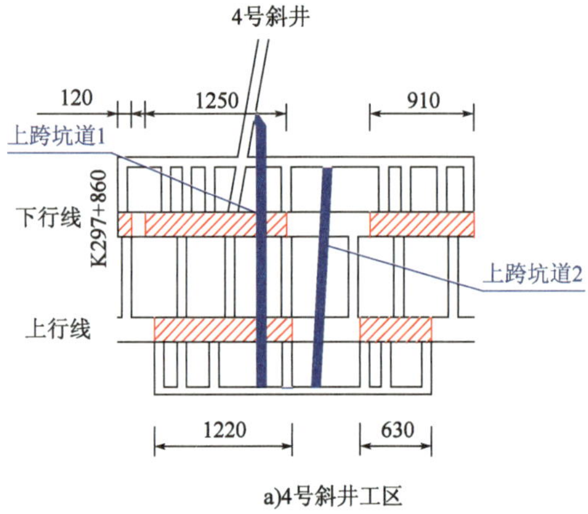

图 8-9　上跨既有线辅助坑道设置平面示意图(尺寸单位:m)

上跨既有线辅助坑道仰拱开挖线距离既有线拱顶初期支护衬砌外边缘的最小距离为10m。为保证既有线行车安全,在既有线上方辅助坑道内拱底增加 I40 工字钢便梁,便梁长9m、宽6.24m。上跨既有线辅助坑道横断面如图 8-10 所示。

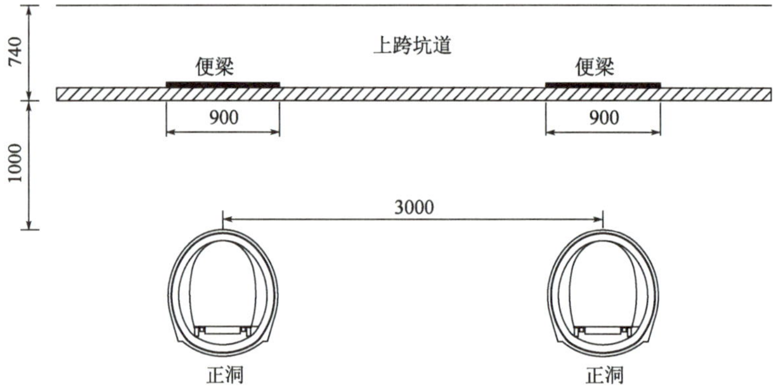

图 8-10　上跨既有线辅助坑道纵断面示意图(尺寸单位:cm)

8.5.3　横通道设置

横通道垂直设置于平导和正洞之间,布置在每个正洞作业段落端头位置。横通道与平导及正洞交叉口位置采用型钢钢架加强支护。

8.5.4　平导设置

(1)平导位置选择

平导是正洞拆换施工时的物流运输通道,采用无轨运输双车道断面。平导设置在正洞外侧 30m 位置,整治段落通长设置。

(2)平导施工组织

平导施工时,以正洞为运输通道。在平导和正洞之间设置横通道,增加平导施工作业面,实现平导快速施工。平导作业段落单个划分长度原则上不宜大于200m,并保证每个作业段落采用双工作面相向施工，以此缩短平导施工工期。

以 K304 + 510 ~ K306 + 010 段下行线左侧平导为例，平导作业段落划分如图 8-11 所示。

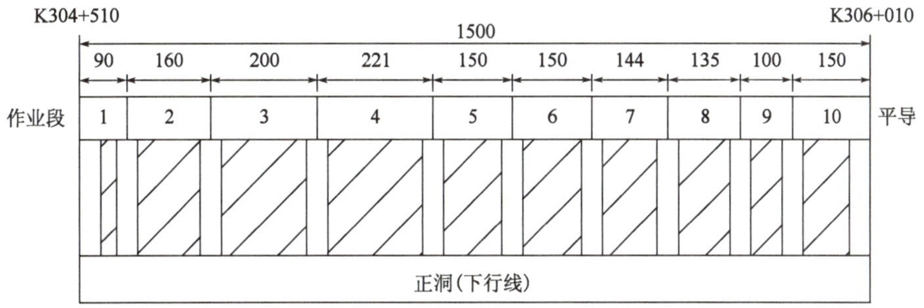

图 8-11　下行线 K304 + 510 ~ K306 + 010 左侧平导作业段落划分示意图(尺寸单位：m)

(3)平导施工

平导施工按照新奥法原理，遵循“早预报、短开挖、少扰动、强支护、早封闭、勤量测”原则，在保证安全前提下，以加快施工进度为目标。开挖采用微差控制爆破法，支护方式Ⅱ、Ⅲ级围岩仅做初期支护，Ⅳ、Ⅴ级围岩为初期支护 + 二次衬砌。

8.6　正洞施工组织

为确保病害整治工程按期完成，单作业段落施工长度由拆换施工有效工期倒排确定，按不宜大于 200m 的短作业段落施工，单个作业段落采用双工作面两端相向施工，每个作业面施工长度不宜大于 100m。

8.6.1　各工区作业段落划分

1)4 号斜井工区作业段落划分

(1)上行线

考虑 4 号斜井交通运输能力，4 号斜井工区上行线整治长度 1850m。根据拆换有效施工工期倒排，小里程方向单个作业段落设置长度 200m 左右；大里程方向位于施工工期关键线路，单个作业段落设置长度 160m 左右，工区共设置作业段落 10 个。

(2)下行线

4 号斜井工区下行线整治长度 2280m，小里程方向前期已完成平导施工，为非工期关键线路，根据拆换有效施工工期倒排，单个作业段落设置长度 200m 左右。大里程方向位于施工工期关键线路，根据拆换有效施工工期倒排，单个作业段落设置长度 180m 左右。工区共设置作业段落 14 个，作业段落划分如图 8-12 所示。

2)5 号斜井工区作业段落划分

(1)上行线

考虑 5 号斜井交通运输能力，5 号斜井工区上行线整治长度 1760m，根据换除有效施工工期倒排，单个作业段落设置长度 200m 左右，工区共设置作业段落 6 个。

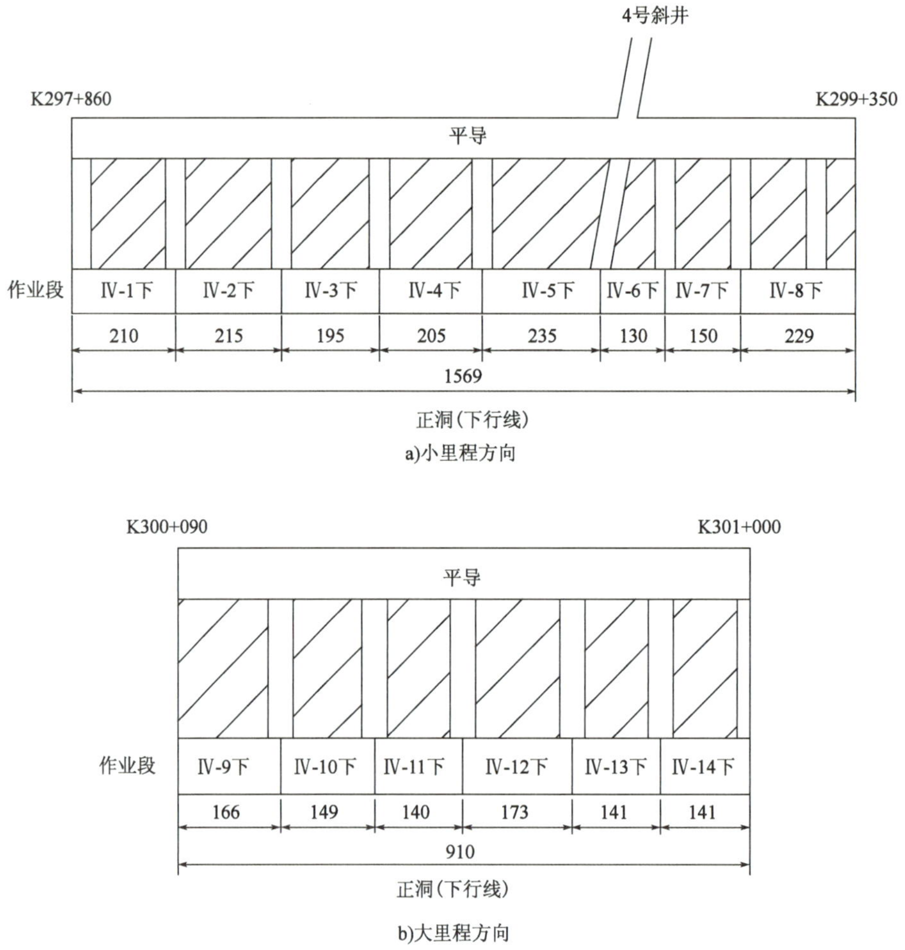

图 8-12　4 号斜井工区正洞下行线作业段落划分示意图(尺寸单位:m)

(2)下行线

5 号斜井工区下行线整治长度 2062m,5 号斜井工区前期已完成平导施工,为非工期关键线路,根据拆换有效施工工期倒排,单个作业段落设置长度 280m 左右。工区共设置作业段落 9 个,作业段落划分如图 8-13 所示。

3)出口工区作业段落划分

(1)上行线

出口工区上行线整治长度 880m,根据拆换有效施工工期倒排,单个作业段落设置长度 200m 左右。大里程未整治段垫路需要待四电及轨道拆除完成后才能进行,出口工区施工为工期关键线路,根据拆换有效施工工期倒排,工区共设置作业段落 3 个。

(2)下行线

出口工区下行线整治长度 1500m,出口工区小里程方向前期已完成平导施工,为非工期关键线路,根据拆换有效施工工期倒排,单个作业段落设置长度 250m 左右。出口工区大里程未整治段垫路需要待四电及轨道拆除完成后才能进行,出口工区大里程段施工为工期关键线路,根据拆换有效施工工期倒排，单个作业段落设置长度150m左右，工区共设置作业段落9个，作业段落划分如图8-14所示。

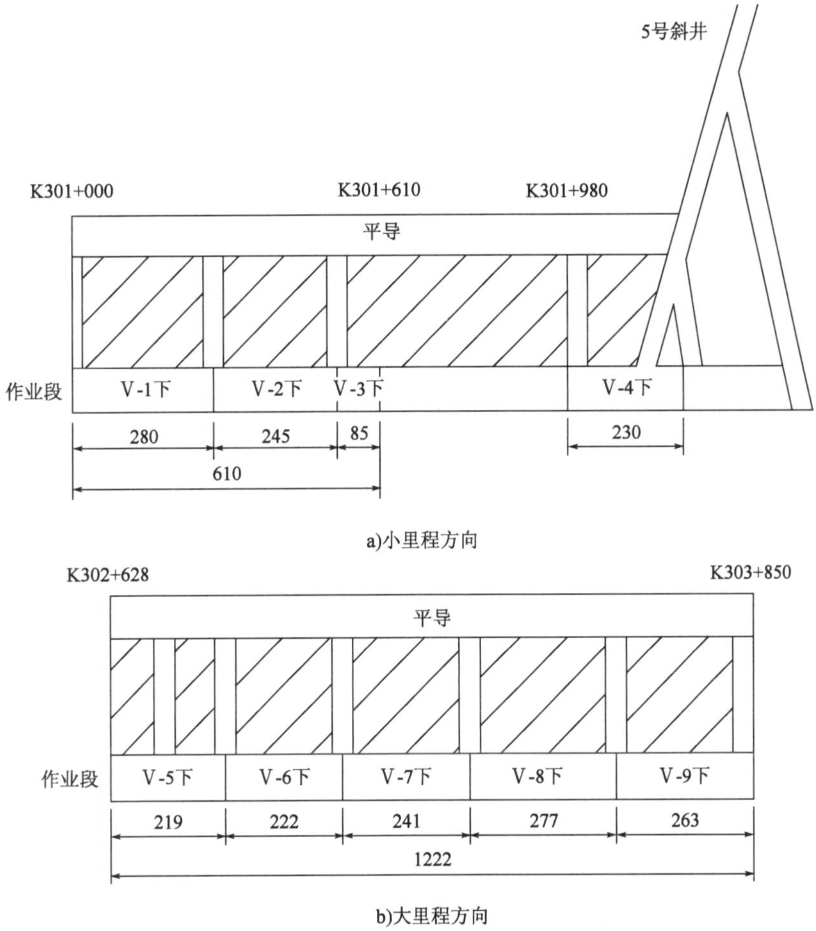

图8-13　5号斜井工区正洞下行线作业段落划分示意图(尺寸单位:m)

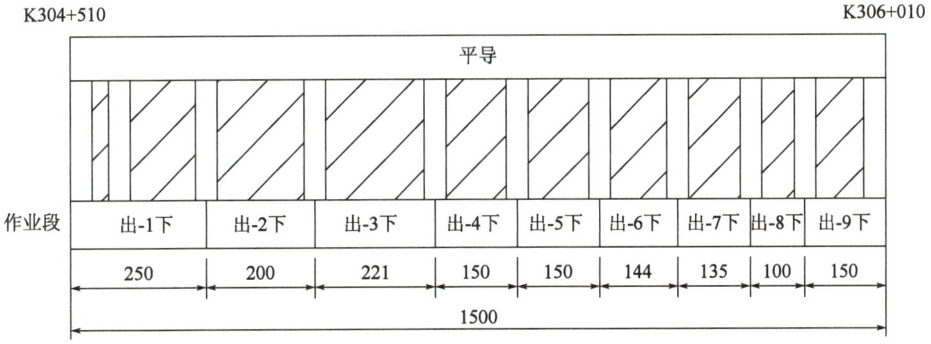

图8-14　出口工区正洞下行线作业段落划分示意图(尺寸单位:m)

8.6.2　施工工效分析

根据施工组织规范，以及类似工程施工经验、施工工艺及机械化配套方案，病害整治施工通过合理施工组织,超配施工资源,施工进度有很大提高。病害整治施工进度见表8-2、表8-3。

施工主要进度指标(Ⅳ围岩正常施工) 表8-2

序号	工　序	工序用时(h)	循环进尺(m)	月进度指标(m/月)	备　注
1	平导开挖	14	3	155	按单作业面统计
2	既有隧道衬砌拆除	—	—	—	
3	隧道扩挖及支护	13	1.5	82.5	
4	隧道衬砌恢复	72	12	120	

施工主要进度指标(Ⅳ围岩整治施工) 表8-3

序号	工　序	工序用时(h)	循环进尺(m)	月进度指标(m/月)	备　注
1	平导开挖	12	3	180	按单作业面统计
2	既有隧道衬砌拆除	8	3	180	
3	隧道扩挖及支护	12	1.5	90	
4	隧道衬砌恢复	57.6	12	150	

8.7 资源配置

8.7.1 人员配置

正洞上行线病害整治共15个作业区段,辅助坑道19个作业区段,高峰期投入一线工人2740人、辅助生产人员525人、管理人员300人,共计3565人,人员配置见表8-4。

正洞上行线病害整治人员配置 表8-4

序　号	工　区	人员数量(人)
1	项目部	335
2	4号斜井工区	996
3	5号斜井工区	1163
4	出口工区	623
5	拌和站	182
6	钢筋加工厂	266
合计		3565

正洞下行线病害整治共32个作业区段,辅助导坑36个作业区段,下行线施工高峰期拟投入一线工人5482人、辅助生产人员610人、管理人员320人,共计6412人,人员配置见表8-5。

正洞下行线病害整治人员配置 表8-5

序　号	工　区	人员数量(人)
1	项目部	300
2	4号斜井工区	2365
3	5号斜井工区	1700
4	出口工区	1522
5	拌和站	225
6	钢筋加工厂	300
合计		6412

场地及人员配置如图 8-15 所示。

a)抢险动员会

b)项目部驻地

c)工区驻地

d)施工驻地

e)现场施工(1)

f)现场施工(2)

图　8-15

g)现场施工(3)

h)现场施工(4)

图 8-15　场地及人员配置

8.7.2　设备配置

正洞上行线病害整治共投入主要机械设备669台(套),主要设备配置见表8-6。

正洞上行线病害整治主要设备配置　表8-6

序号	名　称	单位	项目部	4号斜井工区	5号斜井工区	出口工区	拌和站	加工场	合计
1	挖机	台		9	9	5			23
2	装载机	台		10	10	7	10		37
3	出渣车	台		35	33	21			89
4	汽车起重机	台		3	4	3			10
5	喷锚设备	台		7	9	6			22
6	空气压缩机(空压机)	台		30	32	14			76
7	液压剪	台		1	1	2			4
8	罐车	台					83		83
9	衬砌台车	台		7	6	4			17
10	仰拱栈桥	台		15	13	7			35
11	钻爆台架	台		11	13	7			31
12	防水板台架	台		7	6	4			17
13	钢筋绑扎台架	台		7	6	4			17
14	加工设备	台						88	88
15	平板车	台						10	10
16	炸药运输车	台		4	4	4			12

续上表

序号	名　称	单位	项目部	4号斜井工区	5号斜井工区	出口工区	拌和站	加工场	合计
17	通风设备	台		6	6	3	3		18
18	洒水车	台		3	3	1	3	2	12
19	变压器	台		5	5	5		1	16
20	箱式变电站	台	15	1	1	1			18
21	指挥车	台		4	3	2			9
22	超前水平钻机	台		2	2	1			5
23	输送泵	台		2	2	1			5
24	工人运输车	台		3	4	3			10
合计		台(套)	15	172	172	105	99	101	669

正洞下行线病害整治共投入主要机械设备1260台(套)。主要设备配置见表8-7。

正洞下行线病害整治主要设备配置　　表8-7

序号	名　称	单位	4号斜井工区	5号斜井工区	出口工区	拌和站	合计
1	挖机	台	14	9	9		32
2	装载机	台	14	9	13	10	46
3	出渣车	台	70	45	65		180
4	汽车起重机	台	2	4	2		8
5	湿喷机械手	台	14	9	13		36
6	空压机	台	28	18	26		72
7	液压剪	台	1	1	5		7
8	罐车	台				165	165
9	衬砌台车	台	14	9	9		32
10	仰拱栈桥	台	14	9	13		36
11	钻爆台架	台	14	9	13		36
12	防水板台架	台	14	10	13		37
13	钢筋绑扎台架	台	14	10	13		37
14	输送泵	台	7	5	5		17
15	其他设备工装	台(套)	202	141	166		509
合计		台(套)	422	288	365	175	1260

现场设备配置如图8-16所示。

a)拌和站设备配置

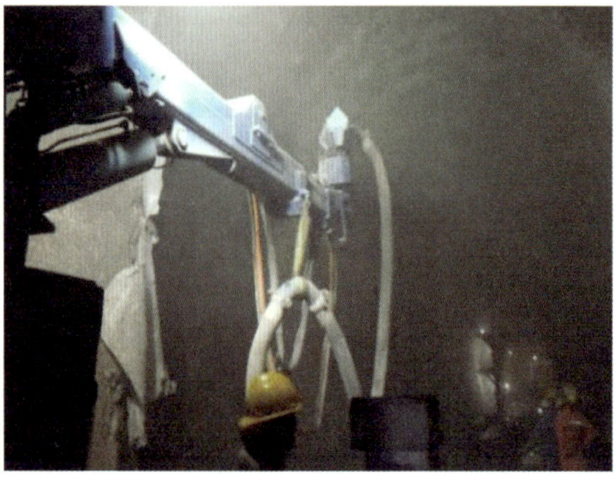

b)湿喷机

c)衬砌台车

图 8-16　部分主要设备配置

8.7.3　混凝土供应

正洞上行线病害整治混凝土总方量约 15.8 万 m^3,单日最大需求量约 1820m^3,共设置 3 个混凝土拌和站,合计日最大生产能力 3600m^3。拌和站生产配置见表 8-8。

正洞上行线病害整治拌和站生产配置　　表 8-8

序号	名称	拌和站配置			合计
		1 号	2 号	3 号	
1	设置地点	距出口洞口 1.2km	距 5 号斜井口 2.2km	距 4 号斜井口 0.3km	
2	供应范围	出口工区	5 号斜井工区	4 号斜井工区	
3	混凝土总需求(m^3)	4.55 万	5.40 万	5.85 万	15.80 万
4	日最大需求量(m^3/d)	650	420	750	1820
5	日最大产能(m^3/d)	840	1080	1680	3600
6	拌和机	1 台 HZS180、1 台 HZS90	2 台 HZS120	2 台 HZS180	

正洞下行线病害整治混凝土总方量约 43 万 m^3，单日最大需求量约 $5059m^3$，共设置 4 座混凝土拌和站，单日最大生产能力 $6120m^3$，保证混凝土供应。为确保原材料供应，设置 5 个存储场，总库容 5.3 万 t，2 个 3000t 水泥存放库。拌和站生产配置见表 8-9。

正洞下行线病害整治拌和站生产配置　　表 8-9

序号	名　称	拌和站配置				合计
		1 号	2 号	3 号	4 号	
1	设置地点	距出口洞口 1.2km	距 5 号斜井口 2.2km	距 4 号斜井口 0.3km	距 4 号斜井口 3.5km	
2	供应范围	出口工区	5 号斜井工区	4 号斜井工区	4 号、5 号斜井工区	
3	混凝土总需求(m^3)	14.23 万	13.66 万	15.11 万	补充供应	43.00 万
4	单日最大需求量(m^3/d)	1557	1557	1945		5059
5	单日最大产能(m^3/d)	840	1080	1680	2520	6120
6	拌和机	1 台 HZS180、1 台 HZS90	2 台 HZS120	2 台 HZS180	3 台 HZS180	

拌和站如图 8-17 所示。

a)　　b)

图 8-17　拌和站

8.7.4　其他资源配置

1) 备料

混凝土需用量约 60 万 m^3，需用 0～5mm 碎石 12.7 万 t、10～20mm 碎石 14.01 万 t、中粗砂 27.35 万 t、水泥 9.38 万 t、矿粉 3.28 万 t、钢材需用量 2.6 万 t。碎石料源地 4 个，山西境内 2 个、河北境内 1 个、河南境内 1 个，还在周边省份不断地寻找新的料源地。黄河砂料源地 2 个，水泥料源厂 1 个，钢材料源厂 2 个。配置了 2 个黄河砂存储场，库容共计 5.3 万 t。3 个碎石存储场，库容共计 3 万 t，水泥厂配置 2 个容量 3000t 的仓库。

2）火工品供应

上行线病害整治炸药需用量720t，雷管需用量120万发。配置2个火工品库，每个工区配置2台炸药运输车和2台雷管运输车，专班运输和管理，24h供应。

下行线病害整治炸药需用量1180t、雷管200万发。配置2个火工品库，每个工区配置2台炸药运输车和2台雷管运输车，专班运输和管理，24h供应。

3）生产、生活用水

共5个水源点，全部为饮用深井水，水源地至水池平均距离3km，配置11台水车保障运输。

4）拱架加工及中转

共设置3个大型钢筋加工场，配置各类加工机械81台（套），日生产格栅钢架120榀。

8.8 施工通风

8.8.1 通风原则

隧道通风方案选取应针对多工作面同时施工特点，尽量增加新鲜风量，排除洞内污风，满足洞内施工所需空气质量。

8.8.2 通风方案

隧道施工主要通风形式有：自然通风方式、风管式通风、巷道式通风、风道式通风、竖井（斜井）通风。

1）辅助坑道通风方案

辅助导坑施工期间，采用4号斜井、5号斜井井口安装2台110kW轴流风机，通过在拱顶上挂直径1.2m风筒布到距离掌子面30m处，将新鲜风送至掌子面。考虑到通风管路较长，同时在4号斜井、5号斜井井底与辅助导坑交界处向下10m位置安装1台15kW射流风机，以及在平导内各安装2台15kW射流风机，将污浊空气置换出来。并且在4号斜井、5号斜井每200m安装80kW的除尘风机，共12台。

2）正洞通风方案

正洞病害整治期间，施工通风方式主要根据实际施工长度、施工组织、施工工艺、施工机械的相关数据，通过通风方式比选，采用巷道式通风方案。

（1）4号斜井工区通风方案

以4号斜井工区上行线病害整治为例。在22号、23号横通道各安装1台90kW（FKZ-6-No18）的轴流风机，从下行线和4号斜井抽入新鲜风进入正洞作业面，供给Ⅳ-1上～Ⅳ-7上的正洞各作业面通风。为确保通风效果，减小漏风，同时采用不活动风门或封堵墙封闭25号横通道小里程主洞（设置里程约在K298+420），采用活动风门封闭20号、21号、24号横通道。4号斜井工区上行线病害整治通风方案如图8-18所示。

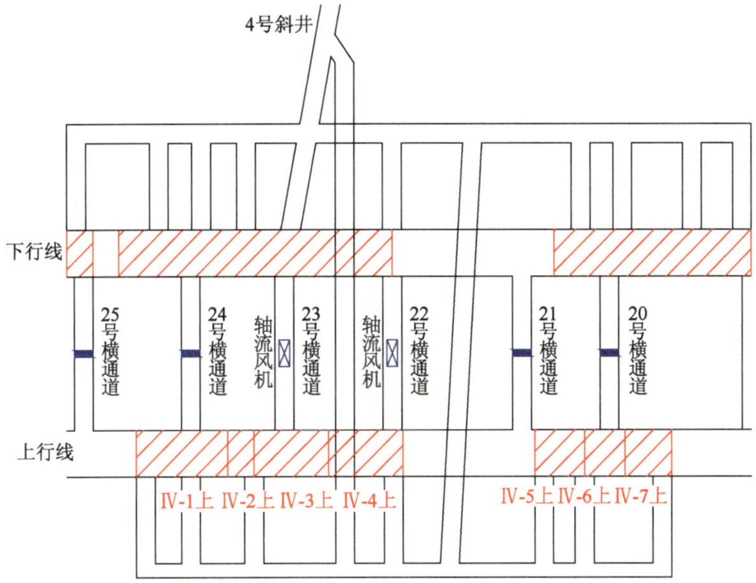

图 8-18　4 号斜井工区上行线病害整治通风方案示意图

(2)5 号斜井工区通风方案

以 5 号斜井工区上行线病害整治为例。在 13 号、15 号横通道各安装 1 台 45kW(FKZ-6-No15)的轴流风机,从下行线和 5 号斜井抽入新鲜风进入正洞作业面,供给Ⅴ-1 上～Ⅴ-6 上的正洞各作业面通风,同时采用活动风门封闭 10 号、11 号、12 号、14 号、16 号、17 号、18 号横通道。5 号斜井工区上行线病害整治通风方案如图 8-19 所示。

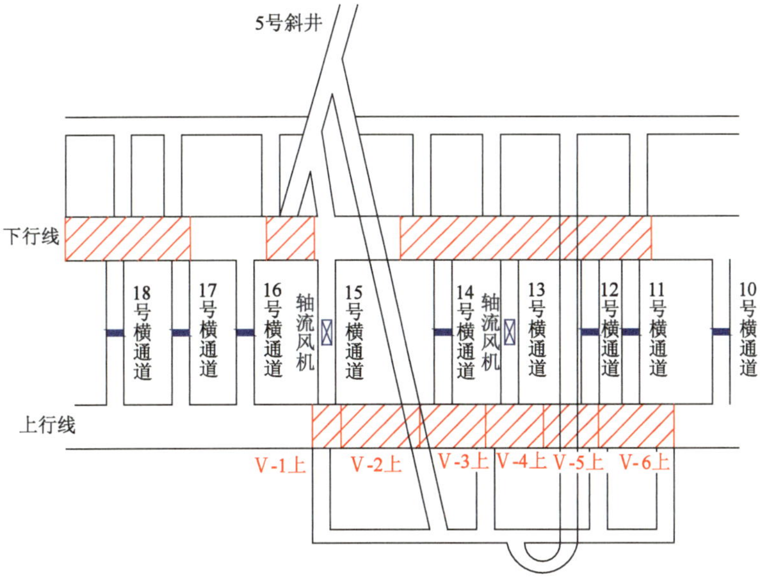

图 8-19　5 号斜井工区上行线病害整治通风方案示意图

(3)出口工区通风方案

以出口工区上行线病害整治为例。在9号横通道安装1台45kW(FKZ-6-№15)的轴流风机,从下行线抽入新鲜风进入正洞作业面,供给出-1上~出-3上的正洞各作业面通风,同时采用活动风门封闭5号、6号、7号、8号横通道,出口1~4号横通道采用不活动风门或封堵墙进行封闭。同时预备5台18kW(SDS-7.1K-2P-18.5)的射流风机,根据实际通风效果,在斜井或横通道弯道处作为接力风机进行安装。出口工区上行线病害整治通风方案如图8-20所示。

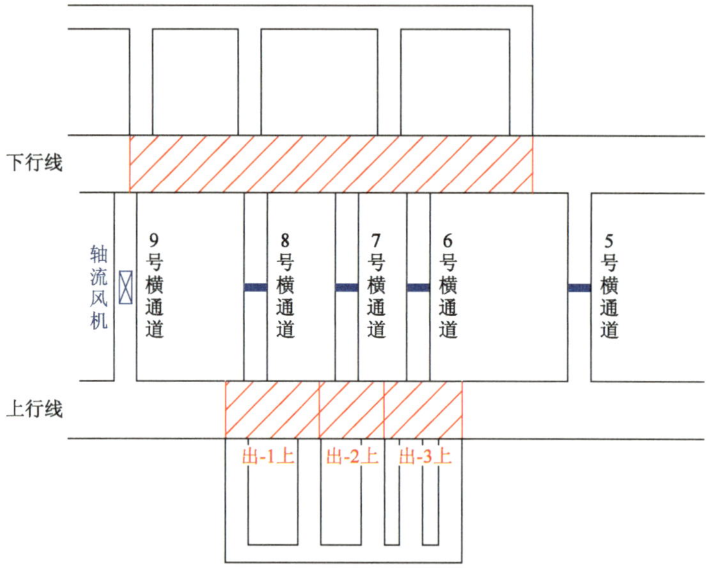

图8-20　出口工区上行线病害整治通风方案示意图

8.8.3　掌子面风量计算

分别按最小风速要求、人员与内燃机消耗、爆破排烟计算风量需求,并取其最大值。

1)按最小风速计算

按最小风速要求计算风量公式为:

$$Q_1 = 60 \cdot v \cdot S \tag{8-1}$$

式中:Q_1——最小风速时隧道内需风量(m^3/min);

v——隧道内允许最小风速(m/s),取0.5m/s;

S——通风段隧道断面面积(m^2),取最大AA型(下锚段)复合式衬砌开挖断面面积72.9m^2。

计算得:Q_1 =2187.0m^3/min。

2)按人员消耗计算

按人员消耗计算风量公式为:

$$Q_2 = k_1 \cdot n \cdot m_1 \tag{8-2}$$

式中：Q_2 ——洞内同时作业最多人数需风量(m^3/min)；

k_1 ——备用系数，取1.15；

n ——工作面同时作业的最多人数(人)，取70人；

m_1 ——工作面每一作业人员的需风量[$m^3/(min \cdot 人)$]，取$3m^3/(min \cdot 人)$。

计算得：$Q_2 = 241.6m^3/min$。

3)按内燃机设备消耗计算

按内燃机设备消耗计算风量公式为：

$$Q_3 = H_1 \cdot n_1 \cdot q_1 + H_2 \cdot n_2 \cdot q_2 \tag{8-3}$$

式中：Q_3 ——内燃机械设备总功率需风量(m^3/min)；

H_1 ——装载机功率(kW)，取162kW；

H_2 ——自卸车功率(kW)，取210kW；

n_1 ——装载机数量(台)；

n_2 ——自卸车数量(台)；

q_1 ——装载机单位功率供风量[$m^3/(kW \cdot min)$]，取$2.449m^3/(kW \cdot min)$；

q_2 ——自卸车单位功率供风量[$m^3/(kW/min)$]，取$1.224m^3/(kW \cdot min)$。

根据施工组织，掌子面可能同时作业机械有1台装载机、3台自卸车，计算得：$Q_3 = 1167.9m^3/min$。

4)按爆破排烟计算

按爆破排烟需求计算风量公式为：

$$Q_4 = \frac{0.465}{t} \cdot \sqrt[3]{\frac{A \cdot b \cdot S^2 \cdot L^2}{p_q^2 \cdot C_p}} \tag{8-4}$$

式中：Q_4 ——开挖面爆破排烟需风量(m^3/min)；

t ——通风时间(min)，取30min；

A ——同时爆破炸药量(kg)，取101.6kg；

b ——每千克炸药产生的CO当量(L/kg)，取40L/kg；

S ——隧道断面面积(m^2)，取$72.9m^2$；

C_p ——CO浓度允许值(%)，取0.02%；

L ——炮烟稀释距离(m)，$L = \dfrac{0.1k \cdot b \cdot A}{C_p \cdot S}$；

k ——紊流扩散系数，一般取1；

p_q ——漏风系数。

计算得：$Q_4 = 665.4m^3/min$。

5)通风量计算结果

掌子面所需风量计算公式为：

$$Q = \max[Q_1, (Q_2 + Q_3), Q_4] \tag{8-5}$$

根据以上取值,计算得:$Q = 2187.0\mathrm{m^3/min}$。

8.8.4 风机风量风压计算

1)风机风量计算

风机风量计算公式为:

$$Q_{进} = \frac{Q_{出}}{(1-p)^{\frac{L}{100}}} \tag{8-6}$$

式中:$Q_{进}$——风筒进口风量,即风机风量($\mathrm{m^3/min}$);

$Q_{出}$——风筒出口风量,即工作面风量($\mathrm{m^3/min}$);

p——平均百米漏风率(%),取0.44%;

L——通风距离(m),取1200m。

计算得:$Q_{进} = 2305.8\mathrm{m^3/min}$。

2)巷道摩擦计算

(1)风机工况下风阻

风机工况下风阻计算公式为:

$$P_1 = \frac{\alpha \cdot L \cdot U}{S^3} \cdot Q_{出}^2 \tag{8-7}$$

式中:P_1——工况风压(Pa);

α——摩擦阻力系数;

L——通风距离(m),取1200m;

U——隧道周长(m),取23.7m;

S——隧道断面面积($\mathrm{m^2}$),取72.9$\mathrm{m^2}$;

$Q_{出}$——风筒出口风量,即工作面风量($\mathrm{m^3/min}$)。

计算得:$P_1 = 1051.8\mathrm{Pa}$。

(2)标况风压

标况风阻计算公式为:

$$P_0 = 1.1P_1 \tag{8-8}$$

式中:P_0——标况风压(Pa);

P_1——工况风压(Pa)。

计算得:$P_0 = 1157.0\mathrm{Pa}$。

8.8.5 风机配置

1)通风计算结果

通风计算结果见表8-10。

隧道病害整治正洞通风计算结果 表 8-10

序号	参数名称		参数值
1	隧道及施工参数	隧道断面面积(m^2)	72.9
2		隧道断面周长(m)	23.7
3		通风长度(m)	1200
4		隧道百米漏风率(%)	0.44
5		内燃机总功率(kW)	792
6		一次炸药量(kg)	101.6
7		隧道内允许最小风速(m/s)	0.5
8		洞内同时作业最多人数(人)	70
9		排烟通风时间(min)	30
10	通风量	按最小风速计算(m^3/min)	2187.0
11		按人员消耗计算(m^3/min)	241.6
12		按内燃机消耗计算(m^3/min)	1167.8
13		按爆破排烟计算(m^3/min)	665.4
14		掌子面所需风量(m^3/min)	2187.0
15	风机风量、风压	风机风量(m^3/min)	2305.845
16		工况风压(Pa)	1051.8
17		标况风压(Pa)	1157.0

2)风机配置

根据以上计算结果和风机参数,隧道病害整治施工通风风机配置见表 8-11。风机最大风量为掌子面的风量需求,平时只需满足掌子面风量即可,方案中按标况下空气密度计算。

隧道病害整治施工通风风机配置 表 8-11

序号	工区名称	工况参数		风机选型		风机数量(台)
		风量(m^3/min)	风压(Pa)	型号	功率(kW)	
1	4 号斜井工区	2187	1157.0	FKZ-6-No18	90	2
2	5 号斜井工区	2187	1157.0	FZK-6-No15	45	2
3	出口工区	2187	771.3	FZK-6-No15	45	1

8.8.6 通风效果

成立专班维护通风管路及通风设备，经常对通风管路进行巡检，定期对风机进行简单的保养。施工现场通风效果良好，能见度高，空气质量较好，爆破 10min 后即可进行下道工序施工。隧道内通风效果如图 8-21 所示，隧道内空气质量检测结果见表 8-12。

a)掌子面

b)二次衬砌位置

图 8-21 隧道内通风效果

隧道内空气质量检测结果 表 8-12

序号	污染物名称	容许浓度	检测值
1	含有 10% 以上游离 SiO_2 粉尘（mg/m^3）	≤2	1.8
2	含有 10% 以下游离 SiO_2 粉尘（mg/m^3）	≤6	4
3	一氧化碳（mg/m^3）	≤30	18
4	硫化氢（mg/m^3）	≤10	5.3
5	二氧化硫（mg/m^3）	≤14.3	3.5

从隧道内空气质量检测结果来看，空气质量良好，完全满足相关规范要求。

8.9 供电

8.9.1 布置原则

供电方案应满足现场施工设备的负荷要求，确保供电质量稳定可靠，避免因电压不足造成设备损坏及停工。

8.9.2 供电方案

恢复从万安供电所至施工现场架设 35kV 高压供电线路，线路长度 17km，分别在 1 号拌和站（35kV/0.4kV）、2 号拌和站（35kV/0.4kV）、3 号拌和站（35kV/0.1kV）、4 号拌和站（10kV/0.4kV）各安装 1 台 35kV/0.4kV 变压器（630kV · A）。

在隧道出口洞口、5 号斜井洞口、4 号斜井洞口处各安装 1 台 35kV/10kV 变压器，通过

10kV 高压电缆接至洞内，在洞内安装 10kV/0.4kV 变压器。

同时为防止因线路检修及雷雨天气时造成停电，以及在电压不足情况，在隧道出口配置 1 台 1000kV 的发电机、5 号斜井口配置 2 台 400kV 发电机、4 号斜井口配置 1 台 1000kV 的发电机，供洞内作业时使用。

8.9.3 供电量计算及设备选型

高压供电最大容量：$35 \times 120 \times 3 = 12600$（kV·A）。

隧道内施工主要用电设备功率见表 8-13。

隧道内施工主要用电设备功率配置　　表 8-13

序号	部位	地　点	容量（kV·A）	型　号	数量（台）
1	1 号拌和站	1 号拌和站	630	S11-M-35/0.4	1
2	2 号拌和站	2 号拌和站	630	S11-M-35/0.4	1
3	3 号拌和站	3 号拌和站	1250	S11-M-35/0.4	1
4	4 号斜井工区	洞外（主变压器）	3150	S11-M-35/10	1
5		洞内	630	S11-M-10/0.4	3
6			800	S11-M-10/0.4	1
7	5 号斜井工区	洞外（主变压器）	4000	S11-M-35/10	1
8		洞外	400	S11-M-10/0.4	1
9			1250	S11-M-10/0.4	1
10		洞内	630	S11-M-10/0.4	5
11	出口工区	洞外（主变压器）	4000	S11-M-35/10	1
12		洞内	630	S11-M-10/0.4	2
13			800	S11-M-10/0.4	1

根据现场施工用电及生活区的临时用电功率，按照施工工区进行变压器配置，见表 8-14。

施工用电变压器配置　　表 8-14

序号	名称	部位	地点	容量（kV·A）	型　号	数量（台）	备　注
1	总容量	4 号斜井工区	洞外（主变压器）	3150	S11-M-35/10	1	
2		5 号斜井工区	洞外（主变压器）	4000	S11-M-35/10	1	
3		出口工区	洞外（主变压器）	4000	S11-M-35/10	1	
4		小计		11150		3	
5	发电机总容量	4 号斜井口	洞外发电机	1000	JFC-5601-4/10500	1	
6		5 号斜井口	洞外发电机	800	BC-800CF	2	
7		出口洞口	洞外发电机	1000	JFC-5601-4/10500	1	
8		小计		3600		4	

续上表

序号	名称	部位	地点	容量(kV·A)	型　号	数量(台)	备　注
9	需求容量	4 号斜井工区	洞内	1000	S11-M-10/0.4	1	4 横 2—4 横 3 之间
10				800	S11-M-10/0.4	1	4 横 4—4 横 5 之间
11				800	S11-M-10/0.4	1	4 横 5—4 横 6 之间
12				800	S11-M-10/0.4	1	斜井—4 横 7 之间
13				500	S11-M-10.5/0.4	1	4 横 8—4 横 9 之间
14				630	S11-M-10/0.4	1	上跨—4 横 10 之间
15				800	S11-M-10/0.4	1	4 横 11—4 横 12 之间
16				630	S11-M-10/0.4	1	4 横 13—4 横 14 之间
17		5 号斜井工区	洞内	1000	S11-M-10/0.4	1	5 横 1—5 横 2 之间
18				1000	S11-M-10/0.4	1	5 横 4 处
19				630	S11-M-10/0.4	1	5 横 5 处
20				1000	S11-M-10/0.4	1	5 横 6 处
21				1000	S11-M-10/0.4	1	5 横 8—5 横 9 之间
22				1000	S11-M-10/0.4	1	5 横 10—5 横 11 之间
23		出口工区	洞内	4000	S11-M-35/10	1	
24				630	S11-M-10/0.4	1	5 横处
25				630	S11-M-10/0.4	1	6 横处
26				500	S11-M-10/0.4	1	7 横处
27				630	S11-M-10/0.4	1	8 横处
28				1000	S11-M-10/0.4	1	9 横处
29				1000	S11-M-10/0.4	3	出平-1 下和出平-2 下
30		1 号拌和站	1 号拌和站	630	S11-M-10/0.4	1	
31		2 号拌和站	2 号拌和站	630	S11-M-10/0.4	1	
32		3 号拌和站	3 号拌和站	1250	S11-M-10/0.4	1	
33		小计				26	
合计						33	

各工区变压器布置如图 8-22 所示。

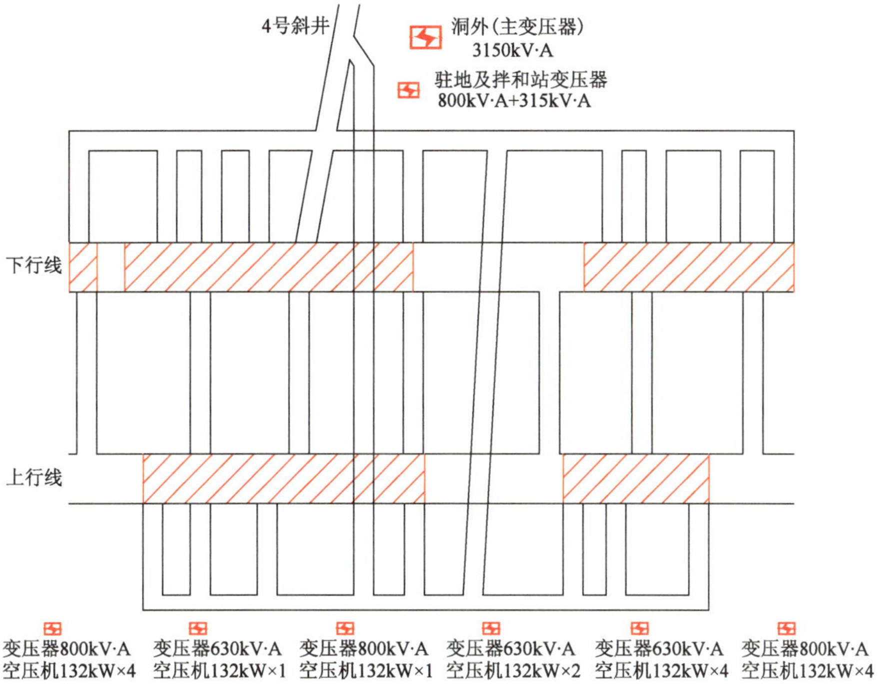

a) 4号斜井工区

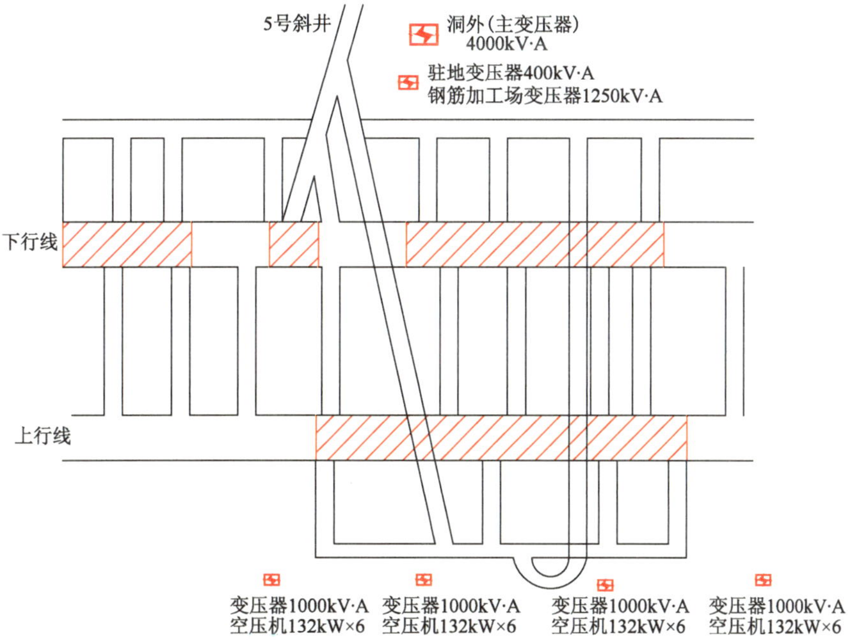

b) 5号斜井工区

图 8-22

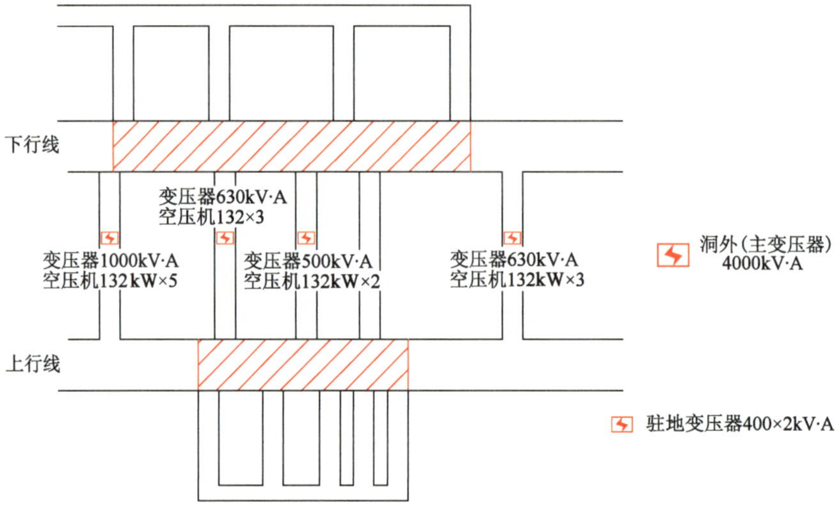

c)出口工区

图8-22 各工区变压器布置示意图

8.9.4 供电效果

按照供电方案进行供电配置,专人定期对洞内电力系统及用电设备进行维护。未出现用电事故及因电力原因造成的事故耽搁。

8.10 供水

8.10.1 布置原则

供水方案应充分考虑水源、运输方式及储水方法,需要满足施工、生活、消防所需的耗水量。

8.10.2 供水方案

4号工区、5号工区辅助坑道施工期间,在斜井口安装30m^3钢板蓄水池,通过水车运送蓄水,利用作业点及洞口高差,采用ϕ110mm无缝钢管接放至作业面供水。正洞施工期间,在洞内横通道或平导内安装20m^3钢板蓄水池,每3个作业面配置1个蓄水池,增压后供作业面使用。

出口工区在洞外及洞内安装30m^3钢板蓄水池,由洞外增压输入洞内横通道钢板蓄水池,二次增压后供作业面使用。

8.10.3 供水效果

供水管理分工区进行,专门成立隧道供水保障专班,每班预计用水量,提前2h与水车联系,供水满足现场施工及生活需求。

8.11　施工保障措施

8.11.1　施工组织管理

1）建立施工组织体系

为确保病害段整治施工顺利进行，建立现场、工区、项目部三级调度及施工生产协调、指挥与管理体系。办公室设在项目部调度室，调度指挥体系内下设物资、设备、物流、技术、协调、通信、场站等7个综合保障组，做到信息上传下达、沟通顺畅，形成上下联动，充分发挥调度指挥的职能中枢作用，切实协调解决现场管理中出现的实际问题。

（1）加强项目部建设

配强项目部力量，建设15个保障组，负责工作包括：调度指挥体系、物资保障体系、设备保障体系、物流组织体系、安全管控体系、质量保障体系、技术支持体系、经济管理体系、后勤供应体系、对外协调体系、场站加工体系、通信保障体系、宣传体系、规章制度及会议制度建立体系、考核评价体系。依靠分工明确、执行有力的保障体系，实现整治施工期间的指挥、管控到位。通过生产副经理及各工区每日组织生产调度会向现场各作业班组传递施工组织与安排。项目部生产管理人员与各作业面班组长间全天候保持电话畅通，并建立微信群、QQ群等方式形成快速解决问题通道。

（2）加强工区建设

一是要选好工区负责人，遴选业务精湛、现场管理经验丰富、指挥能力强、素质高、作风过硬的同志；二是每个工区要配备2～3名业务骨干，其他管理人员素质要满足岗位要求；三是要赋予工区一定的权限，满足管理的需要；四是工区管理制度必须到位。

（3）加强劳务队伍管理

一是劳务队伍要忠诚可靠，优中选优；二是劳务队伍必须具有熟练的业务能力；三是劳务队伍实力与能力要满足所承担业务需要；四是劳务队伍内部管理力量要满足岗位数量与素质要求；五是劳务队伍要有与施工管理单位同甘共苦的决心；六是劳务队伍负责人必须常驻现场，亲自指挥安排工作。

（4）加强机械设备配置

要尽量选择状况好、效率高、技术指标配套的新设备，要留有备用设备，并成立维修专班。

（5）加强物资保障

做到超前保供，质量过硬，价格低廉，储备余量。

（6）做好工序验证

要抓紧展开施工，验证工效，开动脑筋提高工效。

2）施工组织保障措施

（1）工序写实、施工负搭接

项目前期组织专人蹲守施工现场，统计每个工序从通知、人员就位、准备、作业、结束各个步骤所需时间，以及作业人员数量、设备数量，形成每循环工序写实记录。通过对写实记录统计分析，确定各工序最少需要的人员、设备数量以及合理的工序作业时长，项目部以此对施工队进行督促管理及考核。通过工序写实记录，统计出各工序人员、设备到达现场提前时间，确保达到施工工序“负衔接”目标。在施工组织过程中，做到班前教育、班后总结，针对工序衔接不畅或脱节查明原因，并做深刻总结，为下一步提高工效打好基础，通过不断优化和经验总结，大大提高了工序效率，缩短了工艺时间。

(2)分解管理、分工明确

为加强项目管理、促进施工生产，项目部下设3个工区都有公司领导驻现场亲自督导，按照制定的周计划、日计划进行部署和安排，统一协调、指挥，保证施工顺利开展。

项目部与工区分工明确，项目部负责后勤保障、施工任务制定、协调指挥及对外沟通；各工区负责按照项目部部署和安排，合理组织施工队伍，保证施工组织顺利开展。

(3)细化施工任务、明确施工方法

项目坚持以制度管人，积极筹划，做好制度体系建设紧贴一线，建立安全、质量、进度、资金、物资、技术、混凝土、物流、设备及运输、台车、成本、考核、后勤服务、通信、调度15个方面的保障制度。

所有方面的保障制度以服务一线为宗旨，让所有参与施工人员明确“我要干什么、我该怎么干”，第一时间有效应对、解决施工中出现的问题。

项目部每天召开施工调度会，每周召开施工总结会，根据施组计划及整体工期要求下达下周施工任务，明确每个作业段、施工队、工区的施工任务。

各工区按照项目部制定的周计划细化各作业段每日施工任务及物资需求，对施工队各工班进行交底，让所有参建人员了解施工任务目标。

(4)早晚会制度，解决施工细节问题

项目坚持实行早会制度，早会进行昨日施工总结，明确今日任务及需要配合协调工作。工区坚持早晚交接班会议制度，对本班工作进行总结分析，解决存在的问题，安排下一班施工任务。

(5)协调调度指挥，解决施工过程问题

项目部建立现场、工区、项目部统筹调度及施工生产协调、指挥与管理体系，办公室设在项目部调度室，调度指挥体系内下设物资、设备、物流、技术、协调、通信、场站等7个综合保障组，做到信息上传下达、沟通顺畅，形成上下联动，发挥调度指挥的职能中枢作用，切实协调解决现场管理中出现的实际问题。通过生产副经理及各工区每日组织生产调度会向现场各作业班组传递施工组织与安排。项目部生产管理人员与各作业面班组长间全天候保持电话畅通，并通过微信群、QQ群等方式形成快速解决问题通道。

项目部采用洞内监控视频、车辆定位以及网络对讲系统相结合的方式建立车辆调度指挥系统，每个工区设置车辆调度指挥台，项目部派专人24h监控调度车辆。智能化监控系统可通过手机App直接查看洞内施工情况，施工管理方便快捷。项目部配置3座拌和站、混凝土调度室，专人监控各拌和站混凝土拌和及运输情况，协调调配各拌和站跨区拌制混凝土。每日早晚各统计1次12h内混凝土的需求量，调度室提前协调罐车及拌和站。全整治段落及对应上、下行线做到信号数据全覆盖，施工中存在的问题可通过微信平台采用视频直观体现，便于及时解决现场问题，做到管理与施工同步。

为了保证洞内物流组织通畅，成立物流通道调度组及应急小组，调度组负责进出车辆统一调度。洞内各交叉口设置交通疏导员，负责交通指挥。应急小组负责洞内运输出现异常及时进行疏通。

建立洞内物流组织实时监控系统。在物流通道内及各交叉路口安装视频监控系统及指示牌，所有运输车辆、人员安装定位系统，项目部设置物流交通总调度室，各工区洞口设调度室，实时监控、指挥洞内运物。

项目部成立通信保障组，并且邀请电信人员常驻项目部24h待命，遇到通信问题及时赶赴现场第一时间解决，保障施工信息传输畅通。

（6）超前储备，确保物资供应及时

为确保后勤材料保障万无一失，项目部超前谋划外租5个存料场地用于砂石料存储，以满足现场10d施工需求，在水泥储备方面除正常供应外，项目部要求水泥厂保留两个3000t的旋窑专供现场施工，共联系3个生产厂家同时供应矿粉至现场，确保顺利施工。

3）物流监控措施

为了保证洞内物流组织通畅，建立洞内物流组织实时监控系统。在物流通道内及各交叉路口安装视频监控系统及指示牌，所有运输车辆、人员安装定位系统，项目部设置物流交通总调度室，各工区洞口设调度室，实时监控、指挥洞内物流。物流组织调度中心指挥部如图8-23所示，调度指挥中心视频监控如图8-24所示。

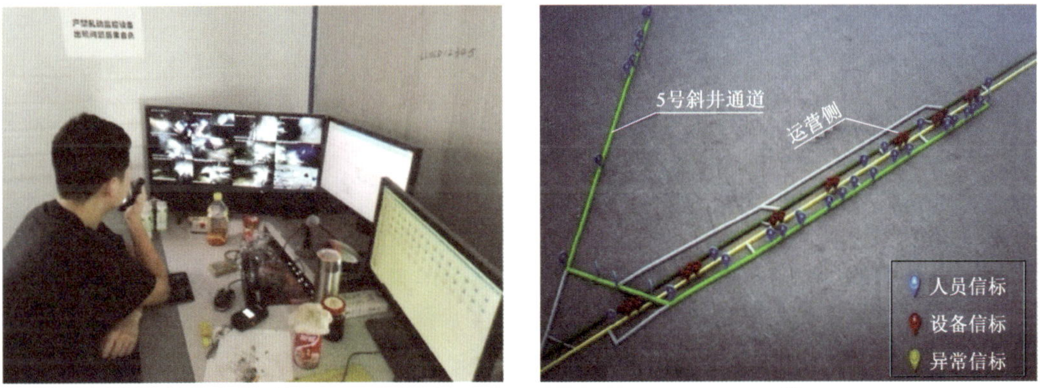

a)　b)

图8-23　物流组织调度中心指挥部

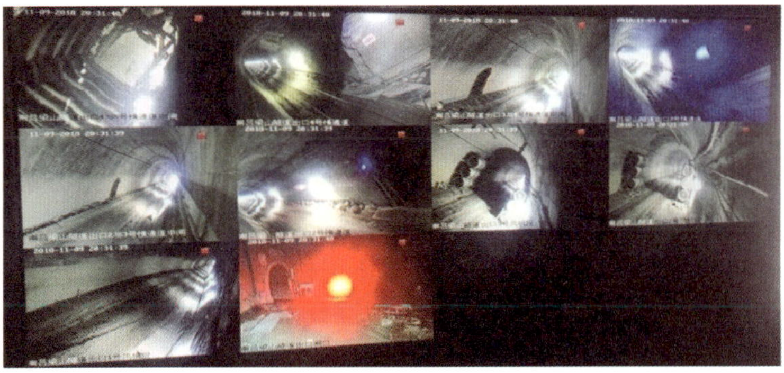

图8-24　调度指挥中心视频监控

8.11.2 质量管理

1)建立质量管理体系

建立项目经理→质量总监→质量部、中心试验、物资部→质检员逐级分解的质量管控体系。抓好过程控制,严格落实自检、互检、交接检制度。

项目管理层由管理和技术人员构成,全面负责本施工管理,通过引进先进施工设备、工艺及先进科技成果,有效组织人力、设备、物资等资源,保证质量管理体系的有效运行,实现质量目标。

引进一流的施工和检测设备,采用先进的施工方法和质量检测手段。精选掌握新技术、有较高技术水平和施工管理实践经验的高级工程技术人员,分别担任项目主要职能部门负责人和各专业施工队技术、质检、检测负责人。

根据任务规模和工程特点,按工程类别和模块化、专业化、工厂化原则划分施工任务,抽调和整合隧道专业施工队参加本工程的建设。

2)质量控制措施

(1)组建质量控制 QC 攻关小组,对关键工序质量控制进行研究,改进施工工艺及质量控制措施,提高施工质量。

(2)认真组织制定工艺标准,科学设计工艺流程。加强现场技术指导和工序质量预控。各专业施工队均严格按照施工规范、技术操作规程、审定的技术方案、工艺要求组织施工,按照《铁路混凝土工程施工质量验收标准》(TB 10424—2018)进行评定验收,上道工序不合格,下道工序不施工。保证每个分项、分部、单位工程一次达标成优。

(3)配备各项技术专业人员和设备,保证质量监控到位。工区工地实验室除配备常规的混凝土、砂浆、钢材、水泥等试验仪器设备外,还配备一些目前国际、国内较先进的检验设备;区段试验员负责施工过程中原材料取样、制作试件,以及对拌和站混凝土进行监控。测量队配备符合精度要求的仪器;区段测量员对现场进行监控量测,控制尺寸及高程等满足测量精度的要求。

(4)严格所有原材料进场前的检验控制,从源头上杜绝质量隐患。水泥、钢筋、外加剂等材料要有出厂合格证,并严格按照规范要求的批量或数量进行抽检。对砂、石料等材料进行成分、材质、强度试验,并严格控制其粒径及各种成分含量符合设计要求。对拌和站的混凝土进行跟踪质量检测,和易性、坍落度等各项指标达标。混凝土浇筑现场按规定进行坍落度和含气量、泌水率试验并记入施工记录,保证混凝土强度试验的频数、试件组数达到规定要求。

(5)加强混凝土的耐久性检测,以满足结构使用寿命的设计要求。施工前,对混凝土原材料进行抗渗性、抗氯离子渗透性、抗裂性、抗钢筋锈蚀和抗碱集料反应的耐久性试验;混凝土浇筑中,按规定制作物理力学及耐久性检查试件。压浆材料中掺加阻锈剂,并采用真空辅助压浆工艺,控制混凝土结构表面裂缝的产生,从而保证混凝土使用寿命的要求。

(6)优化各项工艺措施,提高施工过程质量。采取湿喷工装、工艺,委托中国铁道科学研究院优选原材料及配比,确保初期支护混凝土密实性和耐久性;通过定位马镫,确保钢筋间距、数量和保护层厚度;采用二次衬砌逐窗分层浇筑、带模注浆、台车加装附着式振捣器等工艺措施，确保二次衬砌混凝土密实性，防止二次衬砌背后脱空；二次衬砌脱模后，表面粘贴高效保温保湿养护膜，加强二次衬砌混凝土养护，确保混凝土强度，避免干缩裂缝；混凝土中添加黏改剂，减少减水剂产生的气泡影响，从而确保混凝土的密实度等。

3）质量控制成果

项目进行多次质量控制 QC 攻关，总结 13 项质量控制 QC 成果，其中 1 项获得全国市政工程协会优秀 QC 成果一等奖，1 项获得全国市政工程协会优秀 QC 成果二等奖。

8.11.3 安全管理

1）建立安全管理体系

建立局指、项目部、工区三级安全管理机构，局指和项目部设安全环保总监、安全环保部，工区设安全环保主管，现场配置专职安全员 33 人，环保专职人员 4 人。制订了"安全生产管理办法""环境保护管理办法""既有线施工安全管理办法""火工品管理办法"等 10 余项管理办法。

2）安全控制措施

（1）重点卡控主要风险

紧盯运营线安全，太原铁路局临汾综合段成立南吕梁山隧道病害排查整治小组，每日对既有线病害段落进行巡查，安设高清视频监控设备对运营线严重病害地段进行 24h 实时监控。

通过爆破振速监测，严格控制用药量，降低爆破对既有线行车安全的影响。

针对施工特点，制订应急预案，防患于未然。

（2）密切关注开挖面作业安全

严格按照开挖方案控制进尺及爆破参数，确保爆破振速符合设计要求。规范火工品使用全过程的安全管控；认真排危、及时支护并做好围岩监控量测工作。

（3）严密监控火工品运输和使用

完善安全管理体系内容，建立健全火工品管理制度，对各环节岗位责任人进行不定期抽查考核。对所有爆破作业实行爆破作业申请审批、领取、押运、装药、爆破、排危、退库等各环节全过程跟踪管理。火工品实行双车、双人、分装运输，全过程监督管理，定期对涉爆人员进行安全培训与考核。严把洞内交通安全关。

建立交通物流保障体系，设立交通调度机构，制定车辆避让制度；在洞内合理设置防撞墩、警示牌、警示灯、指示牌等。加强对施工车辆的维修保养，定期对司机进行安全教育。给洞内施工车辆安装定位和实时对话系统，有效提高洞内信息沟通及交通安全管理水平。

（4）未拆除段设施设备防护措施

接触网防护：为避免保留段接触网受破坏，选用施工机械行走高度距离接触网必须大于 2m，且在行走过程中不得直立行走（如挖掘机等）靠近爆破工作面端在拱顶处设置挡板，防止飞石和冲击波破坏接触网。

①电缆防护：严禁大型车辆、机械和作业工具在电缆槽径路上行走和停留。施工范围内的运输通道信号设备室外器材全部回收，电缆采用就近防护原则处理，不施工地段电缆槽填沙处理，填沙后盖板上采用沙袋压实固定。特殊危险地段全部拆除防护。施工前，向作业工人进行

防止破坏或损坏电缆的安全技术交底。施工时与电缆槽保持一定的安全距离，避免破坏电缆槽及电缆，且不得在电缆槽上堆放过量物品。施工过程中，要对电缆槽时刻关注，安排专人盯控。施工中禁止将施工机、料具堆码在横通道或避车洞内。

②信号设备防护：衬砌补强施工段影响范围外的运输通道既有设备必须设置硬隔离措施。采用钢筋锚固，木板围挡的方式进行防护，并在围挡外贴反光条，避免运输车辆产生碰撞。

3）既有线施工安全措施

（1）现场防护人员设置

在封锁段两端各设置1名防护员，施工段设置1名防护员，专职安全员和现场负责人，车站驻站联络员，防护人员必须经过路局组织培训，考试合格，方可担任该工作。

（2）横通道隔离

为避免施工过程中作业人员由上行线通过行车联络横通道进入下行线发生安全事故，将横通道进行隔离。

4）既有线设施的防护措施

营业线施工必须把确保行车安全放在首位，坚持“安全第一，预防为主”的方针，建设、设计、施工、监理、行车组织、设备管理等部门和单位必须严格执行《中华人民共和国安全生产法》《铁路运输安全保护条例》《建设工程安全生产管理条例》等有关规定。影响营业线设备稳定、使用和行车安全的施工，必须在窗口时间要点施工。二次衬砌爆破拆除后，对既有设备进行检查，对影响行车和施工安全的每个环节，都必须强化管理，确保行车和施工安全。

严格执行《铁路工务安全规则》规定，根据不同的工作内容和影响行车的施工，指定专人担任施工总指挥。

施工前，约请工务、电务、供电段等有关部门，共同到现场对施工范围内可能影响通信、信号、电缆等既有设备正常使用的情况进行调查，共同商定保护措施或迁移方案并与之签订施工安全协议，明确各自的安全责任。

在封锁线路进行施工时，设置移动停车信号防护。防护人员安排责任心强，经过培训，并持有防护员证的职工担任。防护人员必须身着防护服，衣帽整齐，正确显示防护标志，显示位置准确，未设好防护不准开工，无论开工和收工，均及时通过驻站联络员与车站保持联系。

施工时，对既有线设施进行防护，并经常监视既有设备，发现异状立刻停工处理。一旦发生损坏，马上组织抢修。

因施工造成原有信号、通信、供电、设备损坏，或使设备不能正常使用时，迅速通知车站和电务、车务、供电及相应单位派人抢修。

8.12 结论与体会

（1）为了保障病害整治过程中运营线通畅，采取改双线运营为单线运营模式，先整治上行线，下行线继续运营，待上行线恢复运营后再整治下行线，实践证明，该方法安全可行。

（2）通过南吕梁山隧道病害整治工程实践，按照“优先考虑物流运输通道”的原则，研究总结了“平导分段、正洞分区、强配资源、短平快施工”的高效施工组织模式。

（3）为确保工程按期完成，现场新增多处辅助坑道，实行了多个施工段同时作业，其中上行线正洞15个、下行线正洞32个、辅助坑道36个。病害整治过程中,创新了仰拱双栈桥对向物流方法,解决了整治工程工作面难以展开、洞内物流组织困难等施工难题。

(4)针对多作业面施工,为保障物流畅通,建立了交通物流保障和调度指挥体系,配置了运输车队通信联络系统,隧道内安装了通信信号系统、视频监控系统、车辆定位系统、通信指挥系统等。各工区调度室和项目部运转指挥室安装终端显示和调度通信,24h不间断组织物流,同时每个交通枢纽地段配置交通疏导员1名,协助指挥洞内交通,确保洞内交通顺畅,有效提高洞内信息沟通及交通安全管理水平。

(5)通过合理的资源配置,混凝土集中拌和运输,建立钢结构加工中心,出渣车和通勤车集中编组管理,避免了人员窝工和设备闲置,为确保节点工期奠定了基础。

第9章

隧道病害整治效果评价

南吕梁山隧道病害发展具有潜伏性,周期长,且长期发展变化规律复杂。为提升对复杂地质隧道病害发展规律的认识,保障隧道运营期衬砌结构长期稳定,开展了围岩与衬砌结构稳定性长期监控量测。通过监测,及时掌握围岩变形和支护结构受力动态信息,并对病害整治效果进行系统评价,检验病害整治设计及施工方案的适用性,为类似工程的隧道设计和施工提供借鉴。

9.1 监测断面选取

监测断面主要依据病害整治段内隧道穿越地段的围岩岩性、地质构造、地下水发育情况,以及原隧道结构病害发展程度等4项因素进行确定。

对于岩性较差(岩体破碎、岩质软,岩石具有遇水膨胀、软化等特性)、地质构造复杂(分布有裂隙、断层)、地下水较发育,以及原隧道结构病害发展较为严重的区段,进行重点监测。同时,考虑到现场监测元件在施工过程中失效较为严重,以及部分具有相似工程地质特征段里程较长等情况,适当增加监测断面,以确保正确、全面地获取病害整治段内隧道围岩变形及支护结构受力信息。

基于上述原则,隧道病害整治段内共选取32个典型断面开展监测工作,其中上行线4个,下行线28个。监测断面选择见表9-1。

病害整治段长期监测断面选择　　表9-1

序号	里程	工程地质特征	围岩等级	病害情况	监测断面位置
1	K297 +304 ~ K298 +754	隧道穿越奥陶系中统峰峰组下段泥灰岩、含石膏角砾状泥质灰岩等地层。围岩属软岩、极软岩,位于次级褶皱李家洼背斜,岩体较完整。峰峰组下段局部膏溶角砾岩发育,属极软岩,具膨胀性。隧道位于岩溶裂隙水垂直渗流带内	Ⅳ	边墙龟裂、环向裂缝、斜裂缝、纵向裂缝、掉块、边墙错台	下行线 K297 +870、K297 +910 K298 +350

续上表

序号	里程	工程地质特征	围岩等级	病害情况	监测断面位置
2	K298 +754 ~ K299 +204	隧道穿越奥陶系中统峰峰组上段灰岩、泥岩,峰峰组下段含石膏角砾状泥灰岩等地层。位于二级褶皱金山沟向斜核部。围岩属软岩、极软岩,岩体较完整。11 号煤层高出洞顶约75m	Ⅳ	环向裂缝、纵向裂缝	下行线 K299 +098
3	K299 +204 ~ K300 +604	隧道穿越奥陶系中统峰峰组下段泥灰岩、含石膏角砾状泥灰岩等地层。围岩属软岩、极软岩,位于次级褶皱郑家庄背斜西翼,岩体较完整	Ⅳ	环向裂缝、斜裂缝、纵向裂缝、拱顶掉块、渗水、水沟隆起	下行线 K299 +350、K300 +200
4	K300 +604 ~ K302 +154	隧道穿越奥陶系中统上马家沟组上段灰岩、白云质泥灰岩地层,属硬岩,局部软岩夹层,岩体较完整	Ⅲ	环向裂缝、斜裂缝、纵向裂缝、边墙掉块	下行线 K300 +650、K300 +850 K300 +980、K301 +150 K301 +430、K302 +065
5	K302 +154 ~ K303 +004	隧道穿越奥陶系中统上马家沟组上段泥灰岩、灰岩、白云质灰岩等地层。围岩属硬岩,含软弱泥质夹层,岩体较完整	Ⅲ	上行线:避车洞裂缝、脱落、边墙起拱、错台、道床板挤压开裂、横洞裂缝、渗水、斜裂缝 下行线:边墙龟裂、环向裂缝、网状裂缝、纵向裂缝、边墙掉块	上行线 K302 +780、K302 +900 下行线 K302 +720、K302 +940 K302 +980
6	K303 +004 ~ K303 +162	隧道穿过 F_{34} 断层影响带,岩性为上马家沟组上段泥灰岩、白云质泥灰岩等地层,属硬岩,岩体极破碎,地下水发育	Ⅴ	边墙龟裂、环向裂缝、纵向裂缝、边墙错台	下行线 K303 +030
7	K303 +162 ~ K304 +062	隧道穿越奥陶系中统上马家沟组上段泥灰岩、灰岩、白云质灰岩等地层。围岩属硬岩,含软弱泥质夹层,岩体较破碎	Ⅲ	边墙龟裂、环向裂缝、纵向裂缝、拱腰渗水	下行线 K303 +265、K303 +780
8	K304 +062 ~ K304 +752	隧道穿越奥陶系中统峰峰组下段含石膏角砾状泥灰岩、膏溶角砾岩等。围岩属软岩、极软岩,岩体较破碎	Ⅳ	边墙龟裂、环向裂缝、纵向裂缝	下行线 K304 +580
9	K304 +752 ~ K305 +002	隧道穿过 F_8 断层影响带,岩性为奥陶系峰峰组下段含石膏角砾状泥灰岩、膏溶角砾岩。围岩属软岩、极软岩,岩体较破碎	Ⅳ	边墙龟裂、环向裂缝、纵向裂缝	下行线 K305 +000
10	K305 +002 ~ K305 +052	隧道穿过 F_8 断层带,岩性为奥陶系峰峰组下段含石膏角砾状泥灰岩、膏溶角砾岩。岩体极破碎,地下水发育	Ⅴ	边墙龟裂、环向裂缝、纵向裂缝	下行线 K305 +090

续上表

序号	里程	工程地质特征	围岩等级	病害情况	监测断面位置
11	K305 +052 ~ K305 +286	隧道穿过 F_8 断层影响带，岩性为奥陶系峰峰组下段含石膏角砾状泥灰岩、膏溶角砾岩。围岩属软岩、极软岩，岩体较破碎	Ⅳ	边墙龟裂、环向裂缝、网状裂缝、纵向裂缝、掉块	下行线 K305 +230
12	K305 +286 ~ K306 +086	隧道穿越奥陶系中统峰峰组下段含石膏角砾状泥灰岩、膏溶角砾岩发育。围岩属极软岩，次级褶皱梁家垣向斜核部，岩体节理发育，较破碎，地下水发育	Ⅴ	上行线：避车洞裂缝、脱落、错台、横洞裂缝、渗水、斜向裂缝 下行线：边墙龟裂、环向裂缝、纵向裂缝、拱顶掉块	上行线 K305 +457、 K305 +725 下行线 K305 +350、 K305 +490 K305 +565、 K305 +662 K305 +686、 K305 +870

9.2 监测项目及测点布置

监测项目包括断面净空位移监测、结构受力监测两类。其中，断面净空位移监测包括净空收敛监测、拱顶沉降监测，结构受力监测包括围岩与初期支护间接触压力、初期支护与二次衬砌间接触压力、二次衬砌钢筋应力监测。

9.2.1 断面净空位移监测

断面净空位移监测从施作初期支护后开始，分别在边墙、拱脚及拱顶处贴反光标，采用全站仪进行边墙、拱脚的收敛监测以及拱顶的沉降监测。

9.2.2 围岩与初期支护间接触压力监测

为了解初期支护对围岩的支护效果，判断复合式衬砌中围岩荷载大小，检验隧道偏压，保证施工安全，优化支护参数，因此，对围岩与初期支护间的接触压力进行监测。围岩与初期支护间接触压力监测与断面净空位移监测同步进行，采用钢弦式压力盒，每个断面布置6个压力盒。已经完成初期支护混凝土喷射的断面，采用钻孔、注浆方式进行压力盒的安装。

9.2.3 初期支护与二次衬砌间接触压力监测

为了解支护体系应力变化情况，检验支护结构是否存在异常，对初期支护和二次衬砌间接触压力进行监测。在监测断面的拱顶、边墙、拱脚分别对称埋设5个压力盒。采用钢筋应力传感器进行数据采集。

9.2.4 二次衬砌钢筋应力监测

为了解二次衬砌应力变化情况，检验二次衬砌结构是否存在异常，对二次衬砌钢筋应力进行监测。在监测断面的拱顶、边墙、拱脚分别对称埋设10个钢筋计,其中内侧钢筋、外侧钢筋各埋设5个。采用钢筋应力传感器进行数据采集。

监测布置方案见表9-2。断面测点布置如图9-1所示。

监测布置方案　　表9-2

监控项目		监测位置	测量元件	监测点数量(个)
断面净空位移	净空收敛	边墙、拱脚	反光标	5
	拱顶沉降	拱顶		
结构受力	围岩与初期支护间接触压力	拱顶、边墙、拱脚、仰拱	压力盒	6
	初期支护与二次衬砌间接触压力	拱顶、边墙、拱脚	压力盒	5
	二次衬砌钢筋应力	拱顶、边墙、拱脚	钢筋计	10

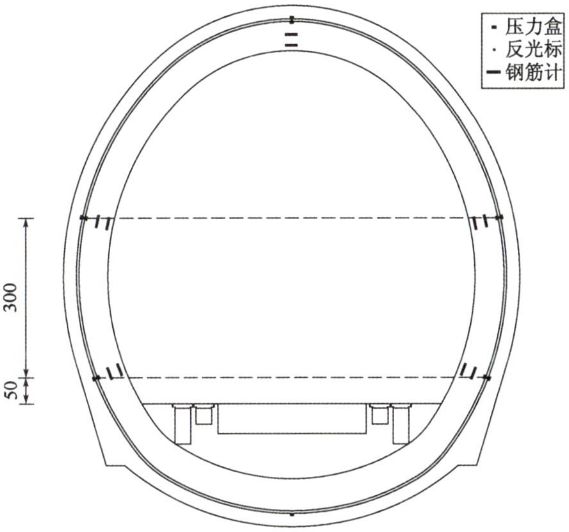

图9-1　断面测点布置示意图(尺寸单位:cm)

9.3　监测成果分析

选取4个典型断面进行详细成果分析,其中上行线2个,分别为K302+900断面、K305+457断面;下行线2个,分别为K302+720断面、K305+490断面。

9.3.1　上行线K302+900断面

1)断面净空位移

上行线K302+900断面净空位移变化曲线如图9-2所示。

由图9-2可以看出:

(1)断面净空位移变化曲线可分为两个阶段,在边墙扩挖施工结束并施作初期支护后,拱顶沉降和边墙、拱脚的收敛均在短期内出现陡增现象。至第5d左右变形速率逐渐降低,并于

7d 后曲线逐渐趋于第一阶段的稳定。至第 13d 左右,由于仰拱的扩挖施工及仰拱的施作,各测点变形值又出现一定程度的突增,并于 4d 后逐渐趋于第二阶段的稳定。

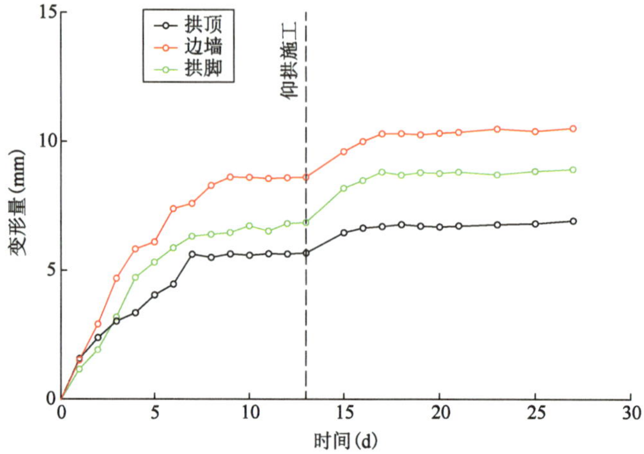

图 9-2　上行线 K302 +900 断面净空位移变化曲线

(2)边墙收敛值大于拱脚处,最大收敛值约为 10.5mm。拱顶沉降值在 5.5mm 以内。从监测结果来看,尽管隧道扩挖将会导致围岩再次应力释放并产生变形,但由于开挖量较小,其造成的围岩变形量,以及稳定所需要的时间均明显小于常规隧道开挖施工。

2)围岩与初期支护间接触压力

上行线 K302 +900 断面围岩与初期支护间接触压力变化曲线如图 9-3 所示。

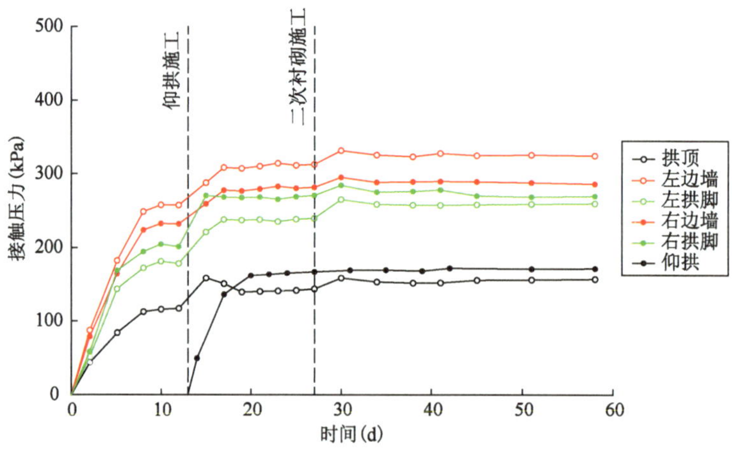

图 9-3　上行线 K302 +900 断面围岩与初期支护间接触压力变化曲线

由图 9-3 可以看出:扩挖施工结束、初期支护施作后,由于围岩应力释放,各测点围岩与初期支护间接触压力在 7d 内迅速增长,之后逐渐趋于稳定。至第 13d 左右,随着仰拱的扩挖施工及仰拱的施作,围岩与初期支护间接触压力又进入一段新的快速增长阶段,之后又重新趋于稳定。至第 27d 左右,随着二次衬砌的施作,围岩与初期支护间接触压力又出现了一些较小的增幅,之后趋于稳定。

3) 初期支护与二次衬砌间接触压力

上行线 K302 +900 断面初期支护与二次衬砌间接触压力变化曲线如图 9-4 所示。

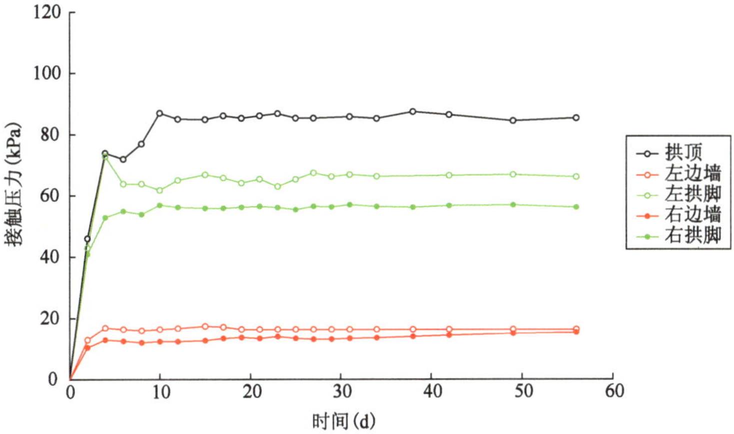

图 9-4 上行线 K302 +900 断面初期支护与二次衬砌间接触压力变化曲线

由图 9-4 可以看出:

(1)二次衬砌施作后,由于围岩变形速率已处于较低水平,因此,各测点初期支护与二次衬砌层间接触压力总体较小,在短期内快速增长,波动后 10d 之内基本趋于稳定。

(2)由于初期支护与二次衬砌之间在边墙处设置了一定厚度的缓冲层,使得两侧边墙的初期支护与二次衬砌层间接触压力极小。

(3)根据衬砌断面选型,整治段采用的 A 型(近圆形断面)断面衬砌结构竖向极限承载力为 1050kPa(400 kPa 竖向围岩压力 +650 kPa 环向膨胀力)、水平向极限承载力为 770 kPa(120 kPa侧向围岩压力 +650 kPa 环向膨胀力)。而目前该处断面作用于衬砌结构上的最大应力仅为 90 kPa 左右,因此,结构具有较大的承载储备量。

衬砌结构各部位承载性能发挥程度见表 9-3。

上行线 K302 +900 断面衬砌结构承载性能发挥程度　　表 9-3

部位	拱顶	左边墙	右边墙	左拱脚	右拱脚
结构承载性能发挥程度(%)	8.5	2.3	2.0	8.8	7.4

4) 二次衬砌钢筋应力

上行线 K302 +900 断面二次衬砌钢筋应力变化曲线如图 9-5 所示。

由图 9-5 可以看出:

(1)二次衬砌钢筋应力在 7d 内快速增长,受混凝土硬化收缩作用,钢筋应力在达到峰值后,出现了一个下凹段,而后应力值继续缓慢增长并逐渐趋于平稳。

(2)内侧钢筋应力略大于外侧钢筋应力,二者分别在 -13MPa 和 -8MPa 以内,与设计的 HRB400 钢筋容许应力 210MPa 相比,结构具有较大的承载储备量。

(3)所有测点钢筋应力均处于受压状态,表明了目前该断面衬砌结构处于小偏心状态,受力状态较为安全。

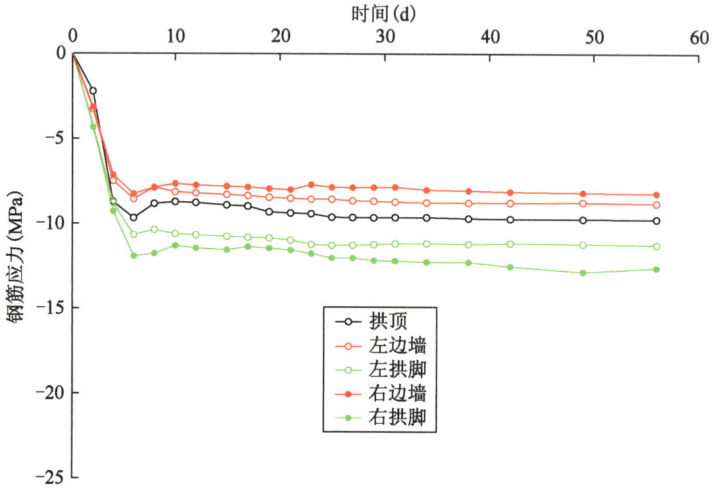

a)内侧

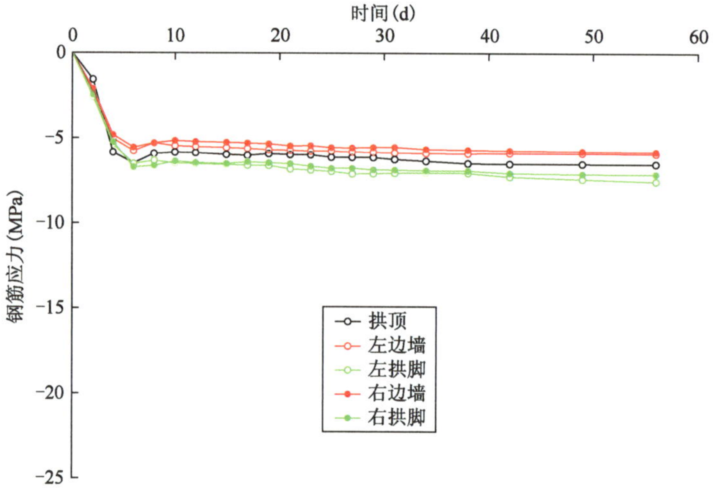

b)外侧

图 9-5　上行线 K302 +900 断面二次衬砌钢筋应力变化曲线

9.3.2　上行线 K305 +457 断面

1)断面净空位移

上行线 K305 +457 断面净空位移变化曲线如图 9-6 所示。

由图 9-6 可以看出：

(1)断面净空位移变化曲线可分为两个阶段，在边墙扩挖施工结束并施作初期支护后，拱顶沉降和边墙、拱脚的收敛均在短期内出现陡增现象，5d 后变形速率逐渐降低，并逐渐趋于稳定。至第 13d 左右，由于仰拱的扩挖施工及仰拱的施作，各测点变形值又出现一定程度的突增，并于 3d 后逐渐趋于稳定。

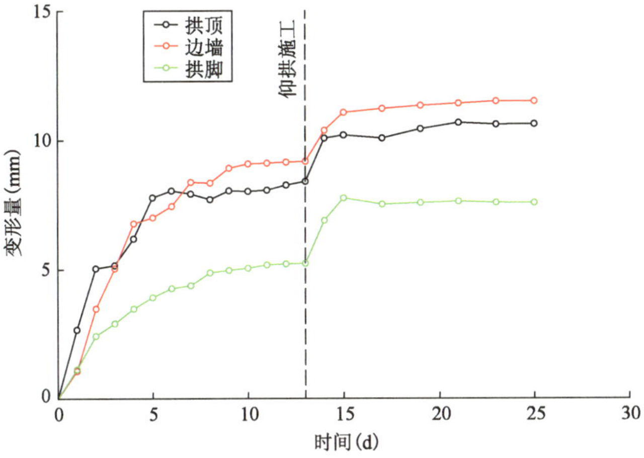

图 9-6　上行线 K305 +457 断面净空位移变化曲线

(2)边墙收敛值大于拱脚处,最大收敛值约为 11.5mm。拱顶沉降值在 10.6mm 以内。

2)围岩与初期支护间接触压力

上行线 K305 +457 断面围岩与初期支护间接触压力变化曲线如图 9-7 所示。

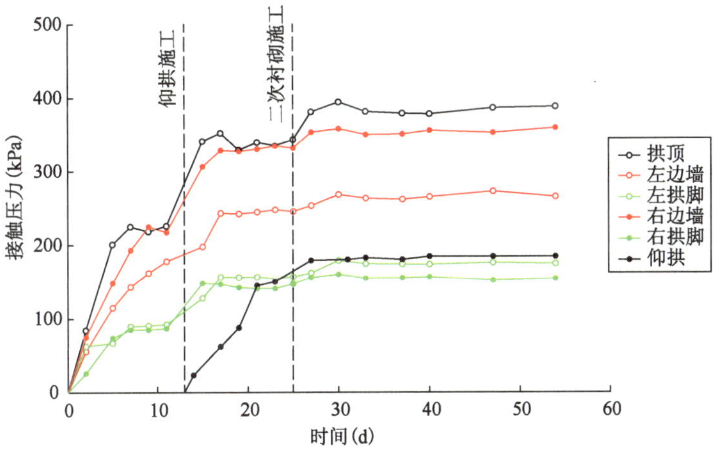

图 9-7　上行线 K305 +457 断面围岩与初期支护间接触压力变化曲线

由图 9-7 可以看出:

(1)扩挖施工结束、初期支护施作后,由于围岩应力释放,各测点围岩与初期支护间接触压力在 7d 内迅速增长,之后增长速率逐渐减缓并趋于稳定。至第 13d 左右,随着仰拱的扩挖施工及仰拱的施作,围岩与初期支护间接触压力又进入一段新的快速增长阶段,之后又重新趋于稳定。至第 25d 左右,随着二次衬砌的施作,围岩与初期支护间接触压力又出现了一些较小的增幅。

(2)由于该断面处围岩较为破碎,拱顶上部松散压力较大,因而拱顶处围岩与初期支护间接触压力显著大于其他部位。

3)初期支护与二次衬砌间接触压力

上行线 K305 +475 断面初期支护与二次衬砌间接触压力变化曲线如图 9-8 所示。

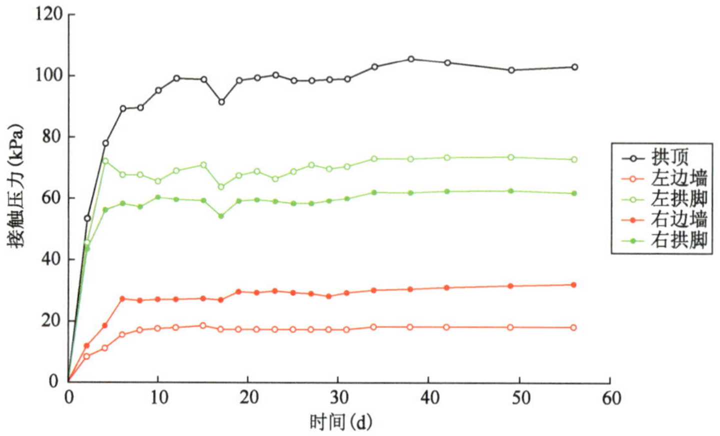

图 9-8　上行线 K305 +475 断面初期支护与二次衬砌间接触压力变化曲线

由图 9-8 可以看出：

(1)二次衬砌施作后，由于围岩变形速率已处于较低水平，因此，各测点初期支护与二次衬砌层间接触压力总体较小，在短期内快速增长，波动后 10d 之内基本趋于稳定。

(2)由于初期支护与二次衬砌之间在边墙处设置了一定厚度的缓冲层，使得两侧边墙的初期支护与二次衬砌层间接触压力较小，最大值在拱顶处。

(3)根据衬砌断面选型，整治段采用的 A 型(近圆形)断面衬砌结构竖向极限承载力为 1050kPa(400 kPa 竖向围岩压力 +650 kPa 环向膨胀力)、水平向极限承载力为 770 kPa(120 kPa 侧向围岩压力 +650 kPa 环向膨胀力)。而目前该处断面作用于衬砌结构上的最大应力在 110 kPa 以内，因此，结构具有较大的承载储备量。

衬砌结构各部位承载性能发挥程度见表 9-4。

上行线 K305 +457 断面衬砌结构承载性能发挥程度　　表 9-4

部位	拱顶	左边墙	右边墙	左拱脚	右拱脚
结构承载性能发挥程度(%)	10.1	2.4	4.2	9.6	8.1

4)二次衬砌钢筋应力

上行线 K305 +457 断面二次衬砌钢筋应力变化曲线如图 9-9 所示。

由图 9-9 可以看出：

(1)二次衬砌钢筋应力在 7d 内快速增长，受混凝土硬化收缩作用，钢筋应力在达到峰值后，出现了一个下凹段，而后应力值继续缓慢增长并逐渐趋于平稳。

(2)内侧钢筋应力略大于外侧钢筋应力，二者分别在 -21MPa 和 -7MPa 以内，与设计的 HRB400 钢筋容许应力 210MPa 相比，结构具有较大的承载储备量。

(3)所有测点钢筋应力均处于受压状态，表明了目前该断面衬砌结构处于小偏心状态，受力状态较为安全。

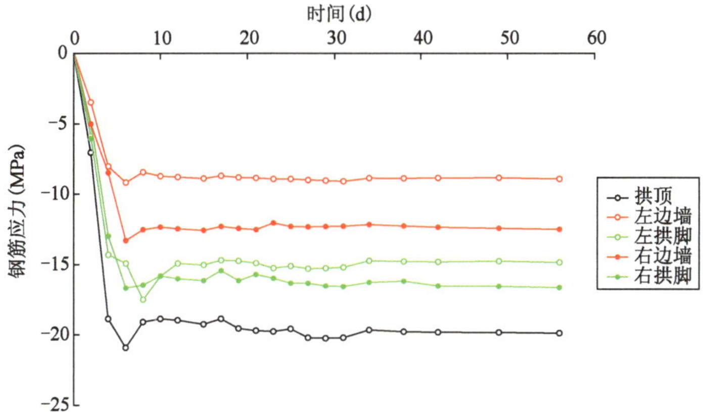

a)内侧

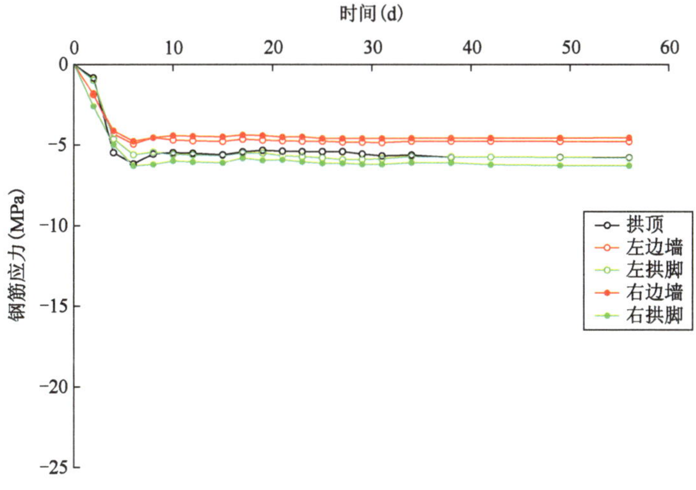

b)外侧

图9-9　上行线 K305 +457 断面二次衬砌钢筋应力变化曲线

9.3.3　下行线 K302 +720 断面

1) 断面净空位移

下行线 K302 +720 断面净空位移变化曲线如图 9-10 所示。

由图 9-10 可以看出：

(1)断面净空位移变化曲线可分为两个阶段，在边墙扩挖施工结束并施作初期支护后，拱顶沉降和边墙、拱脚的收敛均在短期内出现陡增现象，而后变形速率逐渐降低，并于 10d 内所有曲线进入第一个稳定阶段。受仰拱的扩挖施工及仰拱施作的影响，各测点变形量在第 15d 出现了第二个陡增段，其增幅显著小于第一阶段，并于 3d 后变形曲线进入第二个稳定阶段。

(2)边墙收敛值大于拱脚处，最大收敛值约为 10.9mm。拱顶沉降值在 7.6mm 以内。

2) 围岩与初期支护间接触压力

下行线 K302 +720 断面围岩与初期支护间接触压力变化曲线如图 9-11 所示。

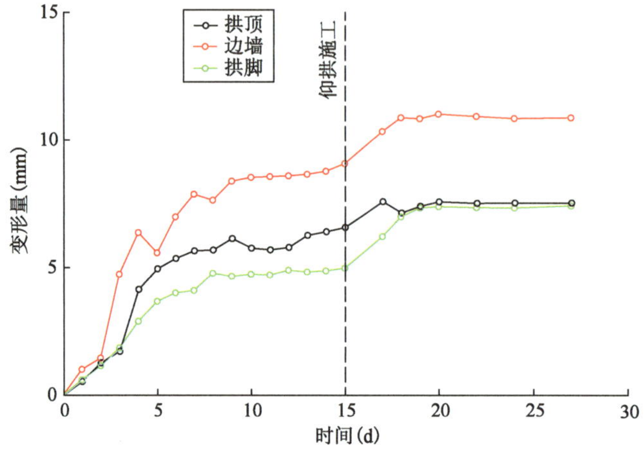

图 9-10　下行线 K302 +720 断面净空位移变化曲线

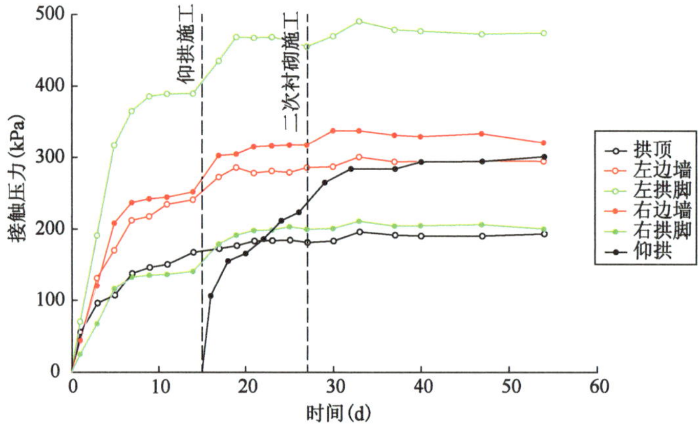

图 9-11　下行线 K302 +720 断面围岩与初期支护间接触压力变化曲线

由图 9-11 可以看出：

(1)扩挖施工结束、初期支护施作后，由于围岩应力释放，各测点围岩与初期支护间接触压力在 10d 内迅速增长，之后增长速率逐渐减缓并趋于稳定。至第 15d 左右，随着仰拱的扩挖施工及仰拱的施作，围岩与初期支护间接触压力又进入一段新的快速增长阶段，之后又重新趋于稳定。至第 27d 左右，随着二次衬砌的施作，围岩与初期支护间接触压力又出现了一些较小的增幅，并在短期内逐渐趋于稳定。

(2)左侧拱脚测点受围岩抗力影响，该处围岩与初期支护间接触压力要显著大于其他位置。

(3)仰拱处围岩与初期支护间压力最大值达到了 304.6kPa，存在一定的隆起风险，应加强长期监测与观察。

3)初期支护与二次衬砌间接触压力

下行线 K302 +720 断面初期支护与二次衬砌间接触压力变化曲线如图 9-12 所示。

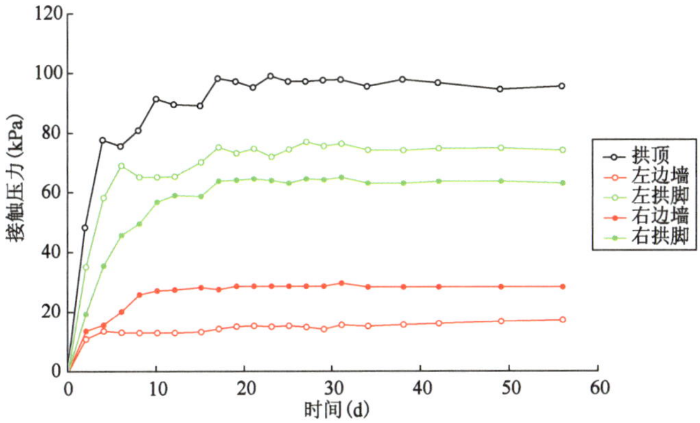

图 9-12　下行线 K302 +720 断面初期支护与二次衬砌间接触压力变化曲线

由图 9-12 可以看出：

(1)二次衬砌施作后，由于围岩变形速率已处于较低水平，因此，各测点初期支护与二次衬砌层间接触压力总体较小，在短期内快速增长，波动后 10d 之内基本趋于稳定。

(2)由于初期支护与二次衬砌之间在边墙处设置了一定厚度的缓冲层，使得两侧边墙的初期支护与二次衬砌层间接触压力较小，最大值在拱顶处。

(3)根据衬砌断面选型，整治段采用的 A 型(近圆形断面)断面衬砌结构竖向极限承载力为 1050kPa(400 kPa 竖向围岩压力 +650 kPa 环向膨胀力)、水平向极限承载力为 770 kPa(120 kPa 侧向围岩压力 +650 kPa 环向膨胀力)。而目前该处断面作用于衬砌结构上的最大应力在 100 kPa 以内，因此，结构具有较大的承载储备量。

衬砌结构各部位承载性能发挥程度见表 9-5。

下行线 K302 +720 断面衬砌结构承载性能发挥程度　　表 9-5

部位	拱顶	左边墙	右边墙	左拱脚	右拱脚
结构承载性能发挥程度(%)	9.4	2.3	3.9	10.0	8.5

4)二次衬砌钢筋应力

下行线 K302 +720 断面二次衬砌钢筋应力变化曲线如图 9-13 所示。

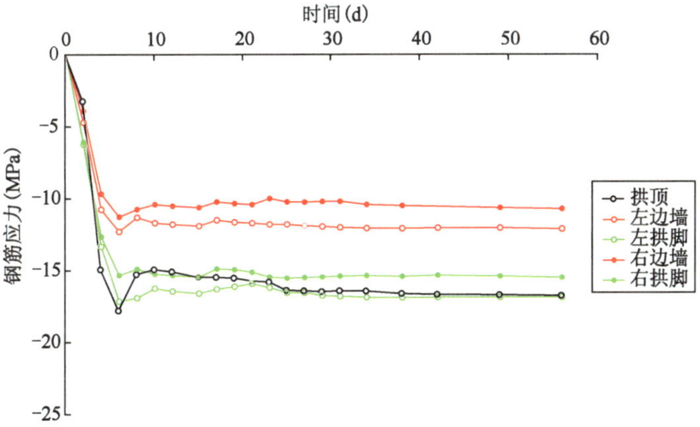

a)内侧

图　9-13

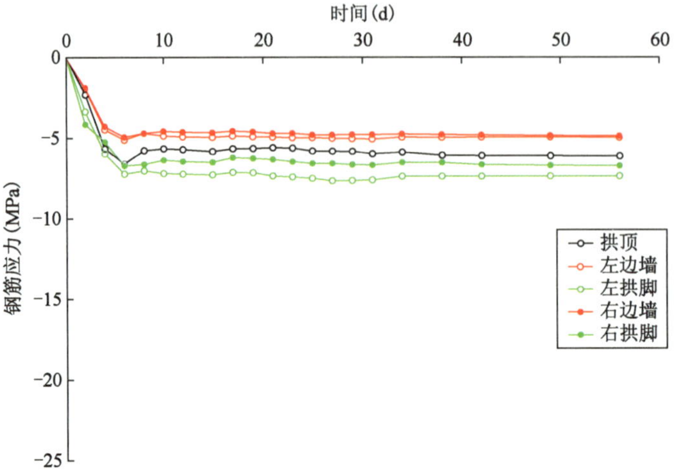

b)外侧

图 9-13　下行线 K302 +720 断面二次衬砌钢筋应力变化曲线

由图 9-13 可以看出：

(1)二次衬砌钢筋应力在 7d 内快速增长，受混凝土硬化收缩作用，钢筋应力在达到峰值后，出现了一个下凹段，而后应力值继续缓慢增长并逐渐趋于平稳。

(2)内侧钢筋应力略大于外侧钢筋应力，二者分别在 -18MPa 和 -8MPa 以内，与设计的 HRB400 钢筋容许应力 210MPa 相比，结构具有较大的承载储备量。

(3)所有测点钢筋应力均处于受压状态，表明了目前该断面衬砌结构处于小偏心状态，受力状态较为安全。

9.3.4　下行线 K305 +490 断面

1)断面净空位移

下行线 K305 +490 断面净空位移变化曲线如图 9-14 所示。

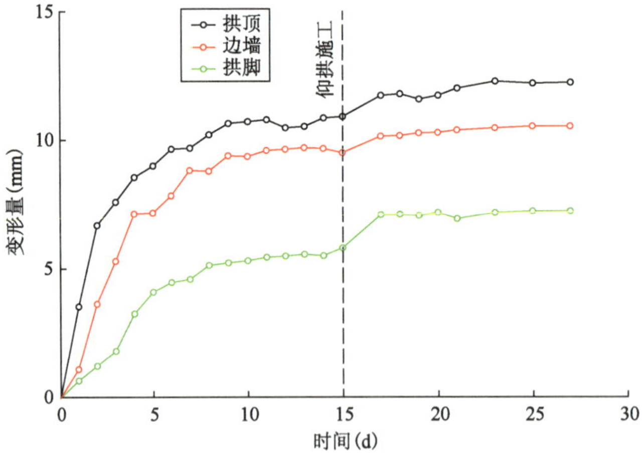

图 9-14　下行线 K305 +490 断面净空位移变化曲线

由图 9-14 可以看出：

(1)断面净空位移变化曲线可分为两个阶段，在边墙扩挖施工结束并施作初期支护后，拱顶沉降和边墙、拱脚的收敛均在短期内出现陡增现象，而后变形速率逐渐降低，并于 8d 内所有曲线进入第一个稳定阶段。受仰拱的扩挖施工及仰拱施作的影响，各测点变形量在第 15d 出现了第二个陡增段，其增幅显著小于第一阶段，而后逐渐趋于稳定，进入第二个稳定阶段。

(2)边墙收敛值大于拱脚处，最大收敛值约为 10.6mm。拱顶沉降值在 12.2mm 以内。

2)围岩与初期支护间接触压力

下行线 K305 +490 断面围岩与初期支护间接触压力变化曲线如图 9-15 所示。

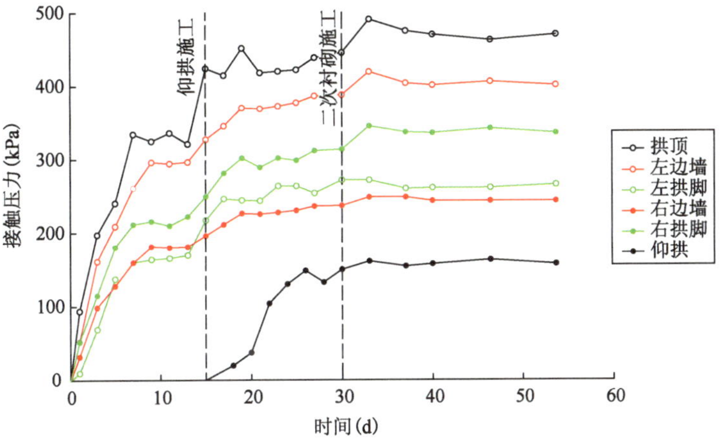

图 9-15　下行线 K305 +490 断面围岩与初期支护间接触压力变化曲线

由图 9-15 可以看出：

(1)扩挖施工结束、初期支护施作后，由于围岩应力释放，各测点围岩与初期支护间接触压力在 7d 内迅速增长，之后增长速率逐渐减缓并趋于稳定。至第 15d 左右，随着仰拱的扩挖施工及仰拱的施作，围岩与初期支护间接触压力又进入一段新的快速增长阶段，之后又重新趋于稳定。至第 30d 左右，随着二次衬砌的施作，围岩与初期支护间接触压力又出现了一些较小的增幅，并在短期内逐渐趋于稳定。

(2)由于该断面围岩较为破碎，拱顶上部松散压力较大，使得拱顶处围岩与初期支护间压力较大，而右侧边墙处围岩与初期支护间压力较小，可推测该位置围岩较为破碎，因围岩抗力较小而引起。

3)初期支护与二次衬砌间接触压力

下行线 K305 +490 断面初期支护与二次衬砌间接触压力变化曲线如图 9-16 所示。

由图 9-16 可以看出：

(1)二次衬砌施作后，由于围岩变形速率已处于较低水平，因此，各测点初期支护与二次衬砌层间接触压力总体较小，在短期内快速增长，而后增速逐渐降低并趋于稳定。

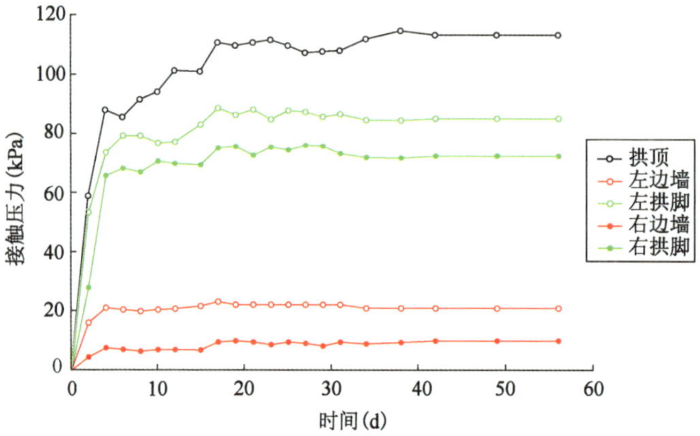

图 9-16 下行线 K305 +490 断面初期支护与二次衬砌间接触压力变化曲线

(2)由于初期支护与二次衬砌之间在边墙处设置了一定厚度的缓冲层,使得两侧边墙的初期支护与二次衬砌层间接触压力较小,最大值在拱顶处。

(3)根据衬砌断面选型,整治段采用的 A 型(近圆形断面)断面衬砌结构竖向极限承载力为 1050kPa(400 kPa 竖向围岩压力 +650 kPa 环向膨胀力)、水平向极限承载力为 770 kPa(120 kPa 侧向围岩压力 +650 kPa 环向膨胀力)。而目前该处断面作用于衬砌结构上的最大应力在 120 kPa 以内,因此,结构具有较大的承载储备量。

衬砌结构各部位承载性能发挥程度见表 9-6。

下行线 K305 +490 断面衬砌结构承载性能发挥程度 表 9-6

部 位	拱顶	左边墙	右边墙	左拱脚	右拱脚
结构承载性能发挥程度(%)	11.0	3.0	1.3	11.4	9.9

4)二次衬砌钢筋应力

下行线 K305 +490 断面二次衬砌钢筋应力变化曲线如图 9-17 所示。

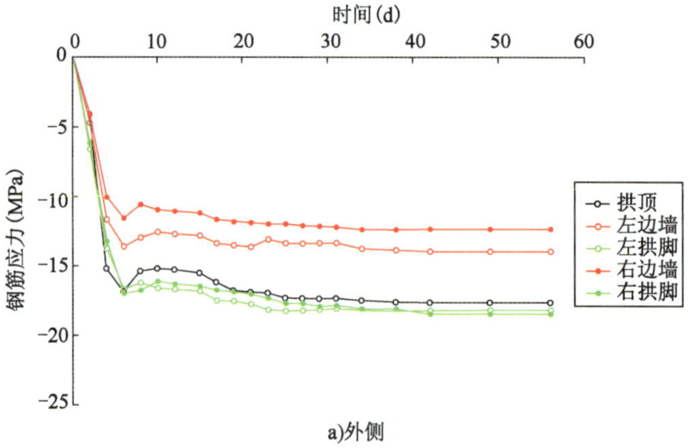

a)外侧

图 9-17

参 考 文 献

[1] 中国铁路总公司. 铁路隧道防排水材料　第 1 部分　防水板:Q/CR 562. 1—2018[S]. 北京:中国铁道出版社,2018.

[2] 中华人民共和国铁道部. 铁路混凝土结构耐久性设计规范:TB 10005—2010[S]. 北京:中国铁道出版社,2011.

[3] 中华人民共和国铁道部. 铁路工程特殊岩土勘察规程:TB 10038—2012[S]. 北京:中国铁道出版社,2012.

[4] 国家铁路局. 铁路工程岩石试验规程:TB 10115—2014[S]. 北京:中国铁道出版社,2015.

[5] 国家铁路局. 铁路隧道设计规范:TB 10003—2016[S]. 北京:中国铁道出版社,2017.

[6] 国家铁路局. 铁路工程地质勘察规范:TB 10012—2019[S]. 北京:中国铁道出版社,2019.

[7] 国家铁路局. 铁路工程岩土分类标准:TB 10077—2019[S]. 北京:中国铁道出版社,2019.

[8] 国家铁路局. 铁路工程爆破安全技术规程:TB 10313—2019[S]. 北京:中国铁道出版社,2019.

[9] 中国铁路总公司. 铁路隧道监控量测技术规程:Q/CR 9218—2015[S]. 北京:中国铁道出版社,2015.

[10] 中国铁路总公司. 普速铁路桥隧建筑物修理规则:TG/GW 103—2018[S]. 北京:中国铁道出版社,2018.

[11] 关宝树. 矿山法隧道关键技术[M]. 北京:人民交通出版社股份有限公司,2016.

[12] 申志军,李树忱,吴治家,等. 运营隧道缺陷与病害整治技术[M]. 北京:人民交通出版社股份有限公司,2016.

[13] 张民庆,吕刚,岳岭,等. 高张高铁重难点隧道修建关键技术[M]. 北京:人民交通出版社股份有限公司,2021.

[14] 张民庆,贾大鹏,辛维克,等. 铁路隧道衬砌施工缝质量控制新技术[J]. 铁道工程学报,2021(3):59-64.

[15] 张民庆,韩静玉,王水善,等. 铁路拱部衬砌混凝土浇筑结束控制标准研究[J]. 铁道工程学报,2021(9):29-33,47.

[16] 陈鸿,陈远良. 从南吕梁山隧道斜井优化谈隧道斜井设计的选择[J]. 铁道建筑,2014(12):47-50.

载储备量。

(3)二次衬砌钢筋应力变化规律：隧道二次衬砌总体处于受压状态，表明断面衬砌结构处于小偏心状态，受力状态较为安全。二次衬砌钢筋应力在短期内(7d 内)快速增长，受混凝土硬化收缩作用，钢筋应力在达到峰值后略有回落，而后继续缓慢增长并逐渐趋于平稳。内侧钢筋应力略大于外侧钢筋应力。

(4)在监测时间内，各断面测点监测值均已趋于稳定，表明在目前工程地质条件下，采用的整治方法及衬砌结构设计方案是合理的。但考虑到南吕梁山隧道病害发展具有潜伏期，周期长，长期发展变化规律复杂，为保障隧道运营期衬砌结构长期安全稳定，应对各监测断面的变形和受力进行长期监测。

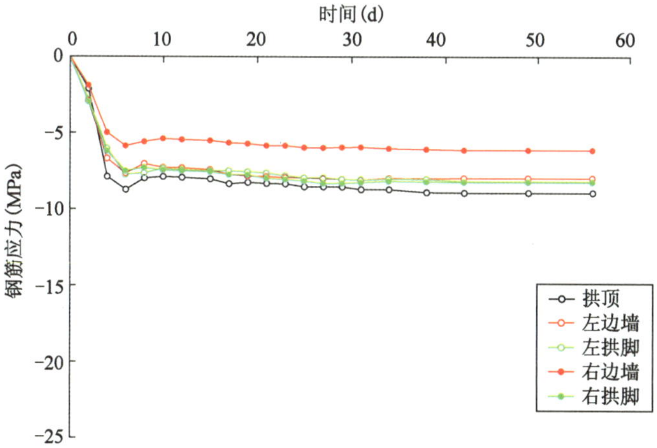

b)外侧

图 9-17　下行线 K305 + 490 断面二次衬砌钢筋应力变化曲线

由图 9-17 可以看出：

(1)二次衬砌钢筋应力在 7d 内快速增长，受混凝土硬化收缩作用，钢筋应力在达到峰值后，出现了一个下凹段，而后应力值继续缓慢增长并逐渐趋于平稳。

(2)内侧钢筋应力略大于外侧钢筋应力，二者分别在 -19MPa 和 -9MPa 以内，与设计的 HRB400 钢筋容许应力 210MPa 相比，结构具有较大的承载储备量。

(3)所有测点钢筋应力均处于受压状态，表明了目前该断面衬砌结构处于小偏心状态，受力状态较为安全。

9.4　结论与体会

依据整治段内隧道穿越地段的围岩岩性、地质构造、地下水发育情况，以及原隧道结构病害发展程度等 4 项因素选择监测断面。对于岩性较差、岩质特殊、地质构造复杂、地下水较发育以及原隧道结构病害发展较为严重区段重点监测。隧道病害整治段共选取 32 个典型断面，监测项目为断面净空位移、围岩与初期支护间接触压力、初期支护与二次衬砌间接触压力、二次衬砌钢筋应力。选取 4 个典型监测断面监测成果进行分析，得到以下结论：

(1)断面净空位移、围岩与初期支护间接触压力变化规律：在边墙扩挖施工结束并施作初期支护后，由于围岩应力释放，将在短时间内(5 ~ 10d 内)迅速增长，而后逐渐趋于稳定。仰拱扩挖及施作、二次衬砌施工期间，将导致二者出现较小幅度的突增现象。尽管隧道扩挖将会导致围岩再次应力释放并产生变形，但由于开挖量较小，其造成的围岩变形及稳定所需的时间均明显小于常规隧道开挖施工。

(2)初期支护与二次衬砌间接触压力变化规律：二次衬砌施作后，由于围岩收敛变形速率已处于较低水平，因而总体较小，在短期内(10d 内)快速增长、波动后逐渐趋于稳定。由于初期支护与二次衬砌之间在边墙处设置了一定厚度(5cm)的缓冲层，从而使得两侧边墙的初期支护与二次衬砌层间接触压力均极小。各测点初期支护与二次衬砌间接触压力总体处于较小水平，远远小于 A 型(近圆形)断面衬砌结构极限承载力，表明了当前衬砌结构具有较大的承